高等职业教育"互联网+"新形态一体化教材

冲压工艺与模具设计（NX）

主编　武艳军
参编　蒋国栋　简忠武　苏冬云
主审　朱　荣

机械工业出版社

本书以冲压模设计工作过程为主线，采用任务驱动方式编写。本书共有五个任务，即垫圈冲压加工方法选择、托板冲裁工艺设计、托板冲裁模设计、支架弯曲工艺与模具设计、多孔杯拉深工艺与模具设计。其中，冲裁工序是弯曲、拉深等工序的基础，涵盖广泛的冲压知识，所以编排为两个任务来实施。本书的特色是，在每个冲压制件模具设计任务实施过程中，即托板冲裁模设计、支架弯曲模设计、多孔杯拉深模设计，都采用 UG NX 软件进行设计流程讲解，集冲压工艺理论和软件模具设计实践于一体，以顺应现代企业对模具人才具备数字化设计能力的要求。本书所选内容是经过多年课堂教学反馈、思索，最终凝练出来的，实用性较强，深受学生欢迎。

为便于教学，本书配有电子课件等教学资源，选择本书作为教材的教师可登录 www.cmpedu.com 网站，注册、免费下载。另外，本书对重点与难点内容嵌入了二维码，扫码可观看视频资源，为实现课堂一体化教学创造了条件。

本书可作为高等职业教育专科模具设计与制造、数控技术等专业的教材，也可作为机械类相关专业的教学参考用书，或为相关工程技术人员提供参考。

图书在版编目（CIP）数据

冲压工艺与模具设计：NX／武艳军主编. -- 北京：机械工业出版社，2025.7. --（高等职业教育"互联网+"新形态一体化教材）. -- ISBN 978-7-111-78877-5

Ⅰ. TG38

中国国家版本馆 CIP 数据核字第 2025Q2Q054 号

机械工业出版社（北京市百万庄大街 22 号　邮政编码 100037）
策划编辑：汪光灿　　　　　　　责任编辑：汪光灿　王效青
责任校对：张爱妮　李　婷　　　封面设计：张　静
责任印制：单爱军
北京盛通数码印刷有限公司印刷
2025 年 9 月第 1 版第 1 次印刷
184mm×260mm・14.5 印张・354 千字
标准书号：ISBN 978-7-111-78877-5
定价：48.00 元

电话服务　　　　　　　　　　　网络服务
客服电话：010-88361066　　　　机　工　官　网：www.cmpbook.com
　　　　　010-88379833　　　　机　工　官　博：weibo.com/cmp1952
　　　　　010-68326294　　　　金　书　网：www.golden-book.com
封底无防伪标均为盗版　　　机工教育服务网：www.cmpedu.com

前　言

本书以企业生产的典型案例为任务载体，参照任务实施工作过程，采用"任务目标—任务描述—基础知识—任务实施—思考与练习"的顺序编写。其中，"基础知识"遵循学习规律，由浅入深，介绍冲压基础理论知识，而"任务实施"是运用所学理论知识解决具体问题，完成实际任务。

本书主要介绍冲压中的三大工序（冲裁、弯曲、拉深）工艺及其模具设计，并以对应的冲压制件（托板、支架、多孔杯）为载体，引出任务，完成任务，把冲压知识贯穿在解决实际问题的过程中。编者结合多年的教学经历，深感相关专业的学生缺乏运用软件开展实际模具设计的能力，而市面上冲压模设计软件实操方面的教材很少。因此，本书在托板冲裁模设计、支架弯曲模设计、多孔杯拉深模设计任务实施过程中，不仅运用冲压理论知识去解决实际问题，还加入 UG NX 软件，把运用 3D 设计软件设计模具的整个流程、方法及步骤，以微课视频的方式展现出来，通过扫描相应的二维码便可反复学习和训练。本书的 UG NX 模具设计部分，采用了不同的设计方法，其中，托板冲裁模 UG NX 设计运用级进模向导（Progressive Die Wizard，PDW）和自底向上装配的方式；支架弯曲模 UG NX 设计采用自顶向下装配方式设计，标准件从软件自带标准件库中调用；多孔杯拉深模 UG NX 设计采用自顶向下装配设计方式，并巧妙运用草图框架快速设计后续模具零件及标准件。利用软件设计模具的方式、方法多种多样，本书提供了多种设计方法及思路，模具设计人员可以结合自身习惯，灵活运用。

本书由南京交通职业技术学院武艳军博士任主编，温州技师学院蒋国栋、湖南工业职业技术学院简忠武副教授、南通职业大学苏冬云副教授参加编写。全书由武艳军统稿，南京理工大学朱荣副教授主审。南京交通职业技术学院朱正才为本书的编写提供了相关资料，并提出了许多宝贵的意见，在此表示衷心的感谢！

由于编者的水平有限，书中疏漏、欠妥之处在所难免，请广大读者批评指正，提出宝贵的意见，不胜感谢。

编　者

二维码索引

序号与名称	二维码	页码	序号与名称	二维码	页码
图3-4 带有弹性卸料和顶料装置的单工序落料模		63	3-7 上模螺钉销钉的创建		105
图3-16 倒装式落料冲孔复合模		73	3-8 卸料螺钉的创建		105
3-1 排样		103	3-9 下模螺钉的创建+开腔		105
3-2 模架		103	3-10 导套的创建		105
3-3 冲模设计设置		103	3-11 导料板的创建		105
3-4 凹模镶块的设计		104	3-12 模柄的创建		105
3-5 凸模设计		104	3-13 凹模的绘制		108
3-6 导正销的创建+开腔		105	3-14 上模装配1		111

（续）

序号与名称	二维码	页码	序号与名称	二维码	页码
3-15 上模装配2		111	4-1 毛坯绘制1		157
3-16 下模装配1		112	4-2 毛坯绘制2		158
3-17 下模装配2		112	4-3 绘制模板		158
3-18 上下模装配		113	4-4 绘制模架		159
3-19 冲裁仿真		113	4-5 绘制标准件		159
图4-42 V形件精弯模		139	4-6 成形结构件的绘制		161
图4-50 带摆块的四角形件分步弯曲模		141	4-7 模架		161
图4-53 圆筒形件一次弯曲		142	4-8 标准件加载		161
图4-60 带摆动凸模弯曲模		145	4-9 定位拓展		161
图4-62 摆动凹模弯曲模		145	图5-37 带压边装置的首次正装拉深模		196

(续)

序号与名称	二维码	页码	序号与名称	二维码	页码
图 5-42 落料拉深复合模		197	5-11 落料拉深凸凹模的绘制		216
5-1 创建装配树		214	5-12 冲孔凸模的绘制		216
5-2 草图框架1		214	5-13 卸料板以及落料凹模的绘制		216
5-3 草图框架2		214	5-14 卸料板的绘制		216
5-4 草图框架3		214	5-15 冲孔拉深凸凹模的绘制		217
5-5 草图框架4		214	5-16 标准紧固件的绘制1		217
5-6 草图框架5		214	5-17 标准紧固件的绘制2		217
5-7 草图框架6		214	5-18 打料装置的绘制		217
5-8 草图框架7		214	5-19 弹顶器的绘制		217
5-9 草图框架8		214	5-20 螺母的绘制		217
5-10 上模座的绘制		215			

目 录

前言
二维码索引
任务一　垫圈冲压加工方法选择 …………… 1
　任务目标 ………………………………… 1
　任务描述 ………………………………… 1
　基础知识 ………………………………… 1
　　一、冲压的概念 ……………………… 1
　　二、冲压工艺的特点及应用 …………… 3
　　三、冲压工序的分类 ………………… 3
　　四、冲压材料 ………………………… 6
　　五、冲压成形设备 …………………… 13
　任务实施 ………………………………… 19
　思考与练习 ……………………………… 19
任务二　托板冲裁工艺设计 …………… 21
　任务目标 ………………………………… 21
　任务描述 ………………………………… 21
　基础知识 ………………………………… 21
　　一、概述 ……………………………… 21
　　二、冲裁变形过程分析 ……………… 22
　　三、冲裁变形时板料变形区应力状态
　　　　分析 ……………………………… 23
　　四、冲裁件断面的四个特征区 ……… 24
　　五、冲裁件断面质量及其影响因素 … 25
　　六、冲裁间隙 ………………………… 28
　　七、冲裁模刃口尺寸计算 …………… 31
　　八、冲裁力与压力中心 ……………… 35
　　九、排样设计 ………………………… 40
　　十、送料步距与条料宽度的计算 …… 43
　　十一、排样图 ………………………… 45
　　十二、冲裁工艺设计 ………………… 46
　　十三、冲压工艺文件的编制 ………… 50
　任务实施 ………………………………… 51
　思考与练习 ……………………………… 56

任务三　托板冲裁模设计 ……………… 59
　任务目标 ………………………………… 59
　任务描述 ………………………………… 59
　基础知识 ………………………………… 59
　　一、冲裁模的结构 …………………… 59
　　二、冲裁模的分类 …………………… 59
　　三、单工序冲裁模的典型结构 ……… 60
　　四、多工序冲裁模的典型结构 ……… 68
　　五、模具零件 ………………………… 74
　　六、工作零件的结构与设计 ………… 75
　　七、定位零件的结构与设计 ………… 82
　　八、卸料与出件零件的结构与设计 … 89
　　九、模架的结构 ……………………… 95
　　十、冲裁模零件的材料 ……………… 99
　任务实施 ………………………………… 101
　思考与练习 ……………………………… 113
任务四　支架弯曲工艺与模具设计 …… 117
　任务目标 ………………………………… 117
　任务描述 ………………………………… 117
　基础知识 ………………………………… 117
　　一、弯曲变形分析 …………………… 118
　　二、弯曲变形时的应力、应变状态
　　　　分析 ……………………………… 120
　　三、弯曲件的质量分析 ……………… 121
　　四、弯曲时的回弹 …………………… 123
　　五、弯曲时的偏移 …………………… 129
　　六、弯曲件的结构工艺性 …………… 129
　　七、弯曲件毛坯展开长度的计算 …… 131
　　八、弯曲力的计算 …………………… 133
　　九、弯曲件的工序安排 ……………… 134
　　十、弯曲模工作部分结构参数的确定 … 135
　　十一、弯曲模的典型结构 …………… 137
　任务实施 ………………………………… 147

思考与练习……………………………………162

任务五　多孔杯拉深工艺与模具设计……165
　任务目标……………………………………165
　任务描述……………………………………165
　基础知识……………………………………165
　　一、概述…………………………………165
　　二、拉深变形原理………………………166
　　三、拉深件质量控制……………………170
　　四、拉深工艺参数的计算………………172

五、筒形件以后各次拉深的特点及
　　方法……………………………………189
六、拉深力与压边力的计算………………191
七、拉深模的结构…………………………193
八、拉深模工作部分的结构及尺寸………201
任务实施……………………………………205
思考与练习…………………………………217

附录……………………………………………220
参考文献………………………………………221

任务一　垫圈冲压加工方法选择

垫圈是机械连接中常用的零件之一，是用冲压工艺完成加工的。本任务是垫圈冲压加工方法的选择。通过学习，了解各种不同的冲压工序，针对不同的零件选择相应的冲压加工方法；同时，掌握冲压常用材料的种类和性能，能合理地选择冲压材料，并熟悉常用冲压设备。

如图 1-1 所示垫圈，材料为 Q235，材料厚度 t 为 2mm，冲件标准公差等级为 IT14，大批量生产时，选择冲压加工方法。

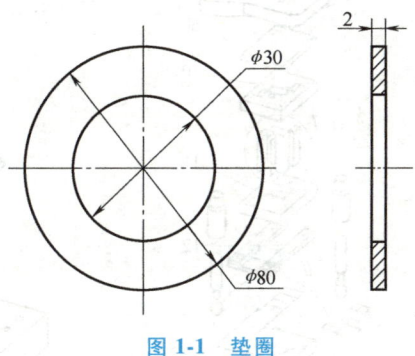

图 1-1　垫圈

一、冲压的概念

冲压是机械零件制造重要的工艺之一，是利用金属材料塑性变形的原理进行工件加工的冷加工工艺。不同的冲压件需用不同的冲压工序来完成。不同的冲压工序的变形机理和变形过程也各不相同。

冲压是指在常温下利用冲压模在压力机的作用下，对材料施加压力，使其产生分离或变形，从而获得一定形状、尺寸和性能，并能满足一定使用要求的零件加工方法。由于冲压加工通常是在常温下（室温）下进行的，所以称为冷冲压。它是压力加工的主要方法之一，是机械制造中先进的加工方法。

如图 1-2 所示冲压过程，是用板料，在拉深凸模、凹模的压力作用下，冲出开口空心的筒形件的过程。

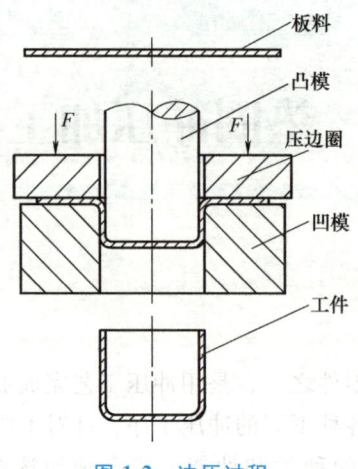

图1-2 冲压过程

冲压模（见图1-3）是冲压加工用的工艺装备。没有先进的冲压模，先进的冲压工艺就无法实现。

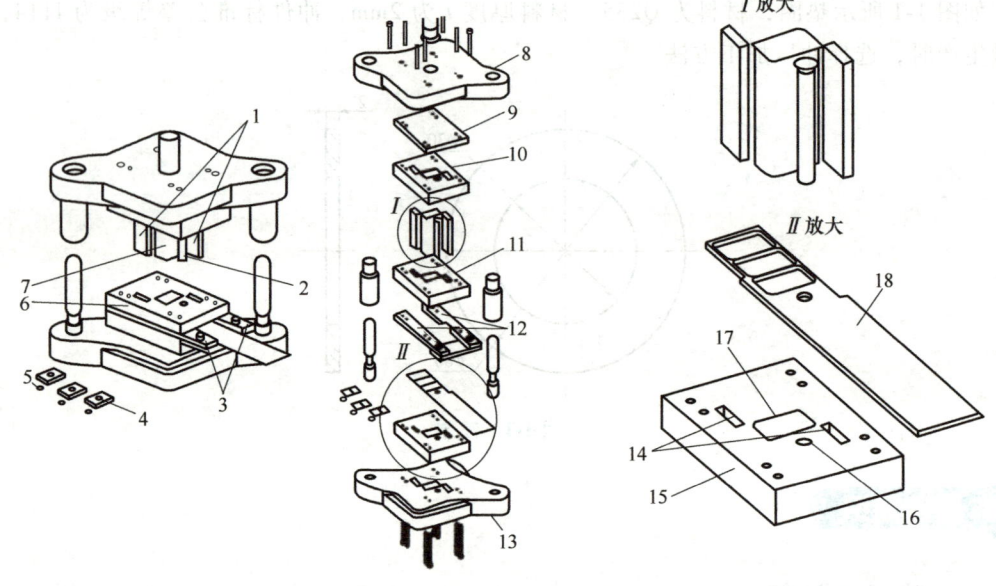

图1-3 冲压模

1—侧刃　2—冲孔凸模　3、12—导料板　4—工件　5—废料　6—卸料板　7—落料凸模　8—上模座　9—垫板
10—凸模固定板　11—导板　13—下模座　14—步距冲裁刃口　15—凹模　16—冲孔刃口　17—落料刃口　18—板料

冲压加工的对象一般为金属板料或带料，因而冲压也称为板料冲压。

冲压工艺是指冲压加工的具体方法（各种冲压工序的总和）和技术经验，冲压工艺与模具、冲压设备和冲压材料构成冲压加工的三要素，它们之间的关系如图1-4所示。

冲压可以分为五个基本工序，即冲裁、弯曲、拉深、成形及立体压制。

1）冲裁是指使板料实现分离的冲压工序。

2）弯曲是指将金属材料沿弯曲线弯成一定的角度和形状的冲压工序。

3）拉深是指将平面板料变成各种开口空心件，或者把空心件的尺寸做进一步改变的冲压工序。

4) 成形是指用各种不同性质的局部变形来改变毛坯形状的冲压工序。

5) 立体压制（体积冲压）是指将金属材料体积重新分布的冲压工序。

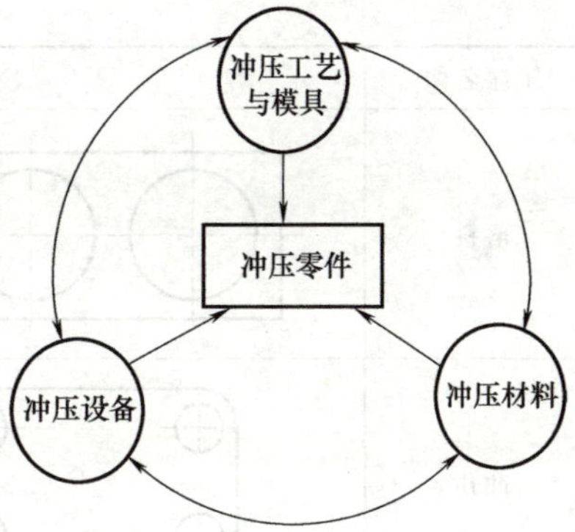

二、冲压工艺的特点及应用

1. 冲压工艺的特点

与其他加工方法相比，冲压工艺有如下优势：

1) 用冲压加工方法可以得到形状复杂的用其他加工方法难以加工的零件，如薄壳类零件等。

图 1-4　冲压加工三要素的关系

2) 冲压件的尺寸精度是由模具保证的，因此，其尺寸稳定，互换性好。

3) 材料利用率高，零件质量小，刚性好，强度高，冲压过程耗能少，零件加工成本较低。

4) 操作简单，劳动强度低，易于实现机械化和自动化，生产率高。

冲压的不足之处：冲压加工中所用的模具结构一般比较复杂，对于批量较小的制件，模具费用使得成本明显增高，所以一般要有经济批量，同时，模具需要一个生产准备周期；冲压生产会产生噪声和振动，劳动保护措施不到位时，还存在安全隐患；冲压件的精度取定于模具精度，如零件的精度要求过高，用冲压生产就难以达到。

因此，在单件、小批量生产中采用冲压工艺受到一定限制。冲压生产一般用于成批、大量生产。

2. 冲压工艺的应用

由于冲压有许多突出的优点，因此，在机械制造、电子、电器等各行业中，都得到了广泛的应用。大到汽车的覆盖件，小到钟表及仪器、仪表元件，大多是由冲压方法制成的。目前，采用冲压工艺获得的冲压制品，在现代汽车、拖拉机、电机、电器、仪器、仪表及各种电子产品和人们日常生活中，都占有十分重要的地位。据粗略统计，在汽车制造中有60%~70%的零件是采用冲压工艺制成的，冲压生产所占的劳动量为整个汽车制造劳动量的25%~30%。在机电及仪器、仪表生产中有70%~80%的零件是采用冲压工艺来完成的。在电子产品中，冲压件的数量占零件总数的85%以上。在飞机、导弹、各种枪弹与炮弹的生产中冲压件所占的比例也相当大。人们日常生活中用的金属制品中，冲压件所占的比例更大，如铝锅、不锈钢餐具和搪瓷盆等都是冲压制品。占世界钢产量60%~70%以上的板材、管材及其他型材，其中大部分是经过冲压方法制成成品的。在工业发达国家，冲压生产和模具工业得到高度的重视，如美国和日本，模具工业的产值已超过机床工业，模具工业成为重要的产业部门，而冲压生产则成为生产优质先进机电产品的重要手段。

三、冲压工序的分类

由于冲压加工的零件形状、尺寸、精度要求、批量大小、原材料性能等的不同，其冲压方法也多种多样，但概括起来可分为分离工序和变形工序两大类，见表1-1和表1-2。

表 1-1 分离工序

工序名称	工序简图	工序特点及应用范围
落料	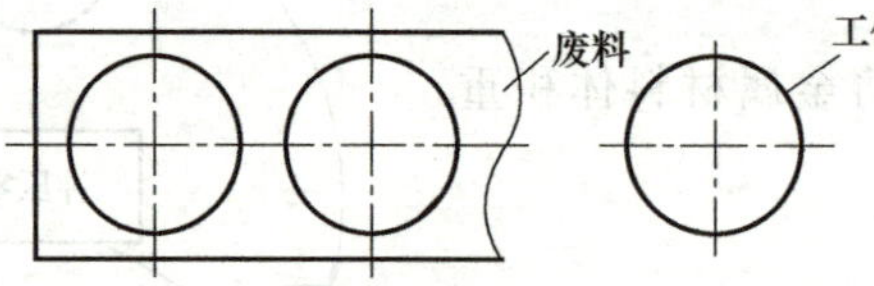	将板料沿封闭轮廓分离，冲下部分是工件
冲孔	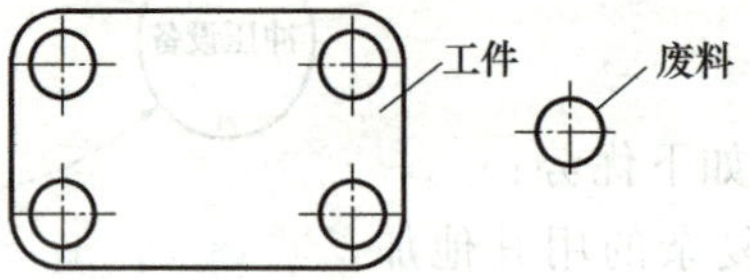	将板料沿封闭轮廓分离，冲下部分是废料
切断	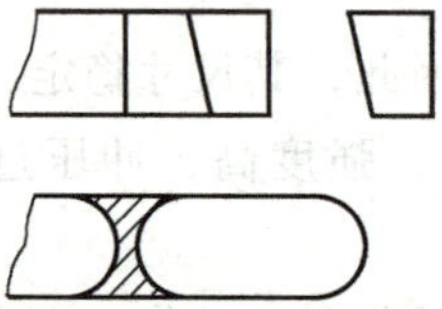	将板料沿不封闭轮廓分离
切边	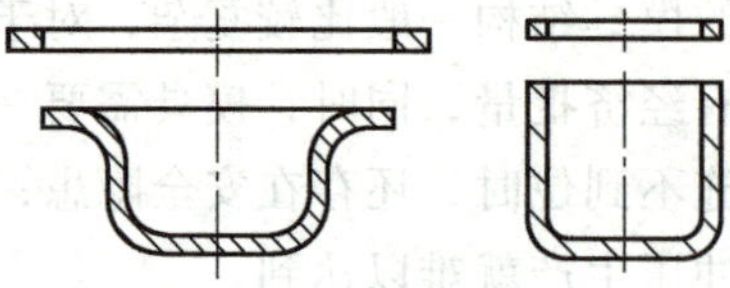	将工件边缘的多余材料冲切下来
剖切	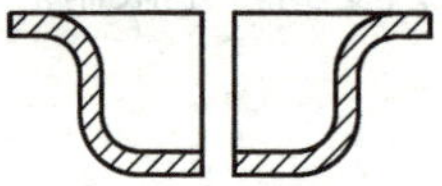	将冲压成形的半成品切开成为两个或两个以上工件
切舌	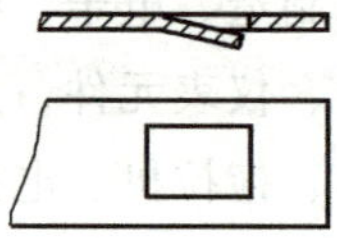	沿不封闭轮廓将部分板料切开并使其下弯

表 1-2 变形工序

工序名称	工序简图	工序特点及应用范围
弯曲	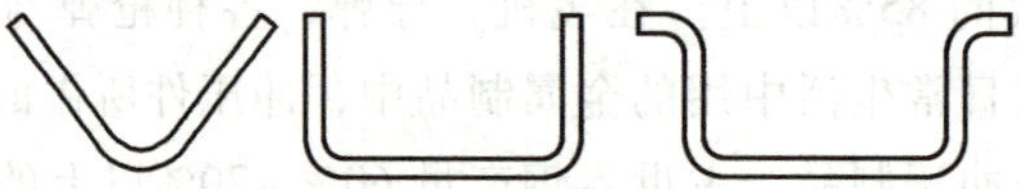	将材料沿弯曲线弯成各种角度和形状
卷边	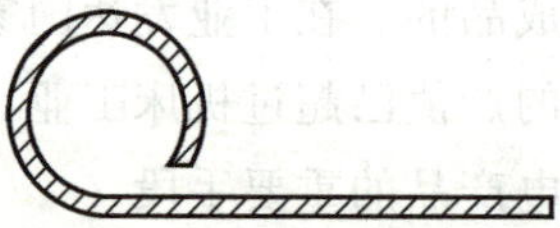	将条料端部弯成接近封闭的圆筒形
拉深	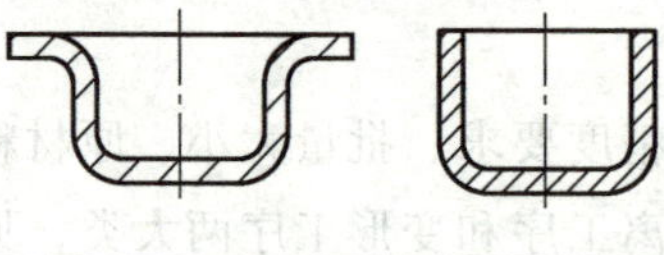	将板料毛坯冲制成各种开口空心件

（续）

工序名称	工序简图	工序特点及应用范围
翻边	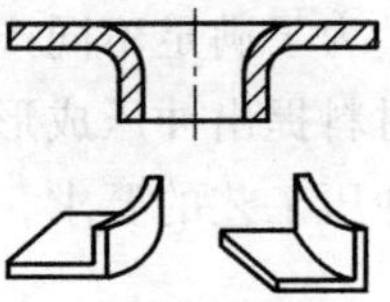	将工件上的孔边缘或外缘翻成竖立的直边
缩口		将空心件或管状毛坯的径向尺寸缩小
扩口	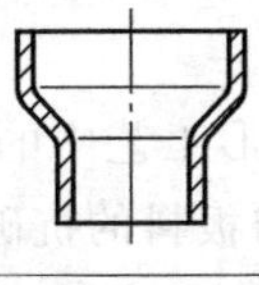	将空心件或管状毛坯的端部径向尺寸扩大
胀形	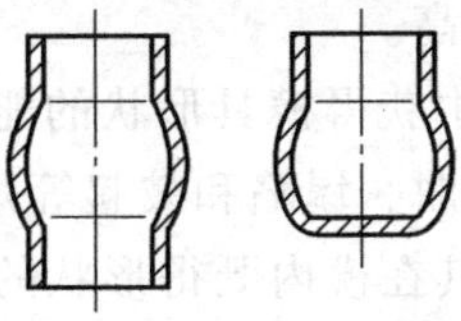	将空心件或管状毛坯的局部向外扩张，胀出所需要的凸起曲面
起伏成形	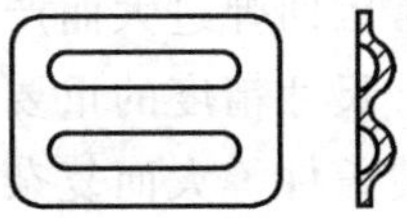	在板料或工件表面上制成各种形状的凸起或凹陷
旋压	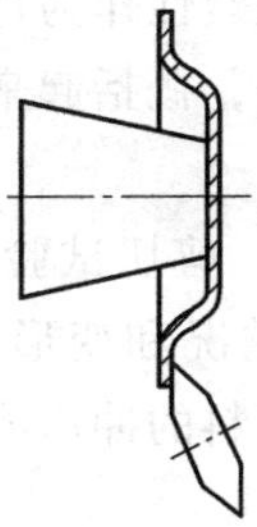	在旋转状态下用辊轮使毛坯逐步成形的方法
冷挤压	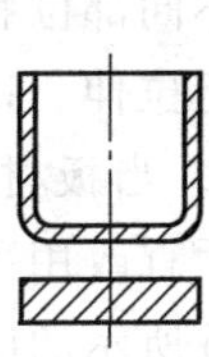	使金属沿凸模、凹模间隙或凹模模口流动，从而使厚毛坯转变为薄壁空心件或横断面不等的半成品
顶镦	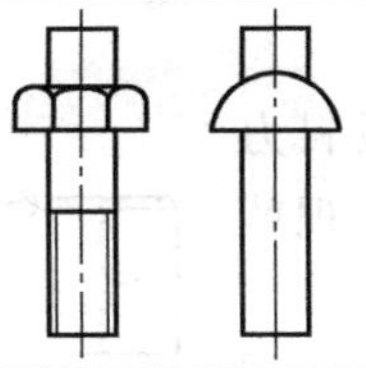	将杆状坯料局部镦粗

分离工序是指将冲压件与毛坯沿一定的轮廓分离的过程；变形工序是在材料不产生破坏的前提下使毛坯发生塑性变形，使之成为所需要的形状及尺寸的制件的过程。

四、冲压材料

冲压生产中所使用的材料种类相当广泛，为了满足不同产品的使用要求，必须选用合适的材料；而从冲压工艺本身出发，又对冲压材料提出冲压成形性能方面的要求。因此，冲压材料的选择既要符合产品使用性能也要满足冲压工艺的要求，同时，选用合适的冲压材料也是生产合格冲压件的重要条件之一。

1. 材料的冲压成形性能和试验方法

材料对各种冲压成形方法的适应能力称为材料的冲压成形性能。材料的冲压成形性能好，即它便于冲压成形加工，单个冲压工序的极限变形程度和总的极限变形程度大，生产率高，成本低，容易得到高质量的冲压件。其中，针对板料的板料冲压成形性能是一个综合性的概念，它包括抗破裂性、贴模性和定形性。

1）板料的抗破裂性涉及板料在各种冲压成形工艺中的最大变形程度即成形极限。极限拉深系数、极限胀形系数和极限翻边系数等都与板料的抗破裂性有关。板料的冲压成形性能越好，其抗破裂性也越好，其成形极限就越高。

2）板料的贴模性是指板料在冲压过程中获得模具形状的能力。在冲压成形过程中，由于各方面因素的影响，板料会产生内皱、翘曲、塌陷和鼓起等几何面缺陷，使贴模性降低。

3）板料的定形性是指零件脱模后保持其在模内既得形状的能力。在影响定形性的诸因素中，回弹是最主要的因素，零件脱模后，常因回弹过大而产生较大的形状误差。

板料的贴模性和定形性是决定零件形状、尺寸精度的重要因素。研究和提高板料的贴模性和定形性对提高冲压件质量，尤其是汽车覆盖件等大而复杂零件的成形质量是有益的。而在目前的冲压生产和板料生产中，仍主要用抗破裂性作为评定板料冲压成形性能的指标。

现在有很多种板料冲压成形性能的试验方法，概括起来，可以分为间接试验和直接试验两类。

（1）间接试验　间接试验方法有拉伸试验、剪切试验、硬度试验、金相试验等，其中拉伸试验简单易行，虽然在试验时试样的受力情况和变形特点与实际冲压变形有一定的差别，但研究表明，这种试验能从不同角度反映板料的冲压成形性能，因此板料的拉伸试验是一种很重要的试验方法。

板料的拉伸试验方法是，在待试验的板料的不同部位和方向上截取试料，制成图1-5所示的标准拉伸试样，然后在万能材料试验机上进行拉伸。拉伸过程中，应注意加载速度不能过快，开始拉伸时可按小于5mm/min的速度加载，当板材开始屈服时应进行间断加载，并随时记录载荷大小和试样截面尺寸。当开始缩颈后宜改用手动加载，并争取记录载荷及试样截面尺寸1~2次。根据试验结果，可以得到图1-6所示的应力与伸长率之间的关系曲线，即应力-应变曲线。

拉伸试验所得到的应力-应变曲线表示板料力学性能的指标与冲压成形性能有密切的关系，现就其中几项指标说明如下。

1）伸长率。单向拉伸试验时，试样出现缩颈之前的伸长率称为均匀伸长率A_b；试样拉断之前的伸长率称为总伸长率A（包括A_b）。一般来讲，A

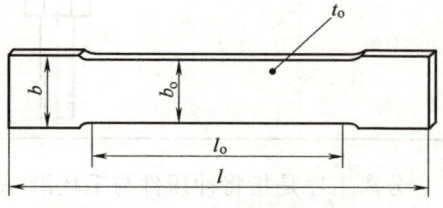

图1-5　标准拉伸试样

和 A_b 大，板料允许的塑性变形程度也大，抗破裂性也较好。

2）屈服强度。试验表明，屈服强度 R_{eL} 数值小，材料易屈服，成形后回弹小，贴模性和定形性较好。另外，屈服点对零件表面质量也有影响，如果应力-应变曲线出现屈服平台，它的长度——屈服伸长率 A_u 较大，板料在屈服伸长之后，表面会出现明显的滑移线痕迹，导致零件表面粗糙。

3）屈强比。R_{eL}/R_m 是材料的屈服强度和抗拉强度的比值，称为屈强比。屈强比对板料的冲压成形性

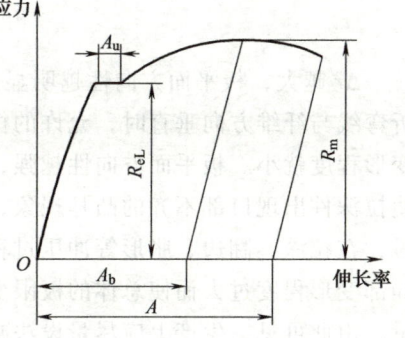

图 1-6 应力-应变曲线

能影响较大。R_{eL}/R_m 数值小，板料由屈服到破裂前的塑性变形阶段长，有利于冲压成形。一般来讲，较小的屈强比对材料在各种成形工艺中的抗破裂性都有利。此外，试验证明，屈强比与成形零件的回弹有关，R_{eL}/R_m 数值小，回弹也小，即定形性较好。总之，屈强比是反映板料冲压成形性能的很重要的指标。我国冶金标准规定，复杂零件的深拉深用 ZF 级钢板，其屈强比不大于 0.66。

4）硬化指数 n。单向拉伸硬化曲线的关系式可写成 $\sigma = C\varepsilon^n$，其中，指数 n 即为硬化指数，表示板料在冷塑性变形中的硬化程度，n 值大，硬化效应就强，抗缩颈能力就强，抗破裂性通常也就越强，尤其对胀形来说，有明显的减少毛坯局部变薄、增大成形极限的作用。

5）板厚方向性系数 r。板厚方向性系数是板料试样在拉伸试验中的试样的宽度和厚度应变之比，即

$$r = \frac{\varepsilon_b}{\varepsilon_t} = \frac{\ln\dfrac{b}{b_o}}{\ln\dfrac{t}{t_o}}$$

式中，b_o、b、t_o、t 分别为变形前、后试样的宽度和厚度（mm）。

r 值反映了板料平面方向和板厚方向之间变形难易程度的差异，由于板料平面上存在各向异性，故常用 r 的加权平均值 $\bar{r}$ 表达板厚方向性系数，即

$$\bar{r} = \frac{1}{4}(r_0 + 2r_{45} + r_{90})$$

式中，r_0、r_{90} 和 r_{45} 的下标分别为拉伸试样相对于钢材轧制方向的角度值。

$\bar{r}$ 值对拉深成形性能影响很大。例如，$\bar{r}$ 值大，则板料在平面方向容易变形，板厚方向较难变形。就筒形件拉深来说，筒壁在拉应力作用下不易变薄，不易拉破，而凸缘变形区面上的切向压缩变形和径向伸长容易产生；起皱趋势减弱，压应力减小，反过来又使筒壁拉应力减小，使筒形件的拉深极限变形程度增大。同样，对于曲面零件的拉深，$\bar{r}$ 值大，也使板料中间部分变薄量小且不易起皱。因此，$\bar{r}$ 值大也反映了板料抗破裂性和贴模性的提高。

6）板平面方向性系数 Δr。由于轧制板材时，晶粒在伸长方向被拉长，杂质和偏析物也会定向分布，形成纤维组织，故在板平面上存在塑性各向异性，其程度可用 Δr 表示，即

$$\Delta r = \frac{1}{2}(r_0 + r_{90}) - r_{45}$$

Δr 越大，板平面方向性越明显，对冲压成形的影响也越大。例如，弯曲，当弯曲件的折弯线与纤维方向垂直时，允许的极限变形程度就大；而折弯线平行于纤维方向时，允许的变形程度就小。板平面方向性越强，弯曲量越大。例如，筒形件拉深，由于板平面力方向性使拉深件出现口部不齐的凸耳现象，板平面方向性越明显，凸耳也越明显。板平面方向性大时，在拉深、翻边、胀形等冲压过程中能够引起毛坯变形的不均匀，其结果是不但可能因为局部变形程度过大而使总体的极限变形程度减小，而且还能引起壁厚不均而降低冲压件的质量。由此可见，生产上应尽量设法减小板料的 Δr 值。

（2）直接试验　直接试验也称模拟试验，是直接模拟某一类实际成形方式来成形小尺寸的试样。由于应力应变状态基本相同，故试验结果能更确切地反映这类成形方式下板料的冲压成形性能。直接试验方法有多种，下面择要介绍几种。

1）弯曲试验。弯曲试验的目的是鉴定板料的弯曲性能。常用的弯曲试验是往复弯曲试验，即将试样夹持在专用试验设备的钳口内，反复折弯直至出现裂纹。弯曲半径越小，往复弯曲试验的次数就越多，板料的冲压成形性能就越强。这种试验主要用于鉴定厚度在2mm以下的板料。

2）胀形成形性能试验。测定或评价板料胀形成形性能时，广泛应用胀形试验（杯突试验），如图1-7所示。将试样2放在凸模4与压边圈3之间压紧，球头凸模向上运动，把试样在凹模1内胀成凸包，至凸包破裂时停止试验，并将此时的凸包高度记作杯突试验值 IE，作为胀形性能指标。IE 值越大，胀形成形性能越好。

3）拉深成形性能试验。测定或评价板料拉深成形性能时，常采用两种试验方法，其中筒形件拉深试验（冲杯试验）是一种传统的试验方法，如图1-8所示。冲杯试验采用不同直径的试样（直径级差为1.25mm），在有压边装置的试验用拉深模中拉深。试验过程中，逐级增大试样直径，测定杯体底部圆角附近不被拉破时的最大试样直径 D_{max}，并用极限拉深比 LDR 作为拉深成形性能指标。LDR 越大，拉深成形性能越好。

$$LDR = \frac{D_{max}}{d_T}$$

式中，d_T 为凸模直径。

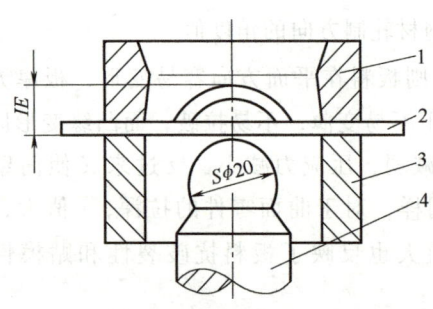

图1-7　胀形试验（杯突试验）
1—凹模　2—试样　3—压边圈　4—凸模

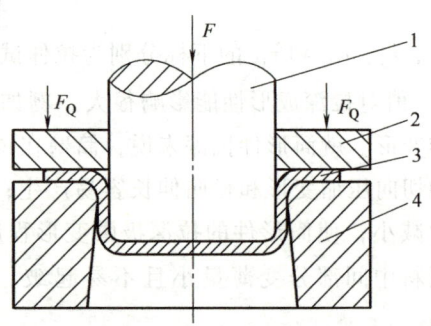

图1-8　筒形件拉深试验（冲杯试验）
1—凸模　2—压边圈　3—工件　4—凹模

其他直接试验方法还有扩孔、拉深-胀形复合成形性能试验等,具体试验方法可查阅有关标准。

2. 常用冲压材料

(1) 冲压材料的基本要求　冲压所用的材料,不仅要满足使用要求,还应满足冲压工艺要求和后续加工要求。冲压工艺对材料的基本要求如下:

1) 对冲压成形性能的要求。对于成形工序,为了提高冲压变形和制件质量,材料应具有良好的冲压成形性能,即应有良好的抗破裂性、良好的贴模性和定形性。

对于分离工序,则要求材料具有一定的塑性。

2) 对表面质量的要求。材料的表面应光洁、平整,无缺陷、损伤。表面质量好的材料,冲压时不易破裂,不易擦伤模具,制件的表面质量也好。

3) 对材料厚度公差的要求。材料的厚度公差应符合国家标准,因为一定的模具间隙适用于一定厚度的材料,材料厚度公差太大,不仅直接影响制件的质量,还可能导致废品的出现。在校正弯曲和整形等工序中,有可能因厚度方向的正偏差过大而引起模具或压力机的损坏。

(2) 冲压材料的种类　冲压生产最常用的材料是金属材料,有时也用非金属材料。常用的金属材料分黑色金属和有色金属两种。黑色金属有普通碳素结构钢、优质碳素结构钢、合金结构钢、碳素工具钢、不锈钢、电工硅钢等,常用的主要有普通碳素钢和优质碳素结构钢,优质碳素结构钢薄钢板主要用于成形复杂的弯曲件和拉深件。有色金属有纯铜、黄铜、青铜、铝等,常用的主要有黄铜板(带)和铝板(带)。非金属材料有纸板、胶木板、橡胶板、塑料板、纤维板和云母等。

(3) 冲压材料的规格　冲压用金属材料大部分都是各种规格的板料和带料。

板料的尺寸较大,用于大型零件的冲压,也可将板料按排样尺寸剪裁成条料后用于中、小型零件的冲压。

带料(又称卷料)有各种不同的宽度和长度。展开长度可达几十米,成卷状供应。卷状供应的主要是薄料,适用于大批量生产的自动送料。

对于板料厚度小于4mm的轧制钢板,其精度分为A(高级精度)、B(较高级精度)和C(普通精度)三级。

对优质碳素结构钢冷轧钢板,其表面质量可分为Ⅰ(特别高级的精整表面)、Ⅱ(高级的精整表面)、Ⅲ(较高级的精整表面)和Ⅳ(普通的精整表面)四组,每组按拉深级别又分为Z(最深拉深)、S(深拉深)和P(普通拉深)三级。

在冲压工艺文件和图样上,对材料的表示方法有特殊的规定,如材料为08钢、厚度为1.0mm、平面尺寸为1000mm×1500mm、较高级精度、较高级的精整表面、深拉深的优质碳素结构钢冷轧钢板表示为

$$钢板\frac{B-1.0\times1000\times1500-GB/T\ 708—1991}{08-Ⅲ-S-GB/T\ 710—1991}$$

关于材料的牌号、规格和性能,可查阅有关设计资料和标准。表1-3、表1-4和表1-5分别列出了冲压常用金属材料的力学性能、轧制薄钢板的厚度公差及尺寸规格。

表 1-3　冲压常用金属材料的力学性能

材料名称	牌号	材料的状态	抗剪强度 τ_b/MPa	抗拉强度 R_m/MPa	屈服强度 R_{eL}/MPa	伸长率 $A(\%)$
普通碳素钢	Q195	未退火	225~314	314~392	195	28~33
	Q215		265~333	333~412	216	26~31
	Q235		304~373	432~461	235	21~25
	Q255		333~412	481~511	255	19~23
	Q275		392~490	569~608	275	15~19
碳素结构钢	08	已退火	216~304	275~383	177	32
		—	255~353	324~441	196	32
	10F		216~333	275~412	186	30
	10		255~333	294~432	206	29
	15		265~373	333~471	225	26
	20		275~392	353~500	245	25
	30		353~471	441~588	294	22
	35		392~511	490~637	314	20
	45		432~549	539~686	353	16
	50		432~569	539~716	373	14
冷轧深拉深钢	08AlZF			255~324	196	44
	08AlHF			255~334	206	42
	08AlHF　$t>1.2$mm	—		255~343	216	39
	$t=1.2$mm	—		255~343	216	42
	$t<1.2$mm			255~343	235	42
低合金高强度钢	10Mn2	已退火	314~451	392~569	255	22
	65Mn		588	736	392	12
合金结构钢	25CrMnSi	已低温退火	392~549	490~686	—	18
	30CrMnSi		432~588	539~736		16
不锈钢	12Cr13	已退火	314~373	392~461	412	21
	20Cr13		314~392	392~490	441	20
	1Cr18Ni9Ti	经热处理	451~511	569~628	196	35
铝	1060,1050A,1200	已退火	78	74~108	49~78	25
		冷作硬化	98	118~147	—	4
铝锰合金	3A21	已退火	69~98	108~142	49	19
		半冷作硬化	98~137	152~196	127	13
铝镁合金 铝铜镁合金	2A02	已退火	127~158	177~225	98	—
		半冷作硬化	158~196	225~275	206	—

（续）

材料名称	牌号	材料的状态	力学性能			
			抗剪强度 τ_b/MPa	抗拉强度 R_m/MPa	屈服强度 R_{eL}/MPa	伸长率 A(%)
硬铝（杜拉铝）	2A12	已退火	103~147	147~211		12
		淬硬并经自然时效	275~304	392~432	361	15
		淬硬后冷作硬化	275~314	392~451	333	10
纯铜	T1,T2,T3	软	157	196	69	30
		硬	235	294	—	3
黄铜	H62	软	255	294		35
		半硬	294	373	196	20
		硬	412	412		10
	H68	软	235	294	98	40
		半硬	275	343		25
		硬	392	392	245	15
铅黄铜	HPb59-1	软	294	343	142	25
		硬	392	441	412	5
锡磷青铜 锡锌青铜	QSn4-4-2.5 QSn4-3	软	255	294	137	38
		硬	471	539	—	3~5
		特硬	490	637	535	1~2
钛合金	TA2	—	353~471	441~588		25~30
	TA3	退火	432~588	539~736		20~25
	TA5	—	628~667	785~834		15
可伐合金	4J29(Ni29Co18)		400~500	500~600	400	32

表 1-4 轧制薄钢板的厚度公差 （单位：mm）

钢板厚度	A	B	C	
	高级精度	较高级精度	普通精度	
	冷轧优质钢板	普通和优质钢板		
		冷轧和热轧	热轧	
	全部宽度		宽度<1000	宽度≥1000
0.2~0.4	±0.03	±0.04	±0.06	±0.06
0.45~0.5	±0.04	±0.05	±0.07	±0.07
0.55~0.60	±0.05	±0.06	±0.08	±0.08
0.70~0.75	±0.06	±0.07	±0.09	±0.09
2.0	±0.13	±0.15	+0.15 / -0.18	±0.18
2.2	±0.14	±0.16	+0.15 / -0.19	±0.19
5.5	±0.15	±0.17	+0.16 / -0.20	±0.20

(续)

钢板厚度	A 高级精度 冷轧优质钢板	B 较高级精度	C 普通精度	
		普通和优质钢板		
		冷轧和热轧	热轧	
	全部宽度		宽度<1000	宽度≥1000
2.8~3.0	±0.16	±0.18	+0.17 / -0.22	±0.22
3.2~3.5	±0.18	±0.20	+0.18 / -0.25	±0.25
3.8~4.0	±0.20	±0.22	+0.20 / -0.30	±0.30

表1-5 轧制薄钢板的尺寸规格　　　　　　　　　　（单位：mm）

钢板厚度	钢板宽度											
	500	600	710	750	800	850	900	950	1000	1100	1250	1400	1500
	冷轧钢板长度												
0.2,0.25 0.3,0.4	1200	1420	1500	1500	1500								
	1000	1800	1800	1800	1800	1800	1500	1500					
	1500	2000	2000	2000	2000	2000	2000	2000					
0.5,55 0.6		1200	1420	1500	1500	1500							
	1000	1800	1800	1800	1800	1800	1500	1500					
	1500	2000	2000	2000	2000	2000	2000						
0.7,0.75		1200	1420	1500	1500	1500							
	1000	1800	1800	1800	1800	1800	1500	1500					
	1500	2000	2000	2000	2000	2000	2000						
0.8,0.9		1200	1420	1500	1500	1500	1500						
	1000	1800	1800	1800	1800	1800	1800	1500					
	1500	2000	2000	2000	2000	2000	1800	2000					
1.0,1.1	1000	1200	1420	1500	1500	1500					2800	2800	
1.2,1.4	1500	1800	1800	1800	1800	1800	1800		2000	2000	2000	3000	
1.5,1.6	2000	2000	2000	2000	2000	2000	2000		2000	2000	2000	3000	
1.8,2.0	2000	2000	2000	2000	2000	2000			2000	2200	2500	3500	3500
2.2,2.5	500	600											
2.8,3.0	1000	1200	1420	1500	1500								
3.2,3.5	1500	1800	1800	1800	1800	1800	1800	2000					
3.8,4.0	2000	2000	2000	2000	2000	2000							
	热轧钢板长度												
0.35,0.4	1200		1000										
0.45,0.5	1000	1500	1000	1500	1500		1500	1500					
0.55,0.6	1500	1800	1420	1800	1600	1700	1800	1900	1500				

(续)

钢板厚度	钢板宽度											
	500	600	710	750	800	850	900	950	1000	1100	1250	1400	1500
	热轧钢板长度											
0.7,0.75	2000	2000	2000	2000	2000	2000	2000	2000	2000				
0.8,0.9			1500	1500	1500	1500	1500	1500					
	1000	1200	1420	1800	1600	1700	1800	1900	1500				
	1500	1420	2000	2000	2000	2000	2000	2000	2000				
1.0,1.1				1000			1000						
1.2,1.25	1000	1420	1500	1500	1500	1500	1500						
1.4,1.5	1500	1420	1420	18000	1600	1700	1800	1900	1500				
1.6,1.8	2000	2000	2000	2000	2000	2000	2000	2000					
					1000								
2.0,2.2	500	600	1000	1500	1500	1500	1500	1500	1500	2200	2500	2800	
2.5,2.8	1000	1200	1420	18000	1600	1700	1800	1900	2000	3000	3000	3000	3000
	1500	1500	1420	2000	2000	2000	2000	2000	3000	4000	4000	4000	4000
3.0,3.2					1000		1000						
3.5,3.8				1500	1500	1500	1500	1500	2000	2200	2500	3000	3000
4.0	500	600	1420	1800	1600	1700	1800	2000	3000	3000	3000	3500	3500
	1000	1200	1200	2000	2000	2000	2000	2000	4000	4000	4000	4000	4000

（4）冲压材料的合理选用　冲压材料的合理选用要考虑冲压件的使用要求、冲压工艺要求及经济性要求。

1）按冲压件的使用要求合理选择材料。所选择的材料应能使冲压件在机器或部件中正常工作，并具有一定的使用寿命。为此，应根据冲压件的使用条件，使所选择的材料满足相应的强度、刚度、韧性、耐蚀性和耐热性等方面的要求。

2）按冲压工艺要求合理选择材料。对于任何一个冲压件，所选择的材料都应能够按照其冲压工艺要求，稳定地成形出不致开裂和起皱的合格产品，这是最基本也是最重要的选材要求。为此，可以用如下方法合理选择材料：

① 试冲。根据以往的生产经验及可能条件，选几种基本能满足冲压件使用要求的材料进行试冲，最后选择没有开裂或皱褶的、废品率低的一种。这种方法结果比较直观，但带有较大的盲目性。

② 分析与对比。在分析冲压变形性质的基础上，把冲压成形时的最大变形程度与板料冲压成形性能所允许采用的极限变形程度进行对比，并以此作为依据，选取符合该种零件冲压工艺要求的板材。

3）按经济性要求合理选择材料。所选择的材料应在满足使用性能及冲压工艺要求的前提下，价格尽量低廉，来源广泛方便，易于采购，以降低冲压件的成本。

五、冲压成形设备

在冲压生产中，为了适应不同的冲压工作需要，采用各种不同类型的压力机。压力机的类型很多，按传动方式的不同，主要可分为机械压力机和液压压力机两大类，其中机械压力机应用最为广泛。

一般冲压车间常用的机械压力机有曲柄压力机与摩擦压力机等，其中又以曲柄压力机最为常用。

1. 曲柄压力机的用途和分类

曲柄压力机是用来提供动力和运动的设备，以便对模具中的材料实现压力加工。曲柄压力机属于机械传动类压力机，是重要的压力加工设备，能完成各种冲压工艺，直接生产出半成品或制品。因此，曲柄压力机在汽车、拖拉机、电器、电子、仪表、国防、航空航天以及日用品等工业部门得到了广泛的应用。

为适应生产中不同零件的工艺要求，采用各种不同类型的曲柄压力机。

按工艺用途，曲柄压力机可分为通用曲柄压力机和专用曲柄压力机两大类。通用曲柄压力机适用于多工艺用途，如冲裁、弯曲、成形、浅拉深等；而专用曲柄压力机用途较为单一，如拉深压力机、板料折弯机、剪板机、热模锻压力机、高速压力机、冷镦压力机及精压机等，都属于专用曲柄压力机。

按机身结构型式的不同，曲柄压力机可分为开式曲柄压力机和闭式曲柄压力机。开式曲柄压力机床身的前面、左面和右面三个方向是敞开的，如图1-9所示，操作和安装模具都很方便，便于自动送料。但由于床身呈C字形，刚性较差。当冲压压力较大时，床身易变形，影响模具寿命，因此只适用于2000kN以下的中、小型压力机。闭式曲柄压力机的床身两侧封闭，如图1-10所示，只能前后送料，操作不如开式曲柄压力机方便，但其刚性好，能承受较大的压力，适用于压力超过2500kN的大、中型压力机和精度要求较高的轻型压力机。

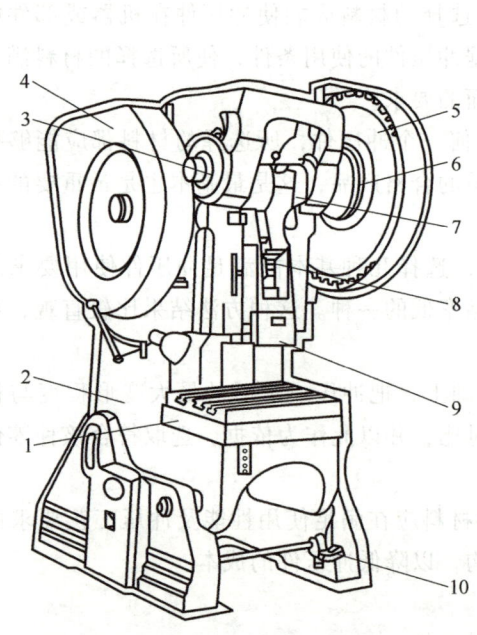

图1-9 开式曲柄压力机

1—工作台 2—床身 3—制动器 4—安全罩 5—齿轮
6—离合器 7—曲轴 8—连杆 9—滑块 10—脚踏操纵器

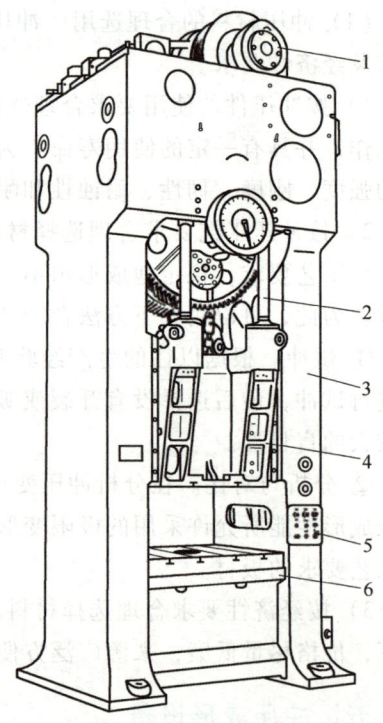

图1-10 闭式曲柄压力机

1—动力与传动系统 2—外滑块调整机构
3—机身 4—外滑块 5—控制面板 6—工作台

按连接曲柄和滑块的连杆数，曲柄压力机可分为单点曲柄压力机、双点曲柄压力机和四点曲柄压力机，如图 1-11 所示。曲柄连杆数的设置主要根据滑块面积的大小和吨位而定。连杆数多，滑块承受偏心负荷能力强。

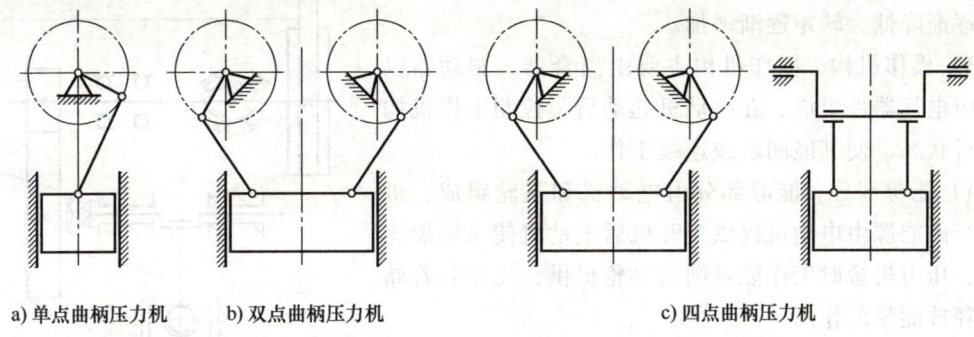

a) 单点曲柄压力机　　b) 双点曲柄压力机　　c) 四点曲柄压力机

图 1-11　曲柄压力机按连接曲柄和滑块的连杆数划分

根据运动滑块的数量，曲柄压力机可分为单动曲柄压力机、双动曲柄压力机和三动曲柄压力机，如图 1-12 所示。目前应用最多的是单动曲柄压力机，双动曲柄压力机和三动曲柄压力机主要用于拉深工艺。

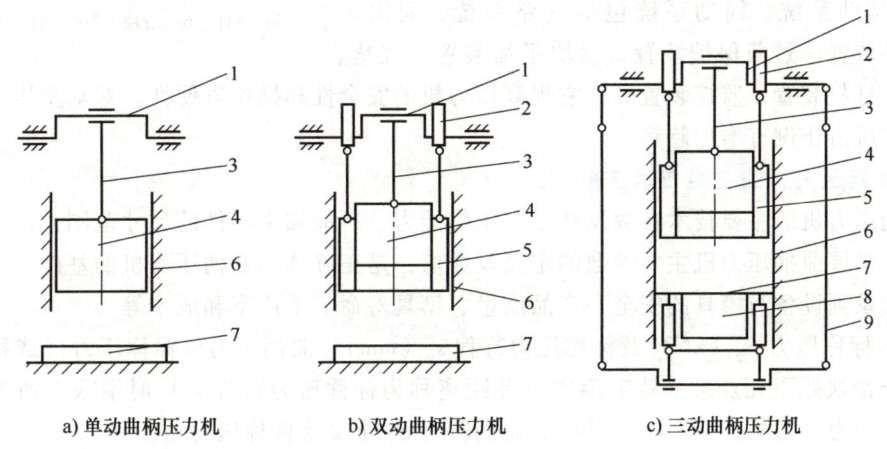

a) 单动曲柄压力机　　b) 双动曲柄压力机　　c) 三动曲柄压力机

图 1-12　曲柄压力机按运动滑块的数量划分

1—曲轴　2—凸轮　3—连杆　4—滑块　5—外滑块　6—机身　7—工作台　8—下滑块　9—联动机构

2. 曲柄压力机的工作原理和结构组成

曲柄压力机通过曲柄连杆机构将电动机的旋转运动转换为滑块的往复直线运动。尽管曲柄压力机类型众多，但其工作原理和基本组成是相同的。

（1）曲柄压力机的工作原理　开式双柱可倾式压力机的工作原理如图 1-13 所示。电动机 1 通过传动带 2，把运动传给齿轮 3，齿轮传动带动曲轴 4 旋转，将运动传给连杆 5，通过连杆 5 转换为滑块 6 的往复直线运动。若在滑块 6 和工作台上分别安装上、下模，可完成相应的材料成形工艺。

（2）曲柄压力机的结构组成　根据曲柄压力机各部分零件的功能，可分为如下几个组成部分：

1）工作机构。设备的工作机构由曲轴、连杆、滑块组成，将旋转运动转换成往复直线运动。由于工作机构是一刚性曲柄连杆机构，故压力机工作时有固定的上下极限位置（上、下死点），可以精确控制成形件的尺寸。

2）传动系统。传动系统由传动带和齿轮传动组成，将电动机的能量传输至工作机构，在传输过程中，转速逐渐降低，转矩逐渐增加。

3）操作机构。操作机构主要由离合器、制动器以及相应电气器件组成，在电动机起动后，控制工作机构的运行状态，使其能间歇或连续工作。

4）能源部分。能源部分由电动机和飞轮组成，机器运行的能源由电动机提供，开机后电动机使飞轮加速转动，压力机短时工作能量则由飞轮提供，飞轮起着储存和释放能量的作用。

5）支承部分。支承部分由机身、工作台和紧固件等组成。它把压力机所有零部件连成一个整体，承受全部工作变形力和各种部件的重力，并保证整机所需要的精度和强度。

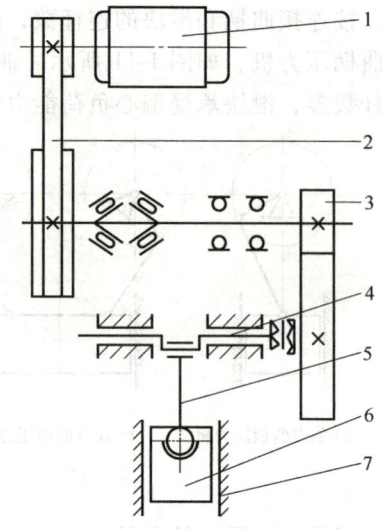

图1-13　开式双柱可倾式压力机的工作原理

1—电动机　2—传动带　3—齿轮　4—曲轴
5—连杆　6—滑块　7—导轨（机身）

6）辅助系统。辅助系统包括气路系统、润滑系统、顶件装置、过载保护装置、滑块平衡装置、气垫、快换模、打料装置、监控装置等。它提高压力机的安全性和操作方便性。对新型压力机，此系统成本所占比例有增加趋势。

3. 曲柄压力机的主要技术参数

曲柄压力机的主要技术参数反映了其工作能力、所能加工零件的尺寸范围，以及生产率等指标。掌握曲柄压力机主要参数的定义及数值，是正确选用曲柄压力机的基础。正确选用压力机关系到设备与模具的安全、产品质量、模具寿命、生产率和成本等。

（1）标称压力 F_g（kN）及标称压力行程 s_g（mm）　曲柄压力机标称压力（或称额定压力）是指滑块距下死点某一特定距离（此距离称为标称压力行程 s_g）时滑块上所容许承受的最大作用力。与标称压力行程对应的曲柄转角 α_g 定义为标称压力角。

由曲柄连杆机构的工作原理可知，压力机滑块的压力在整个行程中不是一个常数，而是随曲轴转角的变化而不断变化的。曲柄压力机标称压力及许用压力曲线如图1-14所示，图中 s 为滑块行程，x 为滑块离下死点的距离，F_{max} 为压力机的最大许用压力，F 为滑块在某位置时所允许的最大工作压力，α 为曲柄与铅垂线之间点的夹角。从曲线中可以看出，当曲柄转到滑块离下死点转角约等于20°~30°时，压力机的许用压力达到最大值 F_{max}，即所谓的标称压力 F_g。

由于曲柄连杆机构的结构特征，F_g 与 s_g 是同时出现的，即在标称压力行程 s_g 外，设备的工作能力小于标称压力值，只有在标称压力行程 s_g 内，设备的工作能力才能达到 F_g 值，但也不能超过该值。例如，J23-40 压力机，其标称压力 F_g 为400kN，标称压力行程 s_g 为7mm，即该压力机在滑块距下死点前7mm范围内，滑块上可容许的最大作用力为400kN。

标称压力值已经系列化，主要取自优先数系列，如63kN、100kN、160kN、250kN、315kN、400kN、630kN、800kN、1000kN、1250kN、1600kN…

（2）滑块行程 s（mm）　滑块行程是指滑块从上死点至下死点所经过的距离，其值是曲

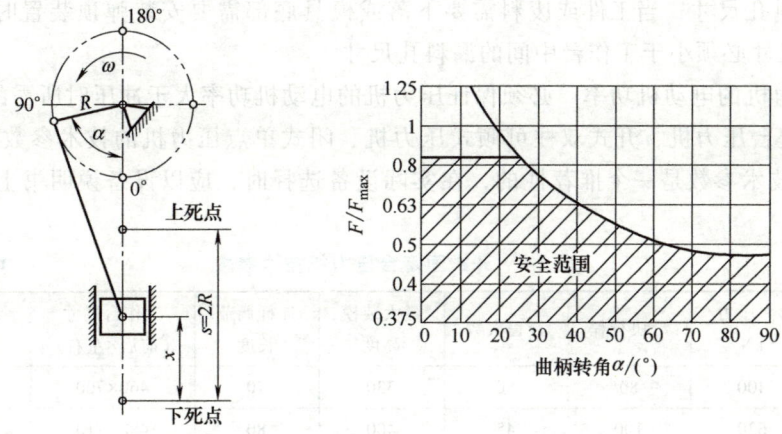

图1-14 曲柄压力机标称压力及许用压力曲线（负荷图）

柄半径的两倍,它随设备的标称压力值的增加而增加。有些压力机的滑块行程是可调的。

(3) 滑块行程次数 n　滑块行程次数指在连续工作方式下滑块每分钟能往返的次数,与曲柄转速对应。通用曲柄压力机设备越小,滑块行程次数越大。对高速压力机,为实现大批量生产和模具调试,可以在试模及模具初始运行阶段以低速运行,一切正常后切换至高速运行。

(4) 最大装模高度 H (mm) 及装模高度调节量 ΔH (mm)　装模高度是指滑块在下死点时滑块下表面到工作台板上表面的距离。为了提高设备的适应能力,装模高度应是可调节的。最大装模高度是指当装模高度调节装置将滑块调节至最上位置时的装模高度值。

与装模高度并行的还有封闭高度。封闭高度是指滑块处于下死点时,滑块下表面与压力机工作台上表面的距离,它与装模高度不同的是多一个工作台垫板的厚度。压力机的结构参数如图1-15所示。例如,J31-315压力机的最大装模高度为500mm,装模高度调节量为250mm,因此在此设备上,除去极限位置的5mm,高度为255~495mm的模具,都可以正常安装及工作。

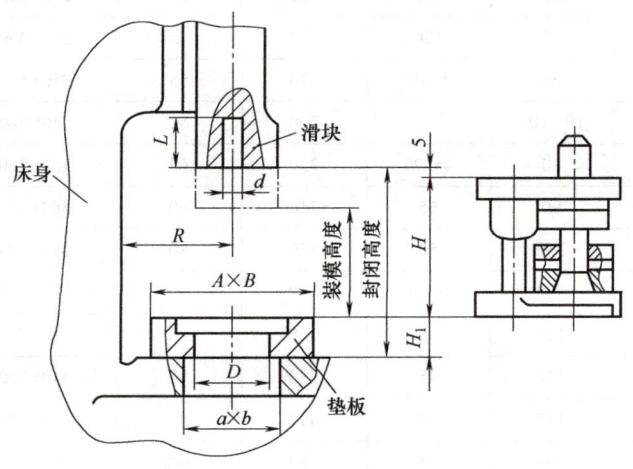

图1-15 压力机的结构参数

(5) 工作台尺寸　工作台尺寸包括工作台平面尺寸和工作台上漏孔尺寸。

(6) 模柄孔尺寸　模柄孔尺寸主要针对开式曲柄压力机,用于模具上模装夹。

(7) 漏料孔尺寸　当工件或废料需要下落或模具底部需要安装弹顶装置时，下落件或弹顶装置的尺寸必须小于工作台中间的漏料孔尺寸。

(8) 压力机的电动机功率　必须保证压力机的电动机功率大于冲压时所需的功率。

开式固定台压力机、开式双柱可倾式压力机、闭式单点压力机的技术参数见表1-6~表1-8，其中的技术参数是一个推荐性的，在实际设备选择时，应以设备说明书上的相关技术参数为准。

表 1-6　开式固定台压力机技术参数　　　　　　　　　　　　（单位：mm）

型号	标称压力/kN	滑块行程	行程次数	最大装模高度	连杆调节长度	工作台尺寸（前后×左右）	模柄孔尺寸（直径×深度）
J21-40	400	80	80	330	70	460×700	φ50×70
J21-63	630	100	45	400	80	480×710	
JB21-63	630	80	65	320	70	480×710	
J21-80	800	130	45	380	90	540×800	φ60×75
J21-80A	800	14~130	45	380	90	540×800	
JA21-100	1000	130	38	480	100	710×1080	
JB21-100	1000	60~100	70	390	85	600×850	
J21-160	1600	160	40	450	100	710×710	
J29-160	1600	117	40	450	80	650×1000	φ70×80
J29-160A	1600	140	37	450	120	630×1000	
J21-400	4000	200	25	550	150	900×1400	T形槽

表 1-7　开式双柱可倾式压力机技术参数　　　　　　　　　　（单位：mm）

型号	标称压力/kN	滑块行程	行程次数	最大装模高度	连杆调节长度	工作台尺寸（前后×左右）	模柄孔尺寸（直径×深度）
J23-10A	100	60	145	180	35	240×360	φ30×50
J23-16	160	55	120	220	45	300×450	
J23-25	250	65	55/105	270	55	370×560	φ50×70
JD23-25	250	10~100	55	270	50	370×560	
J23-40	400	80	45/90	330	65	460×700	
JC23-40	400	90	65	210	60	380×630	
J23-63	630	130	50	360	80	480×170	
JB23-63	630	100	40/80	400	80	570×860	
JC23-63	630	120	50	360	80	480×710	
J23-80	800	130	45	380	90	540×800	φ60×75
JB23-80	800	115	45	417	80	480×720	
J23-100	1000	130	38	480	100	710×1080	
J23-100A	1000	10~140	45	400	45	600×900	
JA23-100	1000	150	60	430	60	710×1080	
J23-125	1250	130	38	480	110	710×1080	

表 1-8 闭式单点压力机技术参数 （单位：mm）

型号	标称压力/kN	滑块行程	行程次数	最大装模高度	连杆调节长度	工作台尺寸（前后×左右）	模柄孔尺寸（直径×深度）
J31-100	1000	165	35	280	100	630×635	φ70×80
J31-120	1200	100	46	550	200	6080×800	
JA31-160A	1600	160	32	480	120	790×710	
JA31-160B	1600	160	32	480	120	790×710	
J31-250	2500	315	20	630	200	990×950	φ70×100
JB31-250	2500	190	28	560	140	900×850	
JC31-250	2500	200	28	460	160	900×850	
J31-315	3150	315	20	630	200	1100×1100	
JA31-315	3150	460	13	600	150	980×1100	
J31-400	4000	230	23	660	160	1060×990	
J31-400A	4000	400	20	710	250	1250×1200	
JS31-500	5000	250	25	530	160	1060×990	T形槽
J31-630	6300	460	12	850	200	1500×1200	
J31-1250	12500	500	10	110	250	1900×1820	
J31-1600	16000	500	10	110	200	1900×1750	

任务实施

根据以上冲压工序的分类及各工序的性质，针对如图 1-1 所示垫圈零件，采用冲裁工序进行生产，包括冲孔、落料两个工序，如图 1-16 所示。

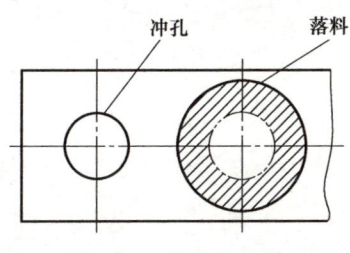

图 1-16 垫圈的冲裁

思考与练习

一、填空题

1. 冲压生产常用的材料有_____、_____。
2. 板料冲压成形性能包括_____、_____和_____三部分内容。
3. 用间接试验方法得到的板料冲压性能指_____、_____、_____、_____、板厚方向性系数 r 和板平面方向性系数 Δr。
4. 硬化指数 n 值大，硬化效应就强，这对于_____变形来说就是有利的。
5. 材料对各种冲压加工方法的适应能力称为材料的_____。

6. 材料的冲压成形性能好，即它便于冲压成形加工，单个冲压工序的_____和_____大，生产率高，容易得到高质量的冲压件，模具寿命长等。

二、问答题

1. 什么是材料的力学性能？材料的力学性能主要有哪些？
2. 什么是板厚方向性系数 r？它对冲压工艺有何影响？
3. 指出如图 1-17 所示三个零件各应采用何种冲压工序？

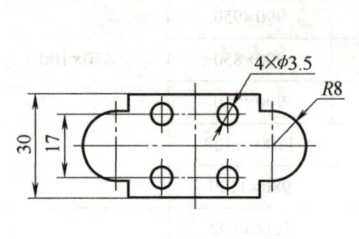
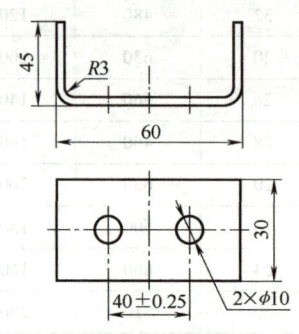
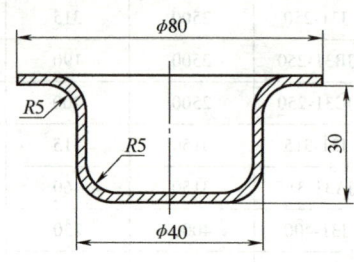

图 1-17 问答题 3

4. 常用的冲压成形设备有哪些？
5. 曲柄压力机由哪几部分组成？其作用分别是什么？
6. 什么是压力机的标称压力？什么是标称压力行程？
7. 什么是压力机的装模高度？什么是装模高度调节量？
8. 什么是压力机的封闭高度？与装模高度有何关系？

任务二 托板冲裁工艺设计

任务目标

本任务的目标是完成托板冲压工艺设计。通过本任务的学习,掌握一般复杂程度的冲裁件的工艺设计能力。为此,应了解冲裁变形过程及冲裁件的断面特征,掌握确定合理间隙的方法、冲裁间隙对冲裁件精度和模具寿命的影响、排样图的设计方法,以及冲裁力及压力中心的计算等。

如图 2-1 所示托板,材料为 08 钢,材料厚度 t 为 2mm,冲件标准公差等级为 IT14,需大批量生产。试设计托板冲裁工艺,画出排样图,计算出材料的利用率,计算凸模、凹模刃口尺寸和公差,计算冲压力大小,选择模具的类型,计算压力中心,确定压力机的型号,编制冲压工艺文件等。

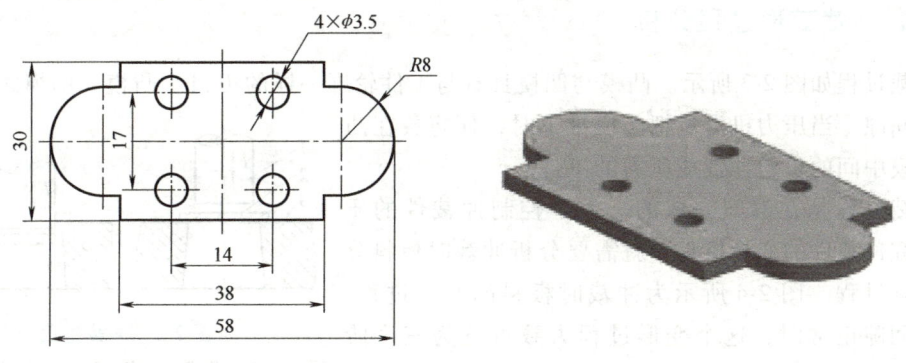

图 2-1 托板

一、概述

1. 冲裁

利用模具使板料沿一定的轮廓形状产生分离的冲压工艺称为冲裁。冲裁工艺的种类很多,常用的有落料、冲孔、切边、切舌、切口、切断、剖切等。所以冲裁是分离工序的总称,其中尤其以落料、冲孔应用最多。冲裁是冲压工艺最基本的工序之一,在冲压加工中应用最广。它既可以直接冲出成品零件,也可以为弯曲、拉深和成形等其他冲压工序提供坯料,还可以在已成形的工件上进行再加工(切边、切口、冲孔等工序)。

根据冲裁变形机理的不同，冲裁工艺可以分为普通冲裁和精密冲裁两大类。普通冲裁是指板料由凸模、凹模刃口之间产生剪裂缝的形式实现分离，而精密冲裁则是以变形的形式实现板料的分离。前者冲出的工件断面比较粗糙，精度较低。后者冲出的工件不但断面比较光洁，而且精度也较高，但需要专门的设备及模具。精密冲裁是一种正在不断发展与完善的冲压新工艺。本任务主要讨论与普通冲裁的有关问题。

2. 落料与冲孔

从板料上使材料沿封闭曲线轮廓分离，冲下所需形状的工件（或毛坯）称为落料。落料时所使用的模具称为落料模，工件的尺寸由凹模尺寸决定。

在工件上冲出所需形状的孔（冲去的部分为废料）称为冲孔。冲孔时所使用的模具称为冲孔模，工件的尺寸由凸模尺寸决定。落料和冲孔目的不同，但其变形性质完全相同。图2-2所示为垫圈的落料与冲孔。

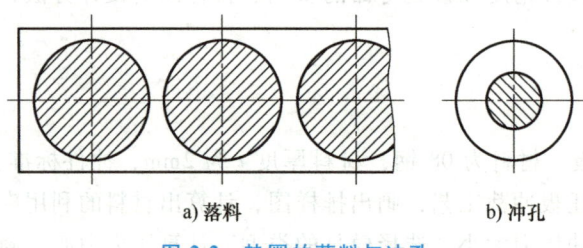

a) 落料　　　　　b) 冲孔

图 2-2　垫圈的落料与冲孔

二、冲裁变形过程分析

冲裁过程如图2-3所示。凸模与凹模具有与工件轮廓一样的刃口。凸模、凹模之间存在一定的间隙。当压力机滑块把凸模推下时，便将放在凸模、凹模中间的板料冲裁成所需的工件。

冲裁过程是在瞬间完成的。为了控制冲裁件的质量，研究冲裁件的变形机理，就需要分析冲裁时板料分离的实际过程。图2-4所示为冲裁时板料的变形过程。当模具间隙正常时，这个变形过程大致可分为三个阶段：弹性变形阶段、塑性变形阶段和剪裂阶段。

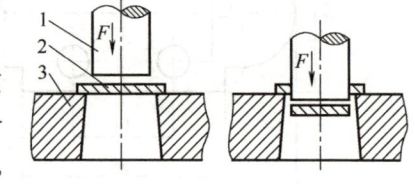

图 2-3　冲裁过程

1—凸模　2—凹模　3—板料

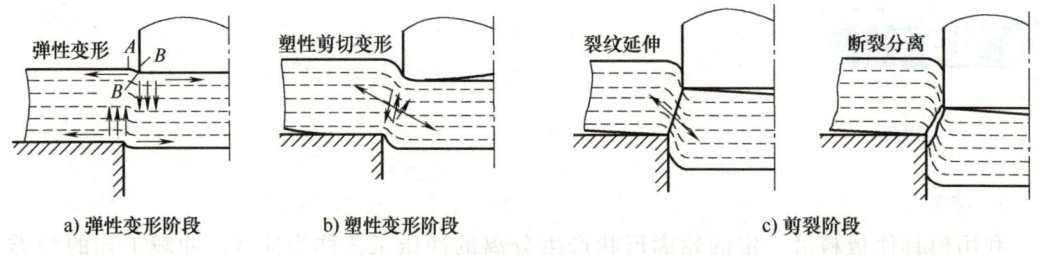

a) 弹性变形阶段　　　b) 塑性变形阶段　　　c) 剪裂阶段

图 2-4　冲裁时板料的变形过程

1. 弹性变形阶段

当凸模开始接触板料并下压时，凸模与凹模刃口周围的板料产生应力集中现象，使材料产生弹性压缩、弯曲和拉伸等复合的变形，凸模下的板料略有被挤入凹模洞口的现象。此时，凸模下的材料略有弯曲，凹模上的材料则向上翘。间隙越大，弯曲和上翘越严重。随着凸模继续压入，直到材料内的应力达到弹性极限，弹性变形阶段结束，如图 2-4a 所示。

2. 塑性变形阶段

当凸模继续压入，板料内的应力达到了屈服强度，板料与凸模和凹模的接触处产生塑性剪切变形，如图 2-4b 所示。凸模切入板料，板料挤入凹模洞口。在板料剪切面的边缘由于弯曲拉伸等作用形成塌角，同时由于塑性剪切变形在切断面形成一小段光亮且与板面垂直的断面。纤维组织产生更大的弯曲和拉伸变形。随着凸模的下压，应力不断加大，直到变形区的应力达到强度极限，塑性变形阶段结束。

3. 剪裂阶段

当板料的应力达到强度极限后，凸模再向下压，则在板料与凸模和凹模的接触处分别产生裂纹，如图 2-4c 所示。随着凸模下压，裂纹逐渐扩大并向材料内延伸。当上、下裂纹重合时，板料便被分离。凸模再下压，使已分离的材料克服摩擦阻力从凹模中推出，完成冲裁过程。

由上述冲裁变形过程的分析可知，冲裁过程的变形是很复杂的。冲裁变形区为凸模、凹模刃口连线周围的材料部分，其变形性质以塑性剪切变形为主，同时还伴随着拉伸、弯曲与横向挤压等变形。所以，冲裁件及废料的平面不平整，常有翘曲现象。

图 2-5 所示为冲裁力与凸模行程的关系曲线，从图中可以明显地看出冲裁变形的三个阶段。图中 OA 段是冲裁的弹性变形阶段；AB 段是塑性变形阶段，B 点为冲裁力的最大值，在此点材料开始剪裂；BC 段是剪裂阶段，该段从剪裂到微裂纹的扩展，直至材料的分离；CD 段表示的冲裁力主要是用于克服摩擦力将冲裁件推出凹模孔口所需的力。

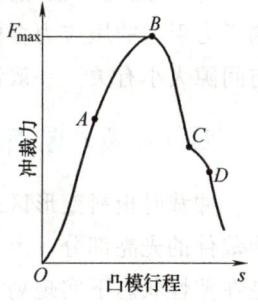

图 2-5 冲裁力与凸模行程的关系曲线

三、冲裁变形时板料变形区应力状态分析

图 2-6 所示为冲裁时板料的受力情况。当凸模下行至与板料接触时，板料受到凸模、凹模端面的作用力的作用。由于凸模、凹模之间存在冲裁间隙，使凸模、凹模施加于板料的力产生一个力矩 M，其值等于凸模、凹模作用的合力与稍大于间隙的力臂 a 的乘积。在无压料板压紧装置冲裁时，力矩使材料产生弯曲，故模具与板料仅在刃口附近的狭小区域内保持接触，接触宽度约为板厚的 0.2~0.4 倍。并且，凸模、凹模作用于板料的垂直压力呈不均匀分布，随着向模具刃口靠近而急剧增大。

图 2-6 中，F_{P1}、F_{P2} 表示凸模、凹模对板料的垂直作用力；F_1、F_2 表示凸模、凹模对板料的侧压力；μF_{P1}、μF_{P2} 表示凸模、凹模端面与板料间的摩擦力，其方向与间隙大小有关，但一般指向刃口。μF_1、μF_2 表示凸模、凹模侧面与板料间的摩擦力。

冲裁时，由于板料弯曲的影响，其变形区的应力状态是很复杂的，且与变形过程有关。对于无压料板压紧材料的冲裁，其变形区的应力状态如图 2-7 所示。

图中各点的应力状态分析如下：

1）A 点（凸模侧面）：凸模下压引起轴向拉应力 σ_3，板料弯曲与凸模侧压力引起径向压应力 σ_1，而切向应力 σ_2 为板料弯曲引起的压应力与侧压力引起的拉应力的合成应力。

2）B 点（凸模端面）：凸模下压及板料弯曲引起三向压应力。

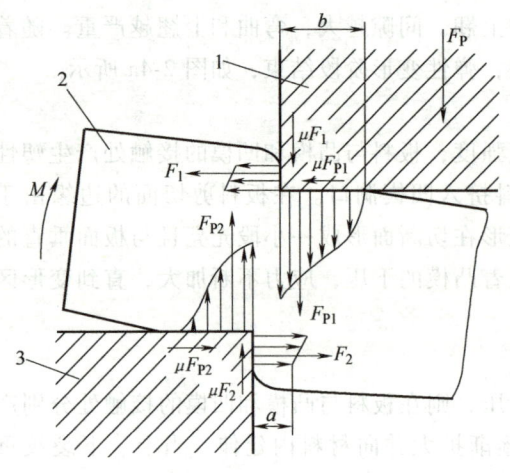
图 2-6 冲裁时板料上的受力情况
1—凸模 2—板料 3—凹模

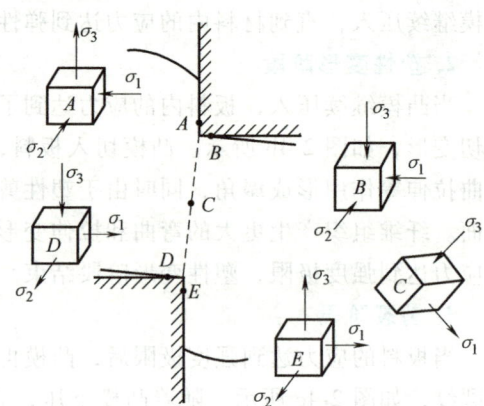
图 2-7 冲裁时板料变形区的应力状态
（无压料板压紧）

3) C 点（断裂区中部）：沿径向为拉应力 σ_1，垂直于板平面方向为压应力 σ_3。

4) D 点（凹模端面）：凹模挤压板料产生轴向压应力 σ_3，板料弯曲引起的径向拉应力 σ_1 和切向拉应力 σ_2。

5) E 点（凹模侧面）：凸模下压引起轴向拉应力 σ_3，由板料弯曲引起的拉应力与凹模侧压力引起的压应力合成产生应力 σ_1 与 σ_2，该合成应力可能是拉应力，也可能是压应力，与间隙大小有关。一般情况下，该处以拉应力为主。

四、冲裁件断面的四个特征区

冲裁时板料变形区的应力与变形情况及断面特征如图 2-8 所示。从图中可以看出 b 段是冲裁件的光亮部分。由于在变形过程中，此部分主要受到切应力 τ 和压应力 σ 的共同作用，是在塑性状态下实现剪切变形的，因此能得到较光洁、平整的光亮部分。图中 c 段由于凸模、凹模间隙的影响，除了受切应力 τ 作用以外，还有正向拉应力 σ 的作用，这种应力状态促使冲裁变形区的塑性下降，最终必然产生裂纹而在分离面上形成粗糙的断裂部分。从图

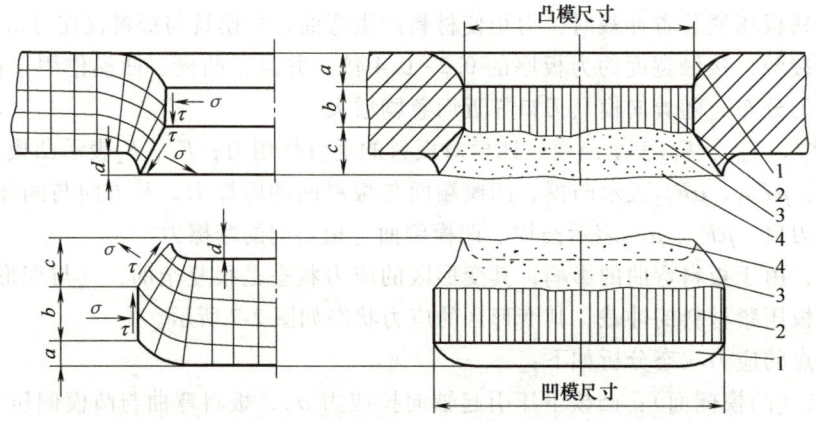
图 2-8 冲裁时板料变形区的应力与变形情况及断面特征
1—圆角带 2—光亮带 3—断裂带 4—毛刺

中还可以看到，裂纹产生的位置并非对着刃口，而是在离刃口不远的侧面上。因此，从冲裁原理上说，冲裁件必然有一定的毛刺存在，见图中 d 段。冲裁毛刺是在出现微裂纹时形成的。当凸模继续下行，使已形成的毛刺拉长，并残留在冲裁件上。不过，间隙合适时，毛刺的高度很小。

在正常的冲裁工作条件下，由凸模刃口产生的剪裂缝与由凹模刃口产生的剪裂缝是重合的。这时可以得到如图 2-8 所示的冲裁件断面，它具有四个明显的特征区。

1) 圆角带，又称塌角，产生在板料不与凸模或凹模相接触的一面，是由于板料受弯曲、拉伸作用而形成的。材料塑性越好，凸模、凹模之间的间隙越大，形成的塌角也就越大。

2) 光亮带，紧挨着圆角带，是由凸模切入板料，板料挤入凹模时产生塑性剪切变形而形成的。光亮带高度约占整个断面的 1/4~1/3，垂直于底面。材料塑性越好，凸模、凹模之间的间隙越小，光亮带的高度越高。

3) 断裂带，紧挨着光亮带，由冲裁时产生的裂纹扩张而成。断裂带表面粗糙，并带有 4°~6° 的斜角。凸模、凹模的间隙越大，断裂带高度越大，且斜角也越大。

4) 毛刺，紧挨着断裂带的边缘，是由于裂纹的产生不是正对着凸模、凹模的刃口而是在靠近刃口的侧面，所以形成的。

由此可见，冲裁件的断面不是很整齐，仅短短的一段光亮带是柱体。若不计弹性变形的影响，则板料孔的光亮柱体部分尺寸，近似等于凸模尺寸；落料的光亮柱体部分，近似等于凹模尺寸。于是，可以得到重要的关系式，即

$$落料尺寸 = 凹模尺寸$$
$$冲孔尺寸 = 凸模尺寸$$

这是计算凸模尺寸和凹模尺寸的主要依据。

五、冲裁件断面质量及其影响因素

1. 尺寸精度

冲裁件的尺寸精度与许多因素有关，如冲裁模的制造精度、材料性质、冲裁间隙和冲裁件的形状等。

(1) 冲裁模的制造精度　冲裁模的制造精度对冲裁件的尺寸精度有直接影响。冲裁模的制造精度越高，冲裁件的尺寸精度也越高。表 2-1 所示为当冲压模具有合理间隙与锋利刃口时，其制造精度等级与冲裁件尺寸精度等级的关系。

表 2-1　冲裁模的制造精度等级与冲裁件尺寸精度等级的关系

冲裁模的制造精度等级	材料厚度 t/mm										
	0.5	0.8	1.0	1.6	2	3	4	5	6	8	10	12
	冲裁件尺寸精度等级										
IT6~IT7	IT8	IT8	IT9	IT10	IT10							
IT7~IT8		IT9	IT10	IT10	IT12	IT12	IT12					
IT9				IT12	IT12	IT12	IT12	IT12	IT14	IT14	IT14	IT14

(2) 材料性质　由于冲裁过程中材料产生一定的弹性变形，冲裁件产生回弹现象，使冲裁件的尺寸与凸模和凹模尺寸不符，从而影响其尺寸精度。

材料的性质对该材料在冲裁过程中的弹性变形量有很大的影响。对于比较软的材料，弹性变形量较小，冲裁后的回弹值也少，零件尺寸精度也较高；而硬的材料，情况正好与此相反。

（3）冲裁间隙 冲裁间隙对于冲裁件尺寸精度也有很大的影响。当间隙适当时，冲裁过程中的板料的变形区在比较纯的剪切作用下被分离，冲裁后的回弹较小，冲裁件相对凸模和凹模尺寸的偏差也较小。

若间隙过大，则板料在冲裁过程中除受剪切外还产生较大的拉伸与弯曲变形。冲裁后由于回弹的作用，将使冲裁件的尺寸向实体方向收缩。对于落料件，其尺寸将会小于凹模尺寸，对于冲孔件，其尺寸将会大于凸模尺寸。

若间隙过小，则板料的冲裁过程中除剪切外还会受到较大的挤压作用。在冲裁后同样由于回弹作用，将使冲裁件的尺寸向实体的反方向胀大。对于落料件，其尺寸将会大于凹模尺寸，对于冲孔件，其尺寸将会小于凸模尺寸。

（4）冲裁件的形状 冲裁件的形状越简单，其尺寸精度越高。

2. 形状误差

通对冲裁变形区受力分析可知，材料在冲裁过程中会受到弯曲力偶的作用，因此，冲裁件会出现弯拱现象。加工硬化指数大的材料，弯拱较大。凹模间隙越大，弯拱也越大。

预防和减少弯拱的措施：对于冲孔件，在模具结构上增设压料板；对于落料件，则在凹模孔中加顶件板。

3. 断面质量

对断面质量起决定作用的是冲裁间隙。

由冲裁过程的分析可知，在具有合理间隙的冲裁条件下，由凸模和凹模刃口所产生的裂纹重合，所得冲裁件断面有一个微小的塌角，并有正常的既光亮又与板平面垂直的光亮带，其断裂带虽然粗糙但比较平坦，虽有斜度但并不大，所产生的毛刺也是不明显的。虽然这样的断面质量不尽如人意，但从冲裁的变形机理分析，这样的断面质量已属正常，如图2-9a所示。

当间隙过大或过小时，就会使上、下裂纹不能重合。

如间隙过小，如图2-9b所示，会使凸模产生的裂纹向外移动一个距离。上、下裂纹不重合，产生第二次剪切，从而在剪切面上形成了略带倒锥的第二个光亮带。在第二个光亮带下面存在着潜伏的裂纹。由于间隙过小，板料与模具的挤压作用加大，在最后被分离时，冲裁件上有较尖锐的挤出毛刺。

如间隙过大，如图2-9c所示，使凸模产生的裂纹相对于凹模产生的裂纹向里移动一个距离。板料受拉伸、弯曲的作用加大，使剪切断面塌角加大，光亮带的高度缩短，断裂带的高度增加，锥度也加大。有明显的拉断毛刺，冲裁件平面可能产生穹弯现象。

由上述分析可知，观察与分析断面质量是判断冲裁过程是否合理、冲裁模的工作情况是否正常的主要手段。

4. 毛刺高度

由冲裁过程的分析可知，冲裁件产生微小的毛刺是不可避免的。若产品要求不允许存在微小毛刺，则在冲裁后应增加去除毛刺的辅助工序。冲裁件的毛刺高度见表2-2。

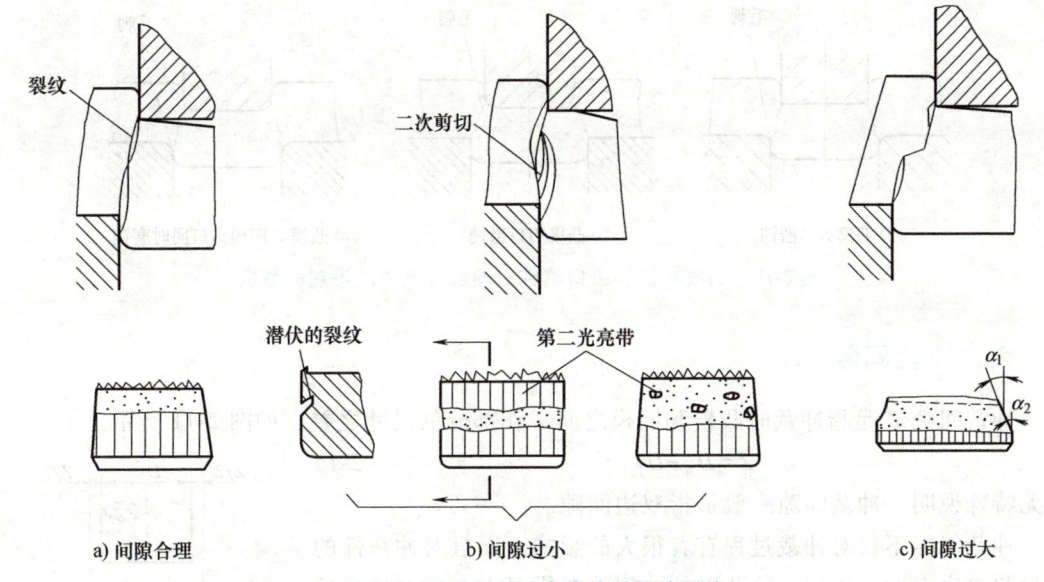

a) 间隙合理　　　　b) 间隙过小　　　　c) 间隙过大

图 2-9　间隙大小对冲裁件质量的影响

表 2-2　冲裁件的毛刺高度　　　　　　　　　　　（单位：mm）

板料厚度 t	生产时的允许值	试模时
≤0.3	≤0.04	≤0.015
0.3~0.5	≤0.05	≤0.02
0.5~1.0	≤0.08	≤0.03
1.0~1.5	≤0.12	≤0.05
1.5~2.0	≤0.15	≤0.08
>2.0	≤0.15	≤0.10

一般情况下，毛刺高度超过表 2-2 中生产时的允许值的规定，即被认为是出现了不正常毛刺，这是不允许的。

不正常毛刺可分为间隙毛刺和刃口磨损毛刺两类。

（1）间隙毛刺　凸模、凹模之间的间隙过大或过小都会使冲裁裂纹发生点偏离刃尖的距离加大，从而出现不正常毛刺。间隙过大，会产生明显的拉断毛刺；间隙过小，会产生尖锐的挤出毛刺。显然，若间隙值合理但分布不均匀，则依然会在冲裁件上产生局部毛刺。

（2）刃口磨损毛刺　当凸模和凹模刃口带有圆角后，冲裁时材料中的应力集中现象有所减少，变形区域有所增大，产生的裂纹偏离刃口，凸模和凹模间金属在剪切断裂前有很大的拉伸，这就使冲裁断面上产生了明显的毛刺，这是产生毛刺的主要原因。

凸模和凹模刃口磨钝后冲裁件产生的毛刺的情况如图 2-10 所示。当凹模刃口磨钝时，则会在冲孔件的孔口下端产生毛刺，如图 2-10a 所示；当凸模刃口磨钝时，则会在落料件上端产生毛刺，如图 2-10b 所示；当凸模和凹模刃口同时磨钝时，则冲裁件的上、下端都会产生毛刺，如图 2-10c 所示。

综上所述，用普通冲裁方法得到的冲裁件，其尺寸精度与断面质量都不会太高。金属冲裁件所能达到的经济精度等级为 IT14~IT10，要求高的可达到 IT10~IT8，厚料比薄料更差。若要进一步提高冲裁件的质量，则要在冲裁后增加整修工序或采用精密冲裁法。

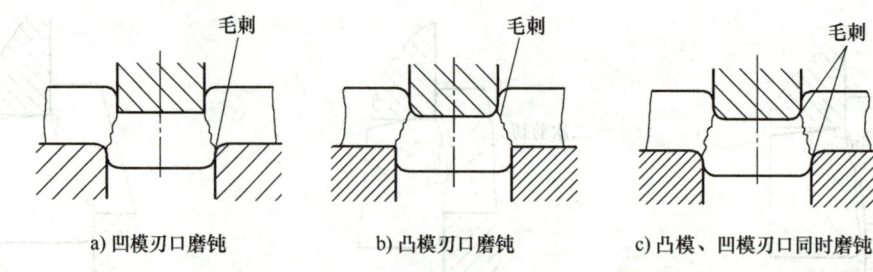

图 2-10　凸模和凹模刃口磨钝后冲裁件产生的毛刺的情况

六、冲裁间隙

冲裁间隙 Z 是指冲裁时凸模和凹模之间工作部分的尺寸之差，如图 2-11 所示。

$$Z = D_A - D_T \quad (2-1)$$

如无特殊说明，冲裁间隙一般是指双边间隙。

冲裁间隙不仅对冲裁过程有着很大的影响，而且对冲裁件的质量起着决定性的作用。除此以外，间隙对模具寿命也有较大的影响。冲裁时作用于模具刃口部分的力，如图 2-6 所示。在冲裁过程中，由于材料的弯曲变形，使凸模和凹模端面与板料的接触宽度仅限制在刃口附近，所以垂直作用力 F_P 主要集中在刃口部分。间隙小时，冲裁过程的挤压作用加剧，垂直作用力 F_P 与摩擦力 μF_P 增大，使刃口所受压应力增大，造成刃口变形与端面

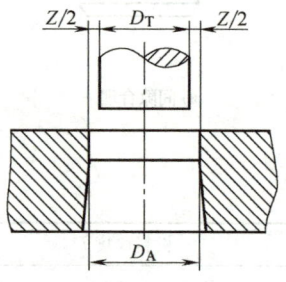

图 2-11　冲裁间隙

磨损加剧，严重时甚至发生崩刃。而侧压力 F_1、F_2 与摩擦力 μF_1、μF_2 以及在冲裁后由卸料与推件所产生的滑动摩擦力都随间隙的减小而增大，使凸模和凹模的侧面磨损加剧。加之过小间隙的二次剪切所产生的金属碎屑因摩擦发热黏附在凸模和凹模上，这样又加剧了刃口的磨损。所以，过小的间隙会使模具寿命降低。此外，小间隙还使模具制造的难度增加。综上所述，冲裁间隙是保证合理冲裁过程的最主要的工艺参数。

冲裁间隙（以下简称为间隙）的确定方法如下。

1. 理论计算法

由对冲裁变形过程进行的分析可知，决定合理间隙值的理论依据是应保证在塑性剪切变形结束后，由凸模和凹模刃口处所产生的上、下剪切裂纹重合。合理间隙的理论值如图 2-12 所示。

由图上的几何关系可得

$$Z = 2(t - h_0)\tan\beta = 2t\left(1 - \frac{h_0}{t}\right)\tan\beta \quad (2-2)$$

式中，t 为板料厚度（mm）；h_0/t 为产生裂纹时，凸模压入板料的相对深度（mm）（即光亮带的相对宽度）；β 为最大切应力方向与铅垂线间的夹角（°）。

由式（2-2）可以看出，合理间隙值取决于 h_0/t、β 等因素，见表 2-3。由于 β 值的变化不大，

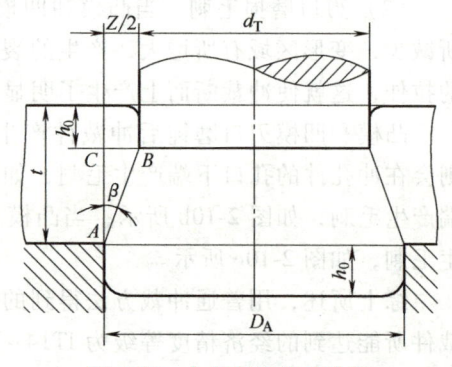

图 2-12　合理间隙的理论值

所以，合理间隙值的大小主要取决于前两个因素，即影响间隙值的主要因素是板料厚度和材料性质。

表 2-3 h_0/t 与 β 值

材料	h_0/t		$\beta/(°)$	
	退火	硬化	退火	硬化
低碳钢、纯铜、软黄铜	0.5	0.35	6	4
中碳钢、硬黄铜	0.3	0.2	5	4
硬钢、硬青铜	0.2	0.1	4	3

板料厚度增大，间隙值应正比增大，反之，板料越薄则间隙值越小。

材料塑性好，光亮带的相对宽度 h_0/t 大，间隙值就小。而塑性差的硬材料，间隙值就大一些。另外，h_0/t 还与板料的厚度有关。对同一种材料来说，薄料冲裁的 h_0/t 比厚料冲裁的 h_0/t 大，因此，薄料冲裁的间隙值要更小一些。

综合所述，材料厚度对间隙值的综合影响并不是简单的正比关系。但是，概括地说，板料越厚，塑性越差，则间隙值越大；材料越薄，塑性越好，则间隙值越小。

2. 经验公式法

由于理论计算法不方便，所以在生产中常采用经验公式来计算并确定间隙值，见表 2-4。

表 2-4 间隙值的经验公式　　　　　　　　　　　（单位：mm）

材料	间隙值	
	$t \leq 3$	$t > 3$
低碳钢、纯铁	$Z = (6\% \sim 9\%)t$	$Z = (15\% \sim 19\%)t$
铜、铝合金	$Z = (6\% \sim 10\%)t$	$Z = (16\% \sim 21\%)t$
硬钢	$Z = (8\% \sim 12\%)t$	$Z = (17\% \sim 25\%)t$

3. 查表法

在实际生产中，合理的间隙值是由实验方法所制定的表格来确定的。由于冲裁间隙对断面质量、工件的尺寸精度、模具寿命、冲裁力等的影响规律并非一致，所以，并不存在一个绝对合理的间隙值，能同时满足断面质量最佳、尺寸精度最高、模具寿命最长、冲裁力最小等各方面的要求。所以，国内外各工厂所用的间隙值不太一致，有的出入很大。在确定间隙值大小的具体数值时，应结合冲裁件的具体要求和实际的生产条件来考虑，其总的原则应该是在保证满足冲裁件断面质量和尺寸精度的前提下，使模具寿命最长。表 2-5 列出了汽车、拖拉机等行业常用的初始间隙值。表 2-6 列出了电器、仪表等行业常用的初始间隙值。表 2-7 列出了依照国标《冲裁间隙》（GB/T 16743—2010）"按质论隙"确定的金属材料的冲裁间隙值，它可以指导设计者在保证冲件断面质量和尺寸精度的前提下，尽量延长模具寿命。按冲裁件断面质量、尺寸精度、模具寿命、力能消耗等评价依据，将间隙分成五类，以适应不同技术要求的冲裁件，做到有针对性、合理地选用间隙。

表 2-5 初始间隙值 Z（汽车、拖拉机等行业常用） （单位：mm）

板料厚度	08、10、35、09Mn、Q235		Q355		40、50		65Mn	
	Z_{min}	Z_{max}	Z_{min}	Z_{max}	Z_{min}	Z_{max}	Z_{min}	Z_{max}
0.5	0.040	0.060	0.040	0.060	0.040	0.060	0.040	0.060
0.6	0.048	0.072	0.048	0.072	0.048	0.072	0.048	0.072
0.7	0.064	0.092	0.064	0.092	0.064	0.092	0.064	0.092
0.8	0.072	0.104	0.072	0.104	0.072	0.104	0.064	0.092
0.9	0.090	0.126	0.090	0.126	0.090	0.126	0.090	0.126
1.0	0.100	0.140	0.100	0.140	0.100	0.140	0.090	0.126
1.2	0.126	0.180	0.132	0.180	0.132	0.180		
1.5	0.132	0.240	0.170	0.240	0.170	0.220		
1.75	0.220	0.320	0.220	0.320	0.220	0.320		
2.0	0.246	0.360	0.260	0.380	0.260	0.380		
2.1	0.260	0.380	0.280	0.400	0.280	0.400		
2.5	0.360	0.500	0.380	0.540	0.380	0.540		
2.75	0.400	0.560	0.420	0.600	0.420	0.600		
3.0	0.460	0.640	0.480	0.660	0.480	0.660		
3.5	0.540	0.740	0.580	0.780	0.580	0.780		
4.0	0.640	0.880	0.680	0.920	0.680	0.920		
4.5	0.720	1.000	0.680	0.960	0.780	1.040		
5.5	0.940	1.280	0.780	1.100	0.980	1.320		
6.0	1.080	1.400	0.840	1.200	1.140	1.500		
6.5			0.940	1.300				
8.0			1.200	1.680				

注：冲裁皮革、石棉和纸板时，间隙值取 08 钢的 25%。

表 2-6 初始间隙值（电器、仪表等行业常用） （单位：mm）

板料厚度	软铝		低碳钢、纯铜、黄铜 (w_C 0.08% ~ 0.2%)		杜拉铝、中碳钢 (w_C 0.3% ~ 0.4%)		硬钢 (w_C 0.5% ~ 0.6%)	
	Z_{min}	Z_{max}	Z_{min}	Z_{max}	Z_{min}	Z_{max}	Z_{min}	Z_{max}
0.2	0.008	0.012	0.010	0.014	0.012	0.016	0.014	0.018
0.3	0.012	0.018	0.015	0.021	0.018	0.024	0.021	0.027
0.4	0.016	0.024	0.020	0.028	0.024	0.032	0.028	0.036
0.5	0.020	0.030	0.025	0.035	0.030	0.040	0.035	0.045
0.6	0.024	0.036	0.030	0.042	0.036	0.048	0.042	0.054
0.7	0.028	0.042	0.035	0.049	0.042	0.056	0.049	0.063
0.8	0.032	0.048	0.040	0.056	0.048	0.640	0.056	0.072
0.9	0.036	0.054	0.045	0.063	0.054	0.072	0.063	0.081
1.0	0.040	0.060	0.050	0.070	0.060	0.080	0.070	0.090
1.2	0.060	0.084	0.072	0.096	0.084	0.108	0.096	0.120
1.5	0.075	0.105	0.090	0.120	0.105	0.135	0.120	0.150
1.8	0.090	0.126	1.108	0.144	0.126	0.162	0.144	0.180
2.0	0.100	0.140	0.120	0.160	0.140	0.180	0.160	0.200
2.2	0.132	0.176	0.154	0.198	0.176	0.220	0.198	0.242
2.5	0.150	0.200	0.175	0.225	0.200	0.250	0.225	0.275
2.8	0.168	0.224	0.196	0.252	0.224	0.280	0.252	0.308
3.0	0.180	0.240	0.210	0.270	0.240	0.300	0.270	0.330
3.5	0.245	0.315	0.280	0.350	0.315	0.385	0.350	0.420
4.0	0.280	0.360	0.320	0.400	0.360	0.440	0.400	0.480
4.5	0.315	0.405	0.360	0.450	0.405	0.495	0.450	0.540
5.0	0.350	0.450	0.400	0.500	0.450	0.550	0.500	0.600
6.0	0.480	0.600	0.540	0.660	0.600	0.720	0.660	0.780
7.0	0.560	0.700	0.630	0.770	0.700	0.840	0.770	0.910
8.0	0.720	0.880	0.800	0.960	0.880	1.040	0.960	1.120
9.0	0.810	0.990	0.900	1.080	0.990	1.170	1.080	0.260
10.0	0.900	1.100	1.000	1.200	1.100	1.300	1.200	1.400

注：1. 初始间隙的最小值相当于间隙的公称数值。
    2. 初始间隙的最大值是考虑到凸模和凹模的制造公差所增加的数值。
    3. 在使用过程中，由于模具工作部分的磨损，间隙将有所增加，因而间隙的使用最大数值要超过表中数值。

表 2-7　金属材料的冲裁间隙值（GB/T 16743—2010）

材料	抗剪强度 τ_b/MPa	初始间隙（单边间隙）/t				
		Ⅰ类	Ⅱ类	Ⅲ类	Ⅳ类	Ⅴ类
低碳钢 08、10、20、Q235-A	≥210~400	1.0%~2.0%	3.0%~7.0%	7.0%~10.0%	10.0%~12.5%	21.0%
中碳钢 45、不锈钢 1Cr18Ni9Ti、4Cr13、膨胀合金（可伐合金）4J29	≥420~560	1.0%~2.0%	3.5%~8.0%	8.0%~11.0%	11.0%~15.0%	23.0%
高碳钢 T8A、T10A、65Mn	≥590~930	2.5%~5.0%	8.0%~12.0%	12.0%~15.0%	15.0%~18.0%	25.0%
纯铝 1060、1050A、1035、1200、铝合金（软态）3A21、黄铜（软态）H62、纯铜（软态）T1、T2、T3	≥65~255	0.5%~1.0%	2.0%~4.0%	4.5%~6.0%	6.5%~9.0%	17.0%
黄铜（硬态）H62、铅黄铜 HPb59-1、纯铜（硬态）T1、T2、T3	≥290~420	0.5%~1.0%	3.0%~5.0%	5.0%~8.0%	8.5%~11.0%	25.0%
铝合金（硬态）ZA12、锡磷青铜 QSn4-4-2.5、铝青铜 QA17、铍青铜 QBe2	≥225~550	0.5%~1.0%	3.5%~6.0%	7.0%~10.0%	11.0%~13.5%	20.0%
镁合金 MB1、MB8	≥120~180	0.5%~1.0%	1.5%~2.5%	3.5%~4.5%	5.0%~7.0%	16.0%
电工硅钢	190	—	2.5%~5.0%	5.0%~9.0%		

当模具采用线切割加工时，若直接从凹模中制取凸模，则凸模、凹模间隙取决于电极丝直径、放电间隙和研磨量，但其总和不能超过最大单面初始间隙值。

从表 2-5 和表 2-6 中可以看出，合理间隙值有一个相当大的变动范围，为（5%~20%）t。取较小的间隙有利于提高冲件的质量，取较大的间隙则有利于提高模具寿命。因此，在保证冲件质量的前提下，应采用较大间隙。表中所列 Z_{max} 和 Z_{min} 只是指新制造模具时初始间隙的变动范围，并非磨损极限。

对于薄料，间隙很小的工件，如板料厚度小于 0.2~0.3mm，则可以认为是无间隙模具。因此，薄料冲压的工艺性是很差的，对模具的精度要求很高。在模具结构上也应采取一些特殊的措施来满足冲裁时无间隙的要求。

冲裁间隙的合理数值应在设计凸模和凹模工作部分尺寸时给予保证。同时，在模具装配时必须保证间隙沿封闭轮廓线的均匀分布，这样才能保证取得满意的效果。

七、冲裁模刃口尺寸计算

凸模和凹模的刃口尺寸和公差，直接影响冲裁件的尺寸精度。模具的合理间隙值也靠凸模、凹模刃口尺寸及公差来保证。所以，确定凸模、凹模刃口尺寸及公差，是冲裁模设计中的一项重要工作。

1. 凸模、凹模刃口尺寸计算的原则

1）落料时，落料件的尺寸是由凹模决定的，因此应以落料凹模为基准。冲孔件的尺寸是由凸模决定的，因此应以冲孔凸模为基准。

2）应考虑凸模和凹模的磨损规律。凹模磨损后会增大落料件的尺寸，凸模磨损后会减小冲孔件的尺寸。为了提高模具寿命，在制造模具时应把凹模尺寸做得趋于落料件的下极限尺寸，把凸模尺寸做得趋于冲孔件的下极限尺寸。

3）应保证凸模和凹模之间合理的间隙。对于落料件，凹模是设计基准，间隙通过减小凸模尺寸取得；对于冲孔件，凸模是设计基准，间隙应通过增大凹模尺寸取得。由于间隙在模具磨损后会增大，所以在设计凸模和凹模时，取初始间隙的最小值 Z_{min}。

4）凸模和凹模的制造公差应与冲裁件的尺寸精度相适应，而偏差值应按入体方向标注。

5）尺寸计算要考虑模具制造的特点。

2. 保证凸模、凹模合理间隙的方法

制造模具时，常用以下两种方法来保证合理间隙。

（1）分别加工法　分别加工法就是分别规定凸模和凹模的尺寸及公差，分别进行制造。用凸模和凹模的尺寸及制造公差来保证间隙要求。这种加工方法必须把模具的制造公差控制在间隙的变动范围之内，使模具制造难度增加。分别加工方法主要用于冲裁件形状简单、间隙较大的模具和精度较低的模具或用线切割等精密设备加工凸模和凹模的模具。分别加工法制造的凸模、凹模具有互换性，制造周期短，便于成批制造。

（2）单配加工法　单配加工法是用凸模与凹模相互单配的方法来保证合理间隙。加工后凸模与凹模必须对号入座，不能互换。通常，落料件选择凹模为基准模，冲孔件选择凸模为基准模。在作为基准模的零件图上标注尺寸和公差，相配的非基准模的零件图上只标注与基准模相同的基本尺寸，但不注公差，然后在技术条件上注明按基准模的实际尺寸配作，保证间隙为 $Z_{min} \sim Z_{max}$。这种方法多用于冲裁件形状复杂、间隙较小的模具。

3. 分别加工法的刃口尺寸计算

根据上述刃口尺寸计算的原则，冲裁件的凸模和凹模的刃口尺寸如图 2-13 所示。

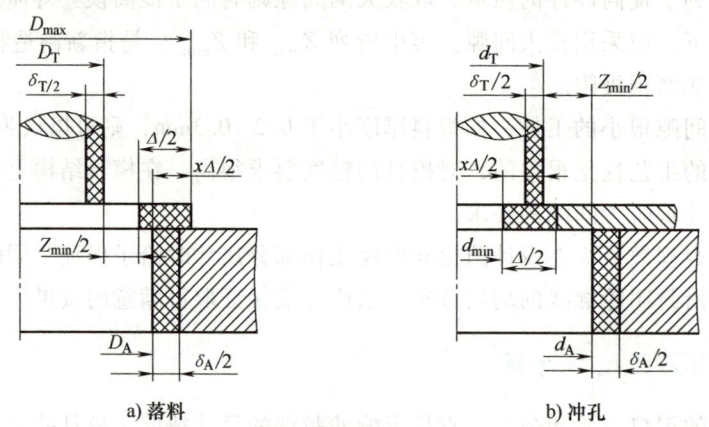

a) 落料　　　　b) 冲孔

图 2-13　凸模和凹模的刃口尺寸

可以得出

落料模：
$$D_A = (D_{max} - x\Delta)^{+\delta_A}_{0} \qquad (2\text{-}3)$$

$$D_T = (D_A - Z_{min}) = (D_{max} - x\Delta - Z_{min})^{0}_{-\delta_T} \qquad (2\text{-}4)$$

冲孔模：
$$d_T = (d_{min} + x\Delta)^{0}_{-\delta_T} \qquad (2\text{-}5)$$

$$d_A = (d_T + Z_{min}) = (d_{min} + x\Delta + Z_{min})^{+\delta_A}_{0} \qquad (2\text{-}6)$$

式中，D_A、D_T 分别为落料凹模和凸模的公称尺寸（mm）；d_T、d_A 分别为冲孔凸模和凹模的公称尺寸（mm）；D_{max} 为落料件的上极限尺寸（mm）；d_{min} 为冲孔件的下极限尺寸（mm）；Δ 为冲裁件的公差（mm）；x 为磨损系数，其值为 0.5~1，与冲裁件精度有关，可直接按冲裁件的公差值查表 2-8 获取，或按冲裁件的标准公差等级选取，具体如下：

1）当工件标准公差等级为 IT10 以上时，取 $x=1$。
2）当工件标准公差等级为 IT11~IT13 时，取 $x=0.75$。
3）当工件标准公差等级为 IT14 以下时，取 $x=0.5$。

δ_A、δ_T 分别为凹模和凸模的制造偏差。凸模偏差取负向（相当于基准轴的公差带位置）；凹模偏差取正向（相当于基准孔的公差带位置）。制造偏差一般可按冲裁件的公差 Δ 的 1/3~1/4 来选取。对于简单形状（如圆形件、方形件等）的冲裁件，由于其凸、凹模制造简单、精度容易保证，所以其制造偏差可按标准公差等级 IT6~IT8 选取，或可查表 2-9。

表 2-8 磨损系数 x

材料厚度/mm	冲裁件公差 Δ/mm					
1	≤0.16	0.17~0.35	≥0.36	<0.16		≥0.16
1~2	≤0.20	0.21~0.41	≥0.42	<0.20		≥0.20
2~4	≤0.24	0.25~0.49	≥0.50	<0.24		≥0.24
>4	≤0.30	0.31~0.59	≥0.60	<0.30		≥0.30
磨损系数	非圆形 x 值			圆形 x 值		
	1	0.75	0.5	0.75		0.5

表 2-9 简单形状冲裁件的凸模、凹模的制造偏差 （单位：mm）

公称尺寸	凸模制造偏差	凹模制造偏差
≤18	−0.020	+0.020
18~30	−0.020	+0.025
30~80	−0.020	+0.030
80~120	−0.025	+0.035
120~180	−0.030	+0.040
180~260	−0.030	+0.045
260~360	−0.035	+0.050
360~500	−0.040	+0.060
>500	−0.050	+0.070

采用分别加工法的凸模和凹模，应保证的关系为

$$|\delta_T| + |\delta_A| \leq Z_{max} - Z_{min} \tag{2-7}$$

也就是说，新制造的模具应该保证 $\delta_T + \delta_A \leq Z_{max}$。否则，模具初始间隙已超过了允许的变动范围 $Z_{min} \sim Z_{max}$，影响模具寿命。

如果上式不能满足，应按式（2-8）、式（2-9）进行调整。

$$\delta_T = 0.4(Z_{max} - Z_{min}) \tag{2-8}$$

$$\delta_A = 0.6(Z_{max} - Z_{min}) \tag{2-9}$$

例 2-1 冲制图 2-14 所示垫圈零件，其材质为 Q235，材料厚度 $t=2$mm。分别计算落料和冲孔的凸模和凹模刃口尺寸及公差。

解： 查表 2-5 得，$Z_{min} = 0.246$mm，$Z_{max} = 0.360$mm，计算

$$Z_{max} - Z_{min} = 0.360\text{mm} - 0.246\text{mm} = 0.114\text{mm}$$

查表 2-9 得凸模和凹模的制造偏差如下。

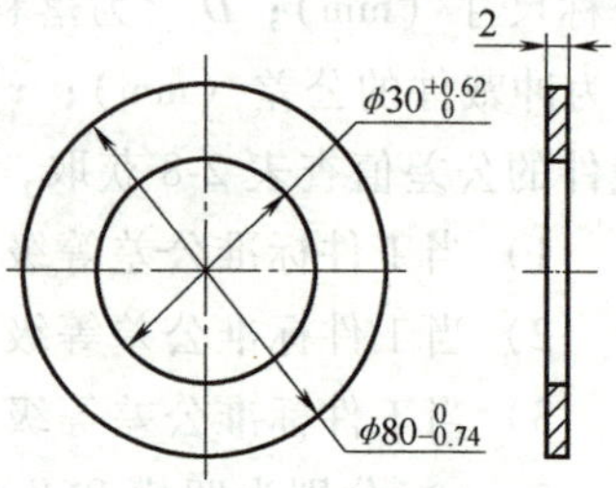

落料部分：

$$\delta_A = +0.03\text{mm} \quad \delta_T = -0.02\text{mm}$$

$$|\delta_T| + |\delta_A| = 0.05\text{mm} < 0.114\text{mm}$$

冲孔部分：

$$\delta_A = +0.025\text{mm} \quad \delta_T = -0.02\text{mm}$$

$$|\delta_T| + |\delta_A| = 0.045\text{mm} < 0.114\text{mm}$$

图 2-14 垫圈

故均能满足分别加工时 $|\delta_T| + |\delta_A| \leq Z_{max} - Z_{min}$ 的要求。

查表 2-8 得，$x = 0.5$。

落料的凸模和凹模刃口尺寸及公差为

$$D_A = (D_{max} - x\Delta)^{+\delta_A}_0 = (80 - 0.5 \times 0.74)^{+0.03}_0 \text{mm} = 79.63^{+0.03}_0 \text{mm}$$

$$D_T = (D_A - Z_{min})^0_{-\delta_T} = (79.63 - 0.46)^0_{-0.02} \text{mm} = 79.17^0_{-0.02} \text{mm}$$

冲孔的凸模和凹模刃口尺寸及公差为

$$d_T = (d_{min} + x\Delta)^0_{-\delta_T} = (30 + 0.5 \times 0.62)^0_{-0.02} \text{mm} = 30.31^0_{-0.02} \text{mm}$$

$$d_A = (d_T + Z_{min})^{+\delta_A}_0 = (30.31 + 0.46)^{+0.025}_0 \text{mm} = 30.77^{+0.025}_0 \text{mm}$$

4. 单配加工法的尺寸计算

用单配加工法制造模具常用于复杂形状及薄料的冲裁件。在计算复杂形状的凸模和凹模的工作部分尺寸时，往往可以发现在一个凸模或凹模上会同时存在三类需要区别对待的不同性质的尺寸。

第一类尺寸：凸模或凹模在磨损后会增大的尺寸。

第二类尺寸：凸模或凹模在磨损后会减小的尺寸。

第三类尺寸：凸模或凹模在磨损后基本不变的尺寸。

如冲裁图 2-15 所示的复杂形状的冲裁件，其中，尺寸 a、b、c 对凸模来说，属于第二类尺寸，对于凹模来说则属于第一类尺寸；尺寸 d 对于凸模来说属于第一类尺寸，对于凹模来说则属于第二类尺寸；尺寸 e 对于凸模和凹模来说都属于第三类尺寸。

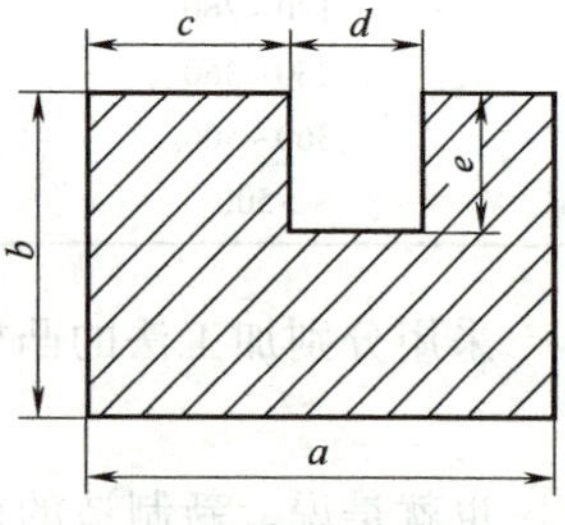

下面分别讨论凸模或凹模上这三类尺寸的不同计算方法。

1) 对于第一类尺寸，相当于简单形状的落料凹模尺寸，所以它的公称尺寸及制造公差的确定方法就与式（2-3）类同，即

第一类尺寸 = (冲裁件上该尺寸的最大极限尺寸 $-x\Delta$)$^{+(1/4)\Delta}_0$

图 2-15 复杂形状的冲裁件

(2-10)

2) 对于第二类尺寸，相当于简单形状的冲孔凸模尺寸，所以它的公称尺寸及制造公差的确定方法就与式（2-5）类同，即

第二类尺寸 = (冲裁件上该尺寸的最小极限尺寸 $+x\Delta$)$^0_{-(1/4)\Delta}$ (2-11)

3) 对于第三类尺寸，不必考虑磨损的影响，凸模和凹模的公称尺寸就取冲裁件的中间尺寸，其公差取对称公差，即

第三类尺寸 = 冲裁件上该尺寸的中间尺寸 $\pm(1/8)\Delta$ (2-12)

例 2-2 计算冲裁图 2-15 所示冲裁件的凸模和凹模尺寸，冲裁件材料为 10 钢，冲裁件的尺寸：$a = 80_{-0.40}^{0}$mm；$b = 40_{-0.34}^{0}$mm；$c = 35_{-0.34}^{0}$mm；$d = (22 \pm 0.14)$ mm；$e = 15_{-0.2}^{0}$mm；$t = 1.5$mm。

解：查表 2-5 得，$Z_{min} = 0.132$mm，$Z_{max} = 0.240$mm。

查表 2-8 得，对于尺寸 80mm，$x = 0.5$；对于其余尺寸，$x = 0.75$。

落料凹模公称尺寸的计算如下：

$$a_A = (80 - 0.5 \times 0.4)_{0}^{+(1/4) \times 0.4} \text{mm} = 79.80_{0}^{+0.1} \text{mm}$$

$$b_A = (40 - 0.75 \times 0.34)_{0}^{+(1/4) \times 0.34} \text{mm} = 39.75_{0}^{+0.085} \text{mm}$$

$$c_A = (35 - 0.75 \times 0.34)_{0}^{+(1/4) \times 0.34} \text{mm} = 34.75_{0}^{+0.085} \text{mm}$$

$$d_A = (22 - 0.14 + 0.75 \times 0.28)_{-(1/4) \times 0.28}^{0} \text{mm} = 22.07_{-0.07}^{0} \text{mm}$$

$$e_A = (15 - 0.1) \pm 1/8 \times 0.2 \text{mm} = (14.90 \pm 0.025) \text{mm}$$

落料凸模的公称尺寸与凹模相同，分别是 79.80mm、39.75mm、34.75mm、22.07mm 及 14.90mm。但不必标注公差，在技术要求里注明以 0.132~0.240mm 间隙与落料凹模配置。落料凹模和落料凸模的尺寸如图 2-16 所示。

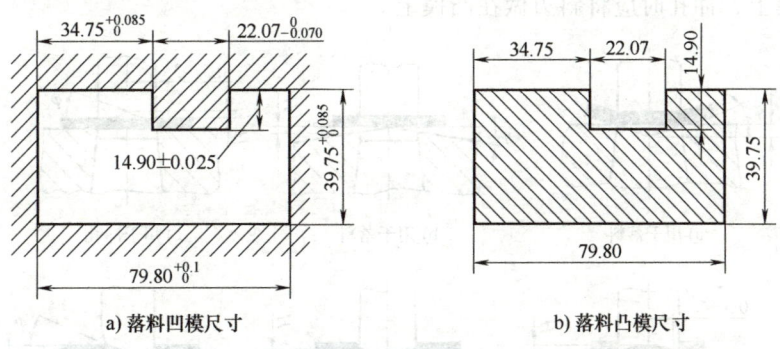

a) 落料凹模尺寸　　　b) 落料凸模尺寸

图 2-16 落料凹模和落料凸模的尺寸

八、冲裁力与压力中心

1. 冲裁力

（1）冲裁力的计算　冲裁力是指板料作用在凸模上的最大抗力。冲裁力是选择压力机的主要依据，也是设计模具所必需的数据。

对于普通平刃口的冲裁，其冲裁力 F 可按式（2-13）计算，即

$$F = KLt\tau_b \tag{2-13}$$

式中，F 为冲裁力（N）；L 为冲裁件周长（mm）；t 为板料厚度（mm）；τ_b 为材料的抗剪强度（MPa），见表 1-3；K 为系数，是考虑到刃口钝化、间隙不均匀、材料性能与厚度波动等因素而增加的安全系数，常取 $K = 1.3$。

在一般情况下，材料的抗拉强度 $R_m \approx 1.3\tau_b$，为计算方便，因此也可以用 $F = LtR_m$ 计算冲裁力。

（2）降低冲裁力的措施　当板料较厚或冲裁件尺寸较大，所产生的冲裁力过大或压力机吨位不够时，可采用以下三种方法来降低冲裁力：

1）加热冲裁。把材料加热后再冲裁，可以大大降低其抗剪强度，表 2-10 列出了常见钢

材在不同温度时的抗剪强度。由表可知,将材料加热到700~900℃时冲裁力只及常温的1/3,甚至更小。加热冲裁的优点是冲裁力降低显著;缺点是断面质量较差(圆角大、有毛刺)、精度低,冲裁件上会产生氧化皮,且加热冲裁的劳动条件也差,只用于精度要求不高的厚料冲裁。

表 2-10　常见钢材在不同温度时的抗剪强度

常见钢的牌号	加热到相应温度时的抗剪强度/MPa					
	200℃	500℃	600℃	700℃	800℃	900℃
Q195、Q215、10、15	353	341	196	108	59	29
Q235、Q255、20、25	441	411	235	127	88	59
30、35	520	511	324	157	88	69
40、45、50	588	569	373	186	88	69

2)斜刃冲裁。将凸模或凹模刃口做成斜刃口,整个刃口不是与冲裁件周边同时接触,而是逐步切入,使冲裁力可以减小,如图2-17所示。为了获得平整的冲裁件,落料时应将斜刃做在凹模上,冲孔时应将斜刃做在凸模上。

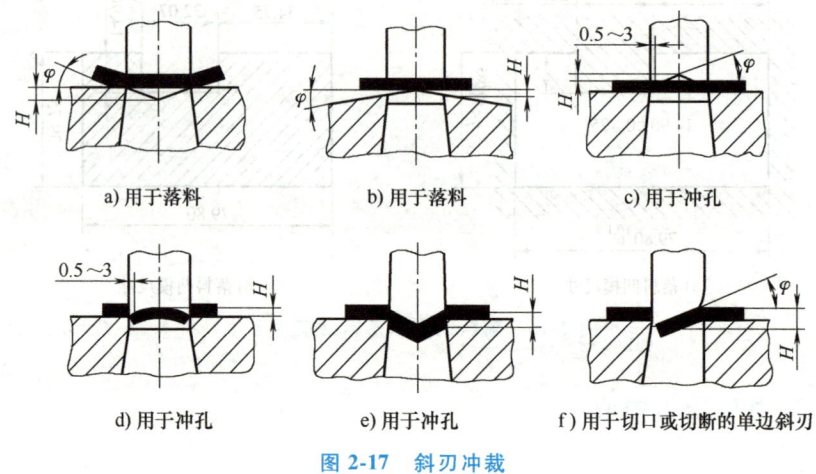

a) 用于落料　　b) 用于落料　　c) 用于冲孔

d) 用于冲孔　　e) 用于冲孔　　f) 用于切口或切断的单边斜刃

图 2-17　斜刃冲裁

刃口倾斜程度(斜刃高度H)越大,冲裁力越小,但凸模需进入凹模越深,板料的弯曲越严重,所以一般情况下,当$t<3mm$时,$H=2t$;当$t=3~10mm$时,$H=t$。

斜刃口冲裁时,冲裁力可按式(2-14)计算,即

$$F_{斜} = K_{斜} Lt\tau_b \tag{2-14}$$

式中,$F_{斜}$为斜刃冲裁力(N);$K_{斜}$为系数,其值与斜刃高度H高度有关。当$H=t$时,$K_{斜}=0.4~0.6$;当$H=2t$时,$K_{斜}=0.2~0.4$。

斜刃冲裁的优点是压力机能在柔和的条件下工作,当冲裁件很大时,降低冲裁力很显著;缺点是模具制造难度提高,刃口修磨也困难,有些情况下模具刃口形状还需修正。冲裁时,废料的弯曲在一定程度上会影响冲裁件的平整,这在冲裁厚料时更严重。因此,它适用于形状简单、精度要求不高、材料不太厚的大件冲裁。在汽车、拖拉机等大型覆盖件的落料中应用较多。

3)阶梯冲裁。在多凸模的冲裁模中,将凸模做成不同高度,采用阶梯布置,进行阶梯

冲裁，可使各凸模冲裁力的最大值不同时出现，从而降低了冲裁力，如图 2-18 所示。

各凸模间的高度相差量与板料厚度有关：对于薄料，取 $H=t$；对于厚料（$t>3\mathrm{mm}$），取 $H=0.5t$；各凸模的布置要尽量对称，使模具受力平衡。

阶梯冲裁的优点是不仅可降低冲裁力，而且还能适当减少振动，使工件精度不受影响，可避免与大凸模相距甚近的小凸模的倾斜或折断（当所有凸模等高时，与大凸模接近的小凸模在冲孔时受大凸模冲裁所引起的材料流动的影响，很易使小凸模倾斜或折断）；缺点是修磨刃口比较麻烦。主要用于有多个凸模而其位置又较对称的模具。

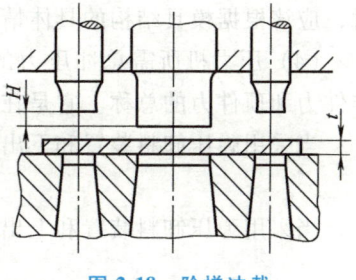

图 2-18 阶梯冲裁

（3）卸料力、推件力和顶件力的计算　冲裁时材料在分离前存在着弹性变形，在一般冲裁条件下，冲裁后材料的弹性恢复，使落件或冲孔废料梗塞在凹模内，而板料则紧箍在凸模上，为了使冲裁工作继续进行，必须将箍在凸模上的板料卸下，将梗塞在凹模内的工件或废料向下推出或向上顶出。从凸模卸下板料所需的力称为卸料力 $F_{卸}$；从凹模内向下推出工件或废料所需的力称为推件力 $F_{推}$；从凹模内向上顶出工件或废料所需的力称为顶件力 $F_{顶}$，如图 2-19 所示。

$F_{卸}$、$F_{推}$ 与 $F_{顶}$ 与冲裁件的轮廓形状、冲裁间隙、材料种类和厚度、润滑情况、凹模洞口形状等因素有关。在实际生产中常用式（2-15）～式（2-17）计算，即

$$F_{卸}=K_{卸}F \quad (2-15)$$
$$F_{推}=nK_{推}F \quad (2-16)$$
$$F_{顶}=K_{顶}F \quad (2-17)$$

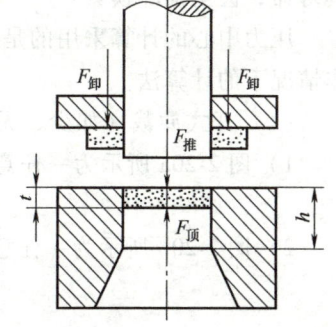

图 2-19 卸料力、推件力和顶件力

式中，F 为冲裁力（N）；$K_{卸}$ 为卸料力系数；$K_{推}$ 为推件力系数；$K_{顶}$ 为顶件力系数；n 为梗塞在凹模内的冲裁件数量（$n=h/t$）；h 为凹模直壁洞口的高度（mm）。

$K_{卸}$、$K_{推}$ 和 $K_{顶}$ 可分别由表 2-11 查取。当冲裁件形状复杂、冲裁间隙较小、润滑较差、材料强度高时应取较大的值，反之则应取较小的值。

表 2-11　卸料力、推件力和顶件力系数

料厚/mm		$K_{卸}$/N	$K_{推}$/N	$K_{顶}$/N
钢	≤0.1	0.06~0.09	0.1	0.14
	0.1~0.5	0.04~0.07	0.065	0.08
	0.5~2.5	0.025~0.06	0.05	0.06
	2.5~6.5	0.02~0.05	0.045	0.05
	>6.5	0.015~0.04	0.025	0.03
铝、铝合金		0.03~0.08	0.03~0.07	
纯铜、黄铜		0.02~0.06	0.03~0.09	

注：卸料力系数 $K_{卸}$ 在冲多孔、大搭边和轮廓复杂时取上限值。

$F_{卸}$ 与 $F_{顶}$ 是选择卸料装置与弹顶器的橡皮或弹簧的依据。在计算冲裁所需的总冲压力

时，应该根据模具结构的具体情况考虑 $F_卸$、$F_推$ 与 $F_顶$ 的影响。

（4）压力机所需总冲压力的计算　压力机总冲压力是指冲裁过程中冲裁力、卸料力、推件力和顶件力的总称。它是在设计模具时选择冲压设备和校核模具强度的重要依据。

当采用弹压卸料装置和下出件模具时，有

$$F_总 = F + F_卸 + F_推 \tag{2-18}$$

当采用弹压卸料装置和上出件模具时，有

$$F_总 = F + F_卸 + F_顶 \tag{2-19}$$

当采用刚性卸料装置和下出件模具时，有

$$F_总 = F + F_推 \tag{2-20}$$

2. 压力中心

冲压合力的作用点称为模具的压力中心。模具的压力中心必须通过模柄轴线与压力机滑块的中心线重合，否则滑块就会受到偏心载荷而导致滑块导轨和模具的不正常磨损，降低模具寿命，甚至损坏模具。

压力中心的计算采用的是空间平行力系的合力作用线的求解方法。下面分别说明不同工作情况下的计算法。

(1) 开式冲裁（如少、无废料排样时出现的工作情况）的压力中心

1) 图 2-20a 所示为一任意直线段，其压力中心为

$$x_0 = 0.5a$$

2) 图 2-20b 所示为一任意折线，其压力中心为

$$x_0 = \frac{al}{a+b}$$

3) 图 2-20c 所示为一不封闭的矩形，其压力中心为

$$x_0 = \frac{ab + a^2}{2a + b}$$

4) 图 2-20d 所示为一半径为 R、夹角为 2α［单位为（°）］的弧线段，其压力中心为

$$x_0 = \frac{57.3}{\alpha} R \sin\alpha$$

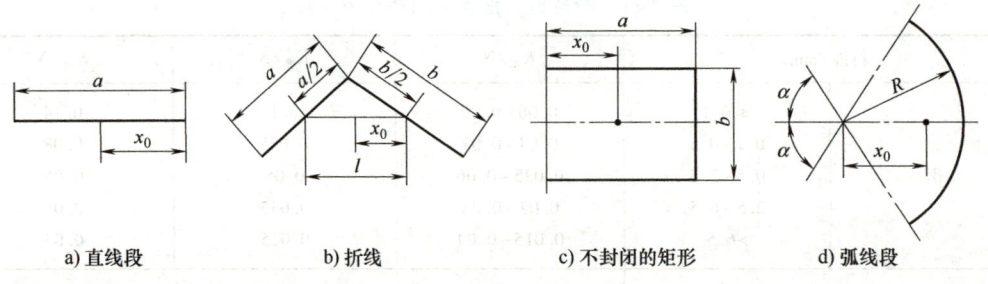

a) 直线段　　b) 折线　　c) 不封闭的矩形　　d) 弧线段

图 2-20　开式冲裁的压力中心

(2) 闭式冲裁的压力中心

1) 图 2-21a 所示为一任意三角形，其压力中心为三条中线的交点。

2) 图 2-21b 所示为一半径为 R、夹角为 2α 的扇形，其压力中心为

$$x_0 = \frac{38.2}{\alpha} R\sin\alpha$$

3）图 2-21c 所示为任意梯形，可直接由图示的作图法求得其压力中心。

冲裁其他任何对称形状的工件时，其压力中心就是工件的几何中心。

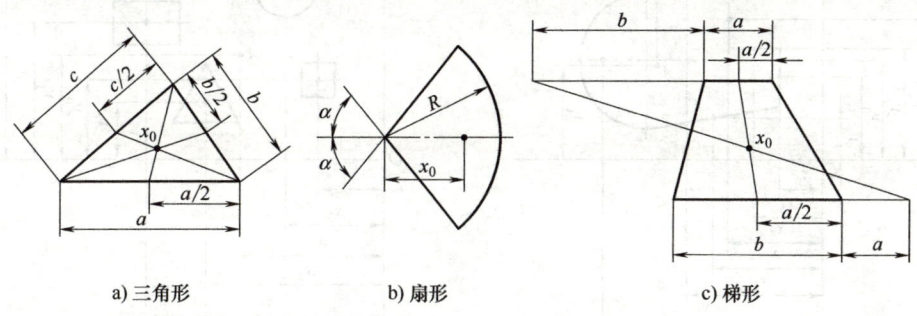

a）三角形　　　　b）扇形　　　　c）梯形

图 2-21　闭式冲裁的压力中心

（3）其他复杂形状冲裁件的压力中心　复杂形状冲裁件的压力中心可根据合力对某轴之力矩等于各分力对同轴的力矩之和的力学原理求得。

以图 2-22 为例，说明复杂形状冲裁件的压力中心的计算方法。

1）先选定坐标轴 x 和 y。

2）将冲裁件周边分成若干简单的直线和圆弧段，求出各段长度 l 及压力中心的坐标尺寸，即

$$l_1, l_2, \cdots, l_n$$
$$x_1, x_2, \cdots, x_n$$
$$y_1, y_2, \cdots, y_n$$

3）计算压力中心点 A 的坐标位置

对于 y 轴，各分力矩为

$$K \quad l_1 \quad t \quad \tau_b \quad x_1$$
$$K \quad l_2 \quad t \quad \tau_b \quad x_2$$
$$\cdots$$
$$K \quad l_n \quad t \quad \tau_b \quad x_n$$

各分力力矩之和为

$$K(l_1 x_1 + l_2 x_2 + \cdots + l_n x_n) t \tau_b$$

合力矩为

$$K(l_1 + l_2 + \cdots + l_n) t \tau_b x_0$$

由各分力矩之和等于合力矩，即可解得

$$x_0 = \frac{l_1 x_1 + l_2 x_2 + \cdots + l_n x_n}{l_1 + l_2 + \cdots + l_n} \tag{2-21}$$

对于 x 轴，同理可解得各分力矩为

$$y_0 = \frac{l_1 y_1 + l_2 y_2 + \cdots + l_n y_n}{l_1 + l_2 + \cdots + l_n} \tag{2-22}$$

（4）多凸模冲裁时的压力中心　多凸模冲裁时的压力中心的计算方法同上，如图 2-23

所示。此时，$l_1, l_2, \cdots, l_n$ 应为各凸模的周长，而 $x_1, x_2, \cdots, x_n$ 与 $y_1, y_2, \cdots, y_n$ 则分别为各凸模压力中心的坐标位置。

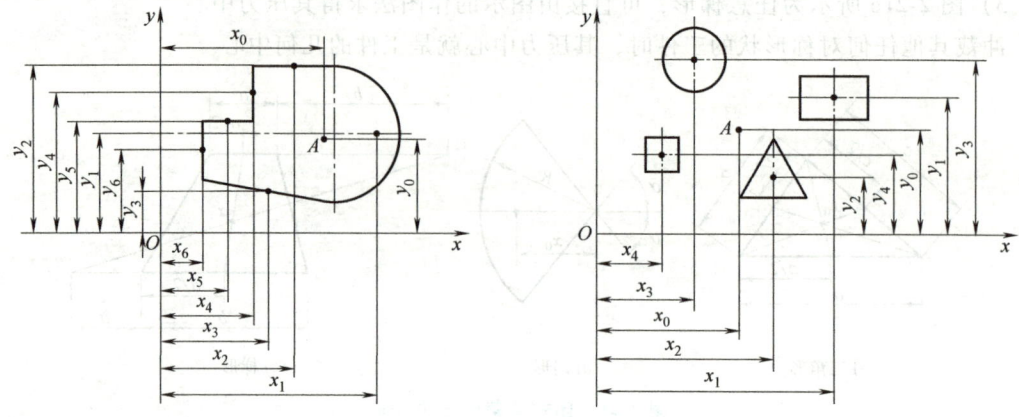

图 2-22　复杂形状冲裁件的压力中心　　　　图 2-23　多凸模冲裁时的压力中心

九、排样设计

冲裁件在条料上的布置方法称为排样。排样设计工作的主要内容包括选择排样方法、确定搭边值、计算条料的宽度和步距及绘制排样图，必要时还要计算材料的利用率。

1. 排样原则

1）提高材料利用率 η。对冲裁件来说，由于产量大，冲压的生产率高，所以材料费用常会占冲裁件总成本的 60% 以上。材料利用率是一项很重要的经济指标。要提高材料利用率，就必须减小废料面积。

冲裁过程中所产生的废料可分为结构废料与工艺废料两种。结构废料是由工件的形状决定的，而工艺废料则是由冲压方式与排样方式所决定的。图 2-24 所示的垫圈冲裁产生的废料，冲孔所产生的废料即为结构废料，而条料上的料头、料尾及孔边缘部分均为工艺废料。因此，要提高材料利用率主要应从减少工艺废料着手，设计出合理的排样方案。

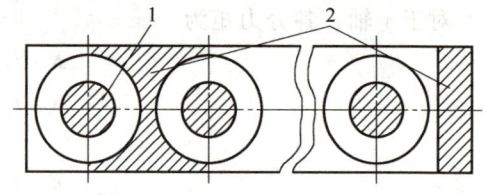

图 2-24　垫圈冲裁产生的废料

1—结构废料　2—工艺废料

2）操作方便、安全性。尽量使操作方便、安全，减轻工人的劳动强度。条料在冲裁过程中翻动要少，在材料利用率相同或相近时，应尽可能选条料宽、步距小的排样方法。这样可减少板料裁切次数，节省剪裁备料时间。

3）模具结构合理性。在不影响冲件使用性能的前提下，可适当修改冲裁件尺寸和形状，以提高材料的利用率，同时使模具结构简单，提高模具寿命。

4）保证冲裁件的质量。排样应保证冲裁件的质量，对于弯曲件的落料，在排样时还应考虑板料的纤维方向。

2. 排样方法

根据材料经济利用的程度，排样方法可以分为：

（1）有废料排样法　有废料排样法是在冲裁件与冲裁件之间及冲裁件与条料侧边之间，都有工艺余料存在，冲裁是沿着冲裁件的封闭轮廓进行的，如图 2-25a 所示。其冲裁件质量较好，模具寿命较长，但材料利用率较低。

（2）少废料排样法　少废料排样法是只有在冲裁件与冲裁件之间或只有在冲裁件与条料侧边之间留有余料，如图 2-25b 所示。这种排样方法的冲裁只沿着冲裁件的部分外轮廓进行，因受剪裁条料质量和定位误差的影响，其冲裁件质量较差，同时边缘毛刺被凸模带入间隙也影响模具寿命，但材料利用率高，可达 70%～90%，模具结构简单。

（3）无废料排样法　无废料排样法是在冲裁件与冲裁件之间以及冲裁件与条料侧边之间均无余料存在，如图 2-25c 所示。这种排样方法的冲裁件实际上是直接由切断条料获得，冲件的质量和模具寿命更差一些，但材料利用率最高，可达 85%～95%。另外，当送料步距为零件宽度的两倍时，一次切断便能获得两个冲件，有利于提高生产率。

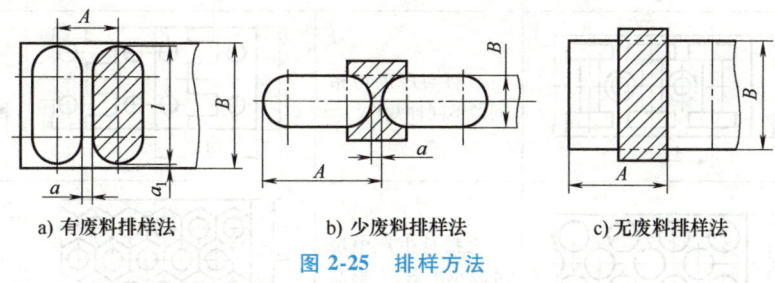

a) 有废料排样法　　b) 少废料排样法　　c) 无废料排样法

图 2-25　排样方法

采用少、无废料排样法，材料利用率高，不但有利于一模获得多个冲裁件，而且可以简化模具结构、降低冲裁力。但是少、无废料排样的应用范围有一定的局限性，受到冲裁件形状、结构的限制，且由于条料本身的宽度公差以及条料导向与定位所产生的误差会直接影响冲裁件尺寸而使冲裁件的精度降低。同时，往往因模具单面受力而加快磨损，降低模具寿命，也会直接影响冲裁件的断面质量。为此，排样时必须全面权衡利弊。

无论是采用有废料，还是采用少、无废料的排样方法，根据冲裁件在条料上的不同布置方法，排样方法又有直排、斜排、对排（直对排、斜对排）、混合排、多排和裁搭边等各种排列形式，见表 2-12，可以根据不同的冲裁件形状加以选用。对于形状较复杂的冲裁件，要用计算方法选择一个合理的排样形式是比较困难的。通常先用厚纸片剪 3～5 个样件，在摆出各种可能的排样方案后，再从中选择一个比较合理的方案作为排样形式。

表 2-12　排样形式

形式	有废料排样		少、无废料排样	
	图示	用途	图示	用途
直排		简单形状的圆形、矩形等冲裁件		矩形冲裁件
斜排		T 形、L 形或其他复杂外形的冲裁件		L 形或其他外形的冲裁件，在外形上允许有不大的缺陷

(续)

形式		有废料排样		少、无废料排样	
		图示	用途	图示	用途
对排	直对排	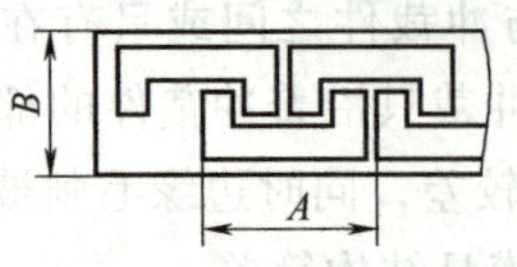	T形、U形、E形冲裁件	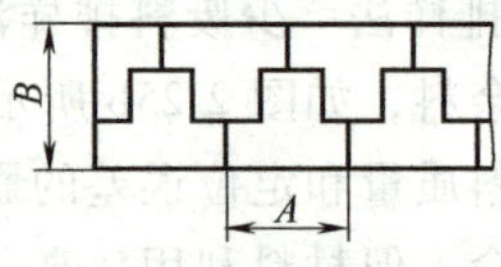	梯形、三角形、T形冲裁件
	斜对排	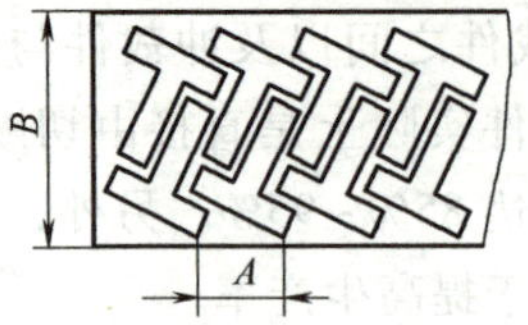	用于材料利用率比直对排要求高的场合	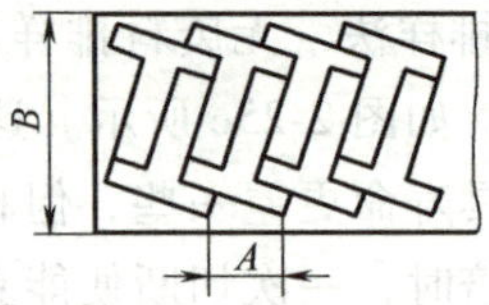	T形冲裁件
混合排		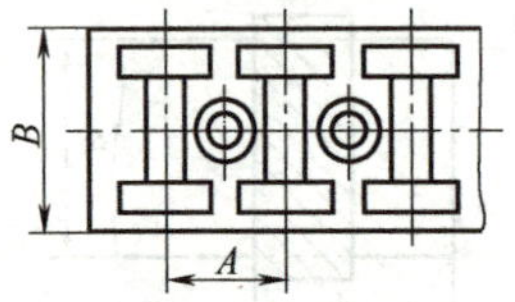	材料与厚度均相同的不同冲裁件	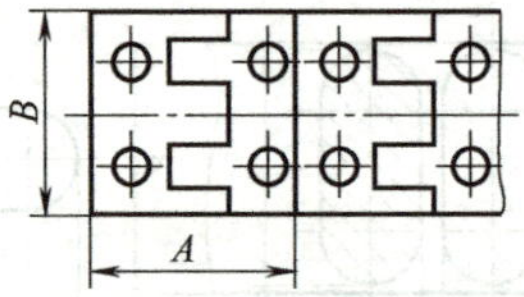	两冲裁件外形相互嵌入的制件
多排		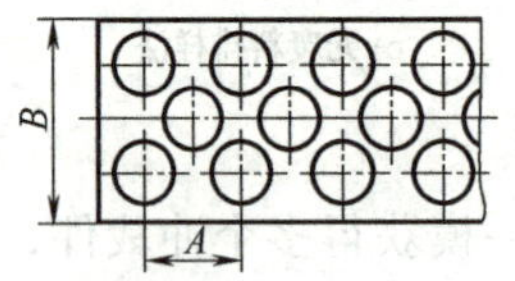	大批量生产中尺寸较小矩形、方形及六角形冲裁件	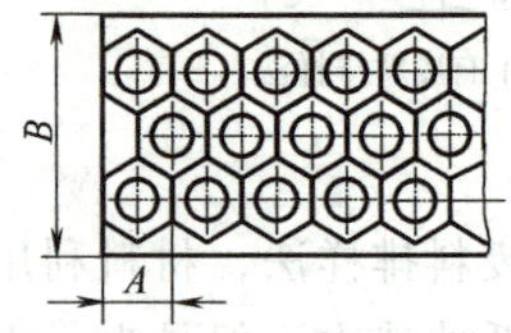	大批量生产中尺寸较小的矩形、方形及六角形冲裁件
裁搭边		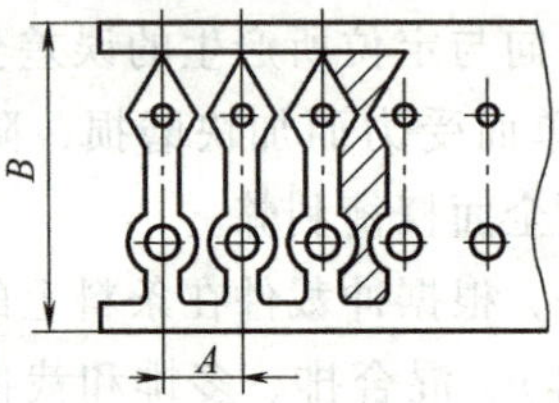	大批量生产小而窄的冲裁件	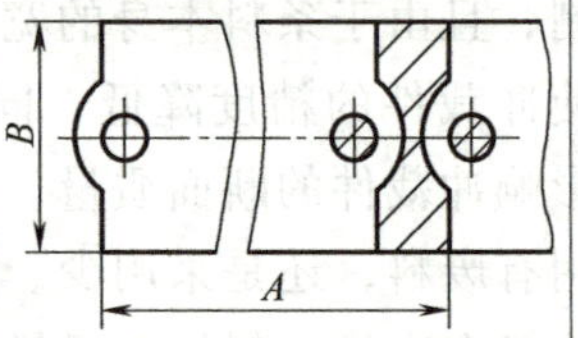	用宽度均匀的条料或卷料制造的长形冲裁件

3. 搭边

排样时冲裁件与冲裁件之间以及裁件与条料之间留下的工艺余料称为搭边，如图2-25所示。

（1）搭边的作用

1）搭边起补偿条料的剪裁误差、送料步距误差以及由于条料与导料板之间有间隙所造成的送料歪斜误差的作用。若没有搭边则可能发生缺角、缺边或尺寸超差等问题。

2）使凸模、凹模刃口双边受力。由于搭边的存在，使凸模、凹模刃口沿整个封闭轮廓线冲裁，模具刃口受力平衡，合理间隙不易破坏，模具寿命与工作断面质量都能提高。

3）对于利用搭边拉条料的自动送料模具，搭边使条料有一定的刚度，以保证条料的连续送进。

（2）搭边的数值 搭边过大，浪费材料；搭边过小，起不到上述作用。过小的搭边还可能被拉入凸模和凹模的间隙中，磨损模具，甚至损坏模具刃口。

搭边的合理数值就是保证冲裁件质量、较长的模具寿命和自动送料不被拉弯或拉断的条件下允许的最小值。

搭边的合理数值主要决定于材料厚度、材料种类、冲裁件的大小以及冲裁件的轮廓形状等。一般说来，板料越厚、越软，以及冲裁件尺寸越大、形状越复杂，则搭边值 a 与 a_1 也越大。搭边值通常是由经验确定的，表 2-13 列出了低碳钢搭边值的经验数据。

表 2-13　搭边值的经验数据（低碳钢）　　　　　　　　　　（单位：mm）

材料厚度 t	圆形及 $r>2t$ 的圆角		矩形件边长 $l<50$		矩形件边长 $l>50$ 或圆角 $r<2t$	
	工件间 a	侧面 a_1	工件间 a	侧面 a_1	工件间 a	侧面 a_1
≤0.25	1.8	2.0	2.2	2.5	2.8	3.0
0.25~0.5	1.2	1.5	1.8	2.0	2.2	2.5
0.5~0.8	1.0	1.2	1.5	1.8	1.8	2.0
0.8~1.2	0.8	1.0	1.2	1.5	1.5	1.8
1.2~1.6	1.0	1.2	1.5	1.8	1.8	2.0
1.6~2.0	1.2	1.5	1.8	2.0	2.0	2.2
2.0~2.5	1.5	1.8	2.0	2.2	2.2	2.5
2.5~3.0	1.8	2.2	2.2	2.5	2.5	2.8
3.0~3.5	2.2	2.5	2.5	2.8	2.8	3.2
3.5~4.0	2.5	2.8	2.8	3.2	3.2	3.5
4.0~5.0	3.0	3.5	3.5	4.0	4.0	4.5
5.0~12	0.6t	0.7t	0.7t	0.8t	0.8t	0.9t

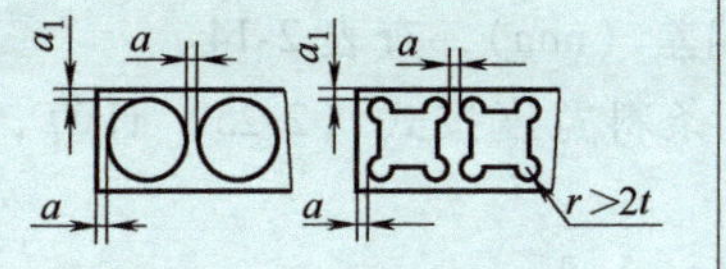

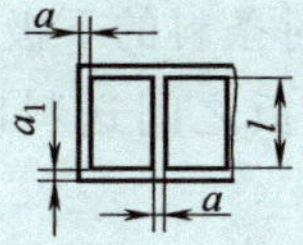

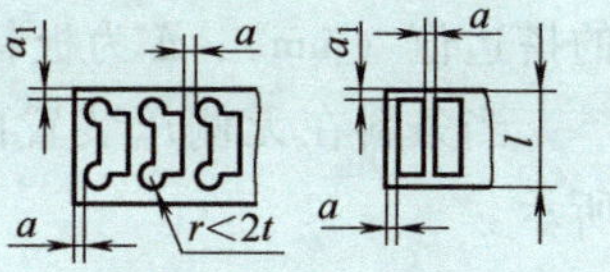

对于其他材料，应将表中数值乘以系数：中碳钢为 0.9；高碳钢为 0.8；硬黄铜为 1~1.1；硬铝为 1~1.2；软黄铜、纯铜为 1.2。

十、送料步距与条料宽度的计算

选定排样方法与确定搭边值之后，就要计算送料步距与条料宽度，这样才能画出排样图。

1. 送料步距

条料在模具上每次送进的距离称为送料步距 A（简称步距或进距）。每个步距可以冲出一个冲裁件，也可以冲出几个冲裁件。送料步距的大小应为条料上两个对应冲裁件的对应点之间的距离。如图 2-25a 所示，每次只冲一个冲裁件的步距 A 的计算公式为

$$A = D + a \tag{2-23}$$

式中，D 为平行于送料方向的冲裁件宽度（mm）；a 为冲裁件之间的搭边值（mm）。

2. 条料宽度

条料由板料剪裁下料而得。为保证送料顺利，剪裁时的公差带分布规定上极限偏差为零，下极限偏差为负值（$-\Delta$）。条料在模具上送进时一般都有导向，当使用导料板导向而又

无侧压装置时，在宽度方向上会产生送料误差。在这两种误差的影响下，条料宽度 B 的计算应仍能保证在冲裁件与条料侧边之间有一定的搭边值 a_1。

当导料板之间有侧压装置时或用于将条料紧贴单边导料板（或两个单边导料销）时，条料宽度按式（2-24）计算，如图2-26a所示。

$$B = (D + 2a_1 + \Delta)_{-\Delta}^{0} \tag{2-24}$$

式中，D 为冲裁件与送料方向垂直的方向的最大尺寸（mm）；a_1 为冲裁件与条料侧边之间的搭边值（mm）；Δ 为板料剪裁时条料的下极限偏差（mm），查表2-14。

当条料在无侧压装置的导料板之间送料时，条料宽度按式（2-25）计算，如图2-26b所示。

$$B = (D + 2a_1 + 2\Delta + b_0)_{-\Delta}^{0} \tag{2-25}$$

式中，b_0 为条料与导料板之间的最小间隙（mm），见表2-15。

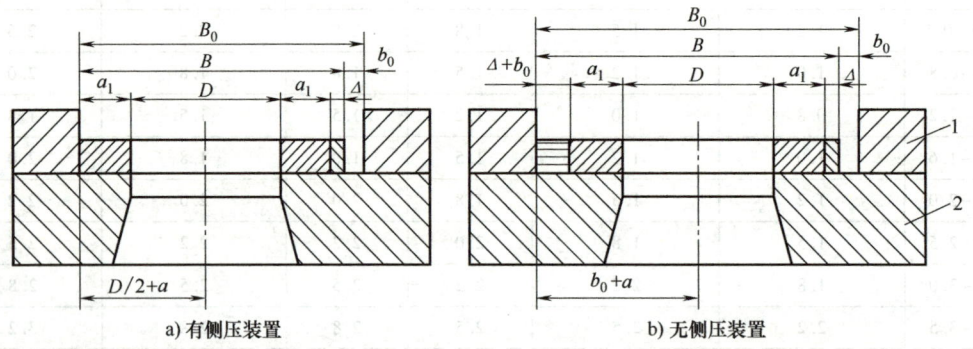

图 2-26 条料宽度的确定
1—导料板 2—凹模

表 2-14 板料剪裁时条料的下极限偏差 Δ　　（单位：mm）

条料厚度 t	条料宽度 B			
	≤50	50~100	100~200	200~400
≤1	0.5	0.5	0.5	1.0
1~3	0.5	1.0	1.0	1.0
3~4	1.0	1.0	1.0	1.5
4~6	1.0	1.0	1.5	2.0

表 2-15 条料与导料板之间的最小间隙 b_0　　（单位：mm）

条料厚度 t	无侧压装置			有侧压装置	
	条料宽度 B				
	≤100	100~200	200~300	≤100	>100
≤1	0.5	0.5	1	5	8
1~3	0.8	1	1	5	8

如图2-26b所示，用式（2-25）计算的条料宽度，保证了不论条料靠向哪一边，即使条料裁成最小的极限尺寸（即 $B-\Delta$），仍能保证冲裁时的搭边值 a_1。

3. 条料的剪裁

条料宽度一经决定，就可以剪裁板料。板料一般都是长方形的，所以就有沿碾制纤维方向纵裁（沿长边裁）和横裁（沿短边裁）两种方法，如图2-27所示。

因为纵裁的剪裁次数少，冲压时调换条料次数少，工人操作方便生产率高，所以通常情况下应尽可能采用纵裁。

在以下情况可考虑横裁。

1）板料纵裁后的条料太长，受冲压车间压力机排列的限制，移动不便时。

2）条料太重，超过12kg时（工人劳动强度太高）。

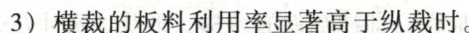

图 2-27　板料的剪裁方法

1—横裁　2—纵裁　3—纤维方向

3）横裁的板料利用率显著高于纵裁时。

4）纵裁不能满足弯曲件坯料对纤维方向的要求时。

4. 材料利用率的计算

（1）一个步距内的材料利用率　一个步矩内的材料利用率 η 是用冲裁件的实际面积与所用毛坯面积的百分率来表示的，如图2-28所示。

$$\eta = \frac{S_1}{S_0} \times 100\% = \frac{S_1}{AB} \times 100\% \quad (2\text{-}26)$$

式中，S_1 为冲裁件的实际面积（mm²）；S_0 为一个步距内所需毛坯面积（mm²）；A 为送料步距（mm）；B 为条料宽度（mm）。

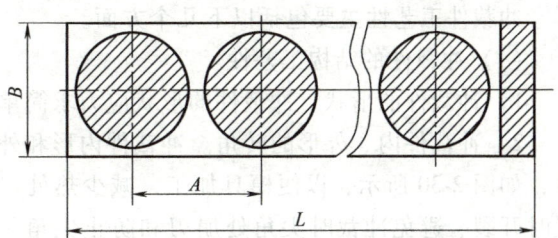

图 2-28　一个步距内材料利用率的计算

（2）一个条料内材料的条料利用率　准确的利用率，还应考虑料头和料尾等因素，可以用条料利用率 η_T 来表示。

$$\eta_\mathrm{T} = \frac{n_1 S_1}{LB} \times 100\% \quad (2\text{-}27)$$

式中，n_1 为条料上能冲裁的冲裁件个数；L 为条料长度（mm）；B 为条料宽度（mm）。

（3）一张板料上材料的利用率　考虑裁板时边料的消耗情况，此时可用整张板料的总利用率 η_Z 来表示。

$$\eta_\mathrm{Z} = \frac{n_1 n_2 S_1}{S_\mathrm{Z}} \times 100\% \quad (2\text{-}28)$$

式中，n_2 为整张钢板上能剪裁的条料个数；S_Z 为整张钢板的面积（mm²）。

十一、排样图

排样图是排样设计最终的表达形式。排样图是设计冲压工艺与模具的重要工艺文件。一张完整的模具装配图在其右上角应画出冲裁件图及排样图。在排样图上应标注条料宽度及其公差、送料步距及搭边值 a、a_1，如图 2-29 所示。

采用斜排方法排样时，还应注明倾斜角度的大小。必要时，还可用双点画线画出条料在送料时定位元件的位置。

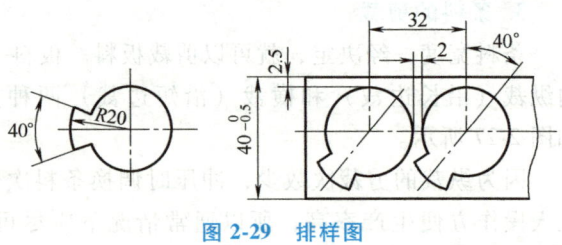

图 2-29　排样图

对有纤维方向要求的排样图，则应用箭头表示条料的纤维方向。

十二、冲裁工艺设计

冲裁工艺设计包括冲裁件的工艺性分析、冲裁工艺方案的确定等内容。

1. 冲裁件的工艺性分析

冲裁件的工艺性是指冲裁件对冲压工艺的适应性，即冲裁件的结构、形状、尺寸及公差等技术要求是否符合冲裁加工的工艺性要求，其难易程度如何。在设计冲裁模之前，首先要对冲裁件的工艺性进行分析。所谓冲裁件的工艺性能好就是指能用一般的冲裁方法，在模具寿命较长、生产率较高、成本较低的条件下得到质量合格的冲裁件。

冲裁件工艺性主要包括以下几个方面。

（1）冲裁件的结构工艺性

1）冲裁件的形状。冲裁件的形状应力求简单、对称，这有利于材料的合理使用。

2）冲裁件内、外形的转角。冲裁件内形和外形的转角处应尽量避免尖角，应以圆角过渡，如图 2-30 所示，以便模具加工，减少热处理时开裂、避免冲裁时尖角处崩刃和防止尖角部位的过快磨损。

3）冲裁件上凸出的悬臂和凹槽。冲裁件应尽可能避免过长的悬臂和凹槽，悬臂和凹槽宽度也不宜过小，其值如图 2-30 所示。

4）冲裁件的孔边距和孔间距。为避免冲裁件变形和保证模具的强度，冲裁时，对冲裁件的最小尺寸有一定的限制，如冲孔的最小尺寸、孔边距的最小尺寸、孔与边缘的最小孔边距等，如图 2-30 所示。

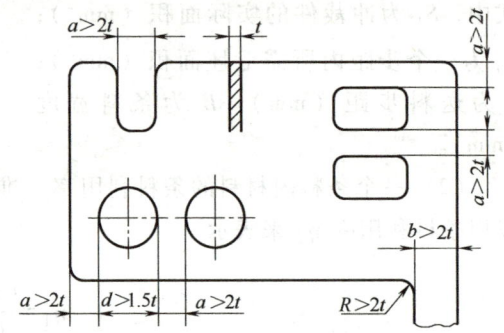

图 2-30　冲裁件的结构工艺性

（2）冲裁件的尺寸精度及表面粗糙度　冲裁件的精度一般分为精密级和经济级两类。精密级是指冲压工艺在技术上所允许的最高精度，而经济级是指模具达到最大许可磨损量时，所完成的冲压加工在技术上可以实现，而在经济上又最合理的精度，即所谓的经济精度。为降低冲压成本，获得最佳的技术经济效果，在不影响冲裁件使用要求的前提下，应尽可能采用经济精度。

1）冲裁件的标准公差等级一般为 IT10～IT14，较高精度可达 IT8～IT10，冲孔的精度比落料约高一级。如果工件精度高于上述要求，则在冲裁后需通过整修或采用精密冲裁。

2）冲裁件断面的表面粗糙度与材料塑性、材料厚度、冲裁模间隙、刃口锐钝以及冲裁模结构等有关。当冲裁厚度小于 2mm 的金属板料时,其断面的表面粗糙度值 Ra 一般为 3.2~12.5 μm。

(3) 冲裁件的尺寸标注　冲裁件的尺寸基准应尽可能和制模时的定位基准重合,以避免产生基准不重合误差。孔位尺寸基准应尽量选择在冲裁过程中始终不参加变形的面或线上,且不要与参加变形的部位联系起来。

图 2-31a 所示的尺寸标注是不合理的,因为这样标注,尺寸 L_1、L_2 必须考虑到模具的磨损造成的孔心距不稳定,孔心距的公差会随着模具磨损而增大。改用图 2-31b 所示的尺寸标注,两孔的孔心距在冲裁模上直接得到保证而不受模具磨损的影响,比较合理。

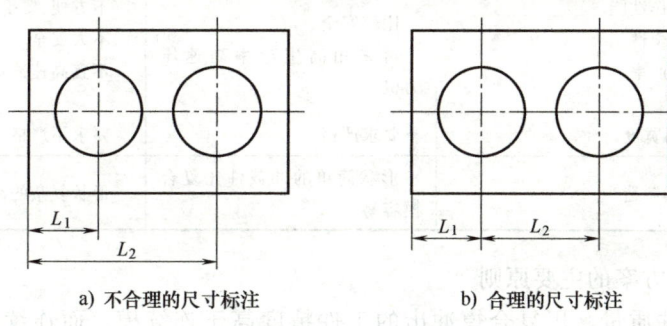

a) 不合理的尺寸标注　　　　b) 合理的尺寸标注

图 2-31　冲裁件的尺寸标注

2. 冲裁工艺方案的确定

确定冲裁工艺方案就是确定冲裁件的工艺路线,主要包括冲裁工序数、工序的组合和顺序等。

确定合理的冲裁工艺方案应在工艺分析的基础上,根据冲裁件的生产批量、尺寸精度的高低、尺寸大小、形状复杂程度、材料的厚度、冲裁模制造条件与冲压设备条件等多方面的因素,拟订出多种不同的工艺方案进行分析与研究,比较其综合的经济技术效果,选择一个合理的冲裁工艺方案。

确定冲裁工艺方案主要就是要确定用单工序模还是用连续模或复合模。对于模具设计来说这是首先要确定的重要一步,属于总体设计的范畴。表 2-16 列出了生产批量与模具类型的关系。表 2-17 列出了连续模与复合模的性能比较。

表 2-16　生产批量与模具类型的关系

项目	生产批量(年班产量)/千件				
	单件	小批	中批	大批	大量
大型件 中型件 小型件	<1	1~2 1~5 1~10	2~20 5~50 10~100	20~300 50~1000 100~5000	>300 >1000 >5000
模具类型	单工序模 组合模 简易模	单工序模 组合模 简易模	单工序模 连续模、复合模 半自动模	单工序模 连续模、复合模 自动模	硬质合金连续模 复合模、自动模

表 2-16、表 2-17 从各个方面比较了各种工序组合方式的各自特点,在确定工艺方案时可参考。

表 2-17 连续模与复合模的性能比较

项目		连续模	复合模
工件概况	尺寸精度 冲裁件形状 孔与外形的位置精度 冲裁件的平整性 冲裁件尺寸 冲裁件厚度	可达 IT10～IT13 可加工复杂冲裁件 较差 较差、易弯曲 宜较小冲裁件 0.6～6mm	可达 IT8～IT9 形状与尺寸要受模具结构与强度限制较高 推板上落料，制件平整 可加工较大冲裁件 0.05～3mm
工艺性能	操作性能 安全性 生产率	方便 比较安全 可采用高生产率高速压力机	不方便，要手动进行卸料 不太安全 不宜高速冲裁
条料宽度		要求严格	要求不严格、可利用边角余料
模具制造		形状简单的冲裁件比复合模容易	形状复杂的冲裁件比连续模容易

（1）确定工艺方案的主要原则

1）保证冲裁件质量。用复合模冲出的工件精度高于连续模，而连续模又高于单工序模。这是因为用单工序模冲压多工序的冲裁件时，要经过多次定位和变形，产生积累误差大，冲裁件精度较低。复合模是在同一位置一次冲出，不存在定位误差。因此，对于精度较高的冲裁件宜用复合模进行冲裁。

2）经济性原则。在保证质量的前提下，应尽可能降低成本，提高经济效益。所以，对于中、大批量的冲裁件，应尽量采用高效率的多工序模，而在试制与小批量生产时应尽可能采用单工序模与各种形式的简易模具。

3）安全性原则。工人操作是否方便安全也是在确定冲裁工艺方案时要考虑的一个十分重要的问题。例如，对于一些形状复杂、需要进行多道工序冲裁的小型冲裁件，如果用单工序模进行冲裁，需用手钳放置毛坯，多次进出危险区域，很不安全。因此，对于这类冲裁件有时即使批量不大，也采用比较安全的连续模进行冲压。

图 2-32a 所示的冲裁件，三个槽与三个小孔之间有相对位置要求。若用单工序模进行冲裁，则有以下两种冲裁工艺方案：

① 先冲出带槽的型孔，再以型孔定位冲三个小孔，如图 2-32b 所示。这个方案一定位较复杂，操作不方便，效率低而且不安全。

② 先冲大圆孔，再以圆孔定位冲槽和三个小孔，如图 2-32c 所示。这个方案二定位简单可靠，操作方便安全，效率高。

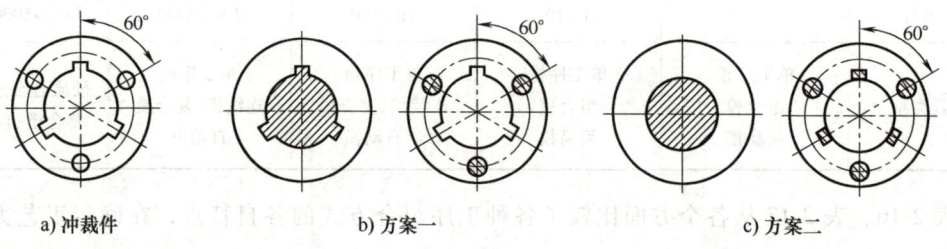

a）冲裁件　　　　b）方案一　　　　c）方案二

图 2-32　冲裁工艺方案的比较

（2）确定工序数　冲裁工序数一般由冲裁件的形状所确定。但对于形状复杂的冲裁件，为了保证其工艺性更趋合理，有时会将一道工序分解为两道或多道工序。

采用连续模时，为提高定位精度，会增加一道冲工艺孔工步或侧刃裁边工步，用定位工艺孔、定距侧刃进行连续冲载，如图 2-33、图 2-34 所示。

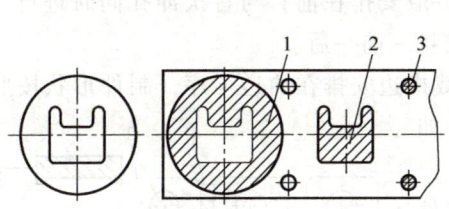
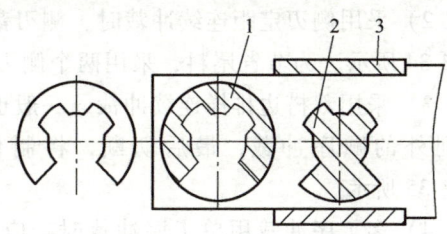

图 2-33　用定位工艺孔进行连续冲裁　　　　　图 2-34　用定距侧刃进行连续冲裁
1—落料　2—冲孔　3—定位工艺孔　　　　　1—落料　2—冲孔　3—定距侧刃切边

（3）确定冲裁工序组合　冲裁工序按组合程度分为单工序冲裁、复合冲裁和连续冲裁。

连续冲裁是指压力机在一次行程中，依次在几个不同的位置上同时完成多道工序，到最后一道工序才完成一个或几个冲裁件。

复合冲裁是指压力机在一次行程中，在模具的同一工位同时完成两道或多道工序，除最初几次行程外，每次行程都可以完成一个或几个冲裁件。

确定冲裁工序组合就是确定用单工序模冲裁还是用连续模冲裁或复合模冲裁，其影响因素有以下五点：

1）生产批量。小批量与试制采用单工序冲裁，中批和大批量生产采用连续冲裁或复合冲裁。

2）冲裁件质量。复合冲裁所得到的冲裁件尺寸公差等级高，因为它避免了多次冲压的定位误差，并且在冲裁过程中可以进行压料，使冲裁件平整。连续冲裁所得到的冲裁件尺寸公差等级较复合冲裁的低。在连续冲裁中采用导正销结构，可提高冲裁件尺寸精度。

3）冲裁件尺寸、形状。冲裁件的尺寸较小时，考虑到单工序冲裁上料不方便和生产率低，常采用连续冲裁或复合冲裁。对于尺寸中等的冲裁件，制造多副单工序模的费用比复合模高，宜采用复合冲裁。但冲裁件上孔与孔之间或孔与边缘之间的距离过小时，不宜采用复合冲裁和单工序冲裁，宜采用连续冲裁。所以连续冲裁可以加工形状复杂、宽度很小的异形冲裁件，如图 2-33 所示，但连续冲裁受压力机工作台面尺寸与工序数的限制，冲裁件尺寸不宜太大。

4）模具制造周期。对于形状简单的冲裁件，连续模比复合模易于制造，而单工序模又比连续模易于制造，且由于多副模具可同时加工，所以制造周期短、成本低。但对形状复杂的冲裁件，复合冲裁模易于制造，此时若采用单工序模，由于模具副数过多，试模周期会加长，有时整个制造周期甚至比复合模要长，所以在形状复杂的冲裁件的试制或小批生产时，往往也采用复合模。

5）操作方便与安全。单工序冲裁，需用手钳放置毛坯，手需要进出危险区域，很不安全，而复合冲裁的废料（正装式）或制件（倒装式）在冲裁完成后最终是掉在危险区域的，如无相应吹料气源，也需人进入危险区域用手钳取出，所以也不安全。连续冲裁易于实现自动送料、出料，其安全性较高。

(4) 确定工序顺序 由于复合冲裁是在同一工位上完成多道工序，故不存在冲裁工序顺序的安排问题。单工序冲裁和连续冲裁时工序顺序选择原则如下：

1) 采用导正销定距连续冲裁时，一般先冲孔后落料。先冲出的孔一般可作为后续工序的定位用。若定位要求高，则要冲出专供定位的工艺孔，如图2-33所示。

2) 采用侧刃定距连续冲裁时，侧刃裁边工序一般安排在前，与首次冲孔同时进行，如图2-34所示。为节省尾料，采用两个侧刃时，可安排一前一后。

3) 采用裁搭边排样连续冲裁，一般也是侧刃裁搭边安排在前道工序，制件形状按照由内到外的顺序冲裁，最后切断，将制件分离，如图2-35所示。

4) 多工序冲裁用单工序冲裁时，应先将冲裁件与毛坯分离，然后以外轮廓定位进行其他冲裁。注意后续各冲裁工序定位基准要一致，以避免定位误差与尺寸链换算。对于大小不同、相距较近的孔，为减小孔的变形，应先冲大孔后冲小孔。

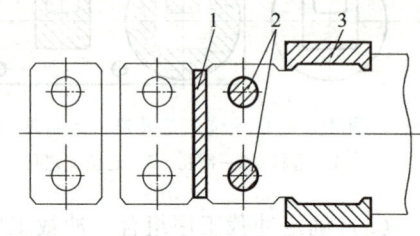

图 2-35 采用裁搭边排样的连续冲裁
1—切断分离　2—冲孔　3—定距侧刃切边

十三、冲压工艺文件的编制

冲压工艺文件是直接指导生产的技术文件，在我国已制定相关标准规定了冲压工艺文件的格式，其中使用较多的是冲压工艺卡片和冲压工序卡片，表2-18、表2-19是某企业根据相关标准，并结合企业实际编制的冲压工艺卡片及冲压工序卡片。

表 2-18　冲压工艺卡片

×××××厂	冲压工艺卡片	产品型号		零件图号			
		产品名称		零件名称		共　张	第　张
材料牌号及规格	材料技术要求	毛坯尺寸	每毛坯可制件数	毛坯质量/kg	辅助材料		
工序号	工序名称	工序内容	零件图	设备	工艺装备	工时	
					设计	审核	标准化	会签	批准
标记	处数	更改文件号	签字	日期			

1. 工艺文件的填写

在冲压工艺卡片中，主要填写零件的加工工艺过程，所使用的设备、工艺装备等。冲压工艺卡片的主要作用是协助生产管理人员进行生产安排及管理。

表 2-19 冲压工序卡片

××××××厂		冲压工序卡片		产品型号		零件图号				
				产品名称		零件名称		共 张		第 张
材料牌号及规格		材料技术要求		毛坯尺寸		每毛坯可制件数		毛坯质量/kg		辅助材料
工序号	工序名称		工序内容		工序简图		设备	工艺装备		工时
							设计	审核	标准化	会签	批准
标记	处数		更改文件号		签字	日期				

冲压工序卡片主要反映每道工序的加工方法，工序简图只需绘出本工序的加工内容。

2. 工序简图的画法

工序简图是反映本道工序的加工内容，要求把本道工序加工前的形状（一般是已完成一次冲裁后的形状）用细实线绘出，本道工序加工的部分用粗实线绘出。尺寸标注主要反映本道工序的加工外形尺寸和定位尺寸。工序简图可以不按比例绘制，但不能失真。

任务实施

1. 制定托板冲裁的工艺方案

（1）托板冲裁件工艺性分析

1）该托板的材质为 08 钢板，是优质碳素结构钢，具有良好的可冲压性能。

2）该托板结构、形状简单，但内、外形有尖锐清角，为了延长模具寿命，建议将所有小于 90°的尖锐倾角改为 $R1$ 的圆角。

3）零件图上要求标准公差等级为 IT14，精度要求一般。

4）孔间距和孔边距都满足冲压工艺要求。

结论：该托板可以用冲裁的方法加工。

（2）确定工艺方案　综合以上几点工艺性分析，依据生产批量，可拟定出以下三种方案。

方案一：采用单工序冲裁加工，先落料，再冲 $4×\phi3.5$ 的孔，如图 2-36a 所示。

方案二：采用连续冲裁加工，先冲 $4×\phi3.5$ 的孔，然后再落料，一次成形，如图 2-36b 所示。

方案三：采用复合冲裁加工，冲孔、落料同时进行，一次成形，如图 2-36c 所示。

下面对各工艺方案进行技术经济分析：

方案一的模具结构简单，制造容易，成本低，能满足工艺要求。但需要两套模具，两工

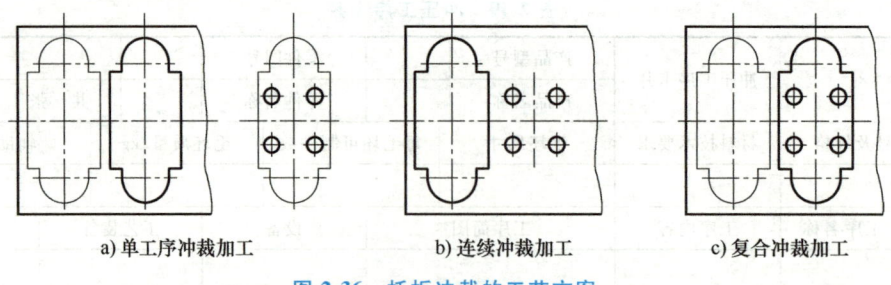

　　a) 单工序冲裁加工　　　　b) 连续冲裁加工　　　　c) 复合冲裁加工

图 2-36　托板冲裁的工艺方案

序间的半成品需要转换,占用两台套设备,生产率低,外形与冲孔需要二次定位,故尺寸精度不高。

　　方案二的组合程度高,由于可以采用导正销定距,所以制件尺寸精度较好,能保证制件内、外形之间的位置精度要求,且生产率高,操作安全方便。但模具结构较复杂,模具制造精度要求高、成本高。

　　方案三的组合程度最高,生产率也很高。制件尺寸精度高,且平整,不存在定位误差,能严格保证制件内、外形之间的位置精度要求。但模具结构比用连续模复杂,模具制造精度要求高、成本高。

　　综上所述,该冲裁件尺寸不大,尺寸精度要求不高,形状不十分复杂,需大批量生产。根据材料厚度为 2mm 的特点,为保证孔与边缘的精度、冲裁模有较高的生产率,实行工序集中的工艺方案二,即采用导正销进行精定位、刚性卸料装置、自然漏料方式连续冲裁模的结构型式,如图 2-36b 所示。

2. 计算冲裁模刃口尺寸及公差

如图 2-1 所示,该托板尺寸为未注公差,按 IT14 确定其尺寸的公差。通过查表,各尺寸公差为 $58_{-0.74}^{0}$、$38_{-0.62}^{0}$、$30_{-0.52}^{0}$、14 ± 0.22、17 ± 0.22、$\phi3.5_{0}^{+0.30}$。该工件采用单配加工法,刃口尺寸计算结果列于表 2-20 中。

表 2-20　托板冲裁刃口尺寸计算　　　　　　　　　　　　　　　　　(单位: mm)

查设计手册得磨损系数 $x=0.5$, $Z_{max}=0.35$, $Z_{min}=0.25$				
冲裁工序	工件尺寸	计算公式	凹模尺寸注法	凸模尺寸注法
落料	$58_{-0.74}^{0}$	凹模计算公式: $D_A=(D_{max}-x\Delta)_{0}^{+\delta_A}$ $\delta_A=0.25\Delta$	$57.6_{0}^{+0.18}$	凸模尺寸按凹模刃口实际尺寸配置,保证双面间隙为 0.25~0.36
	$38_{-0.62}^{0}$		$37.7_{0}^{+0.16}$	
	$30_{-0.52}^{0}$		$29.7_{0}^{+0.13}$	
			$15.8_{0}^{+0.11}$	
	R8		$R7.9_{0}^{+0.06}$	
冲孔	$\phi3.5_{0}^{+0.30}$	凸模计算公式: $d_T=(d_{min}+x\Delta)_{-\delta_T}^{0}$ $\delta_T=0.25\Delta$	凹模尺寸按凸模刃口实际尺寸配置,保证双面间隙为 0.25~0.36	$3.65_{-0.08}^{0}$

中心距尺寸: $L_{14}=14\pm0.44/8=14\pm0.055$
　　　　　　$L_{17}=17\pm0.44/8=17\pm0.055$

注: 在计算模具中心距尺寸时,制造偏差值取工件公差的 1/8。

3. 计算总冲裁力

假设冲裁模采用刚性卸料装置和自然漏料方式，故总冲压力 $F_总$ 为

$$F = F_落 + F_冲$$

$$F_总 = F + F_推$$

式中，$F_推$ 为推件力（N）；$F_落$ 为落料时的冲裁力（N）；$F_冲$ 为冲孔时的冲裁力（N）。

1) 计算冲裁力

$$F_落 = KLt\tau_b（经查表，\tau_b = 300\text{MPa}）$$

$$F_落 = KLt\tau_b = 1.3 \times [2 \times (58-16) + 2 \times (30-16) + 16\pi] \times 2 \times 300/1000\text{kN} = 127\text{kN}$$

$$F_冲 = KLt\tau_b = 1.3 \times 4 \times \pi \times 3.5 \times 2 \times 300/1000\text{kN} = 34\text{kN}$$

$$F = F_落 + F_冲 = 127\text{kN} + 34\text{kN} = 161\text{kN}$$

2) 计算推件力 $F_推$

$$F_推 = nK_推 F（取 n = 3；查表 2-11 得 K_推 = 0.055）$$

$$F_推 = nK_推 F = 3 \times 0.055 \times 160\text{kN} = 26.4\text{kN}$$

3) 计算总冲压力 $F_总$

$$F_总 = F_落 + F_冲 + F_推 = F + F_推 = 161\text{kN} + 26.4\text{kN} = 187.4\text{kN}$$

4) 初选压力机为 J23-25 开式可倾压力机。

4. 计算送料步距、条料宽度及材料利用率

（1）计算条料的送料步距　首先查表 2-13，确定搭边值。根据托板形状，两托板间按矩形取搭边值 $a = 2\text{mm}$，侧边按圆形取搭边值 $a_1 = 2.2\text{mm}$。

连续模送料步距 $A = 30\text{mm} + 2\text{mm} = 32\text{mm}$

（2）计算条料的宽度　查表 2-14 得 $\Delta = 1\text{mm}$；查表 2-15 得 $b_0 = 0.8\text{mm}$。

条料宽度按式（2-25）计算，即

$$B = (D + 2a_1 + 2\Delta + b_0)_{-\Delta}^{0} = (58 + 2 \times 2.2 + 2 \times 1 + 0.8)_{-1.0}^{0}\text{mm} = 65.2_{-1.0}^{0}\text{mm}$$

（3）画排样图　该托板采用连续模进行先冲孔、后落料的分步冲裁，因而其排样图如图 2-37 所示。

（4）计算材料利用率　查表 1-5，选择钢板规格为 1500mm×1000mm。

采用横向剪裁条料，如图 2-38 所示，则条料外形尺寸（长×宽）为 1000mm×65.2mm。

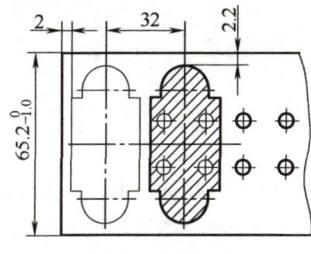

图 2-37　托板排样图

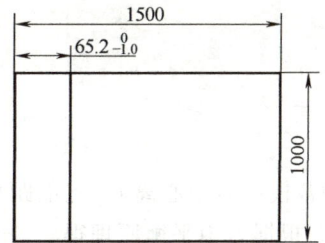

图 2-38　条料外形尺寸

1) 一个步距内的材料利用率为

$$\eta = \frac{S_1}{S_0} \times 100\% = \frac{S_1}{AB} \times 100\%$$

式中，托板的面积 $S_1 = \pi \times 8^2\text{mm}^2 + (58 - 2 \times 8 - 38) \times 16\text{mm}^2 + 38 \times 30\text{mm}^2 - 4 \times \pi/4 \times 3.5^2\text{mm}^2 =$

1443mm², 一个步距内的材料面积 $S_0 = AB = 32\text{mm} \times 65.2\text{mm} = 2086\text{mm}^2$；则

$$\eta = \frac{S_1}{S_0} \times 100\% = \frac{1443\text{mm}^2}{2086\text{mm}^2} \times 100\% = 69.1\%$$

2) 一个条料内的材料利用率为

$$\eta_T = \frac{n_1 S_1}{LB} \times 100\%$$

式中，每个条料上能冲裁的零件数 $n_1 = 1000/32 = 31.25$，取 $n_1 = 31$；则

$$\eta_T = \frac{n_1 S_1}{LB} \times 100\% = \frac{31 \times 1443\text{mm}^2}{1000 \times 65.2\text{mm}^2} \times 100\% = 68.6\%$$

3) 整张钢板内材料利用率为

$$\eta_{总} = \frac{n_1 n_2 S_1}{S_Z} \times 100\%$$

式中，钢板能剪裁条料数 $n_2 = 1500/65.2 = 23$；每块钢板所能冲裁的零件数 $n = n_1 \times n_2 = 31 \times 23 = 713$；整块钢板面积 $S_Z = 1000 \times 1500\text{mm}^2 = 1500000\text{mm}^2$；则

$$\eta_{总} = \frac{n_1 n_2 S_1}{S_Z} \times 100\% = \frac{713 \times 1443\text{mm}^2}{1500000\text{mm}^2} \times 100\% = 68.6\%$$

5. 计算压力中心

如图 2-39 所示，通过分析可知托板是对称的，故落料时的压力中心 $P_{落}$ 在 O_1 上；冲孔时的压力中心 $P_{冲}$ 在 O_2 上。

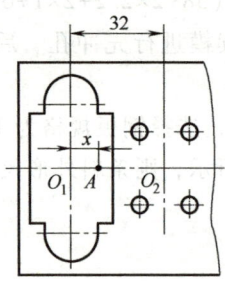

图 2-39 计算托板压力中心

设冲裁模压力中心离 O_1 点的距离为 x（因冲压形状以 $O_1 O_2$ 对称，压力中心定在 $O_1 O_2$ 连线上），根据力矩平衡原理得

$$P_{落} x = (32-x) P_{冲} \tag{2-29}$$

将 $P_{落} = 126\text{kN}$、$P_{冲} = 34\text{kN}$ 代入上式，由此算得 $x = 7\text{mm}$。

6. 编写冲压工艺卡片和冲压工序卡片

根据以上分析计算结果，编写托板工艺文件，托板冲压工艺卡片、工序卡片 I 及工序卡片 II 见表 2-21、表 2-22 和表 2-23。

表 2-21　托板冲压工艺卡片

×××××厂	冲压工艺卡片	产品型号		零件图号			
		产品名称		零件名称		共1张	第1张
材料牌号及规格	材料技术要求	毛坯尺寸	每毛坯可制件数		毛坯质量/kg	辅助材料	
08钢,$t=2$		1500×1000	91		23.55		
工序号	工序名称	工序内容	零件图		设备	工艺装备	工时
1	剪	剪条料 1000×65.2			剪板机 Q11-1.5×1800	钢直尺 (0~2000)	
2	冲	冲孔、落料			压力机 J23-25	落料、冲孔连续模	
				设计	审核	标准化	会签	批准
标记	处数	更改文件号	签字	日期			

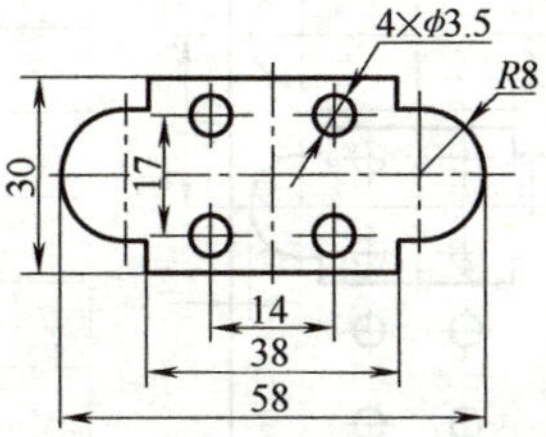

表 2-22　托板冲压工序卡片 I

×××××厂	冲压工序卡片	产品型号		零件图号			
		产品名称		零件名称		共2张	第1张
材料牌号及规格	材料技术要求	毛坯尺寸	每毛坯可制件数		毛坯质量/kg	辅助材料	
08钢,$t=2$		1500×1000	23		23.55		
工序号	工序名称	工序内容	工序简图		设备	工艺装备	工时
1	剪	剪条料 1000×65.2			剪板机 Q11-1.5×1800	钢直尺 (0~2000)	
				设计	审核	标准化	会签	批准
标记	处数	更改文件号	签字	日期			

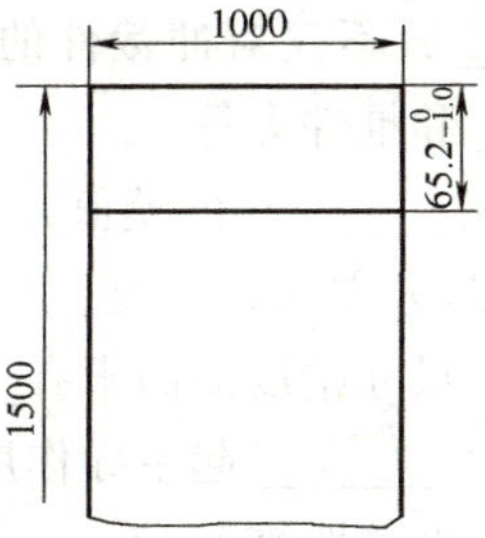

表 2-23 托板冲压工序卡片 Ⅱ

×××××厂	冲压工序卡片	产品型号		零件图号			
		产品名称		零件名称		共 2 张	第 2 张
材料牌号及规格	材料技术要求	毛坯尺寸	每毛坯可制件数		毛坯质量/kg	辅助材料	
08 钢,$t=2$		1000×65.2	23		1.02		
工序号	工序名称	工序内容	工序简图		设备	工艺装备	工时
2	冲	落料、冲孔			压力机 J23-25	落料、冲孔 连续模	
			设计	审核	标准化	会签	批准
标记	处数	更改文件号	签字	日期			

思考与练习

一、填空题

1. 冲裁变形过程大致可分为_____、_____、_____三个阶段。
2. 冲裁件的切断面由_____、_____、_____、_____四个部分组成。
3. 塑性差的材料,断裂倾向严重,_____增宽,而_____所占比例较少,毛刺和圆角带_____;反之,塑性好的材料,光亮带_____。
4. 增大冲裁件光亮带宽度的主要途径为_____、_____,对凸模下面的材料用_____施加反向压力,此外,还要合理选择搭边、注意润滑等。
5. 冲裁凸模和凹模之间的_____,不仅对冲裁件的质量有极重要的影响,而且还影响模具_____、_____、_____和推件力等。
6. 冲裁件的尺寸精度是指冲裁件的_____的差值,差值_____,则精度_____。
7. 影响冲裁件尺寸精度的因素有两大方面,一是_____,二是冲裁结束后冲裁件相对于_____尺寸的偏差。影响冲裁件尺寸精度的因素有_____、材料的_____、工件的_____、材料的_____等,其中_____起主导作用。
8. 当间隙较大时,冲裁后因材料的弹性恢复使_____小于凹模尺寸,冲孔件的孔径_____。
9. 当间隙较小时,冲裁后因材料的弹性恢复使_____大于凹模尺寸,冲孔件的孔径_____。
10. 落料时,因落料件的大端尺寸与凹模尺寸相等,应先确定_____,即以_____

为基础，为保证凹模磨损到一定程度仍能冲出合格的零件，故落料凹模公称尺寸应取工件尺寸范围内_____，而落料凸模公称尺寸则按凹模公称尺寸减_____。冲孔时，因工件的小端尺寸与凸模尺寸一致，应先确定_____，即以凸模尺寸为基础，为保证凸模磨损到一定程度仍能冲出合格的零件，故冲孔凸模公称尺寸应取工件孔尺寸范围内_____，而冲孔凹模公称尺寸则按凸模基本尺寸加_____。

二、问答题

1. 什么是冲裁工序？它在生产中有何作用？
2. 冲裁的变形过程是怎样的？
3. 普通冲裁件的断面具有怎样的特征？这些断面特征又是如何形成的？
4. 什么是冲裁间隙？冲裁间隙对冲裁质量有哪些影响？
5. 冲裁模的凸模、凹模采用分开加工有什么特点？
6. 如何确定分开加工时凸模、凹模的刃口尺寸？
7. 如何确定配合加工时凸模、凹模的刃口尺寸？
8. 降低冲裁力的措施有哪些？
9. 什么是冲裁模的压力中心？确定模具的压力中心有何意义？
10. 什么叫搭边？搭边有什么作用？

三、计算题

1. 计算图 2-40 所示槽形板的冲裁模的刃口尺寸，并确定制造公差。（材料厚度 $t=0.8$ mm，材料为 08）

2. 试确定图 2-41 所示工件的合理的排样方法，并计算其条料宽度和材料利用率。焊片的材料为黄铜板 H62（硬状态），未注公差按 IT14 确定。双耳止动垫圈的材料为 20 钢板。座板的材料为黄铜 H62（半硬状态）。

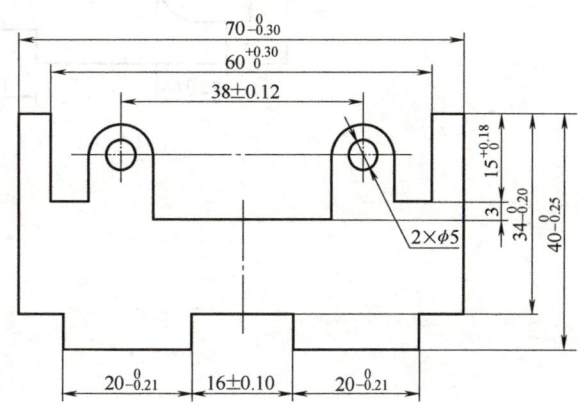

图 2-40 槽形板

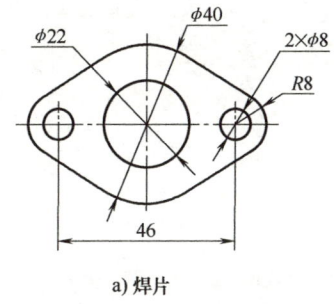

a) 焊片

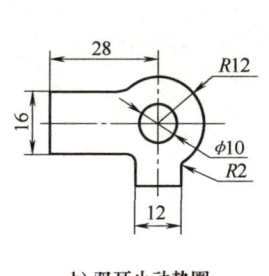

b) 双耳止动垫圈

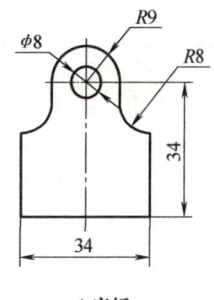

c) 座板

图 2-41 工件

3. 确定图 2-42 所示多孔形板的工艺方案。（材料为 10 钢，厚度 $t=0.8$ mm，需大批量生产）

4. 图 2-43 所示 T 形板的材料为 Q235，厚度为 0.8mm，如果采用复合冲裁的方式进行生产，试确定压力机吨位。

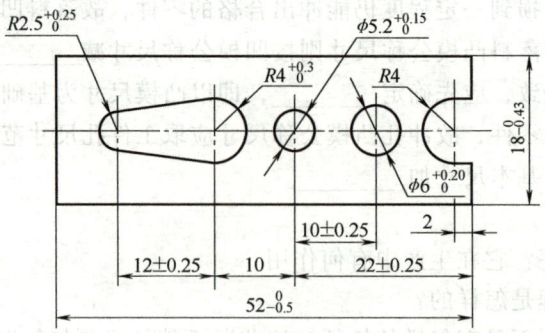

图 2-42 多孔形板

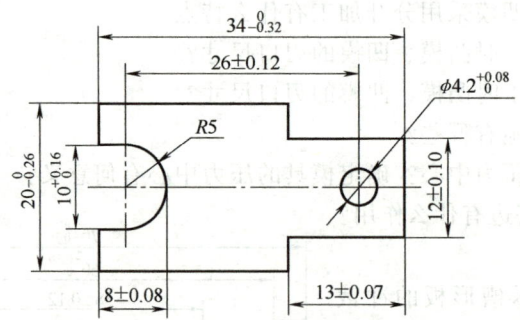

图 2-43 T 形板

任务三 托板冲裁模设计

本任务是在任务二的基础上,进行托板冲裁模的设计。通过本任务的实施,应具有一般复杂程度冲裁模的设计能力。为此,学生应了解典型的冲裁模具结构、主要零部件结构及其设计方法,熟悉相关技术标准并学会查取标准。

任务描述

针对图2-1所示托板零件,并依据其冲裁工艺,设计出冲裁模,并确定冲裁模主要零件的结构与尺寸,画出冲裁模的装配图和主要零件的零件图。

一、冲裁模的结构

冲压模是冲压生产所用的主要工艺装备。由于冲压主要是利用模具完成各种形式的加工,从而决定了这种加工方法所具有的一切特点,如生产率高、零件尺寸稳定、操作简单及成本低等。因此,研究与提高模具技术对发展冲压生产,具有十分重要的意义。图3-1所示为某板状零件的冲裁模。

二、冲裁模的分类

冲裁模可以按不同的特征进行分类:
1) 按工序的性质可分为落料模、冲孔模、切断模、切口模、剖切模和切边模等。
2) 按工序的组合方式可分为单工序冲裁模和多工序模。
3) 按模具上、下模的导向方式可分为无导向的开式模和有导向的导板模、导柱模、滚珠导柱模、导筒模等。
4) 按控制送料步距的方法可分为固定挡料销式模、活动挡料销式模、自动挡料销式模、导正销式模和侧刃式模等。
5) 按凸模、凹模的材料可分为钢质冲模、硬质合金冲模、橡胶冲模等。
6) 按凸模、凹模的结构可分为整体模、拼块模和镶拼模。
7) 按凸模、凹模的布置方法可分为正装模和倒装模。
8) 按模具的卸料方法可分为刚性卸料模和弹性卸料模。
9) 按送料、出件及排除废料的方法可分为手动模、半自动模和自动模。
10) 按冲裁模的大小可分为小型冲裁模、中型冲裁模和大型冲裁模。

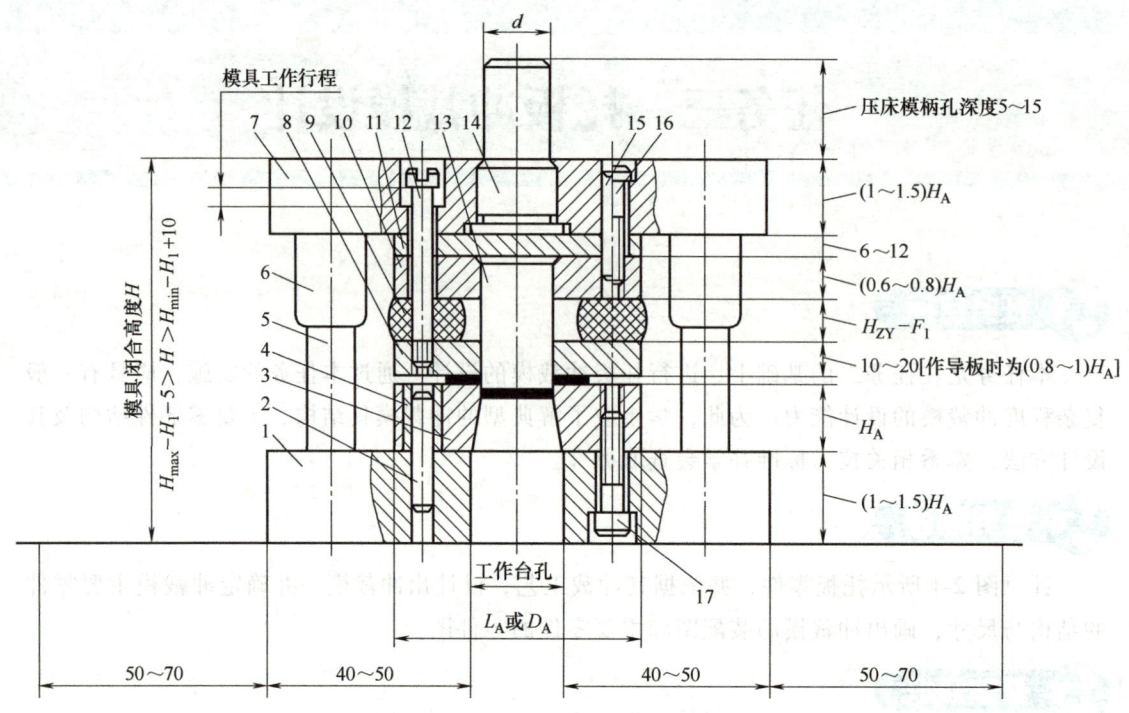

图 3-1 某板状零件的冲裁模

1—下模座　2、15—销钉　3—凹模　4—销套　5—导柱　6—导套　7—上模座　8—卸料板　9—卸料橡胶
10—凸模固定板　11—垫板　12—卸料螺钉　13—凸模　14—模柄　16、17—螺钉

11）按模裁具的专业化程度可分为专用冲裁模、组合冲裁模和简易冲裁模等。

上述分类方法从不同的角度反映了模具结构的不同特点。下面以工序组合方式的不同，分析各类冲裁模的结构及特点。

三、单工序冲裁模的典型结构

单工序冲裁模（又称简单冲模）是指压力机在一次行程中完成一道工序的冲裁模。单工序冲裁模有落料模、冲孔模、切断模、切口模、剖切模和切边模等。下面主要介绍落料模和冲孔模。

1. 落料模

落料模有三种常见的结构形式：无导向的敞开式简单冲裁模、导板式落料模和导柱式落料模。

（1）无导向的敞开式简单冲裁模　图 3-2 所示为无导向的敞开式简单落料模，这是一副圆片落料模，模具的上、下模之间无直接导向关系，依靠压力机滑块的导轨导向。

模具的上模部分由模柄 1 和凸模 2 组成，通过模柄安装在压力机的滑块上做往复运动。模具下模部分由刚件卸料板 3、导料板 4、凹模 5、下模座 6 和定位块 7 组成。模具的下模部分通过下模座用 T 形螺栓、压板固定在压力机工作台上。导料板 4 左右各一块，以控制条料的送料方向。定位块 7 控制条料的送料步距。定位块通过挡住条料的搭边来达到控制送料步距的目的。每次送料时，要将条料抬起，超过定位块的高度，才能向前送进。冲裁件直接由

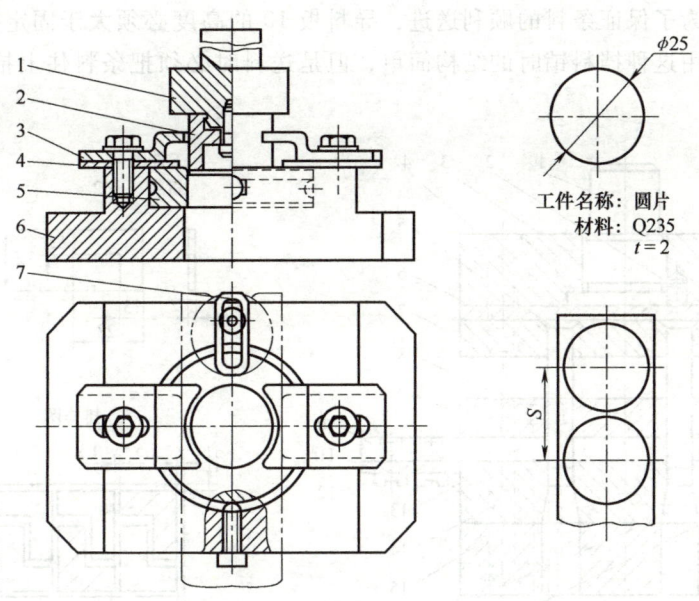

图 3-2 无导向的敞开式简单冲裁模
1—模柄 2—凸模 3—卸料板 4—导料板 5—凹模 6—下模座 7—定位块

凹模孔中落下。箍在凸模上的条料则在上模回程时由卸料板 3（左右各一块）将其卸下。

模具的导料板、定位块及卸料板均可在一定的范围内调节。凸模、凹模的装拆也较方便，因此，这副模具只需更换凸模、凹模就可以冲制尺寸相近的不同规格的圆片。

无导向的敞开式简单冲裁模的优点是上、下模无导向，结构简单，制造容易，冲裁间隙由压力机滑块与导轨间的导向精度决定，故可用边角料冲裁。但模具使用时安装调整麻烦，模具寿命短，冲裁件精度差，操作也不够安全。

无导向的敞开式简单冲裁模主要适用于精度要求不高、形状简单、批量小或试制用的冲裁件。

（2）导板式落料模　在凸模外布置一导板，对凸模上下运行起导向作用，保证在冲裁过程中凸、凹模间隙均匀分布。导板与凸模为间隙配合，其配合间隙必须小于凸、凹模间隙。对于薄料（$t<0.8mm$），导板与凸模的配合为 H6/h5；对于厚料（$t>3mm$），其配合为 H8/h7。冲裁时，要保证凸模始终不脱离导板。因此，采用这种导板式冲裁模要选用行程较小（一般不大于 20mm）的压力机或选用行程能调节的偏心压力机。它与无导向的敞开式简单冲裁模相比，精度较高，模具寿命长，但模具制造较困难些，常用于料厚大于 0.3mm 的简单冲裁件。

图 3-3 所示为导板式落料模。该模具的上模部分主要由模柄 1、上模座 3、两个凸模 5、垫板 6、凸模固定板 7 以及内六角螺钉 4 组成；下模部分由导板 9、导料板 10、凹模 13、下模座 15、固定挡料销 16、始用挡料销 20 等组成，采用圆柱销 14 定位、内六角螺钉 8 紧固。其上、下模运动的导向依靠导板 9 与凸模 5 的间隙配合（一般为 H7/h6）保证。导板 9 还起卸料作用。承料板 11 的顶面与凹模顶面在同一平面上，它的作用是在冲裁时增大条料的支承面。始用挡料销 20 是在第一次控制步距用的，固定挡料销 16 控制以后的各次送料步距。挡料销的形状采用图示钩形结构，可以使安装挡料销的孔离开凹模孔远一些，减少对凹模孔

口强度的影响。为了保证条料的顺利送进，导料板10的高度必须大于固定挡料销高度与板料厚度之和。采用这种挡料销时的结构简单，但是送料时必须把条料往上抬一下才能推进，使用不太方便。

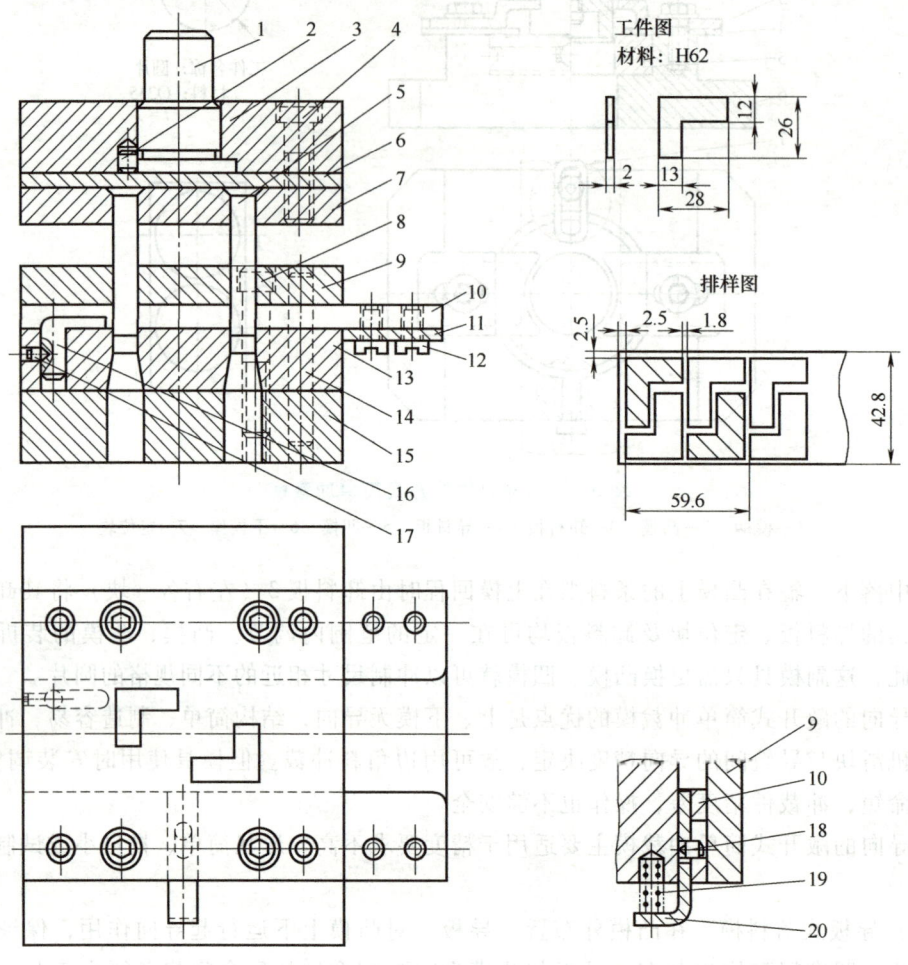

图 3-3　导板式落料模

1—模柄　2、17—止动销　3—上模座　4、8—内六角螺钉　5—凸模　6—垫板　7—凸模固定板
9—导板　10—导料板　11—承料板　12—螺钉　13—凹模　14—圆柱销
15—下模座　16—固定挡料销　18—限位销　19—弹簧　20—始用挡料销

工作时，条料沿导料板10送到始用挡料销20处挡料，凸模5由导板9导向而进入凹模，完成首次冲裁，落下一个零件。松开始用挡料销20，条料继续送至固定挡料销16处挡料，进行第二次冲裁，落下两个零件。此后，条料送进距离由固定挡料销16来控制，分离后的零件被凸模从凹模洞口中依次推出。箍在凸模上的废料被导板9刮下，凸模回程时导板起卸料作用。为了保证导向精度和导板的使用寿命，工作过程中不允许凸模离开导板。因此，应选用行程较小且可调节的偏心式压力机较为合适。

（3）导柱式落料模　对于精度要求较高，生产批量较大的冲裁件，多采用导柱式落料模。工作时，上、下模之间由导柱、导套进行导向，间隙容易保证。其结构比较完善，应用十分广泛。

图3-4所示为导柱式落料模。导套压入上模座，导柱压入下模座，导柱与导套之间为间隙配合，采用H6/h5或H7/h6。图中的模具将两个导柱与导套并排布置在模具的后侧，便于工人操作。导柱与导套的入口处均有较大圆角，因此当模具开启时，即使导柱导套脱离，在闭合时仍能顺利导入。

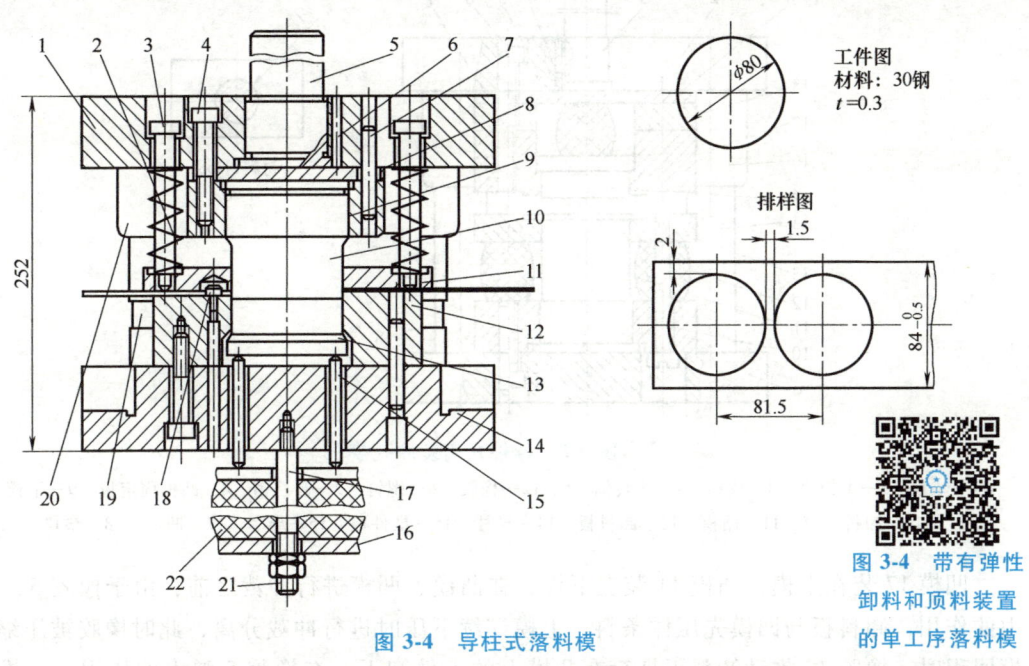

图3-4 带有弹性卸料和顶料装置的单工序落料模

图3-4 导柱式落料模

1—上模座 2—卸料弹簧 3—卸料螺钉 4—螺钉 5—模柄 6—止转销 7—圆柱销 8—垫板 9—凸模固定板 10—落料凸模 11—卸料板 12—落料凹模 13—顶件板 14—下模座 15—顶杆 16—托板 17—螺栓 18—固定挡料销 19—导柱 20—导套 21—螺母 22—橡胶

这副模具采用了由卸料板11、卸料弹簧2与卸料螺钉3组成的弹性卸料装置和由安装在下模座下的导柱19、顶杆15与顶件板13组成的由下向上的弹性顶件装置。在冲压过程中不论是条料还是冲裁件均有良好的压平作用，所以冲出的工件表面比较平整，质量较好，特别适合于冲裁厚度较小、材质较软的冲裁件。为了不妨碍弹性卸料的压平作用，在卸料板上对应于落料凹模面上安装固定挡料销及导料销的相应位置上开有沉孔。

工作时，条料沿导料销（图中未画）送至固定挡料销定位。凸模下行，由于弹簧力的作用，卸料板11先压住条料，同时，顶件板13也将凸模下的板料压紧在凸模的端面上，进行冲裁。凸模回程时，弹簧要恢复并推动卸料板把箍在凸模上的废料卸下，同时弹性顶件装置将卡在凹模内的工件向上顶出。

用导柱、导套进行导向比用导板导向可靠，精度高，寿命长，且使用安装方便，但模具轮廓尺寸较大，模具较重，制造成本高。

导柱式落料模广泛用于精度要求高、生产批量大、材料厚度较小的冲裁件。

2. 冲孔模

落料模的冲裁对象是条料或卷料，而冲孔模的是已经落下的块料或其他冲压加工后的半成品。所以冲孔模要解决半成品在模具上如何定位、如何将半成品既方便又安全地放进模具以及冲好后取出等问题。这些问题的解决必须根据冲裁件的实际情况而定。下面通过实例进行分析说明。

（1）导柱式冲孔模　图 3-5 所示为导柱式倒装冲孔模用于在已经落好料的方形零件上冲孔。

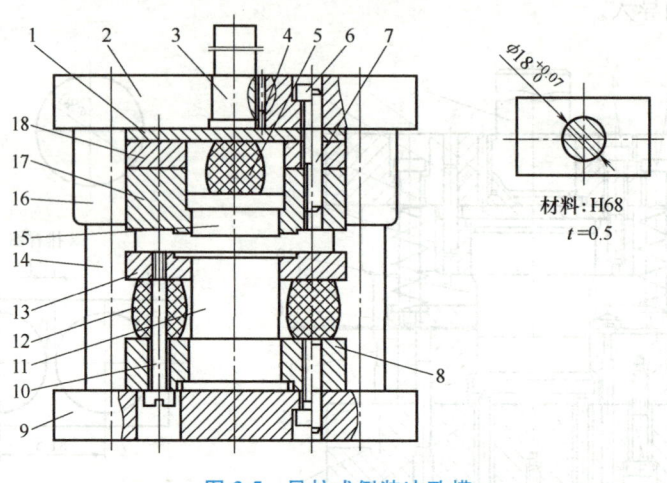

图 3-5　导柱式倒装冲孔模

1—垫板　2—上模座　3—模柄　4—止转销　5、12—橡胶　6—螺钉　7—圆柱销　8—凸模固定板　9—下模座　10—卸料螺钉　11—凸模　13—卸料板　14—导柱　15—推件板　16—导套　17—凹模　18—垫块

凹模 17 装在上模，凸模 11 装在下模，在凸模、凹模进行冲裁之前，由于橡胶 5、12 弹力的作用，卸料板与凹模先压住条料，上模继续下压时进行冲裁分离，此时橡胶被压缩。上模回程时，橡胶 12 推动卸料板把箍在凸模上的工件卸下，在橡胶 5 弹力的作用下，推件板 15 将凹模 17 中的废料向下推出。由于工件材料厚度较小，故该模具上、下均采用弹性卸料装置，除卸料作用外，该装置还可保证冲孔工件的平整，提高工件的质量。

图 3-6 所示为导柱式冲孔模。将工件上所有的孔一次全部冲完，是多凸模的单工序冲裁模。由于工件是经过拉深的空心件，且孔边与侧壁距离较近，因此使工件口部朝上，用定位圈 5 实行外形定位，以保证凹模具有足够的强度。在模具设计时，必须注意凸模的强度和稳定性问题。如果孔边与侧壁距离大，则可使工件口部朝下，利用凹模实行内形定位。该模具采用弹性卸料装置，除了起卸料作用外，还可以保证冲孔件的平整，提高零件的质量。具体工作过程：首先将工件置于定位圈 5 实行外形定位，上模下行，卸料板 21 在卸料弹簧 10 的弹力作用下，将工件在凹模表面压紧。上模继续下行，卸料弹簧被压缩，此时，冲孔凸模和凹模完成冲孔。上模回程上行，卸料板完成卸料，冲孔废料直接从凹模的洞口中漏下。

图 3-7 所示为斜楔式水平冲孔模。该模具的最大特征是依靠固定的斜楔 1 把压力机滑块的垂直运动变为滑块 4 的水平运动，从而带动凸模 5 在水平方向上运动，完成零件侧壁冲孔。凸模 5 与凹模 6 的对准是依靠滑块在导滑槽内滑动来保证。斜楔适宜的工作角度 α 为 40°～45°，一般取 40°。40° 的斜楔滑块机构的机械效率最高，45° 时滑块的移动距离与斜楔的行程相等。冲孔件需较大冲裁力时，α 也可采用 35°，以增大水平推力。为了排除冲孔废料，需要开设漏料孔并与下模座漏料孔相通。滑块的复位依靠橡胶来完成。工件以内形定位，为了保证冲孔位置准确，弹簧压板 3 在冲孔之前就把工件压紧。该模具在压力机一次行程中冲一个孔，类似这种模具，如果安装多个斜楔滑块机构，可以同时冲多个孔，孔的相对

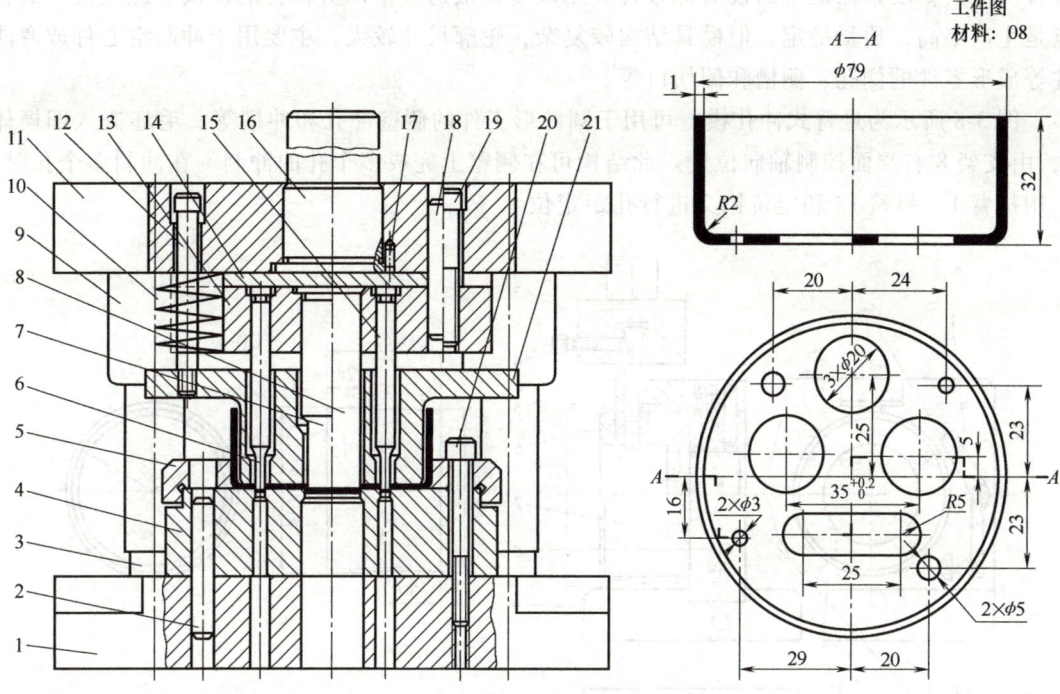

图 3-6 导柱式冲孔模

1—下模座 2、18—圆柱销 3—导柱 4—凹模 5—定位圈 6、7、8、15—凸模 9—导套 10—卸料弹簧 11—上模座 12—卸料螺钉 13—凸模固定板 14—垫板 16—模柄 17—止动销 19、20—内六角螺钉 21—卸料板

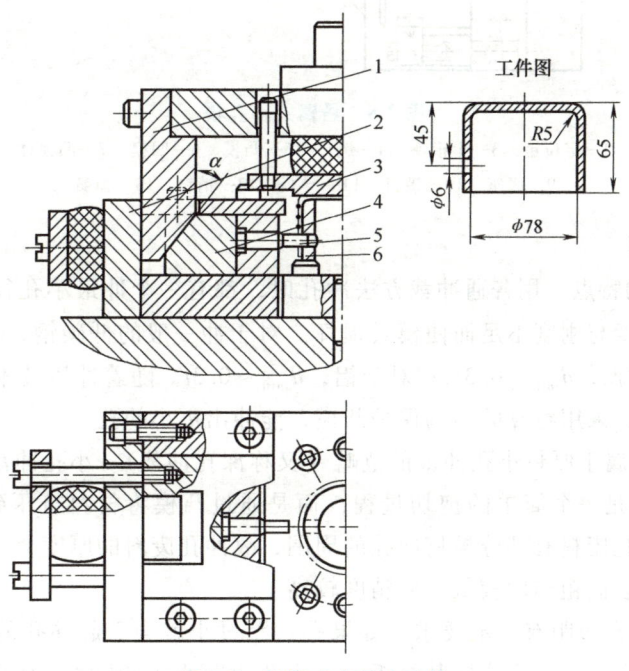

图 3-7 斜楔式水平冲孔模

1—斜楔 2—挡块 3—弹簧压板 4—滑块 5—凸模 6—凹模

位置由模具精度来保证。凸模对称布置应用最多,最适宜壁部对称孔的冲裁。此类模具的特点是生产率高,质量稳定,但模具结构较复杂,轮廓尺寸较大,主要用于冲制空心件或弯曲件等成形零件的侧孔、侧槽和侧切口等。

图 3-8 所示为悬臂式冲孔模,可用于圆筒形工件的侧壁冲孔和冲槽等。毛坯嵌入凹模体 7,由支架 8 右端面控制轴向位置。此结构可在侧壁上完成多个孔的冲制。在冲制多个孔时,采用摇臂 1、弹簧 13 和定位销 2 进行孔距定位。

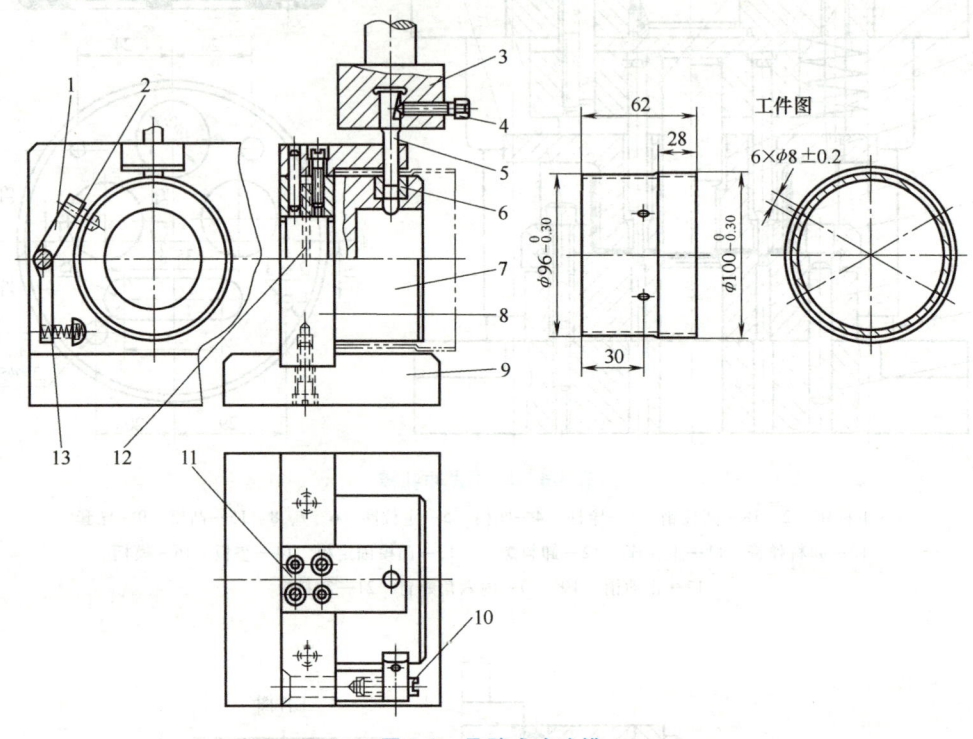

图 3-8 悬臂式冲孔模

1—摇臂 2—定位销 3—上模座 4—螺钉 5—凸模 6—凹模 7—凹模体 8—支架
9—底座 10—螺钉 11—导板 12—销钉 13—弹簧

(2) 小孔冲模

1) 小孔冲裁的特点。用普通冲裁方法冲孔时,都有一个冲最小孔径的极限值 d_{min},否则,由于凸模的强度与刚度不足而使模具损坏。对于冲一般的低碳钢,$d_{min} \approx t$;对于硬钢,$d_{min} \approx 0.4t$;对于黄铜,$d_{min} \approx 0.35t$;对于铝,$d_{min} \approx 0.3t$。随着冲压技术的发展,凸模的强度与刚度有所提高,采用特殊的结构保护凸模,能冲出更小的孔。

冲裁 $d \leq t$ 的孔属于厚料小孔冲裁的范畴(又称深孔冲裁)。小孔冲裁具有如下特点:

① 冲裁过程不是一个简单的剪切过程,而是通过凸模将材料挤压到凹模孔内的过程。在挤压开始时,冲孔废料有部分被挤向孔的周围,故冲孔废料的厚度会小于原来的板厚。由于挤压作用,孔的表面粗糙度较低,而精度较高。

② 小孔冲裁对孔边距有一定要求。如果孔边距过小就会引起冲孔的材料向外胀出,使凸模受到不均的横向力,产生挠曲甚至折断。当孔边距小于 $4d$ 时,为了保护凸模,在结构上就需要采用专用的挡板结构限制工件外形的变形。

③ 小孔冲裁的间隙较小，其双面间隙取（0.015~0.025）t。

④ 小孔冲裁时，在冲孔前宜在孔周围施加较大的预压力。这样不但有利于造成挤压的冲裁条件，还可防止工孔时工件的移动而使凸模折断。

⑤ 卸料是小孔冲裁的一个重要环节，细小的凸模往往能承受冲裁力，却在卸料时断裂。这是因为工件冲孔后由于挤压变形的回弹将凸模咬死，以及工件外廓产生单面变形或孔冲穿后，压力机机身回弹产生的横向力使凸模折断。

2）小孔冲模结构举例。小孔冲模结构设计时主要解决如何提高凸模的强度与刚度，通常可采用全长导向结构保护凸模或采用超短凸模结构。

图 3-9 所示为一副全长导向结构的小孔冲模。其与一般冲孔模的区别是凸模在工作行程中除了进入被冲材料内的工作部分外，其余全部得到不间断的导向作用，因而大大提高了凸模的稳定性和强度。

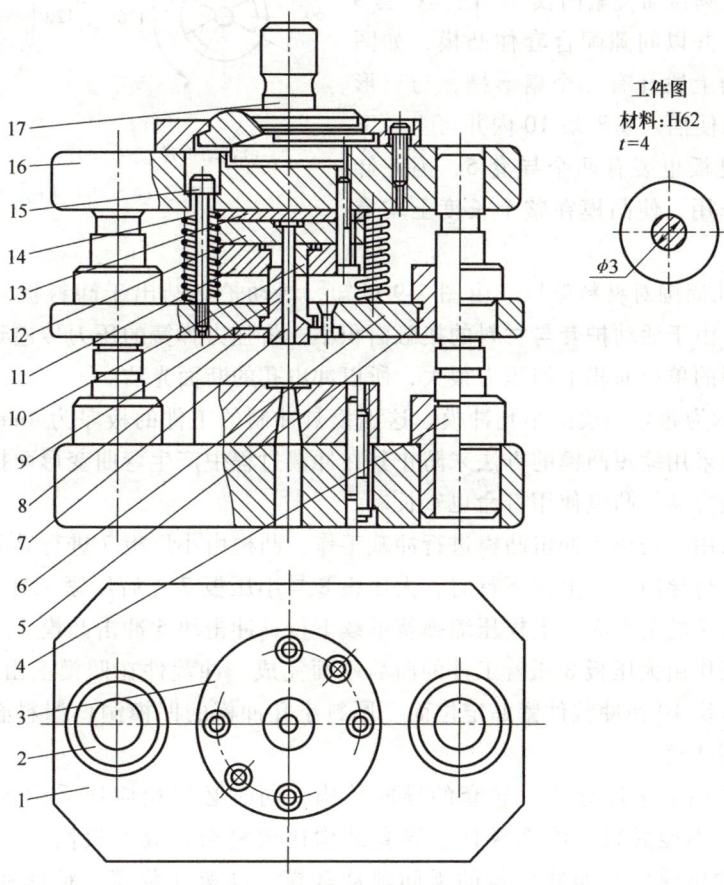

图 3-9　全长导向结构的小孔冲模

1—下模座　2、5—导套　3—凹模　4—导柱　6—卸料板　7—凸模
8—托板　9—凸模护套　10—扇形块　11—扇形块固定板　12—凸模固定板
13—垫板　14—弹簧　15—卸料螺钉　16—上模座　17—模柄

该模具的结构特点如下：

① 导向精度高。这副模具的导柱不但在上、下模座之间进行导向，而且对卸料板 6 也

导向。该卸料板又可称为弹压导板。在冲裁过程中，导柱装在上模座上，在工作行程中上模座、导柱、卸料板一同运动，严格地保持与上、下模座平行装配的卸料板中的活动护套精确地与凸模滑配。当凸模受侧向力时，卸料板通过活动护套承受侧向力，保护凸模不致发生弯曲。

为了提高导向精度、排除压力机导轨的干扰，这副模具采用了锥面压圈，凹球面模柄与凸球面垫块组成的浮动模柄结构。使用浮动模柄必须保证在冲压过程中，导柱始终不能脱离护套。

② 凸模全长导向。该模具采用全长导向的结构。其工作原理是：在凸模固定板12下面紧固一扇形块固定板11，扇形块10固定其上，并以中心的三个圆弧面夹紧凸模7。凸模护套9装在卸料板上，并以间隙配合套住凸模，如图3-10所示。它的上段开有三个扇形槽，与扇形块形状一致，以便插入扇形块10内并可上、下滑动。由于卸料板也装有两个导套5，因此卸料板也起导板作用，使凸模在整个长度上均有导向。

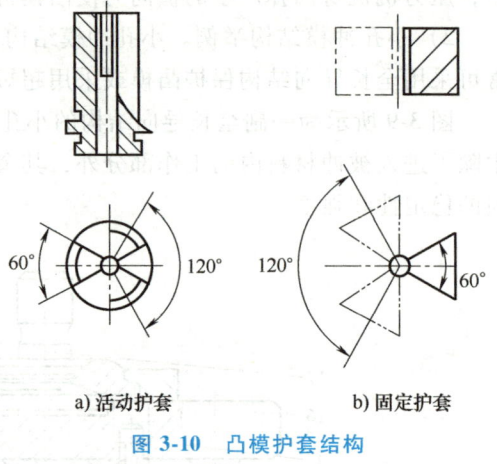

图3-10 凸模护套结构

③ 在所冲孔周围对材料施压。由图3-9可知，活动护套凸出于卸料板，冲压时，卸料板不接触材料。由于活动护套与材料的接触面积小，将强力弹簧的压力传递到材料上，使冲孔周围材料受到的单位面积上的压力很大，所以冲出孔的断面光洁。

图3-11所示为超短凸模的小孔冲模。这副模具冲制的工件的板厚为4mm，最小孔径约为$0.5t$。该模具采用缩短凸模的方法来防止其在冲裁过程中产生弯曲变形而折断。这种结构的模具制造比较容易，凸模使用寿命也较长。

这副模具采用冲击块5冲击凸模进行冲裁工作，凸模由小压板7进行导向，而小压板由两个小导柱6进行导向。当上模下行时，大压板8与小压板7先后压紧工件，凸模2、3、4上端露出小压板7的上平面，上模压缩弹簧继续下行，冲击块5冲击凸模2、3、4对工件进行冲孔。卸件工作由大压板8压着工件的前后端面完成。冲裁件在凹模上由定位板1、9定位，并由后侧压块10使冲裁件紧贴定位面。厚料小孔冲模的凹模洞口漏料必须通畅，防止废料堵塞，损坏凸模。

这副模具采用了滚珠导柱、导套的导向结构，同时必须相应地采用浮动模柄。冲压时，导柱、导套不能脱离。滚珠导柱、导套结构比较复杂，成本较高，主要应用于要求导向精度高的冲压模中，如冲薄料的无间隙冲裁模、高速冲裁模、精密冲裁模和硬质合金模等。

四、多工序冲裁模的典型结构

1. 连续模

冲制一个带孔的零件，一般需要经过落料、冲孔等几道工序才能完成。这些工序如采用单工序模，则每一道工序要一副模具。模具、冲压设备和工人的数量都要增加，各道工序间

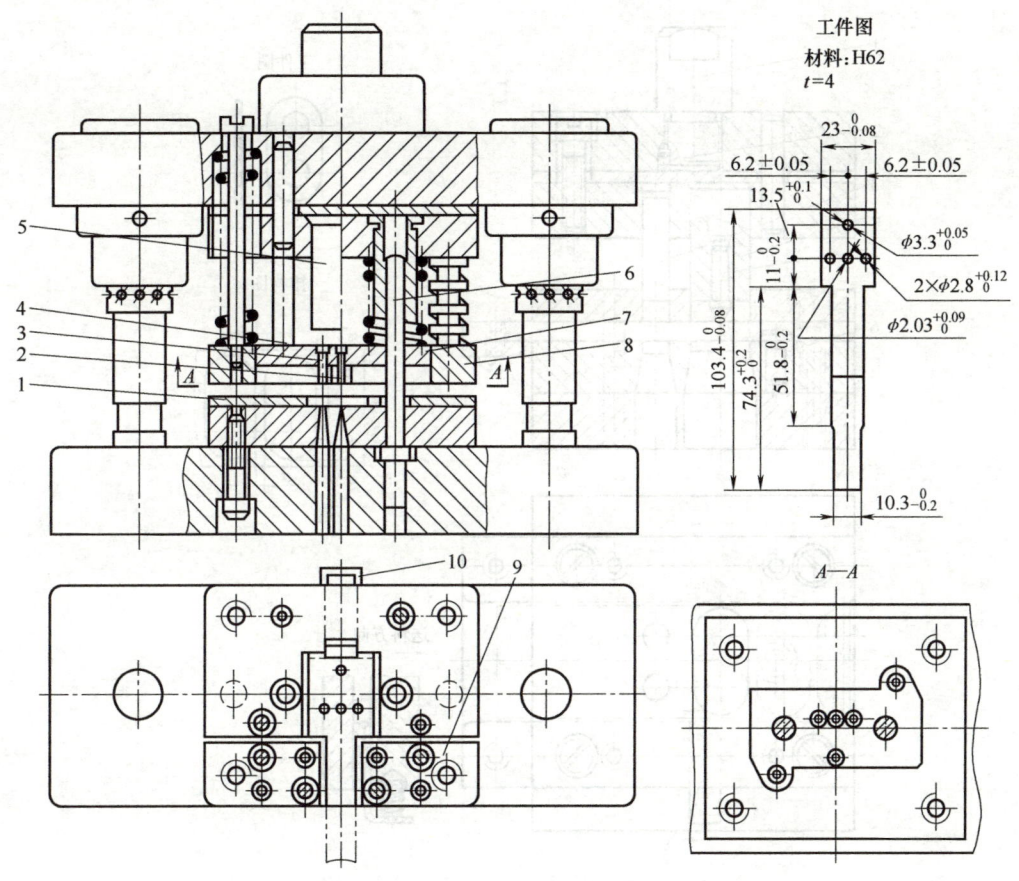

图 3-11 超短凸模的小孔冲模

1、9—定位板　2、3、4—凸模　5—冲击块　6—小导柱　7—小压板　8—大压板　10—后侧压块

的半成品运输也会增多。而采用多工序模，则可以克服以上缺点。连续模是多工序模的一种。

连续模（又称级进模、跳步模），是指压力机在一次行程中，依次在多个不同的位置上同时完成多道工序的冲模，冲裁件在连续模中是逐步成形的。连续成形属于工序集中的工艺方法，可使切边、切口、切槽、冲孔、成形、落料等多种工序在一副模具上完成。连续模可分为普通连续模和精密连续模。

由于用连续模冲压时，冲裁件是依次在几个不同位置上逐步成形的，因此要控制冲裁件的孔与外形的相对位置精度就必须严格控制送料步距。为此，连续模有两种基本结构类型：用导正销定距的连续模和用侧刃定距的连续模。

(1) 用导正销定距的连续模　图 3-12 所示为用导正销定距的冲孔、落料连续模。上、下模用导板导向。模柄 1 用螺纹与上模座连接。为了防止冲压中螺纹的松动，采用了紧定螺钉 2。冲孔凸模 3 与落料凸模 4 之间的距离就是送料步距 A，送料时由固定挡料销 6 进行初定位，由两个装在落料凸模上的导正销 5 进行精定位。导正销与落料凸模的配合为 H7/r6，其连接的结构应保证在修磨凸模时装拆方便，因此落料凸模安装导正销的孔是一个通孔。导正销头部的形状应有利于在导正时插入已冲的孔，它与孔的配合应略有间隙。

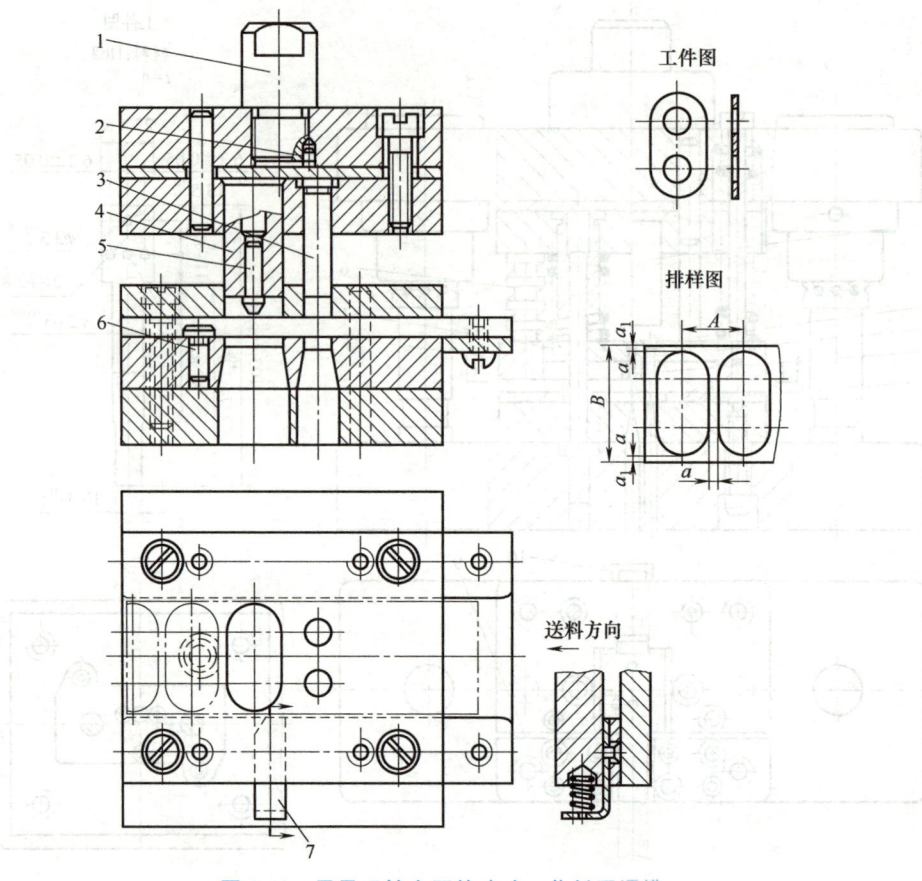

图 3-12 用导正销定距的冲孔、落料连续模
1—模柄 2—紧定螺钉 3—冲孔凸模 4—落料凸模 5—导正销
6—固定挡料销 7—始用挡料销

为了保证首件的正确定距,在带导正销的连续模中,常采用始用挡料装置,将它安装在导板下的导料板中间。在冲制首件时,用手推始用挡料销 7,使它从导料板中伸出来抵住条料的前端,即可冲第一个工件上的两个孔。以后每次冲裁时就都由固定挡料销 6 控制送料步距进行初定位。

用导正销定距的连续模结构简单。当两定位孔距较大时,定位也较精确。但是它的使用受到一定的限制。当板料太薄($t<0.3\text{mm}$),特别是对于较软的材料,很易将孔边冲弯,因而不能使用;当冲裁件的孔与外形间的距离较小时,落料凸模中做了装导正销的孔后,强度很弱,也不能使用;当所冲的孔很小时,由于导正销本身很弱,容易折断,也不能使用;当冲裁件上无圆孔又无法在条料上设置工艺孔时,也不能使用。由于导正销在使用时的这些限制,因此连续模还需要采用其他定距方法。

(2)用侧刃定距的连续模 用侧刃定距的冲孔、落料连续模如图 3-13 所示。在凸模固定板 7 上,除装有一般的冲孔、落料凸模 8、9、10 外,还装有特殊的凸模-侧刃 16。侧刃断面的长度等于送料步距。在压力机的每次行程中,侧刃在条料的边缘冲下一块长度等于步距的料边。由于侧刃前后导料板之间的宽度不同,前宽后窄,在导料板的 M 处形成一个凸肩,所以只有在侧刃切去一个长度等于步距的料边而使其宽度减少之后,条料才能再向前送进一个步距,从而保证了孔与外形相对位置的正确。

侧刃的定位可以采用单侧刃,也可以采用双侧刃。当采用单侧刃时,这时当条料冲到最后一件的孔时,条料的狭边被冲完,于是在条料上不再存在凸肩,在落料时无法再定位,所以末件是废品。如果连续模在 n 个步矩内工作,则将有 $(n-1)$ 个半成品失去定位。若采用错开排列的双侧刃,如图3-13所示,一个侧刃排在第一个工作位置或其前面,另一个侧刃排在最后一个工作位置或其后面,则可避免条料末端的浪费。第二个侧刃排在落料工位之后是考虑凹模的强度问题。在使用双侧刃的连续模中,有时也有将左、右两侧刃并排布置,它的目的是使送料时条料不致歪斜,以提高送料精度。

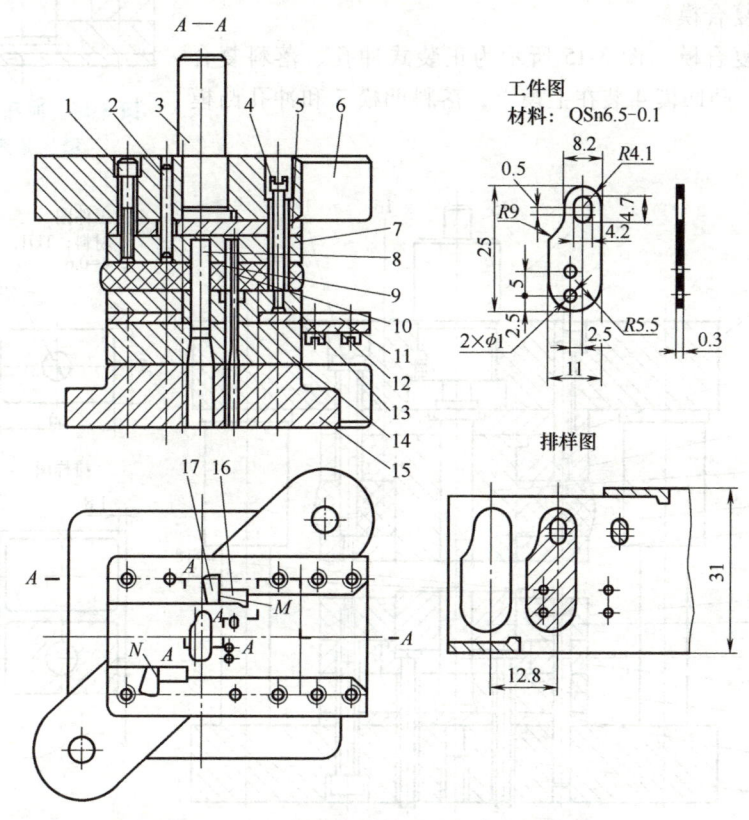

图3-13 用侧刃定距的冲孔、落料连续模
1—螺钉 2—销钉 3—模柄 4—卸料螺钉 5—垫板 6—上模座 7—凸模固定板
8、9、10—凸模 11—导料板 12—承料板 13—卸料板 14—凹模 15—下模座 16—侧刃 17—侧刃挡块

用侧刃定距的连续模的优点是其应用不受冲裁件结构限制,而且操作方便安全,送料速度高,便于实现自动化。它的缺点是模具结构比较复杂,材料有额外的浪费,在一般情况下,它的定位精度比导正销定距的连续模低。所以有些连续模将侧刃与导正销联合使用,这时用侧刃作粗定位,以导正销作精定位。侧刃断面的长度应略大于送料步距,使导正销有导正的余地。

2. 复合模

复合模也是多工序模中的一种。它是在压力机的一次行程中,在同一位置上,同时完成几道工序的冲裁模。因此,它不存在连续模冲压时的定位误差问题。

由于复合模要在同一位置上完成几道工序,因此它必须在同一位置上布置几套凸模、凹模。对于复合模,如何合理地布置这几套凸模、凹模是要解决的主要问题。

图 3-14 所示为冲孔、落料复合模的基本结构。在模具的一方(指上模或下模)外面装着落料凹模,中间装着冲孔凸模,而在另一方,则装着凸凹模(这是在复合模中必有的零件,其外形是落料凸模,其内孔是冲孔凹模,故称此零件为凸凹模)。当上下两部分嵌合时,就能同时完成冲孔和落料。

将落料凹模装在上模上,称为倒装复合模;反之,称为正装(或顺装)复合模。

(1)正装复合模 图 3-15 所示为正装式冲孔、落料复合模的典型结构,凸凹模 4 装在上模上,落料凹模 7 和冲孔凸模 9 装在下模上。

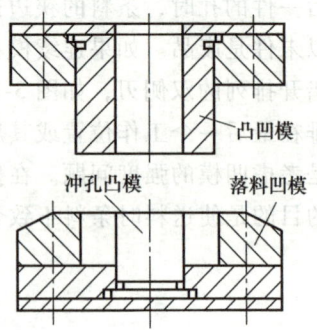

图 3-14 冲孔、落料复合模的基本结构

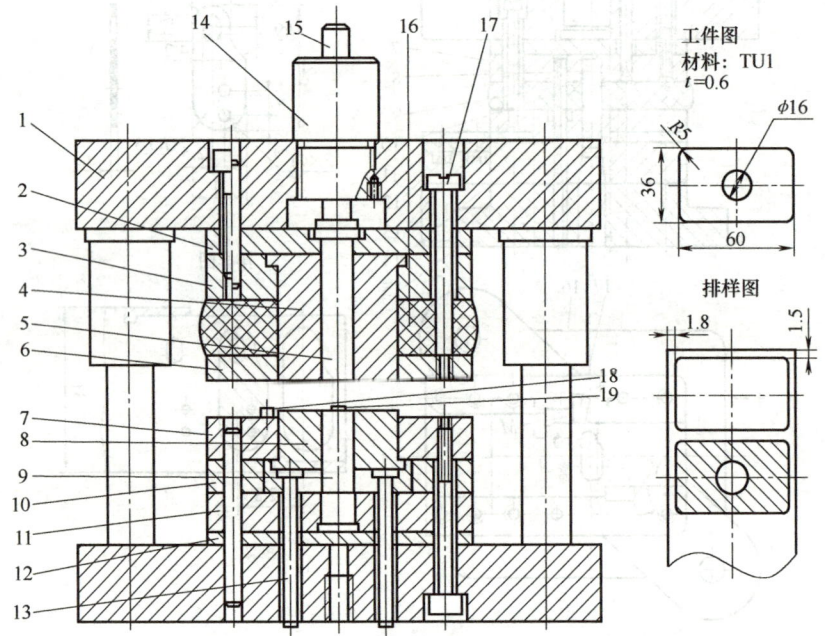

图 3-15 正装式冲孔、落料复合模的典型结构

1—模架 2、10、12—垫板 3—凸凹模固定板 4—凸凹模 5—推杆 6—卸料板 7—落料凹模
8—顶件块 9—冲孔凸模 11—凸模固定板 13—带肩顶杆 14—模柄 15—打杆
16—橡胶 17—卸料螺钉 18—导料销 19—挡料销

模具工作时,板料以导料销 18 和挡料销 19 定位。上模下压,凸凹模外形和落料凹模 7 进行落料,落下料卡在凹模中,同时冲孔凸模与凸凹模内孔进行冲孔,冲孔废料卡在凸凹模孔内。当上模回程时,卡在凹模中的冲裁件由顶件装置向上顶出。顶件装置由带肩顶杆 13 和顶件块 8 及装在下模座底下的弹顶器组成(图中未画出)。卡在凸凹模内的冲孔废料由推件装置向下推出。推件装置由推杆 5 和打杆 15 组成。当上模上行至上死点时,把废料推出。边料由弹压卸料装置卸下。

从正装复合模工作时,板料是在压紧状态下实现分离的,冲出的冲裁件平直度较高,因此正装复合模较适用于冲制材质较软或板料较薄的工件，同时冲裁件平直度要求较高。还可以冲制孔边距离较小的冲裁件，凸凹模孔内不积存废料，胀力小，不易破裂。但由于弹顶器和弹压卸料装置的作用，分离后的冲裁件容易嵌入边料中影响操作，冲孔废料落在下模工作面上，清除废料麻烦，尤其孔较多时，从而影响了生产率。

这副模具在落料凹模下安装了空心整板。采用这种结构，使落料凹模的型孔成为柱形通孔，便于加工，还可减薄凹模，节约模具钢成本。在标准中也制定了这类复合模的典型组合。

（2）倒装式复合模　图3-16所示为倒装式冲孔、落料复合模的典型结构。凸凹模18装在下模，落料凹模17和冲孔凸模14、16装在上模。倒装式冲孔、落料复合模通常采用刚性

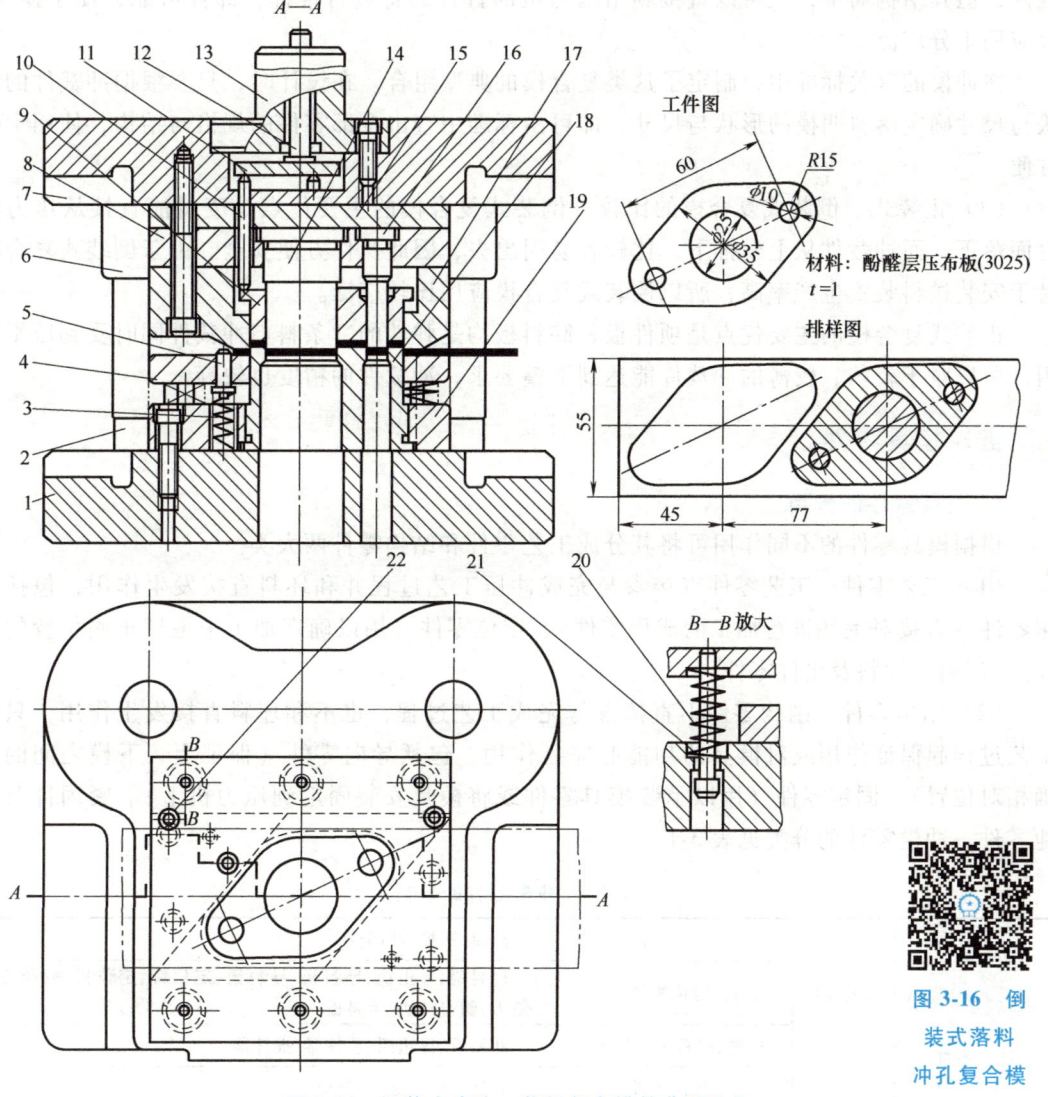

图3-16　倒装式冲孔、落料复合模的典型结构

1—下模座　2—导柱　3、20—弹簧　4—卸料板　5—活动挡料销　6—导套　7—上模座　8—凸模固定板
9—推件块　10—推件杆　11—推板　12—打杆　13—模柄　14、16—冲孔凸模　15—垫板
17—落料凹模　18—凸凹模　19—固定板　21—卸料螺钉　22—导料销

推件装置把卡在凹模中的冲裁件推下。刚性推件装置由打杆12、推板11、推件杆10和推件块9组成。冲孔废料直接由冲孔凸模从凸凹模内孔推下,无顶件装置,结构简单,操作方便,但如果采用直刃壁凹模洞口,凸凹模内有积存废料,胀力较大,当凸凹模壁厚较小时,可能导致凸凹模破裂。

板料的定位靠导料销22和弹簧弹顶的活动挡料销5来完成。非工作行程中,活动挡料销5由弹簧3顶起,可供定位;工作时,挡料销被压下,上端面与板料平齐。由于采用弹簧弹顶挡料装置,所以在凹模上不必钻相应的让位孔,但这种挡料装置的工作可靠性较差。

采用刚性推件的倒装复合模,板料不是在压紧的状态下被冲裁,因而平直度不高。这种结构适用于冲裁较硬的或厚度大于0.3mm的板料。倒装复合模不宜冲制孔边距离较小的冲裁件,但其结构简单,又可以直接利用压力机的打杆装置进行推件,卸件可靠,便于操作,故应用十分广泛。

在冲模的有关标准中,制定了这类复合模的典型组合。在设计时,只要根据冲裁件的形状与尺寸确定落料凹模的形状与尺寸,即可由标准中查出全部零件的规格与结构,使用十分方便。

(3)正装式、倒装式复合模的比较 倒装式复合模的主要优点是废料能直接从压力机台面落下,而冲裁件从上模推下,比较容易引出去,因此操作方便安全。由于倒装式复合模易于安装送料装置生产率高,所以倒装式复合模应用比较广泛。

正装式复合模的主要优点是顶件板、卸料板均是弹性的,条料与冲裁件同时受到压平作用,所以对于较软、较薄的冲裁件能达到平整要求,冲裁件的精度也较高。

五、模具零件

1. 模具零件的分类

根据模具零件的不同作用可将其分成工艺零件和结构零件两大类。

(1)工艺零件 工艺零件直接参与完成冲压工艺过程并和坯料直接发生作用,包括工作零件(直接对毛坯进行加工的成形零件)、定位零件(用以确定加工中毛坯正确位置的零件)、压料、卸料及出件零件。

(2)结构零件 结构零件不直接参与完成工艺过程,也不和坯料直接发生作用,只对工艺过程起保证作用或对模具的功能起完善作用,包括导向零件(保证上、下模之间的正确相对位置)、固定零件(用以承装模具零件或将模具安装固定到压力机上)、紧固件及其他零件。冲模零件的分类见表3-1。

表3-1 冲模零件的分类

冲模零件	工艺零件	工作零件	凸模、凹模、凸凹模
		定位零件	挡料销、导正销、导料板、导料销、定位钉、定位板、侧压板、侧刃、侧刃挡块、承料板
		压料、卸料及出件零件	卸料板、压边圈、顶件器、推件器
	结构零件	导向零件	导柱、导套、导板、导筒
		固定零件	上模座、下模座、模柄、固定板、垫板、限位支承装置
		紧固件及其他零件	螺钉、销钉、弹簧、其他零件

2. 模具零件的标准化

标准化是缩短模具制造周期的有效办法，是应用模具 CAD/CAM 技术的前提，是模具工业化和现代化生产的基础。目前，我国冲模标准化程度已经较高，先后制定了冲模基础标准、冲模零件标准和冲模工艺质量标准。表 3-2 列出了冲模的相关技术标准。

表 3-2 冲模的相关技术标准

标准类别	标准号	标准简要内容
冲模基础标准	GB/T 8845	对冲模类型、组成零件及零件的结构要素、功能等进行了定义性的阐述，每个术语中有中英文对照
	GB/T 13914	给出了技术经济性较合理的冲压件尺寸公差、几何公差
	GB/T 13915	
	GB/T 16743	给出了合理的冲裁间隙范围
冲模零件标准	GB/T 2855.1~2	冲模滑动导向上、下模座
	GB/T 2856.1~2	冲模滚动导向上、下模座
	GB/T 2861.1~11	各种导柱、导套等
	JB/T 5825、JB/T 5826、JB/T 5827、JB/T 5828、JB/T 5829、JB/T 5830	圆凸模、圆凹模
	JB/T 6499.1~2	导柱、导套
	JB/T 7643	冲模模板、冲模单凸模模板、冲模导向装置、冲模模柄、冲模导正销、冲模侧刃和导料装置、冲模挡料和弹顶装置、冲模卸料装置、冲模废料切刀、冲模限位支承装置等
	JB/T 7644	
	JB/T 7645	
	JB/T 7646	
	JB/T 7647	
	JB/T 7648	
	JB/T 7649	
	JB/T 7650	
	JB/T 7651	
	JB/T 7652	
	JB/T 7653	冲模零件技术条件
	JB/T 7185	滑动导向钢板模座、滚动导向钢板模座
	JB/T 7186	
	GB/T 2851	滑动导向装置与滚动导向装置
	GB/T 2852	
	JB/T 7181	滑动导向钢板模架与滚动导向钢板模架
	JB/T 7182	
冲模工艺质量标准	GB/T 14662	各类模具零件制造和装配技术要求及验收要求

六、工作零件的结构与设计

（1）凸模与凸模组件的结构型式

1）凸模的结构型式与固定方法。凸模的结构型式是由冲裁件的形状、尺寸、冲模的加工工艺以及装配工艺等实际条件决定的。凸模结构可分为整体式、镶拼式、阶梯式、直通式和带护套式等，其截面形状有圆形和非圆形。凸模的固定方法有台肩固定、铆接固定、直接用螺钉和销钉固定、黏结剂浇注法固定等。

① 圆形凸模的结构型式及其固定方法。按标准规定，圆形凸模的结构型式及其固定方法如图3-17所示。

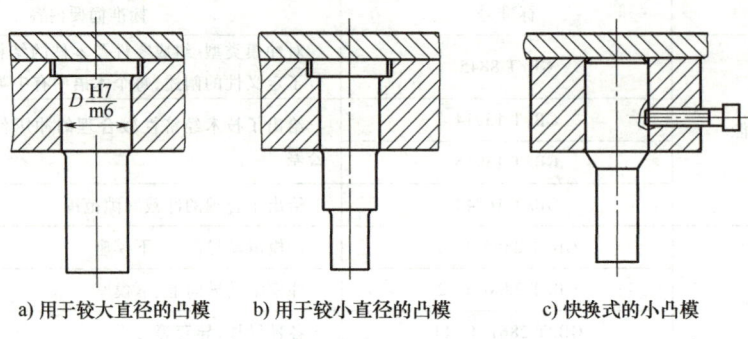

a) 用于较大直径的凸模　　b) 用于较小直径的凸模　　c) 快换式的小凸模

图3-17　圆形凸模的结构型式及其固定方法

凸模可采用台阶式的凸模，其强度刚度较好，装配修磨方便，其工作部分的尺寸由计算而得，与凸模固定板配合部分按过渡配合（H7/m6或H7/n6）制造；最大直径的作用是形成台肩，以便定位。图3-17a所示为用于较大直径的凸模，图3-17b所示为用于较小直径的凸模，它们适用于冲裁力和卸料力大的场合。图3-17c所示为快换式的小凸模，维修更换方便。

② 非圆形凸模的结构型式及其固定方法。非圆形凸模一般有阶梯式和直通式两种，如图3-18所示。

图3-18a所示为阶梯式凸模台肩固定。为了便于加工和装配，非圆形凸模的安装部分可以做成简单形状的圆形几何截面，但为了防止安装部分与固定部分之间发生相对转动，必须在固定端接缝处加防转销。

图3-18b、c所示分别为阶梯式凸模和直通式凸模铆接固定。以铆接法固定时，凸模与凸模固定板之间的配合部分仍按过渡配合H7/m6或H7/n6制造，安装孔的铆接前端周边要制成（1.5~2.5）×45°的斜角，作为铆窝。铆接时一般用锤子击打固定端头部，因此铆接部位的硬度较工作部分要低。凸模的工作端进行淬火时，淬火长度约为全长的1/3左右，或整体淬火后再局部回火，使安装端处于较软状态以便与固定板铆接。为了铆接，凸模总长度应比设计计算长度增加1mm。

图3-18d所示为直通式凸模粘结固定。采用粘结法固定时要在固定板的型孔处留下间隙，以减小配合加工面，简化凸模固定板的加工工艺，便于在装配时保证凸模与凹模之间的间隙合理均匀。为了粘结得牢靠，在凸模的固定端或固定板相应的孔上应开设一定的型槽。常用的黏结剂有低熔点合金［熔点低（在1200℃左右），热胀冷缩特性］、氧树脂和无极黏结剂等。黏结固定常用于小凸模，也可用于凹模、导柱和导套的固定。

图3-18e所示为大中型冲裁凸模，有整体式和镶拼式两种。为了减少磨削面积，刃口断面加工成凹坑形式，可直接用螺钉、销钉固定。

图3-18f所示为适用于截面尺寸较大场合的直通式凸模，常用螺钉固定；图3-18g所示

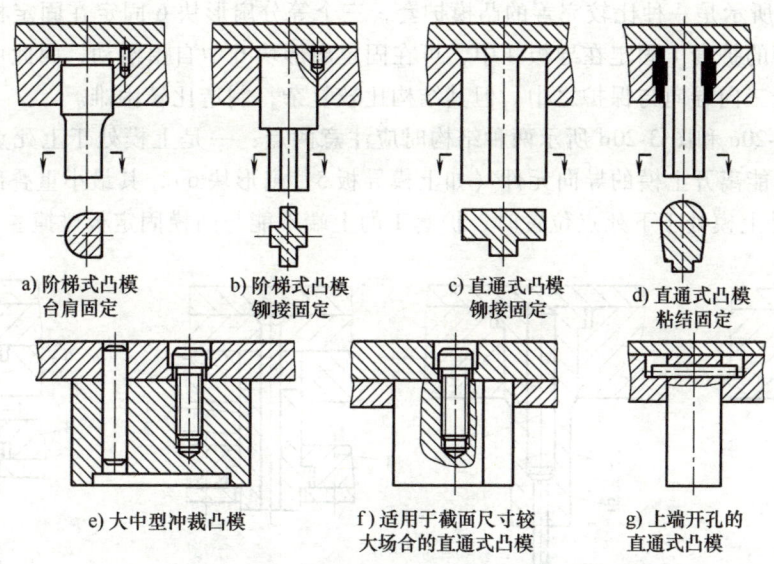

图 3-18 非圆形凸模的结构型式及其固定方法

为上端开孔的直通式凸模,插入圆销以承受卸料力,也容易更换。

③ 快换凸模的固定方法。对于大型冲模中冲小孔的易损凸模可以采用快换凸模的固定方法,以便于修理与更换,如图 3-19 所示。

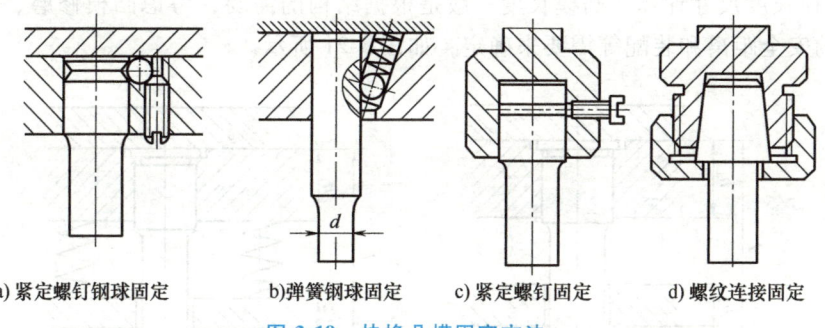

图 3-19 快换凸模固定方法

④ 冲小孔凸模结构。所谓小孔,一般是指孔径 d 小于等于被冲板料的厚度的孔。冲小孔凸模的强度和刚度差,容易弯曲和折断,所以必须对冲小孔凸模加保护与导向措施,提高它的强度和刚度,从而延长其使用寿命。

图 3-20a、b 所示为以简单的凸模护套来保护凸模,并以卸料板导向,其效果较好。其中,图 3-20a 所示护套 1 用过盈配合的方式与凸模固定板固定,凸模 2 用铆接固定。图 3-20b 所示护套 1 采用台肩固定,凸模 2 很短,上端有一个锥形台,以防卸料时拔出凸模,冲裁时,凸模依靠芯轴 3 受压力。

图 3-20c 所示护套 1 固定在卸料板(或导板)4 上,护套 1 与上模导板 5 采用 H7/h6 配合,凸模 2 与护套 1 采用 H8/h8 配合。工作时,护套 1 始终在上模导板 5 内滑动而不脱离(起小导柱作用,以防卸料板在水平方向摆动)。当上模下降时,卸料弹簧压缩,凸模从护套中伸出冲孔。该结构有效地避免了卸料板的摆动和凸模工作端的弯曲,可冲厚度大于直径两倍的小孔。

图 3-20d 所示是一种比较完善的凸模护套,三个等分扇形块 6 固定在固定板中,具有三个等分扇形槽的护套 1 固定在导板 4 中,可在固定扇形块 6 中自由滑动,因此可使凸模在任意位置均处于三向导向与保护之中。但其结构比较复杂,制造比较困难。

采用图 3-20c 和图 3-20d 所示两种结构时应注意两点:一是上模处于上死点位置时,护套 1 的上端不能离开上模的导向元件(如上模导板 5、扇形块 6),其最小重叠部分长度不小于 5mm;二是上模处于下死点位置时,护套 1 的上端不能与凸模固定板碰撞。

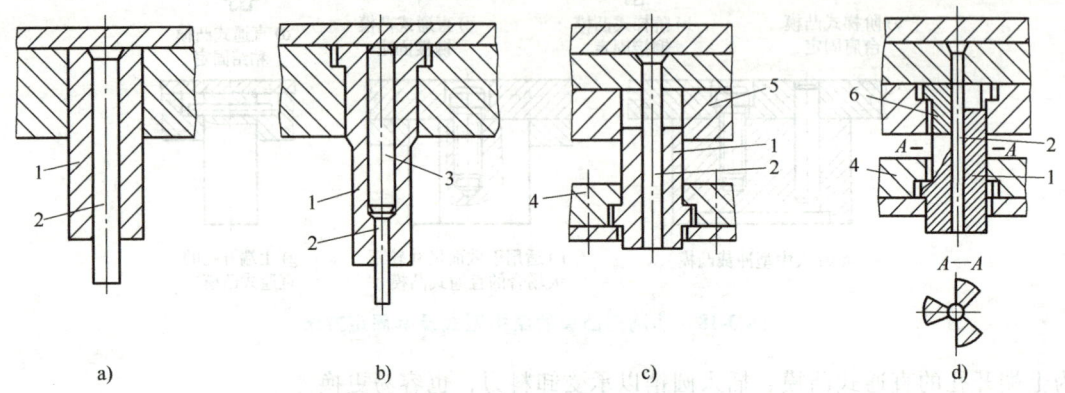

图 3-20 冲小孔凸模保护与导向结构
1—护套 2—凸模 3—芯轴 4—导板 5—上模导板 6—扇形块

2)凸模长度尺寸计算。凸模长度一般是根据结构的需要,考虑凸模修磨、固定板与卸料板之间的安全距离和装配等需要来确定,如图 3-21 所示。

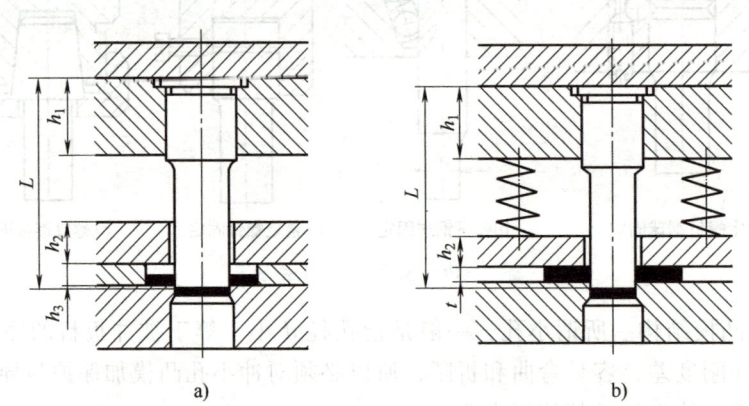

图 3-21 凸模长度的确定

① 当采用固定卸料板和导料时,图 3-21a 所示,其凸模长度为

$$L = h_1 + h_2 + h_3 + A \tag{3-1}$$

式中,h_1 为凸模固定板的厚度(mm);h_2 为卸料板的厚度(mm);h_3 为导料板的厚度(mm);A 为附加长度,包括凸模刃口的修磨量、凸模进入凹模的深度(0.5~1)mm、凸模固定板与卸料板之间的安全距离等,一般为 15~20mm。

② 当采用弹压卸料板时,如图 3-21b 所示,其凸模长度为

$$L = h_1 + h_2 + t + A \tag{3-2}$$

式中,t 为材料的厚度(mm)。

3)凸模材料。模具刃口要有较强的耐磨性,并能承受冲裁时的冲击力,因此应有高的硬度与适当的韧性。形状简单的凸模常选用 T8A、T10A 等材料制造;形状复杂、淬火变形大,特别是用线切割方法加工时,应选用合金工具钢,如 Cr12、Cr12MoV、9Mn2V、CrWMn、Cr6WV 等制造,其热处理硬度取 58~62HRC。

4)其他要求。凸模工作部分的表面粗糙度值 $Ra = 0.8 \sim 0.4\mu m$,固定部分为 $Ra = 1.6 \sim 0.8\mu m$。

凸模一般不必进行强度核算。只有当板料很厚、强度很大、凸模很小、长径比大时才进行核算。核算内容为根据凸模承受的压力(即冲裁力)核算凸模最小断面尺寸和凸模因失稳产生纵向弯曲时最小直径处允许的最大长度。凸模的图样技术规范如图 3-22 所示。

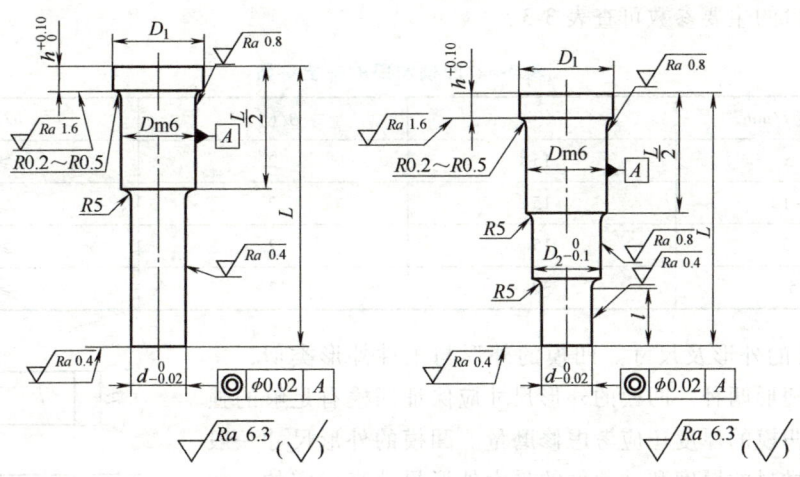

图 3-22 凸模的图样技术规范

5)凸模固定板。凸模固定板(简称固定板),用于固定凸模。固定板的外形尺寸一般与凹模大小一样,可由标准中查得。固定凸模用的型孔与凸模固定部分相适应。型孔位置应与凹模型孔位置协调一致。

6)垫板。垫板装在固定板与上模座或下模座之间,它的作用是防止冲裁时凸模压坏模座。垫板的尺寸可在标准中查得。垫板材料一般可选用 45 钢,热处理硬度取 43~48HRC。对单位压力特别大的则选用 T8A,热处理硬度取 52~55HRC。大型凸模则可省略垫板。

(2)凹模的结构设计

1)凹模洞口形状的选择。凹模洞口形状是指凹模型孔的轴剖面形状,如图 3-23 所示。其基本形式有如下几种。

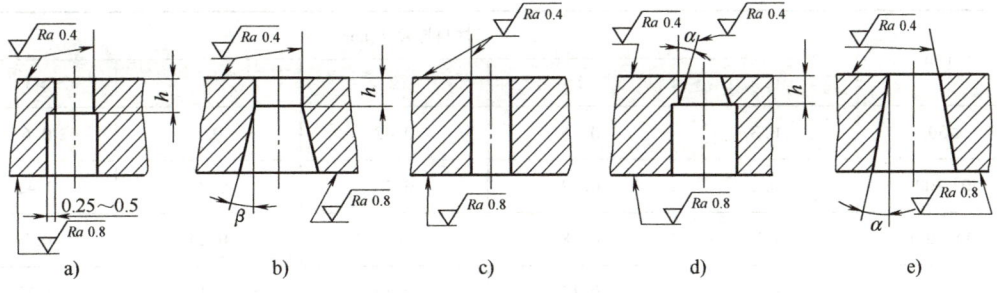

图 3-23 凹模洞口形状

① 直壁式，如图 3-23a~c 所示，其孔壁垂直于顶面，刃口尺寸不随修磨刃口增大。故冲件精度较高，刃口强度也较好。直壁式刃口冲裁时磨损大，洞口磨损后台形成倒锥形，因此每次修磨的刃磨量较大，使用寿命短。冲裁时，工件易在孔内积聚，严重时使凹模胀裂。图 3-23a 适用于冲裁形状复杂或精度要求较高的中、小型件，也可以用于装有顶出装置的模具；图 3-23b 适用于冲裁形状复杂或精度要求较高的零件或精密冲裁模中；图 3-23c 适用于冲裁大型或精度要求较高的零件，不适用于下漏料的模具中。

② 斜壁式，如图 3-23d、e 所示，其特点是刃口强度差，修磨后刃口尺寸略有增大；凹模内不易积存废料或冲裁件，刃口内壁磨损较慢。图 3-23d 适用于冲裁形状较复杂的零件，图 3-23e 适用于冲裁形状简单，精度要求不高的零件。

凹模洞口的主要参数可查表 3-3。

表 3-3 凹模洞口的主要参数

板料厚度 t/mm	α/(′)	β/(°)	h/mm
≤0.5	15	2	≥4
0.5~1	15	2	≥5
1~2.5	15	2	≥6
>2.5	30	3	≥8

2) 凹模的外形及尺寸。凹模的外形与工件外形类似，一般有矩形与圆形两种。凹模的外形尺寸应保证凹模有足够的强度与刚度。凹模的厚度还应考虑修磨量。凹模的外形尺寸一般是根据被冲材料的厚度和冲裁件的最大外形尺寸来确定的，如图 3-24 所示。

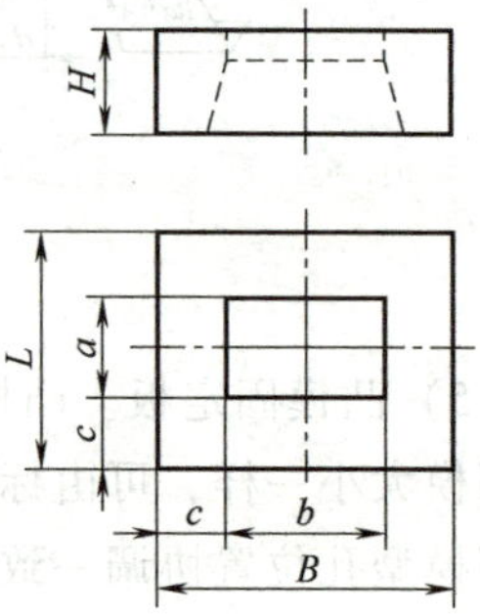

$$凹模厚度\ H = Kb\ (\geqslant 15\mathrm{mm}) \quad (3\text{-}3)$$

$$凹模壁厚\ c = (1.5 \sim 2)H\ (\geqslant 30 \sim 40\mathrm{mm})$$

由此得凹模外形尺寸为

$$L = a + 2c \quad (3\text{-}4)$$
$$B = b + 2c \quad (3\text{-}5)$$

图 3-24 凹模的外形尺寸

式中，b 为冲裁件的最大外形尺寸（mm）；K 为系数，受板料厚度的影响，可查表 3-4；根据凹模厚度 H、壁厚 c 可参考表 3-5。计算出凹模外形尺寸的长和宽后，可在冲模相关国家标准手册中选取标准凹模。

表 3-4 K 值

b/mm	材料厚度 t/mm				
	0.5	1	2	3	>3
≤50	0.3	0.35	0.42	0.5	0.6
50~100	0.2	0.22	0.28	0.35	0.42
100~200	0.15	0.18	0.2	0.24	0.3
>200	0.1	0.12	0.15	0.18	0.22

表 3-5 凹模厚度 H 与壁厚 c (单位：mm)

L	材料厚度 t										
	≤0.8		0.8~1.5		1.5~3		3~5		5~8		8~12	
	H	c	H	c	H	c	H	c	H	c	H	c
≤75	20	26	22	30	25	34	28	40	30	47	35	55
75~150	22	32	25	36	28	40	32	46	35	55	40	65
150~200	25	38	28	42	32	46	36	52	40	60	45	75
>200	28	44	30	48	35	52	40	60	45	68	50	85

3) 凹模的固定方法。凹模一般采用螺钉和销钉固定在下模座上，如图 3-25 所示。螺钉与销钉的数量、规格和它们的位置、尺寸等均可在标准中查得，也可根据结构需要做适当调整，以保证螺钉间、螺孔与销孔间及螺孔、销孔与凹模刃壁间的距离不能太近，否则会影响模具寿命。

图 3-25a、b 所示为标准中的两种圆形凹模及其固定方法。这两种圆形凹模尺寸都不大，直接装在凹模固定板中，主要用于冲孔。图 3-25c 所示是凹模采用螺钉和销钉直接固定在支承件上，这种凹模已经有了标准，它与标准固定板、垫板和模座等配合使用。图 3-25d 所示为快换式冲孔凹模的固定方法。

4) 凹模的主要技术要求。凹模的型孔轴线与顶面应保持垂直，凹模的底面与顶面应保持平行。为了延长模具寿命与冲裁件精度，凹模的底面和型孔的孔壁应光滑，表面粗糙度值 Ra 为 0.8~0.4μm，底面与销孔的 Ra 为 1.6~0.8μm，如图 3-26 所示。

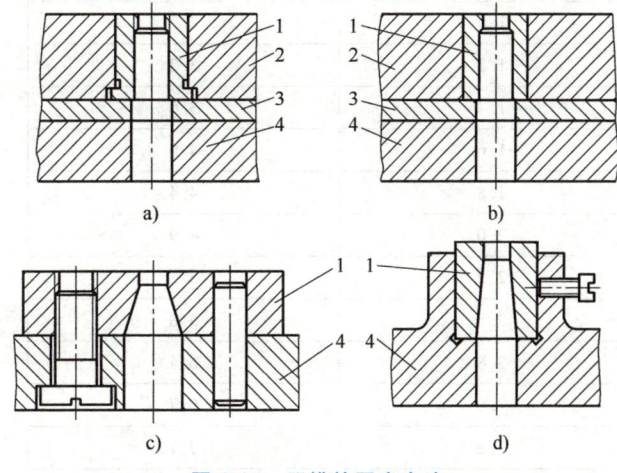

图 3-25 凹模的固定方法
1—凹模 2—凹模固定板 3—垫板 4—下模座

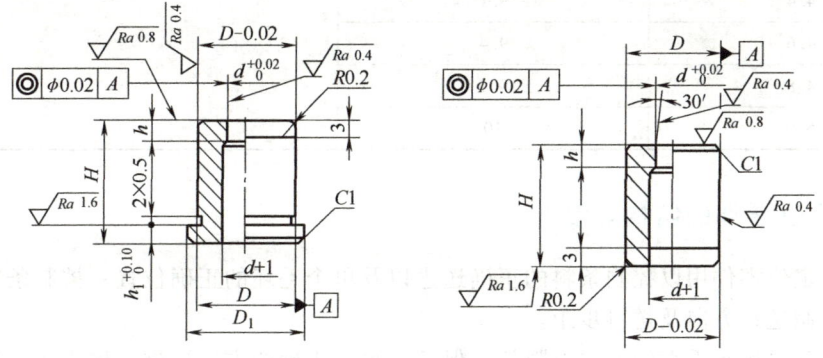

图 3-26 凹模的主要技术要求

凹模的材料与凸模一样，其热处理硬度应略高于凸模，达到 60~64HRC。

(3) 凸凹模的结构设计　在复合模中，必定有一个凸凹模。凸凹模的内外缘均为刃口，内外缘之间的壁厚决定于冲裁件的尺寸。从强度角度考虑，壁厚受最小值限制。凸凹模的最小壁厚与冲模结构有关，对于正装复合模，由于凸凹模装于上模，孔内不会积存废料，胀力小，最小壁厚可以小些；对于倒装复合模，因为孔内会积存废料，所以最小壁厚要大些。

不积聚废料的凸凹模的最小壁厚：对于黑色金属和硬材料约为工件料厚的 1.5 倍，但不小于 0.7mm；对于有色金属和软材料约等于工件料厚，但不小于 0.5mm。积聚废料的凸凹模的最小壁厚可参考表 3-6 选用。

表 3-6 积聚废料的凸凹模的最小壁厚　　　　　　　　　　（单位：mm）

材料厚度 t	最小壁厚 δ	简图
0.4	1.4	
0.6	1.8	
0.8	2.3	
1.0	2.7	
1.2	3.2	
1.4	3.6	
1.6	4.0	
1.8	4.4	
2.0	4.9	
2.2	5.2	
2.5	5.8	
2.8	6.4	
3.0	6.7	
3.2	7.1	
3.5	7.6	
3.8	8.1	
4.0	8.5	
4.2	8.8	
4.4	9.1	
4.6	9.4	
4.8	9.7	
5.0	10	

七、定位零件的结构与设计

冲模的定位零件用以控制条料的正确送进以及单个毛坯的正确位置。控制条料的正确送进就是要控制送料方向及送料步距。

一是在条料运动垂直的方向上限位，保证条料沿正确的方向送进，称为送进导向。

二是在条料运动方向上限位，控制条料一次送进的距离（步距），称为送料定距。

1. 送料方向的导向零件

条料送料方向的导向零件一般有导料板、导料销、侧压板等，靠着导料板或导料销一侧导向送进，以免送偏。

用导料销控制送料方向时，一般要用两个，它们位于条料的同侧。导料销可设在凹模面上（一般为固定式的），也可以设在弹压卸料板上（一般为活动式的）。固定式和活动式的导料销可选用标准结构。导料销多用于单工序模和复合模中，导料销与挡料销结构相同。

标准导料板如图 3-27 所示。从右向左送料时，与条料相靠的基准导料板（销）装在后侧，从前向后送料时，基准导料板装在左侧。图 3-27a 所示导料板与卸料板（或导板）分开制造；图 3-27b 所示导料板与卸料板制成整体结构；为使条料顺利通过，两导料板之间的距离应等于条料宽度加上一个间隙值（见排样及条料宽度的计算）。导料板的厚度 H 取决于导料方式和板料厚度。

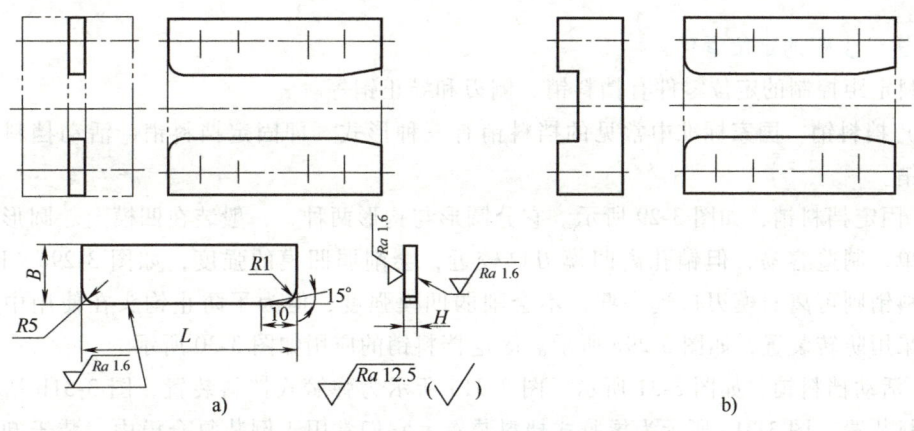

图 3-27　标准导料板

为保证条料紧靠基准导料板一侧正确送进，可采用侧压装置，如图 3-28 所示。图 3-28a 所示为弹簧压块式，其侧压力较大，可用于冲裁厚料。图 3-28b 所示为簧片压块式，其应用与图 3-28c 所示簧片式相似，其侧压力较小，常用于料厚小于 1mm 的薄料冲裁，一般设置 2~3 个。图 3-28d 所示弹簧压板式的侧压力大而且均匀，使用可靠。一般装于进料口，常用于用侧刃定距的连续模中。

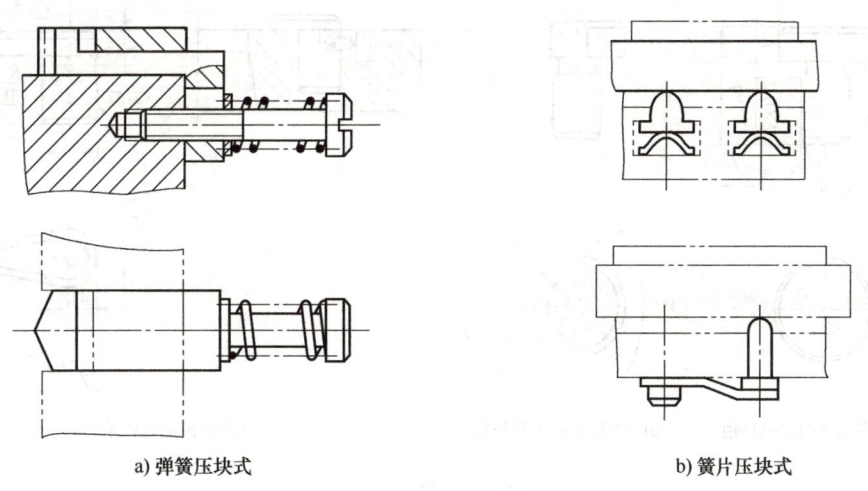

a) 弹簧压块式　　　　　　　　　　b) 簧片压块式

图 3-28　侧压装置

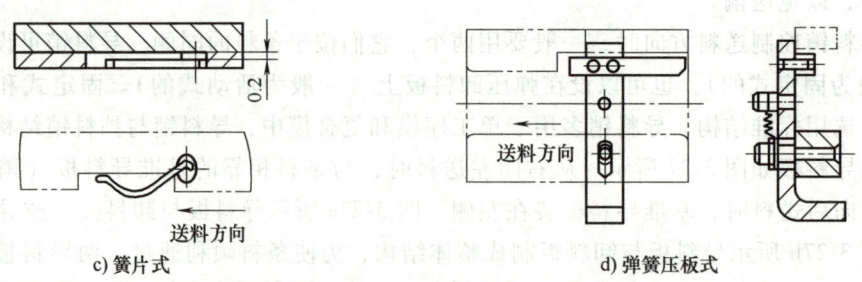

c) 簧片式　　　　　　　　　　　d) 弹簧压板式

图 3-28　侧压装置（续）

2. 送料步距的定位零件

送料定距控制的定位零件有挡料销、侧刃和导正销等。

（1）挡料销　国家标准中常见的挡料销有三种形式，即固定挡料销、活动挡料销和始用挡料销。

1）固定挡料销，如图 3-29 所示。它分圆形与钩形两种，一般装在凹模上。圆形挡料销结构简单、制造容易，但销孔离凹模刃口较近，会削弱凹模的强度，如图 3-29a、b 所示。钩形挡料销则可离凹模刃口远一些，不会削弱凹模强度，但为了防止钩头在使用中发生转动，需采用防转装置，如图 3-29c 所示。固定挡料销的应用如图 3-30 所示。

2）活动挡料销，如图 3-31 所示。图 3-31a 所示为弹簧式挡料装置，图 3-31b 所示为簧片式挡料装置，图 3-31c 所示为橡胶式挡料装置，它们常用于倒装复合模中，装于卸料板上可以伸缩。图 3-31d 所示为回带式挡料装置，挡料销对着送料方向带有斜面，送料时搭边碰撞斜面使挡料销抬起并越过搭边，然后将条料后拉，挡料销便挡住搭边而定位，即每次送料都有先推后拉的两个方向相反动作。回带式挡料销常用在具有固定卸料板的模具上，其他形式的挡料销常用于具有弹压卸料板的模具上。

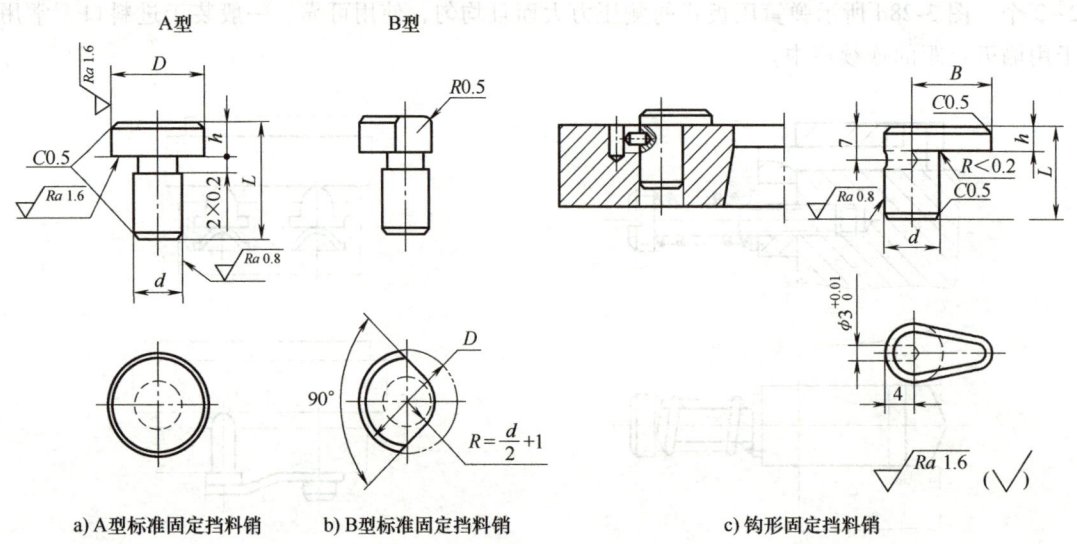

a) A型标准固定挡料销　　b) B型标准固定挡料销　　c) 钩形固定挡料销

图 3-29　固定挡料销

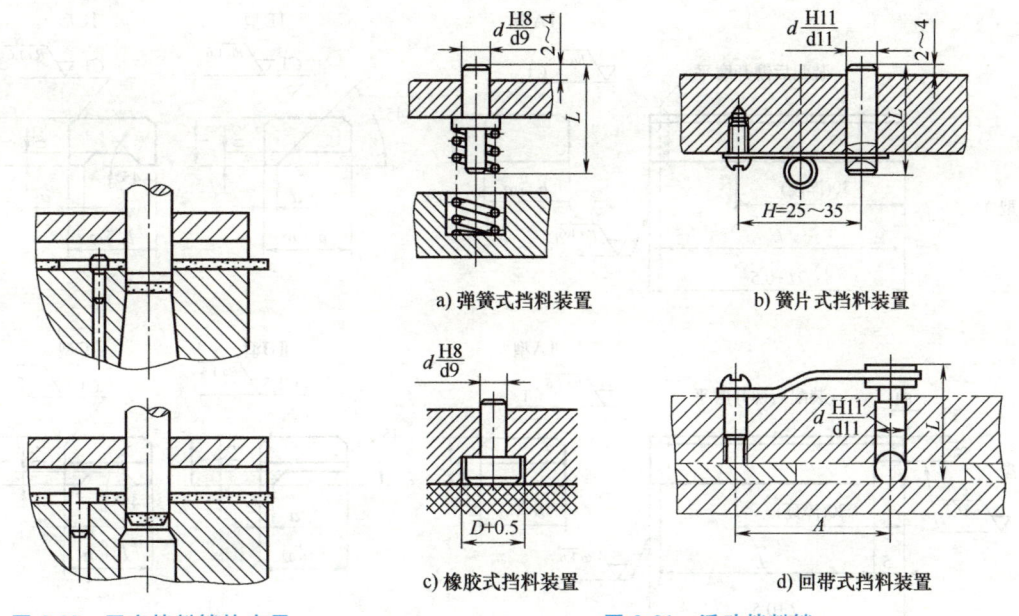

图 3-30　固定挡料销的应用　　　　　图 3-31　活动挡料销

3）始用挡料销，如图 3-32 所示。一般在连续模首次冲压条料时使用，使用时用手往里压，挡住条料而定位，第一次冲裁后不再使用。

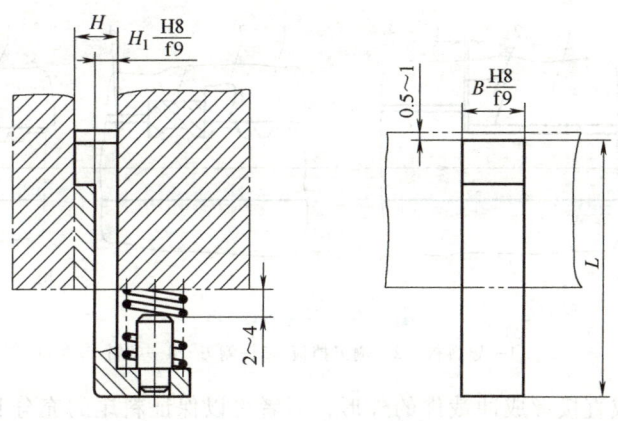

图 3-32　始用挡料销

(2) 侧刃　侧刃常用于连续模中控制送料步距，其结构如图 3-33 所示。

1）按侧刃的断面形状分为矩形侧刃与成形侧刃两类。图 3-33 中的 A 型为矩形则刃，其结构与制造较简单，但当刃口尖角磨损后，在条料被冲去的一边会产生毛刺，如图 3-34a 所示，影响正常送进。B、C 型为成形侧刃，产生的毛刺位于条料边的凹进处，如图 3-34b 所示，所以不会影响送料，但制造难度增加，冲裁废料增多。

2）按侧刃的工作端面的形状分为平的（Ⅰ型）和台阶的（Ⅱ型）两种。Ⅰ型主要用于 1mm 以下的薄料；Ⅱ型多用于冲裁 1mm 以上较厚的料，冲裁前凸出部分先进入凹模导向，以改善侧刃在单边受力时的工作条件。

侧刃可以是一个，也可以是两个。两个侧刃可以用两侧对称或两侧对角布置，前者用于

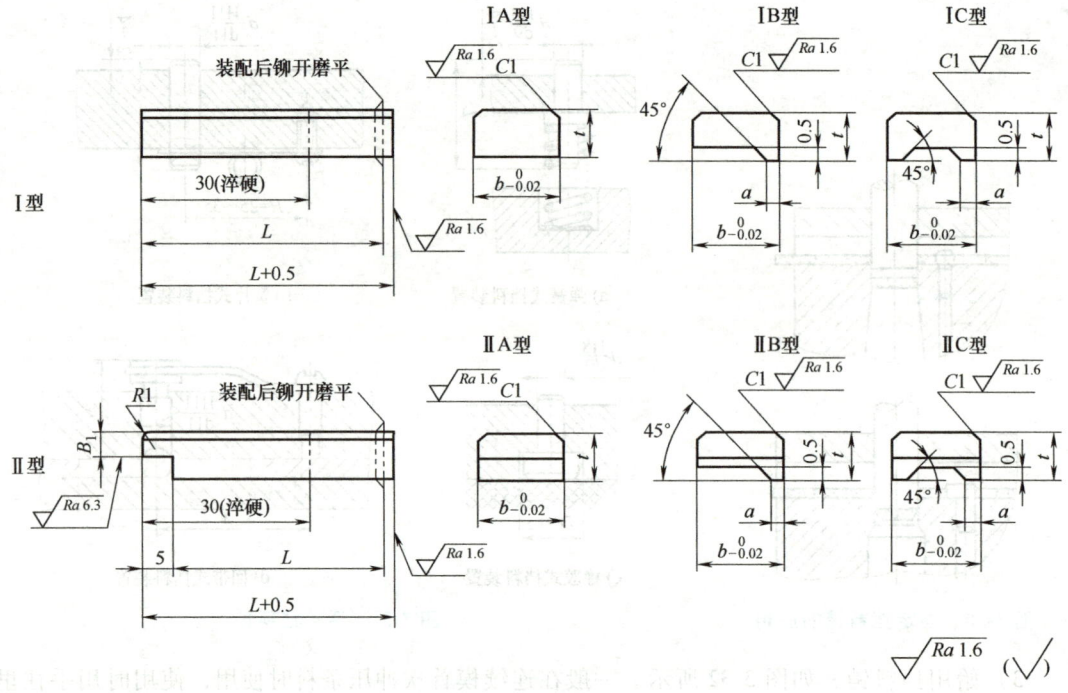

图 3-33 侧刃的结构

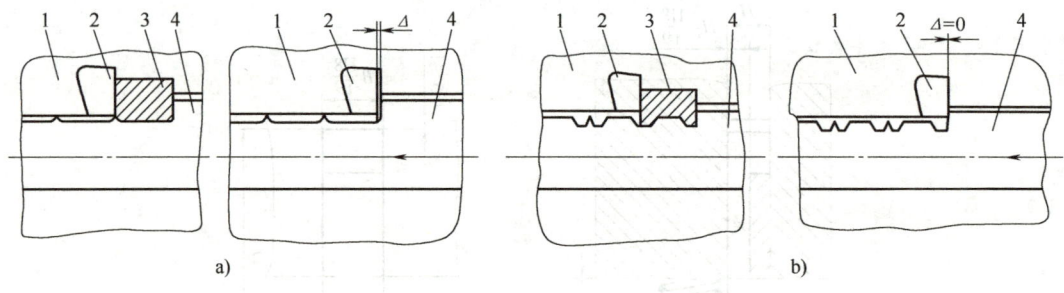

图 3-34 毛刺的影响

1—导料板　2—侧刃挡板　3—侧刃　4—条料

提高冲裁件的精度或直接形成冲裁件的外形，后者可以保证料尾的充分利用。

（3）导正销　导正销主要用在连续模中，以获得内孔与外缘相对位置准确的冲裁件定位。它装在落料凸模上，在落料前先将其插入已冲好的孔中，使孔与外缘相对位置对准，然后落料，消除了送料和导向造成的误差，起精定位作用。也可以装在凸模固定板上，与工艺孔配合，起精定位作用。导正销常与挡料销配合使用，也可以与侧刃配合使用。为了使导正销工作可靠，不折断，其直径不能太小，一般应大于 2mm。

根据孔的尺寸选用不同，导正销的结构型式也不同。图 3-35 所示的导正销结构，由导入和定位两部分组成。导入部分一般用圆弧或圆锥过渡，定位部分为圆柱面。为保证导正销能顺利地插入孔中，应保持导正销直径与孔之间有一定间隙。导正销的直径按基孔制间隙配合（h9）制造，但考虑到冲孔后弹性变形收缩，导正销直径的公称尺寸应比冲孔凸模直径小，其值可在相关设计手册中查取。

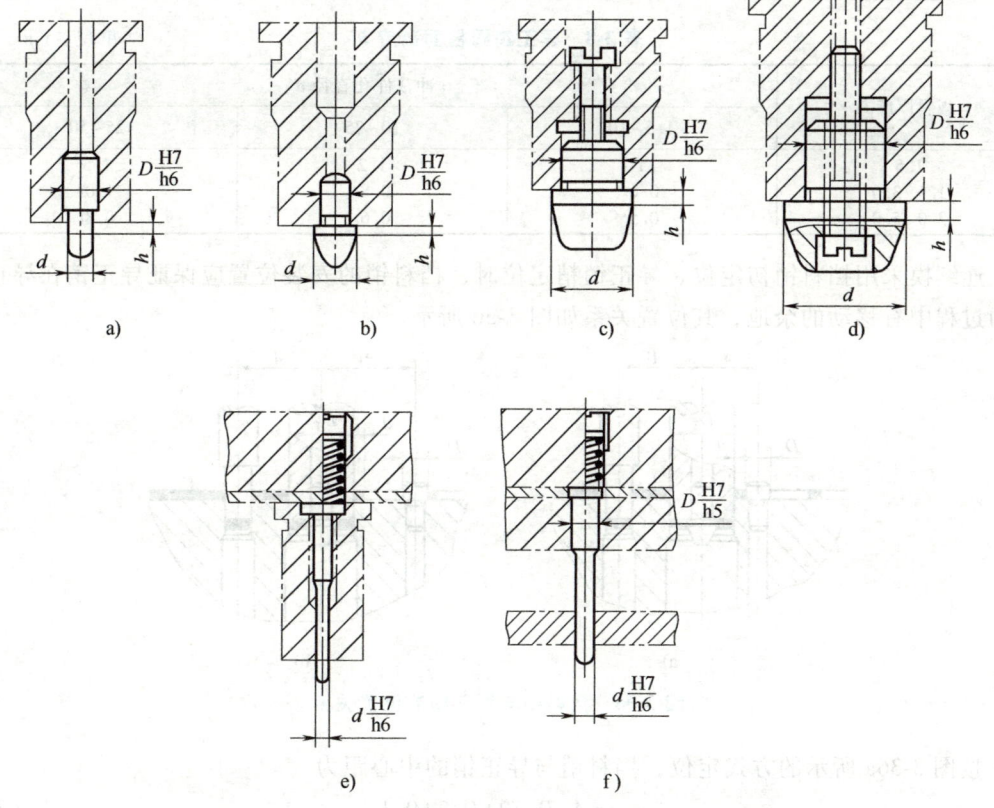

图 3-35 导正销结构

图 3-35a~d 所示为固定导正销。图 3-35a 所示结构用于导正 $d<6mm$ 的孔,图 3-35b 所示结构用于导正 $6≤d<10mm$ 的孔,图 3-35c 所示结构用于导正 $d=10~30mm$ 的孔,图 3-35d 所示结构用于导正 $d=20~50mm$ 的孔。图 3-35e、f 为活动导正销,多用于连续模中,一般用于导正 $d≤10mm$ 的孔。

固定导正销固定在凸模上,与凸模之间不能相对滑动,送料失误时易发生事故。而活动导正销装在凸模或固定板上,与凸模之间能相对滑动,送料失误时导正销压缩弹簧而缩回,可避免事故的发生。

导正销的公称尺寸为

$$d=d_T-c \tag{3-6}$$

式中,d 为导正销的公称尺寸(mm);d_T 为冲孔凸模尺寸(mm);c 为导正销与冲孔凸模的直径差值(mm),见表 3-7。

表 3-7 导正销与冲孔凸模的直径差值 c　　　　　　　　　　　　(单位:mm)

板料厚度 t	冲孔凸模的直径 d_T						
	1.5~6	6~10	10~16	16~24	24~32	32~42	42~60
<1.5	0.04	0.06	0.06	0.08	0.09	0.10	0.12
1.5~3	0.05	0.07	0.08	0.10	0.12	0.14	0.16
3~5	0.06	0.08	0.10	0.12	0.16	0.18	0.20

导正销圆柱面高度 h 在设计时一般可取 $0.5\sim0.8t$ 或按表 3-8 选取。

表 3-8 　导正销圆柱面高度 h 　　　　　　　　　（单位：mm）

板料厚度 t	冲裁件孔直径 d		
	1.5~10	10~25	25~50
1.5	1	1.2	1.5
1.5~3.0	$0.6t$	$0.8t$	$1.0t$
3.0~5.0	$0.5t$	$0.6t$	$0.8t$

连续模采用挡料销初定位、导正销精定位时，挡料销的安装位置应保证导正销在导正条料的过程中有移动的余地，其位置关系如图 3-36 所示。

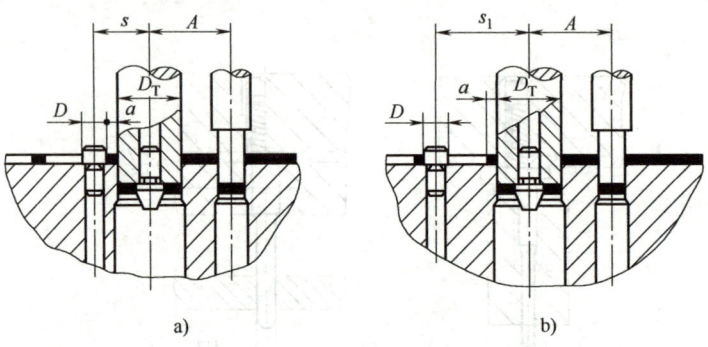

图 3-36 　挡料销与导正销的位置关系

按图 3-36a 所示的方式定位，挡料销与导正销的中心距为

$$s = A - D_T/2 + D/2 + 0.1 \tag{3-7}$$

按图 3-36b 所示的方式定位，挡料销与导正销的中心距为

$$s_1 = A + D_T/2 - D/2 - 0.1 \tag{3-8}$$

式中，A 为送料步距（mm）；D_T 为落料凸模直径（mm）；D 为挡料销圆柱面直径（mm）；s、s_1 为挡料销与导正销的中心距（mm）；0.1mm 为条料导正的余地。

3. 定位板和定位钉

定位板或定位钉是用作单个毛坯的定位装置，以保证前后工序相对位置精度或对工件内孔与外缘的位置精度。

图 3-37 所示为以毛坯外缘定位的定位板和定位钉。图 3-37a 所示为矩形毛坯定位用定位

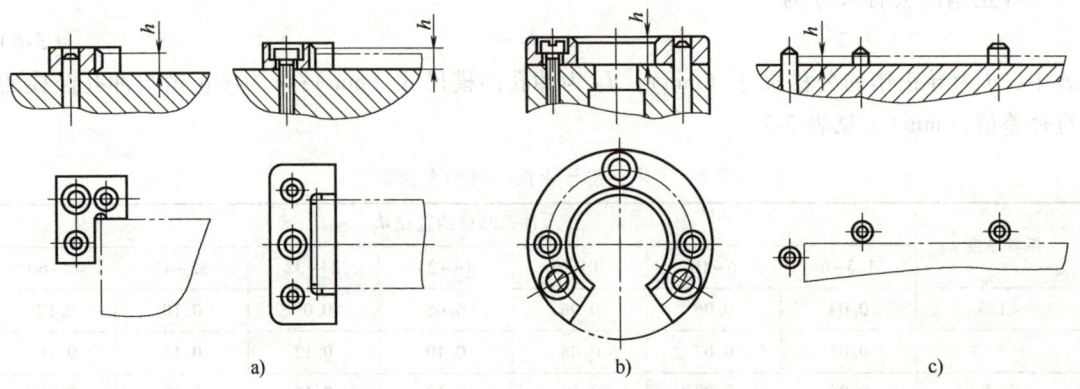

图 3-37 　以毛坯外缘定位的定位板和定位钉

板，图3-37b所示为圆形毛坯定位用定位板，图3-37c所示为用定位钉定位。

图3-38所示为以毛坯内孔定位的定位板和定位钉。图3-38a所示为内孔直径 $D<10\mathrm{mm}$ 时用的定位钉；图3-38b所示为内孔直径 $D=10\sim30\mathrm{mm}$ 时用的定位钉；图3-38c所示为内孔直径 $D>30\mathrm{mm}$ 时用的定位钉；图3-38d所示为大型非圆孔用的定位板。

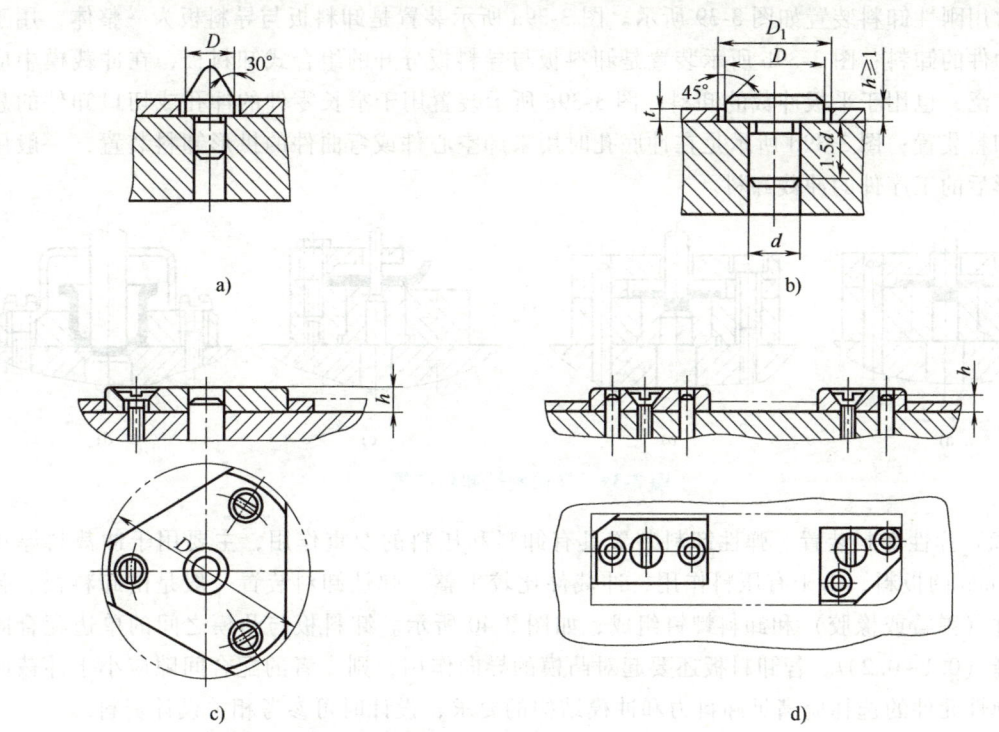

图3-38 以毛坯内孔定位的定位板和定位钉

定位板厚度或定位钉高度可按表3-9选用。

表3-9 定位板厚度或定位钉高度　　　　　　　　　　　　（单位：mm）

板料厚度 t	≤1.0	1.0~3.0	3.0~5.0
定位板厚度（定位钉高度）	$t+2$	$t+1$	t

定位板厚度或定位钉高度一般不做严格要求，若毛坯比较平整，可以选择比表中数值小的尺寸。为了方便将毛坯放入，定位板或定位钉与毛坯的间隙都较大，因此这类定位的精度较低。

八、卸料与出件零件的结构与设计

卸料与出件零件包括卸料、推件和顶件等，其作用是当冲模完成一次冲压之后，把制件或废料从模具工作零件上卸下来，以便冲压工作继续进行。通常卸料是指把制件或废料从凸模上卸下来，推件和顶件一般指把制件或废料从凹模中推（顶）出来。

1. 卸料装置

卸料装置的结构形式有刚性（固定）卸料装置、弹性卸料装置和废料切刀等。

（1）刚性卸料装置 刚性卸料装置采用固定卸料板结构，常用于较硬、较厚且精度要求不太高的工件冲裁后的卸料，其特点是结构简单、卸料力大。当卸料板只起卸料作用时与凸模的间隙随材料的厚度增加而增加，单边间隙取 (0.2~0.5) t。当卸料板还对凸模起导向作用时，与凸模的配合间隙应小于冲裁间隙。这时要求卸料后凸模不能完全脱离卸料板，保证卸料板与凸模配合大于 5mm。

常用刚性卸料装置如图 3-39 所示。图 3-39a 所示装置是卸料板与导料板为一整体，用于平板冲件的卸料；图 3-39b 所示装置是卸料板与导料板分开的组合式卸料板，在冲裁模中应用最广泛，也用于平板冲裁的卸料；图 3-39c 所示装置用于窄长零件的冲孔或切口卸件的悬臂式卸料装置；图 3-39d 所示是在冲底孔时用来卸空心件或弯曲件的拱形卸料装置，一般用于成形后的工序件的冲裁卸料。

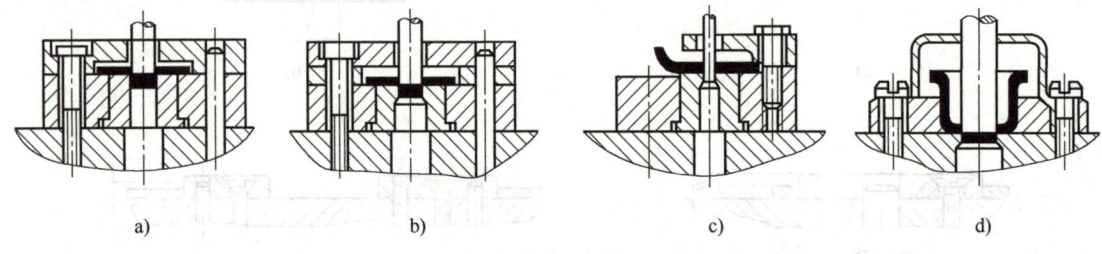

图 3-39 常用刚性卸料装置

（2）弹性卸料装置 弹性卸料装置具有卸料和压料的双重作用，主要用于冲裁料厚小于 1.5mm 的板料，由于有压料作用，冲裁件比较平整。弹性卸料装置一般是由卸料板、弹性元件（弹簧或橡胶）和卸料螺钉组成，如图 3-40 所示。卸料板与凸模之间的单边配合间隙选择 (0.1~0.2) t。若卸料板还要起对凸模的导向作用，则二者的配合间隙应小于冲裁间隙。弹性元件的选择应满足卸料力和冲模结构的要求，设计时可参考相关设计资料。

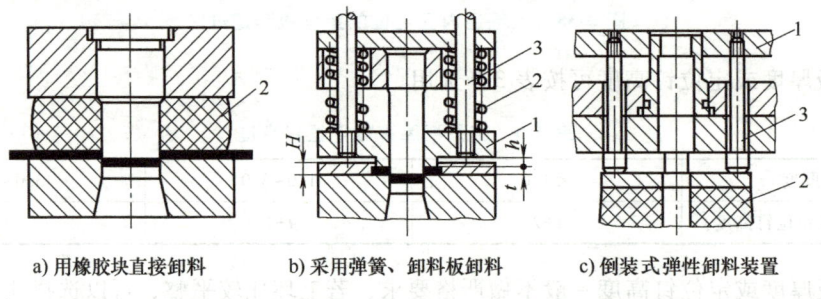

a) 用橡胶块直接卸料　　b) 采用弹簧、卸料板卸料　　c) 倒装式弹性卸料装置

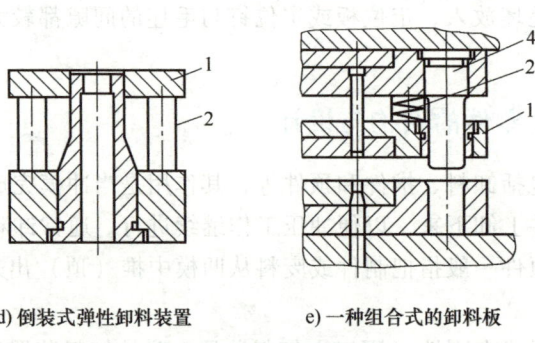

d) 倒装式弹性卸料装置　　e) 一种组合式的卸料板

图 3-40 弹性卸料装置
1—卸料板　2—弹性元件　3—卸料螺钉　4—小导柱

图 3-40a 所示为用橡胶块直接卸料;图 3-40b 所示为采用弹簧、卸料板卸料;图 3-40c 和图 3-40d 所示为倒装式弹性卸料装置;如图 3-40e 所示为一种组合式的卸料板,该卸料板为细长小凸模导向,而小导柱 4 又对卸料板导向。采用图 3-40b 所示结构时,凸台部分的设计高度 $h=H-(0.1\sim0.3)t$。

(3) 废料切刀 对于大、中型零件冲裁或成形件切边时,常采用废料切刀的形式,将废边切断,达到卸料目的。废料切刀的工作原理如图 3-41a 所示。当凹模向下切边时,同时把已切下的废料压向废料切刀上,从而将其切开。对于制件形状复杂的冲裁模可以用弹性卸料加废料切刀进行卸料。在用机械手转移工序件的连续模中也往往设置了这种废料切刀。图 3-41b、c 所示分别为圆形和方形废料切刀。圆形废料切刀用于小型模具和薄料废料,方形废料切刀用于大型模具和厚料废料。

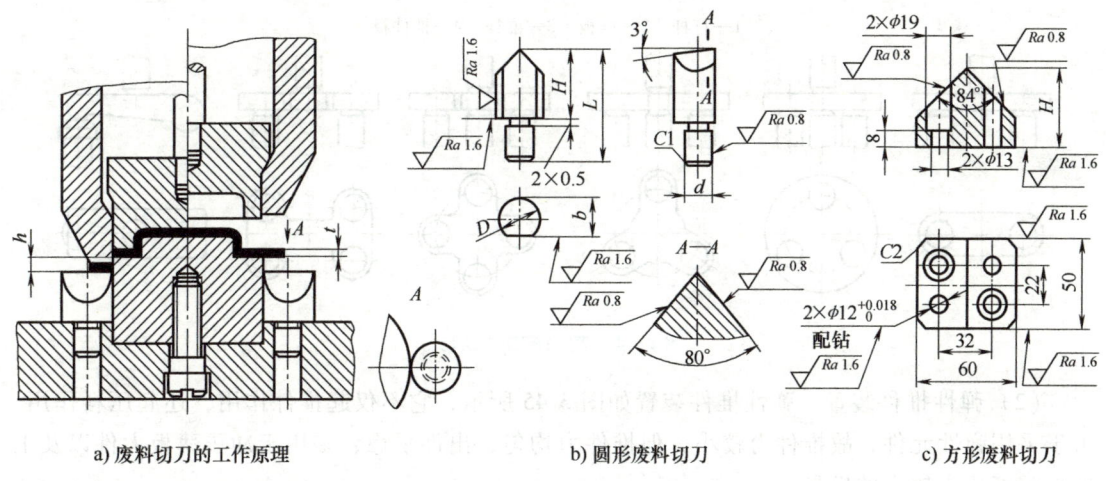

a) 废料切刀的工作原理　　　　b) 圆形废料切刀　　　　c) 方形废料切刀

图 3-41　废料切刀工作原理和结构

2. 推件与顶件装置

推件和顶件装置可将制件从凹模中推出(凹模在上模)或顶出(凹模在下模)。推件力是通过压力机的横梁(见图 3-42)作用在一些传力元件上,使推件力传递到推件板上,将制件(或废料)推出凹模。推件装置有刚性和弹性两种结构,顶件装置有弹性一种结构。

(1) 刚性推件装置 刚性推件装置常用于倒装复合模中,装于上模中。如图 3-43 所示,当模柄中心位置有冲孔凸模时,要用图 3-43a 所示的形式,否则就用简单的图 3-43b 所示的形式。使用图 3-43a 所示形式时,推件力是由压力机的横梁通过打杆 1、推板 2、推杆 3 传给推件板 4,推件力大且可靠。推杆长短要一致、分布要均匀,推板一般装在上模座的孔内。为了保证冲孔凸模的支承刚度和强度,放置推板的孔不能全部挖空,推板的形状按被推下的工件形状来设计。常用的推板形式如图 3-44 所示。

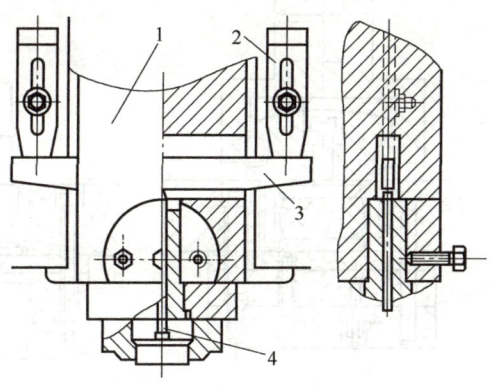

图 3-42　压力机的横梁

1—滑块　2—挡铁　3—横梁　4—推杆

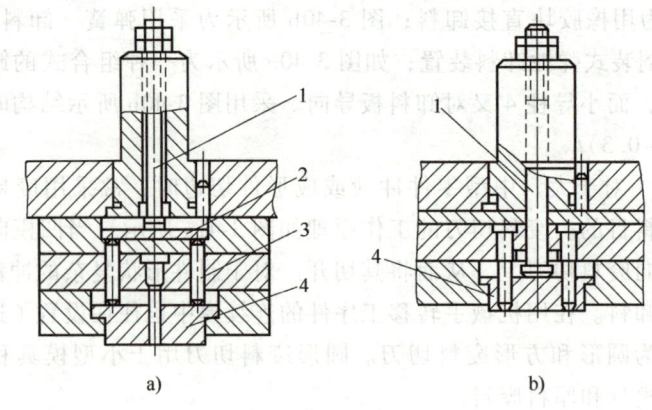

图 3-43 刚性推件装置
1—打杆 2—推板 3—推杆 4—推件板

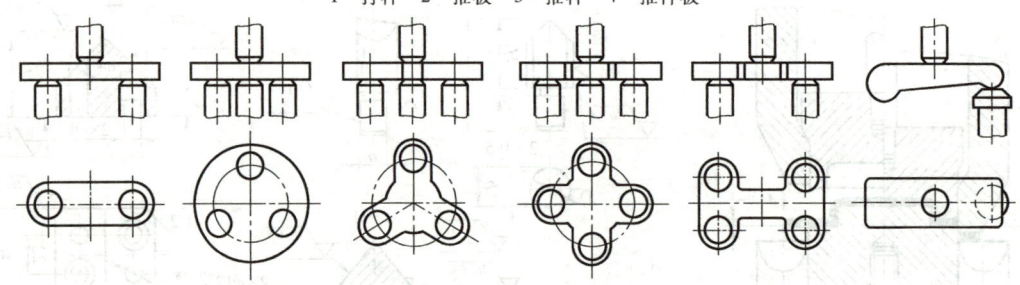

图 3-44 常用的推板形式

（2）弹性推件装置 弹性推件装置如图 3-45 所示，它不仅起推件作用，还起压料作用。由于采用弹性元件，故推件力较小，但推件力均匀，出件平稳，多用于冲压薄板大件以及工件平整度要求较高的模具。

（3）弹性顶件装置 弹性顶件装置如图 3-46 所示，它由顶杆、顶件块和装在下模低下的弹顶器组成。弹顶器可以做成通用的，其弹性元件是弹簧或橡胶。这种结构的顶件力容易调节，工作可靠，冲件平整度较高，常用在正装复合模或冲裁薄板料的落料模中。

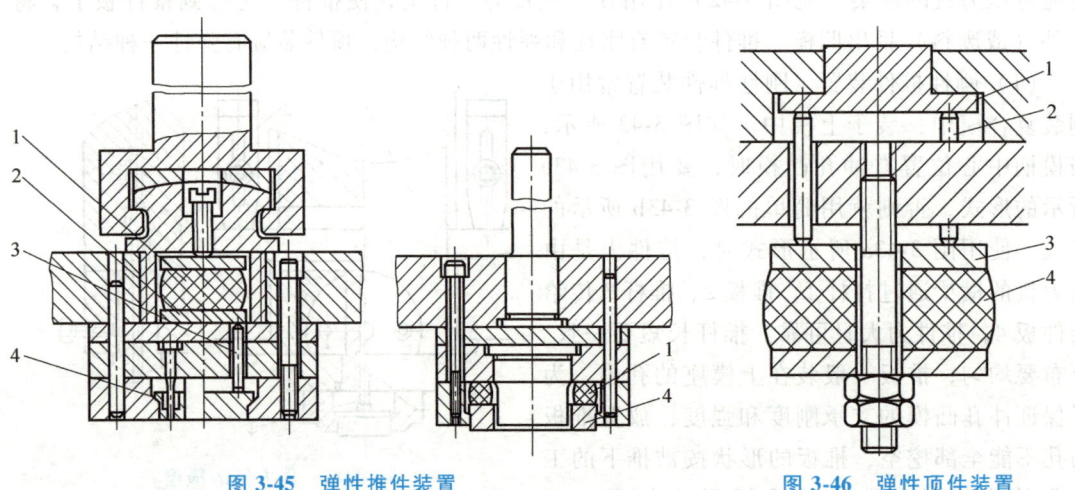

图 3-45 弹性推件装置
1—橡胶 2—推板 3—连接推杆 4—推件块

图 3-46 弹性顶件装置
1—顶件块 2—顶杆 3—托板 4—弹顶器

3. 弹簧与橡胶的选用

弹性卸料、推件与顶件装置中的弹性元件常使用弹簧与橡胶，在选用时必须同时满足冲裁工艺（包括力和行程）和冲模结构的要求。

（1）弹簧的选用　圆柱压缩弹簧都已标准化了。弹簧的主要技术参数是能承受的工作极限负荷 F_j 与其相对应的工作极限负荷下的变形量 L_j。设计模具时，根据所需的卸料力 F_X 或顶件力 F_D 以及所需的最大压缩行程 L_0 来计算 F_j 与 L_j，然后在标准中选用相应规格的弹簧。卸料时弹簧的工作行程与特性曲线如图 3-47 所示。

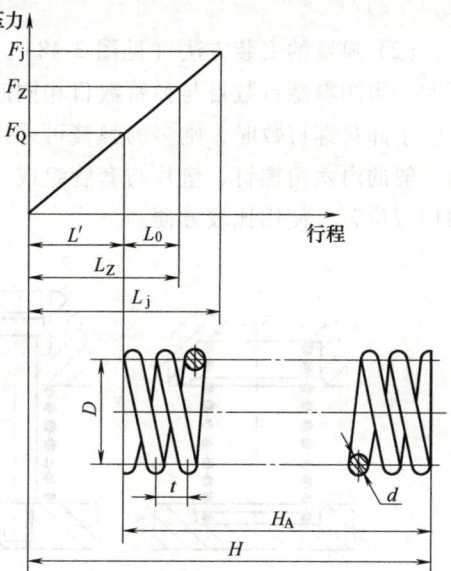

图 3-47　卸料时弹簧的工作行程与特性曲线

选用弹簧的一般步骤如下：

1）根据模具结构与尺寸，确定可装置的弹簧数目 n。

2）根据卸料力 F_X 或顶件力 F_D 和初选的弹簧数目 n，计算每个弹簧的卸料力或顶件力。

$$F_Q = F_X / n$$

3）计算卸料或顶件时所需的最大压缩行程 L_0

$$L_0 = h_1 + t + h_2 + h_3$$

式中，h_1 为卸料板高出凸模端面的高度，一般为 1mm；h_2 为凸模进入凹模的深度，一般为 0.5～1mm；h_3 为凸模的总修磨量，一般为 4～10mm；t 为冲裁件厚度（mm）。

4）计算弹簧工作时的总压缩行程 L_Z 为

$$L_Z = L' + L_0$$

式中，L' 为产生 F_Q 所需的弹簧预压缩量；L_Z 必须不大于弹簧许可的 L_j。

5）计算所需弹簧的工作极限负荷 F_j 与工作极限负荷下的变形量 L_j。

由胡克定律得

$$\frac{F_Q}{L'} = \frac{F_j}{L_j}$$

$$L_Z = L' + L_0 \leq L_j$$

令 $L' = KL_j$，一般 K 取 60% 左右，对于冲裁模，K 可取大些；对于拉深模或弯曲模，K 要取小些。

则

$$\frac{F_Q}{KL_j} = \frac{F_j}{L_j}$$

于是

$$F_j = \frac{F_Q}{K} \tag{3-9}$$

由

$$L' + L_0 = KL_j + L_0 \leq L_j$$

得到

$$L_j \geq \frac{L_0}{1-K} \tag{3-10}$$

由式（3-9）、式（3-10）即可由所需的 F_Q 与 L_0，求出 F_j 与 L_j。

6）根据求出的 F_j 与 L_j 从标准中选择弹簧型号，确定自由高度 H。

7）根据模具结构校核 n 个这样的弹簧是否可以安置，如不合适，则再按上述步骤重选。

8）确定安装高度，即

$$H_A = H - L' \tag{3-11}$$

（2）弹簧的安装方法（见图3-48） 采用图3-48a所示的形式有利于缩短凸模或凹模的高度。当卸料螺钉数目与弹簧数目相同时，常采用图3-48b或图3-48c所示的形式。若弹簧数多于卸料螺钉数时，则多的弹簧可采用图3-48d所示的形式。图3-48c所示的卸料螺钉是由一般的内六角螺钉、垫片与套管组成。当凸模刃口修磨后，只要修磨垫片即可调节卸料板的相应位置，使用比较方便。

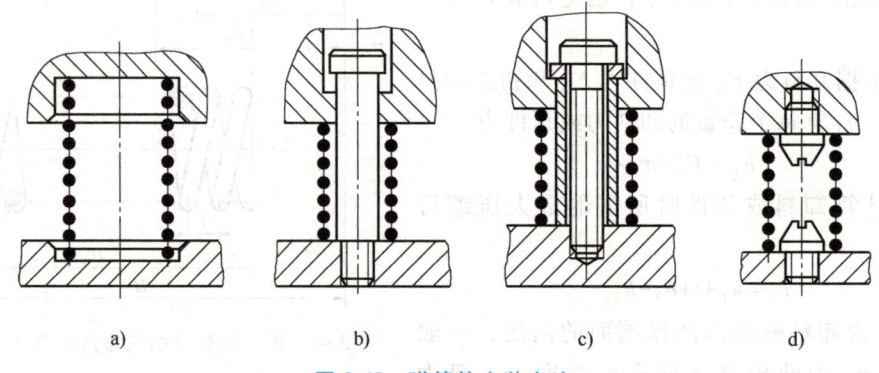

图 3-48 弹簧的安装方法

（3）碟形弹簧的应用 当所需卸料力、顶件力较大时，可采用碟形弹簧，如图3-49所示。碟形弹簧结构紧凑，但压缩量小，对于行程大的模具不宜采用，否则碟形弹簧所需占据的空间高度较大。

（4）橡胶的选用与计算 冲模所用橡胶一般为聚氨酯橡胶（PUR）。该橡胶允许承受的载荷较弹簧大，并且安装调整方便，所以在冲裁模中应用广泛。

图 3-49 碟形弹簧

橡胶在压缩后所产生的压力随橡胶牌号、应变量和形状系数（指橡胶承压面积与自由膨胀面积的比值）而变化。模具上安装橡胶的块数、大小等大多凭经验，但也进行核算。

选择橡胶的步骤如下：

1）根据模具的结构确定橡胶的形状。橡胶常见的形状有矩形、圆筒形和圆柱形，如图3-50所示。卸料所用的橡胶一般为与弹压卸料板形状相同。

2）计算橡胶的截面面积，即

$$A = \frac{F}{p} \tag{3-12}$$

式中，A 为橡胶的截面面积（mm^2）；F 为橡胶所能产生的压力（N），为了满足卸料力的要求，其取值在设计时应大于或等于所需的卸料力；p 为橡胶的单位压力（MPa），与橡胶垫的压缩量、形状及尺寸大小有关，可按图3-50所示的橡胶压缩特性曲线或表3-10来选取。

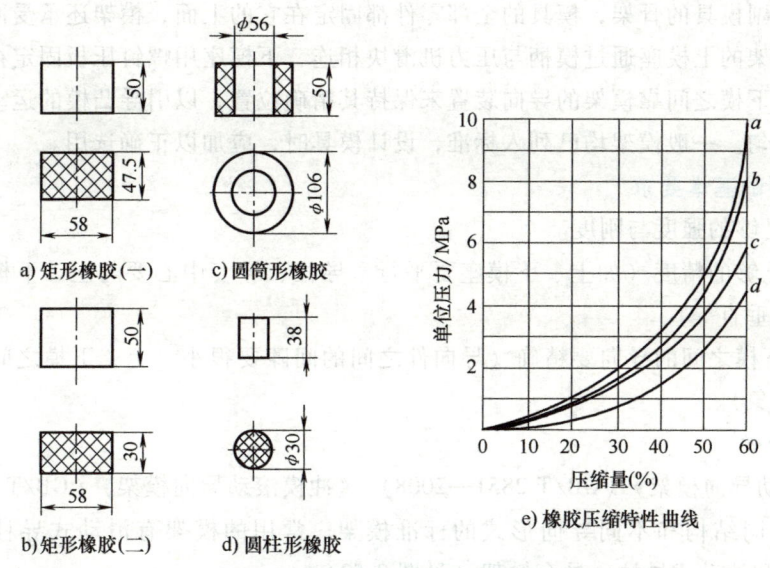

图 3-50 橡胶形状及压缩特性曲线

表 3-10 橡胶压缩量与单位压力

压缩量(%)	10	15	20	25	30	35
单位压力 p(MPa)	0.26	0.50	0.74	1.06	1.52	2.10

3）根据橡胶的形状和截面面积，确定橡胶的截面尺寸。

设计时应先确定穿过凸模、卸料螺钉等孔的形状和尺寸，再用上一步计算所得到的截面面积，算出橡胶的截面外形尺寸。

4）确定橡胶的自由高度 H。为了使橡胶不因多次压缩而损坏，所选橡胶必须满足压缩量的要求，即

$$[h] \geqslant h_0 + h_g + h_m \tag{3-13}$$

式中，$[h]$ 为橡胶的最大允许压缩量（mm），一般取 $[h]$ 为橡胶自由高度 H 的 35%~45%；h_0 为橡胶的预压缩量（mm），一般 h_0 取橡胶自由高度 H 的 10%~15%；h_g 为卸料板的工作行程（mm），一般取 $h_g = t+1$，t 为材料厚度；h_m 为凸模的总修磨量（mm），一般取 $h_m = 4 \sim 10$mm。

将 $[h]$ 和 h_0 与橡胶自由高度 H 的关系代入式（3-13），得

$$H = \frac{h_g + h_m}{0.25 \sim 030} = (3.5 \sim 4)(h_g + h_m) \tag{3-14}$$

5）校核橡胶自由高度 H 与其直径 D 之比，应满足

$$0.5 \leqslant \frac{H}{D} \leqslant 1.5 \tag{3-15}$$

如果该比值超过 1.5，则应将橡胶分成若干层后，在其间垫以钢圈垫；如果小于 0.5，则应重新确定其高度。

九、模架的结构

模架由上模座、下模座、模柄及导向装置（最常用的是导柱、导套）组成。

模架是整副模具的骨架，模具的全部零件都固定在它的上面，模架还承受冲压过程中的全部载荷。模架的上模座通过模柄与压力机滑块相连，下模座用螺钉压板固定在压力机工作台面上。上、下模之间靠模架的导向装置来保持其精确位置，以引导凸模的运动，保证冲裁过程中间隙均匀。一般模架均已列入标准，设计模具时，应加以正确选用。

1. 对模架的基本要求

1）要有足够的强度与刚度。

2）要有足够的精度（如上、下模座要平行，导柱、导套中心要与上、下模座垂直，模柄要与上模座垂直等）。

3）上、下模之间的导向要精确（导向件之间的间隙要很小，上、下模之间的移动应平稳、无滞住现象）。

2. 模架形式

《冲模滑动导向模架》（GB/T 2851—2008）、《冲模滚动导向模架》（GB/T 2852—2008）列出了各种不同结构和不同导向形式的标准模架。常用的模架有滑动式导柱、导套模架（见图 3-51）和滚动式导柱、导套模架（见图 3-52）。

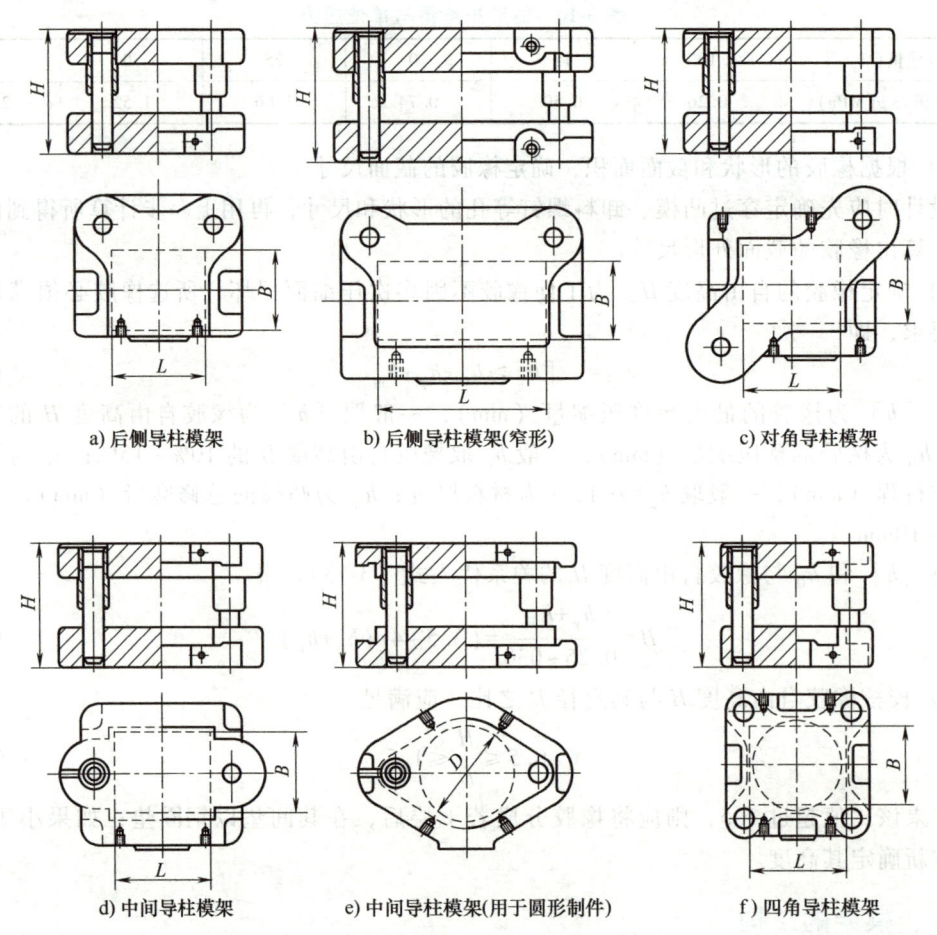

a) 后侧导柱模架　　b) 后侧导柱模架(窄形)　　c) 对角导柱模架

d) 中间导柱模架　　e) 中间导柱模架(用于圆形制件)　　f) 四角导柱模架

图 3-51　滑动式导柱、导套模架

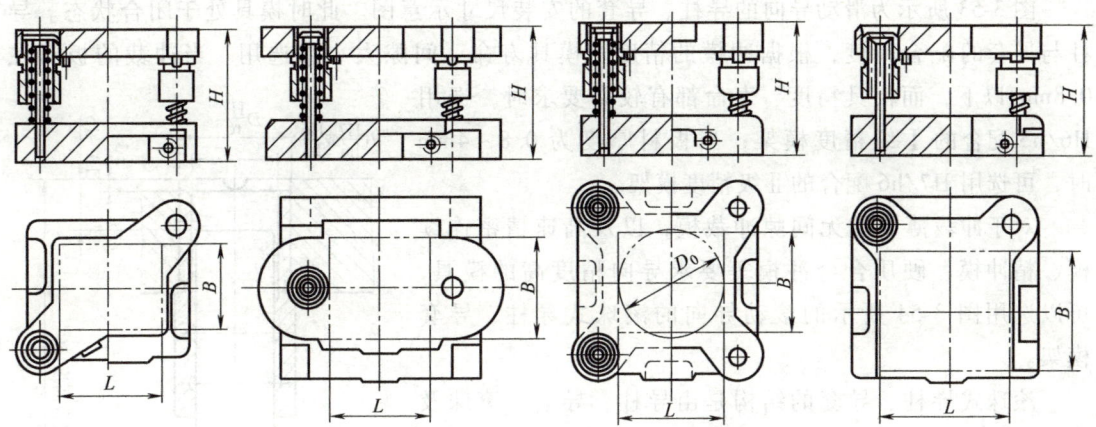

图 3-52 滚动式导柱、导套模架

(1) 后侧导柱模架　图 3-51a、b 所示为后侧导柱模架，图 3-51b 所示为窄形，由于其前面和左右两侧不受限制，送料和操作比较方便，可以纵向、横向送料。但是冲压时如果有偏心载荷，则导柱、导套会单边磨损，故它不能用于模柄与上模座浮动连接的模具。

(2) 对角导柱模架　图 3-51c 所示为对角导柱模架，由于导柱的布置呈中心对称，所以上模座在导柱上滑动平稳，而且纵向、横向都能送料。从安全角度考虑，在操作者右手边的那个导柱应设置在后面。对角导柱模架的两个导柱间的距离较远，在导柱、导套间同样间隙的条件下，这种模架的导向精度较高。

(3) 中间导柱模架　图 3-51d、e 所示为中间导柱模架，图 3-51e 用于圆形制件的模具中。中间导柱模架的两个导柱呈左、右对称分布，受力均衡，所以导柱、导套磨损均匀，导向精度较高。但是只能沿前后一个方向送料。

(4) 四角导柱模架　图 3-51f 所示为四角导柱模架，它具有四个呈四角分布的导柱、导套，冲裁时受力均匀，导向的精度与刚度都较好，适用于大型冲模。

图 3-52 所示为滚动式导柱、导套模架，其导向精度高，使用寿命长，主要用于高精度、长使用寿命的精密模具及薄材料的冲裁模具。

上、下模座是模具的基础零件，设计时必须保证其有足够的强度和刚度，尺寸规格也应满足一定的要求。为了便于安装固定，对于圆形模座，其外径应比圆形凹模直径大 30~70mm，矩形模座的长度应比凹模的长度长 40~70mm，其宽度可以略大于或等于凹模的宽度。模座的厚度可参照凹模板厚度估算，通常为凹模板厚度的 1.0~1.5 倍，以保证足够的强度和刚度。下模座的最小轮廓尺寸，应比压力机工作台漏料孔尺寸至少要大 40~50mm（每边）。模架大小的规格可直接根据凹模的周界尺寸从标准中选取。

3. 导柱与导套

导柱与导套的结构及尺寸都可直接在标准中选取。在选用时要注意导柱的长度应保证冲模在最低工作位置时，导柱上端面与上模座顶面距离不小于 15mm（考虑到模具修磨后其闭合高度将减小），而下模座底面与导柱底面的距离应为 2~3mm。

图 3-53 所示为滑动导向的导柱、导套的安装尺寸示意图。此时模具处于闭合状态。导柱与导套的配合精度,根据冲模的精度、模具寿命、间隙大小来选用。当冲裁的板料在 0.8mm 以下,而模具精度、寿命都有较高要求时,选用 H6/h5 配合的 Ⅰ 级精度模架;当板料厚度为 0.8~4mm 时,可选用 H7/h6 配合的 Ⅱ 级精度模架。

对于冲裁薄料的无间隙冲裁模,以及高速精密连续模、精冲模、硬质合金冲模等要求导向精度高的模具,可以选用图 3-54 所示的滚动导向的滚珠式导柱、导套模架。

滚珠式导柱、导套的结构是由导柱、导套、滚珠及保持圈等组成。为提高模具的导向精度,滚珠与导柱、导套之间不仅无间隙,而且有 0.01~0.02mm 的过盈量,即

$$D_{导套} = d_{导柱} + 2d_{滚珠} - (0.01 \sim 0.02)\,\text{mm} \quad (3\text{-}16)$$

式中,$D_{导套}$ 为导套内径(mm);$d_{导柱}$ 为导柱直径(mm);$d_{滚珠}$ 为滚珠直径(mm)。

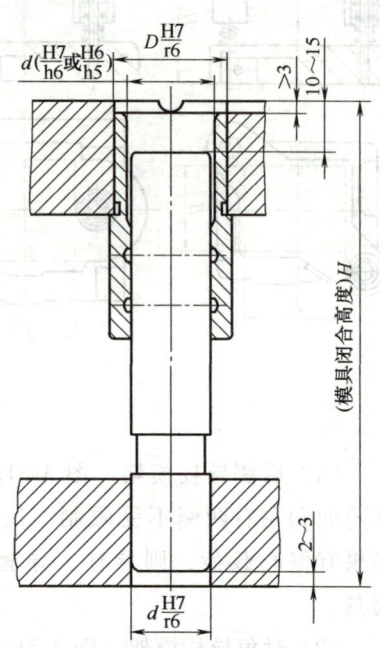

图 3-53 滑动导向的导柱、导套的安装尺寸示意图

为了提高导向的刚性,滚珠尺寸必须严格控制,以保证接触均匀。滚珠直径一般为 3~5mm,其直径公差不超过 0.002~0.003mm,圆度不超过 0.0015mm。滚珠在保持圈内应以等间距平行倾斜排列,其倾斜角 α 一般取 8°,以增加滚珠与导柱、导套的接触线,使滚珠运动的轨迹互不重合,从而可以减少磨损。

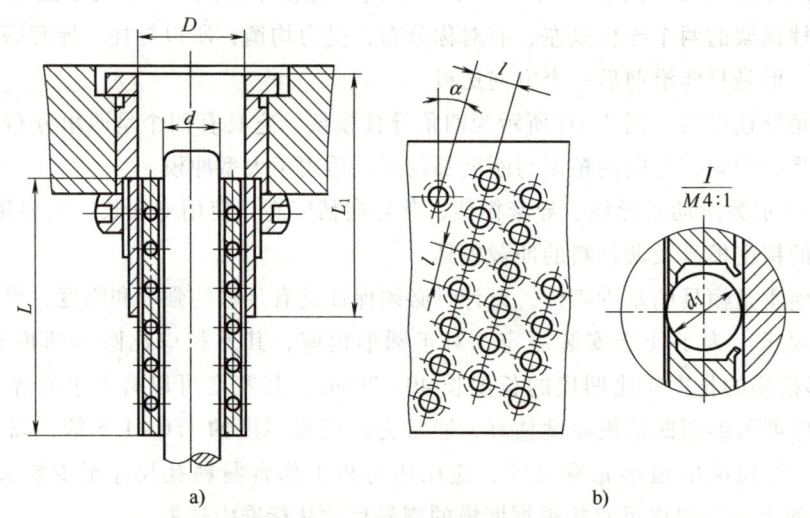

图 3-54 滚动导向的滚珠式导柱、导套模架

导柱、导套一般选用 20 钢制造,为增加表面的硬度和耐磨性,采用渗碳淬火处理。硬度为 58~62HRC。淬硬后磨削表面,工作表面的表面粗糙度值为 $Ra0.20~0.10\mu m$。滚珠保持圈的材料为铝合金 2A11 或黄铜 H62。

4. 模柄

中小型模具都是通过模柄固定在压力机滑块上的。对于大型模具则可用螺钉、压板直接将上模座固定在滑块上。

模柄有刚性与浮动两大类。刚件模柄与上模座是刚性连接，不能发生相对运动；浮动模柄相对于上模座能做微小的摆动。采用浮动模柄后，压力机滑块的运动误差不会影响上、下模的导向，且导柱与导套不能脱离。

图 3-55 所示为各种形式的模柄。图 3-55a 所示为旋入式模柄，它通过螺纹与上模座连接，骑缝螺钉用于防止模柄转动。这种模具拆装方便，但模柄轴线与上模座的垂直度较差，多用于有导柱的中、小型冲模。图 3-55b 所示为压入式模柄，它与模座孔采用过渡配合 H7/m6，并加骑缝销，用于防止模柄转动，这种模柄可较好地保证轴线与上模座的垂直度，适用于各种中、小型冲模，生产中最为常见。图 3-55c 所示为凸缘式模柄，其凸缘与上模座的沉孔采用 H7/js6 过渡配合，将其用 3~4 个内六角螺钉紧固在上模座上，多用于大型的模具或上模座中开设推板孔的中、小型模具。图 3-55d、e 所示为通用模柄和槽型模柄，其优点是凸模更换方便，均用于直接固定凸模，主要用于简单模和弯曲模中。图 3-55f 所示为浮动式模柄，主要特点是压力机的压力通过凹球面模柄和凸球面垫块传递到上模，以消除压力机导向误差对模具导向精度的影响，主要用于硬质合金模等精密导柱模。图 3-55g 所示为推入式活动模柄，活动模柄 1 与固定模柄 3 之间加一凹球面垫块 2，使模柄与上模座采用浮动连接，避免了压力机滑块由于导向精度不高对模具导向装置的不利影响，主要用于精密模具上。

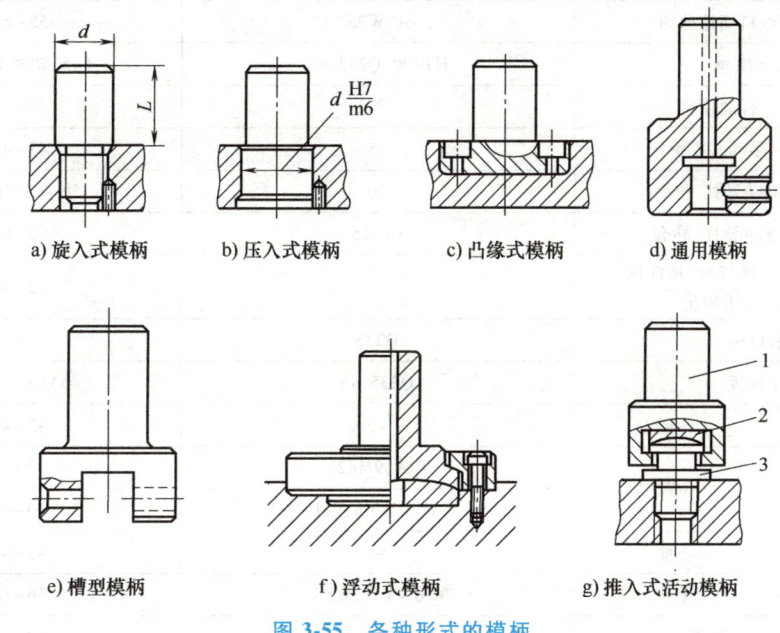

图 3-55　各种形式的模柄

1—活动模柄　2—凹球面垫块　3—固定模柄

十、冲裁模零件的材料

常用的冲裁模零件的材料及其热处理要求见表 3-11。

表 3-11 常用的冲裁模零件的材料及其热处理要求

零件名称		材料	热处理硬度 HRC	
			凸模	凹模
冲裁模的凸模、凹模、凸凹模及其镶块	$t \leqslant 3mm$, 形状简单	T10A、9Mn2V	58~60	60~62
	$t \leqslant 3mm$, 形状复杂	CrWMn、Cr12、Cr12MoV、Cr6WV	58~60	60~62
	$t > 3mm$, 高强度材料冲裁	Cr6WV、CrWMn、9CrSi、	54~56	56~58
		65Cr4W3Mo2VNb(65Nb)	56~58	58~60
	硅钢板冲裁	Cr12MoV、Cr4W2MoV、	60~62	61~63
		CT35、CT33、TLMW50	66~68	66~68
		YG15、YG20	—	—
	特大批量($t \leqslant 2mm$)	CT35、CT33、TLMW50	66~68	66~68
		YG15、YG20		
	细长凸模	T10A、CrWMn、	56~60, 尾部回火 40~50	
		Cr12、Cr12MoV、9Mn2V	59~62, 尾部回火 40~50	
	精密冲裁	Cr12MoV、W18Cr4V	58~60	62~64
	大型模镶块	T10A、9Mn2V	58~60	
		Cr12MoV	60~62	
	加热冲裁	3Cr2W8V、5CrNiMo6Cr4Mo	48~52	
		3Ni2WV(GG-2)	51~53	
	棒料高速剪切	6CrW2Si	55~58	
上、下模座		HT400、Q235、45	(45)调质 24~32	
模柄	普通模柄	Q235	—	
	浮动式模柄	45	43~48	
导柱、导套	滑动导柱、导套	20	56~62(渗碳)	
	滚动导柱、导套	GCr15	62~66	
固定板、卸料板、推件板、顶件板、侧压板、始用挡块		45	43~48	
承料板		Q235	—	
导料板		Q235、45	(45)调质 28~32	
垫板	一般	45	43~48	
	重载	T7A、9Mn2V	52~55	
		Cr6WV、CrWMn、Cr12MoV	60~62	
顶杆、推杆、拉杆、打棒	一般	45	43~48	
	重载	Cr6WV、CrWMn	56~60	
挡料销、导料销		45	43~48	
导正销		T10A	50~54	
		9Mn2V、Cr12	52~56	
侧刃		T10A、Cr6WV	58~60	
		9Mn2V、Cr12	58~62	

(续)

零件名称	材料	热处理硬度 HRC	
		凸模	凹模
废料切刀	T8A、T10A、9Mn2V	58~60	
侧刃挡块	45	43~48	
	T8A、T10A、9Mn2V	58~60	
斜楔、滑块、导向块	T8A、T10A、Cr6WV、CrWMn	58~62	
限位块(圈)	45	43~48	
锥面压圈、凸球面垫块	45	43~48	
支承块、支承圈	Q235	—	
钢球保持圈	2A11、H62	—	
弹簧、簧片	65Mn、60Si2Mn	42~46	
扭簧	65Mn	44~50	
销钉	45	43~48	
	T7A	50~55	
螺钉、卸料螺钉	45	35~40	
螺母、垫圈、压圈	Q235	—	

任务实施

针对任务二中的托板零件（见图 2-1），需完成以下相关任务：
1) 确定其凸模、凹模的形状和尺寸。
2) 画出该零件的冲模结构图。
具体步骤如下：

1. 凹模外形尺寸的确定

凹模厚度 H 的确定，按经验公式计算，即

$$H = Kb \ (H \geqslant 15\text{mm})$$

式中，b 为最大型孔的宽度尺寸，取 $b=58\text{mm}$；K 为系数，查表 3-4，取 $K=0.28$，则

$$H = 0.28 \times 58\text{mm} = 16.24\text{mm}$$

查表 3-5，确定凹模厚度 $H=25\text{mm}$。

凹模长度 L 的确定，由 $t=2\text{mm}$，冲件 $b=58\text{mm}$，得 $c=34\text{mm}$，则

$$L = b+2c = 58\text{mm}+2\times34\text{mm} = 126\text{mm}$$

凹模宽度 B 的确定，根据

$$B = A + \text{工件宽} + 2c$$

由式（2-23）步距 $A = D+a = 30\text{mm}+2\text{mm} = 32\text{mm}$，工件宽 $=30\text{mm}$，得

$$B = 32\text{mm}+30\text{mm}+2\times34\text{mm} = 130\text{mm}$$

依据设计尺寸，按冲模标准确定凹模外形尺寸（长×宽×高）为 140mm×125mm×25mm

2. 凸模长度 L 的确定

已知，凸模固定板厚 $h_1 = 18$mm，卸料板厚 $h_2 = 12$mm，导料板厚 $h_3 = 8$mm，凸模修磨量 $A = 20$mm，由式（3-1）计算凸模长度

$$L = h_1 + h_2 + h_3 + A = 18\text{mm} + 12\text{mm} + 8\text{mm} + 20\text{mm} = 58\text{mm}$$

选用冲床的公称压力，应大于计算出的总压力 $P_0 = 186.4$kN（在任务二的工作任务实施中求得）；最大闭合高度应大于（冲模闭合高度+5mm）；工作台台面尺寸应能满足模具的安装尺寸要求。按上述要求，结合工厂实际，初选 J23-25 开式可倾压力机，其装模高度为 110~180mm。

3. UG NX 级进模向导 PDW（Progressive Die Wizard）设计托板冲裁模步骤

1）启动 UG NX 和 PDW。打开 UG NX，从菜单栏选择"启动"→"所有应用模块"→"级进模向导"，如图 3-56 所示，完成 PDW 模块调用。

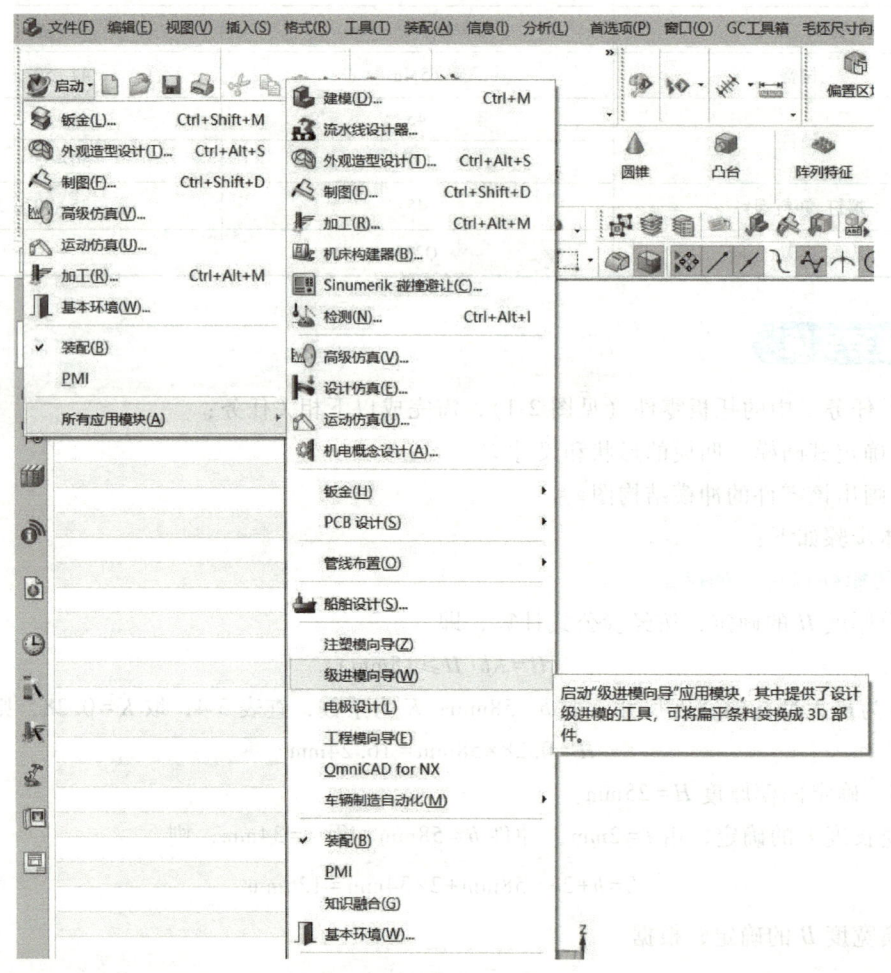

图 3-56 调用 PDW 模块

2）PDW 创建排样图。在"级进模向导"工具条中依次单击"初始化项目""毛坯生成器""毛坯布局""废料设计"及"条料排样"按钮，如图 3-57 所示，按命令提示完成冲裁条料排样。

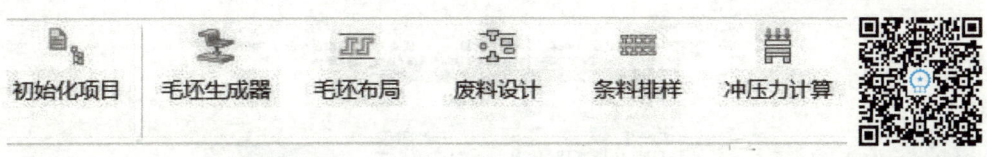

图 3-57 "级进模向导"工具条命令

3-1 排样

3)调用模架。UG NX 的模具设计命令用于创建模架部件,并将库中的模板等零件插入到 PDW 工程中。单击工具条中的"模架"按钮,弹出图 3-58 所示"管理模架"对话框。在"目录"中,提供了模架类型可供选用,在"信息"对话框中可看出各字母代表模具零件的名称及含义,在"详细信息"中,可修改各参数数值,通过"到模架边缘的距离"确定模架安放位置。

3-2 模架

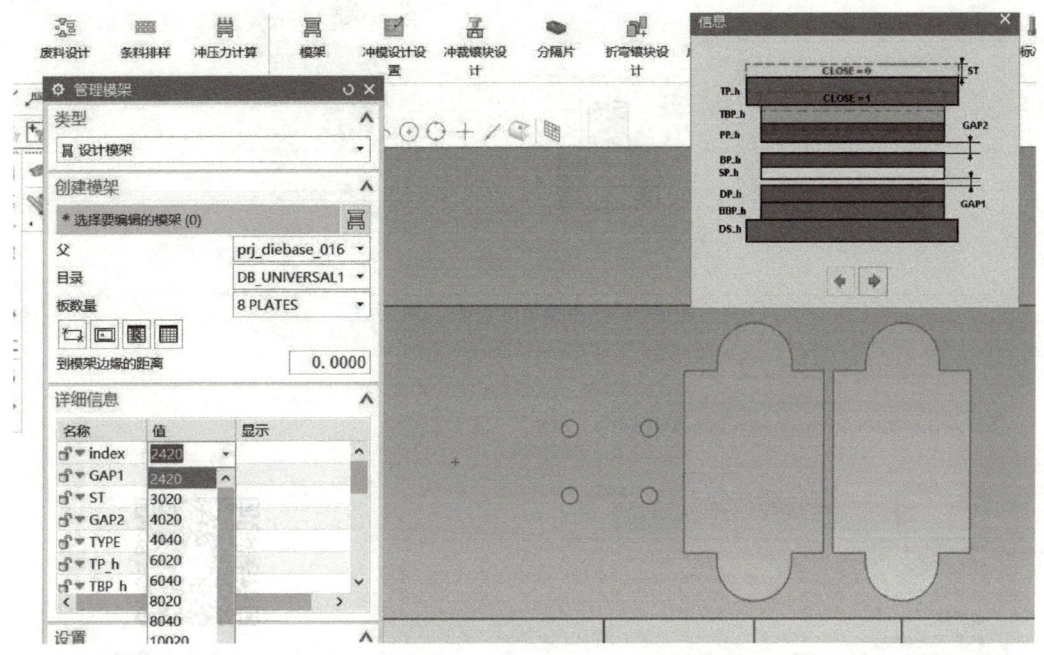

图 3-58 "管理模架"对话框

4)冲模设计设置。级进模向导工具条上的"冲模设计设置"按钮,用于设置冲裁间隙、闭合高度、冲头深入凹模的距离。"冲模设计设置"对话框如图 3-59 所示。这里设置的参数将会影响到所有的冲头,可以在创建冲头时,使用间隙设置选项单独设置某个冲头的间隙。

3-3 冲模设计设置

5)冲裁镶块设计。级进模向导工具条上的"冲裁镶块设计"按钮,可以用于设计冲裁凸模,带有恒定或可变间隙的凹模和型腔/废料孔,定义重复冲裁镶块的阵列,以及管理设计关联。在"冲裁镶块设计"对话框(见图 3-60)中,依次选择"凹模镶块""凹模型腔废料孔""凸模镶块"类型,完成托板冲孔凸模、落料凸模、凹模等模具零件创建。其中,凹模板中包括冲孔凹模镶块、落料凹模镶块,由于本例中的制件简单,可以利用工具条上的"腔体设计"命令,从凹模板上开腔除去冲孔凹模镶块假体、

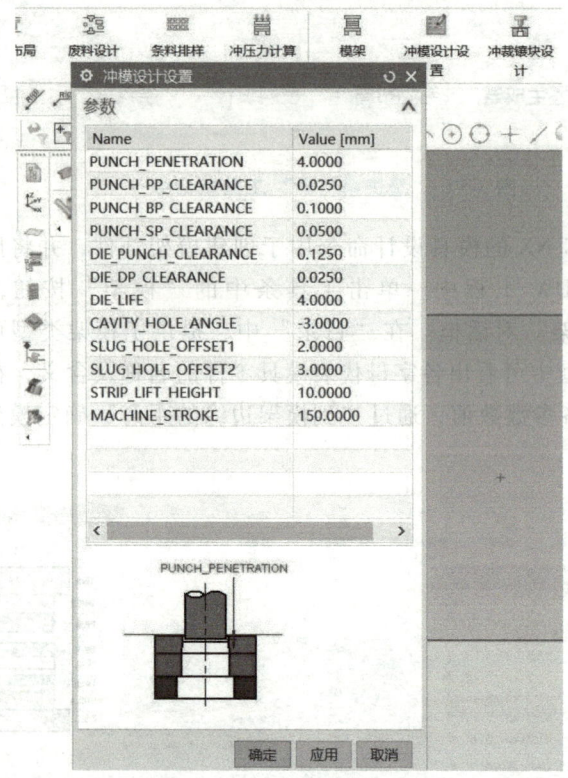

图 3-59 "冲模设计设置"对话框

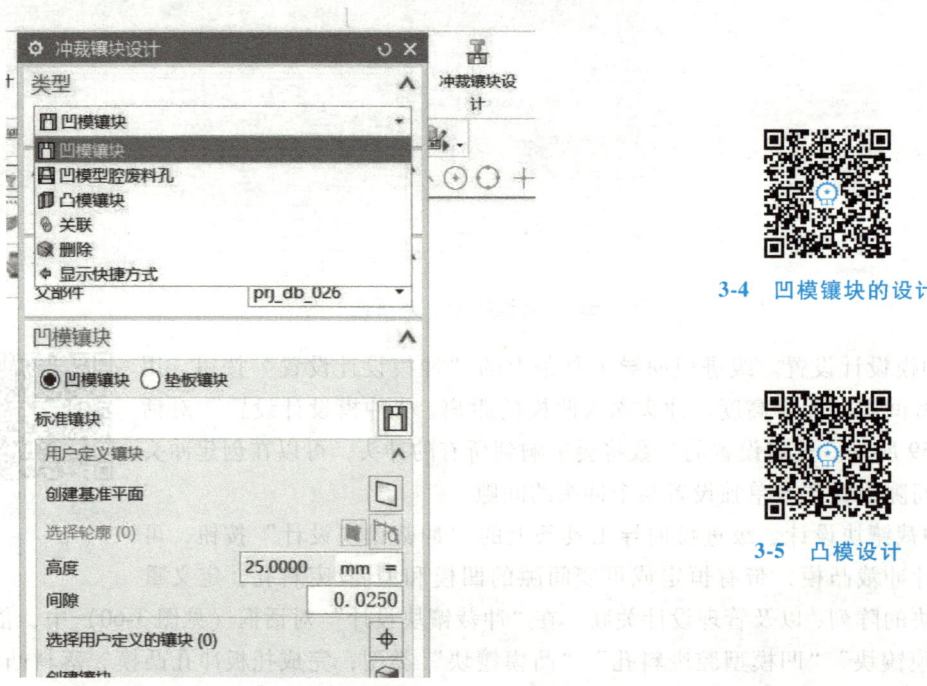

图 3-60 "冲裁镶块设计"对话框

3-4 凹模镶块的设计

3-5 凸模设计

落料凹模镶块假体,隐藏或移除冲孔凹模镶块、落料凹模镶块,使凹模板成为具有冲孔、落料型孔的整体结构零件。

6)标准件创建。级进模向导 PDW 中提供了多种标准件可供使用,如螺钉、销钉、导料板、卸料螺钉等,用户可以定制自己的标准件库以便满足使用要求。

点击工具条中的"标准件"按钮,进入"重用库",重用库中提供了工业用品主流公司的标准件,如 MISUMI、FUTABA 公司及通用标准件等,选定标准件名称后,可在"成员选择""对象""信息"中查看具体标准件结构特征,在"标准件管理"对话框的"详细信息"中修改具体参数,如图 3-61 所示。托板标准件调用的步骤包括上模螺钉调用、上模销钉调用、卸料螺钉调用、弹簧调用、下模螺钉调用、下模销钉调用、导套导柱、导料板、模柄创建等。

3-6 导正销的创建+开腔

3-7 上模螺钉销钉的创建

3-8 卸料螺钉的创建

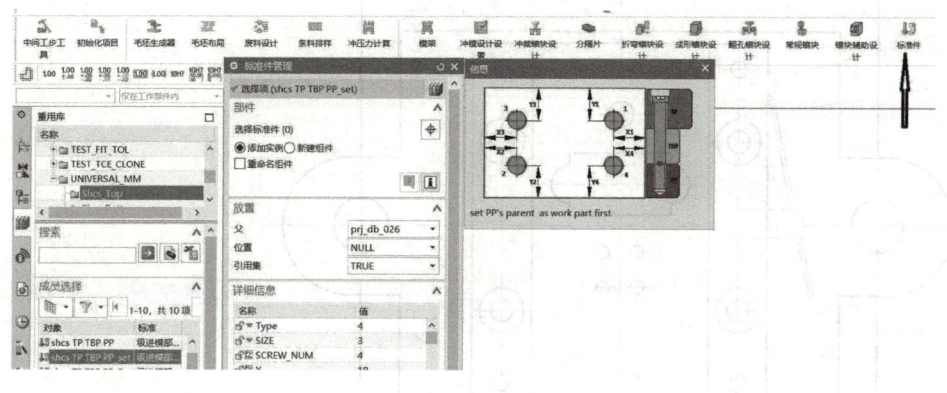

图 3-61 标准件创建

3-9 下模螺钉的创建+开腔

3-10 导套的创建

3-11 导料板的创建

3-12 模柄的创建

4. 设计并绘制总装图

按已确定的模具形式及凹模周界,即 $L=140mm$、$B=125mm$、$H=25mm$,从冲模标准手册中,根据《冲模滑动导向模架》(GB/T 2851—2008)选取标准模架。Ⅰ级精度的中间导柱模架标记为:滑动导向模架 中间导柱 140×125×190~225 Ⅰ GB/T 2851—2008。模具总装图如图 3-62 所示。

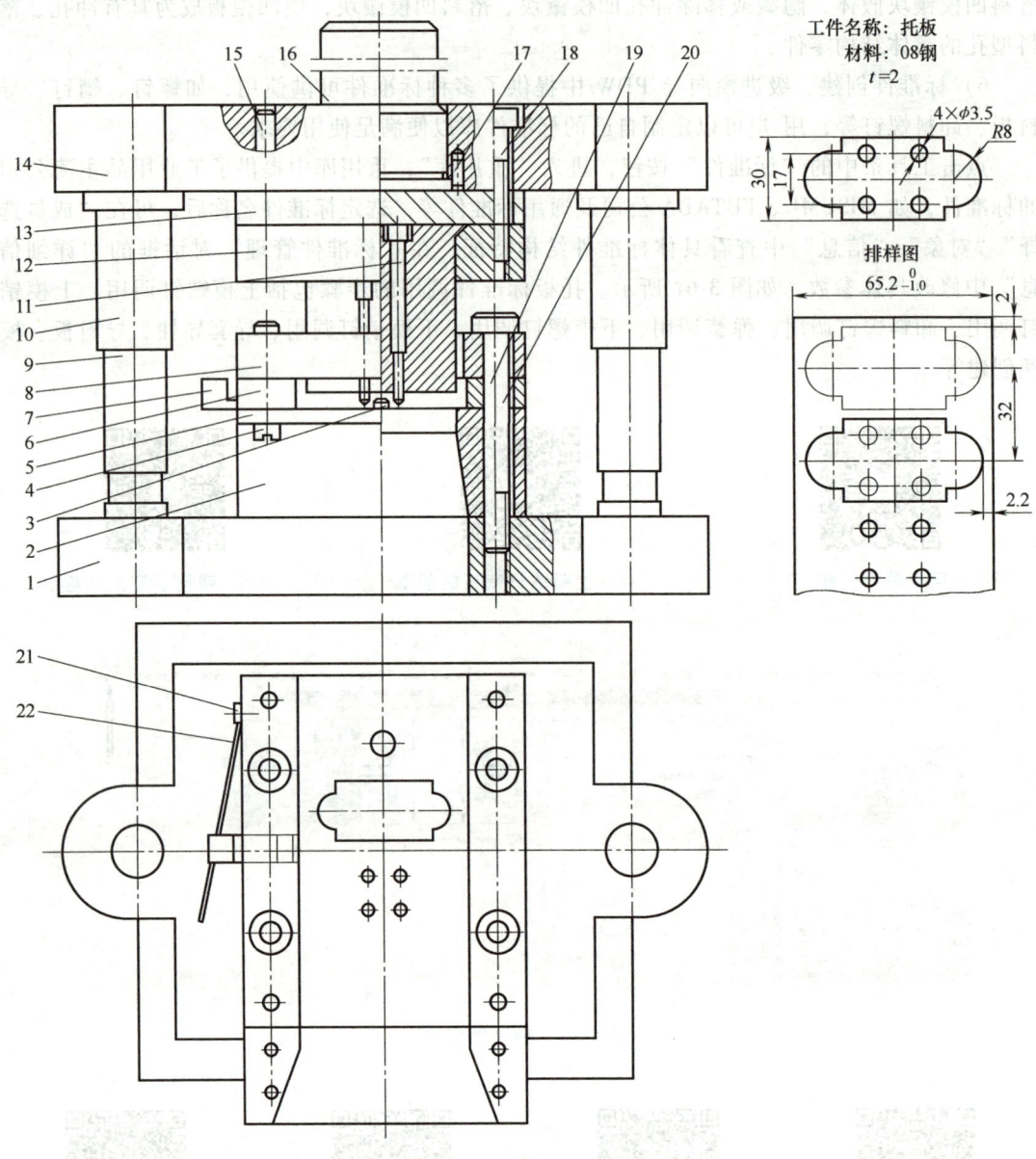

图 3-62 模具总装图

1—下模座 2—凹模 3—挡料销 4、18、20、21—螺钉 5—承料板 6—导料板 7—始用挡料销
8—卸料板 9—导柱 10—导套 11—导正销 12—凸模固定板 13—垫板 14—上模座
15—圆柱销 16—模柄 17—止转销 19—圆柱销 22—弹簧片

5. 校核冲压设备的基本参数

1)模具闭合高度校核,即

$$H_{闭} = H_{上} + H_{下} + H_{凹} + H_{凸} + H_{垫} - 2\text{mm} = 35\text{mm} + 40\text{mm} + 25\text{mm} + 58\text{mm} + 8\text{mm} - 2\text{mm} = 164\text{mm}$$

冲床的最大装模高度为180mm,最小装模高度110mm,符合装模高度要求。

2)冲裁所需总压力 $P_0 = 186.4\text{kN}$,冲床的公称压力 $P = 250\text{kN}$,即 $P_0 < P$,满足生产要求。

3)模具最大安装尺寸(长×宽)为294mm×130mm,冲床工作台台面尺寸(长×宽)为

560mm×370mm，能满足模具的正确安装。

6. 绘制模具零件图

模具零件图包括上模座、下模座、落料凸模、冲孔凸模、落料凹模、凸模固定板、垫板、卸料板、模柄、导套及导柱等，如图 3-63~图 3-73 所示。

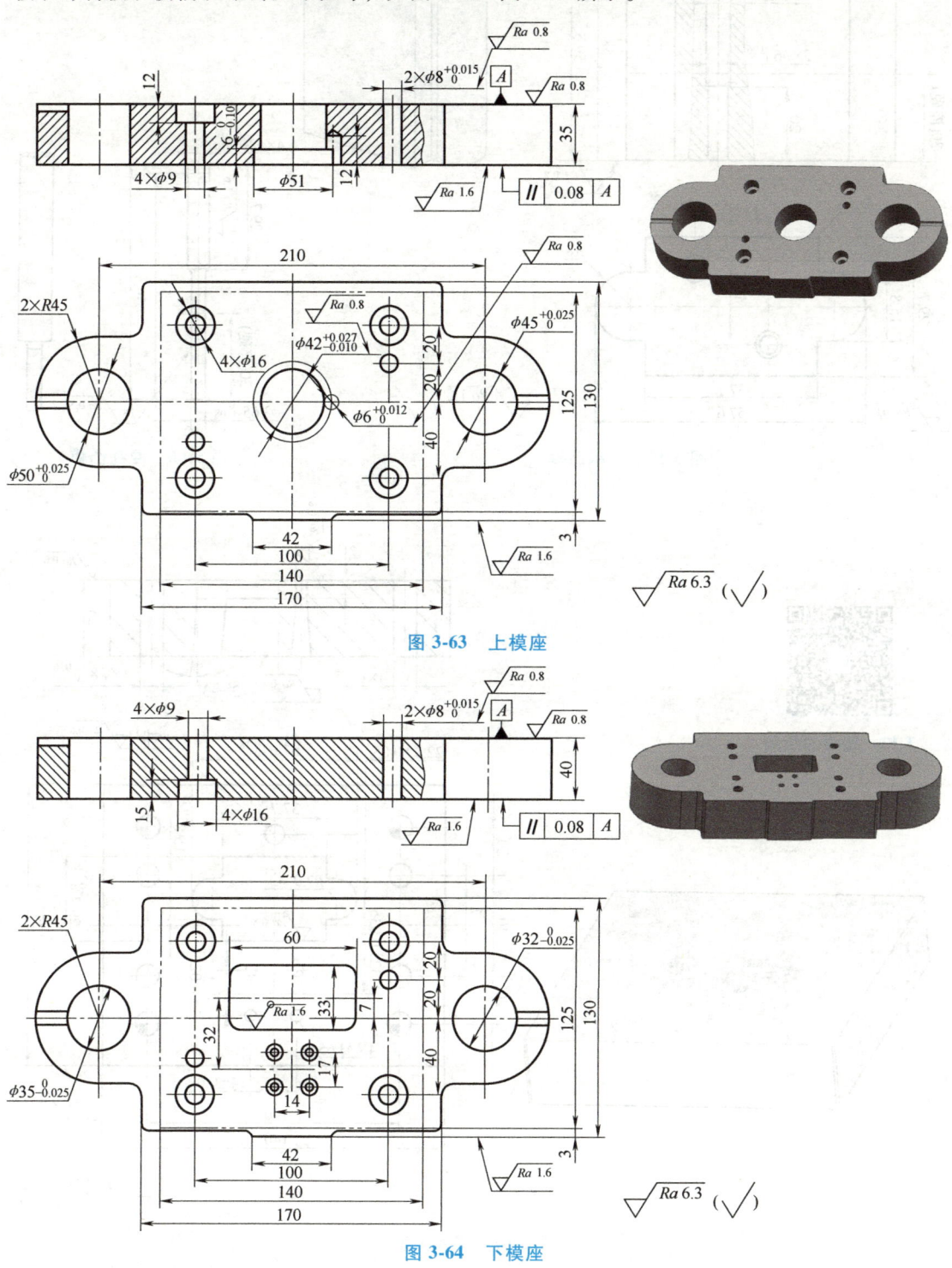

图 3-63　上模座

图 3-64　下模座

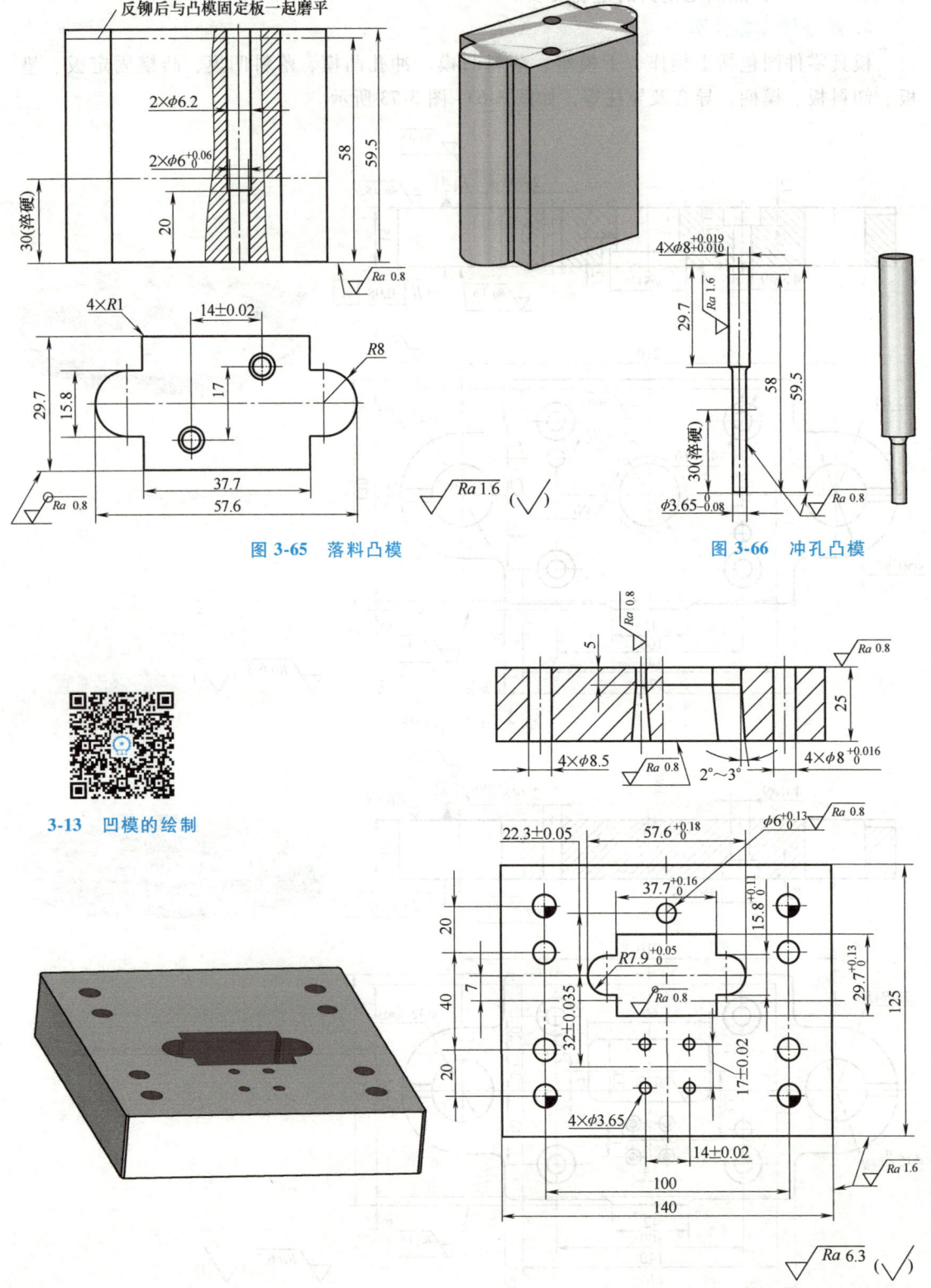

图 3-65 落料凸模

图 3-66 冲孔凸模

3-13 凹模的绘制

图 3-67 落料凹模

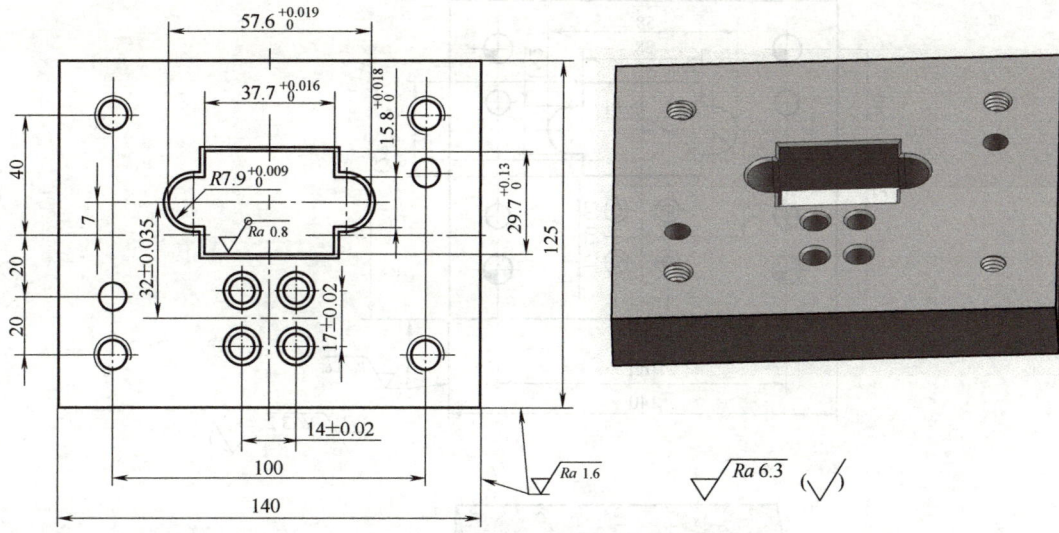

图 3-68 凸模固定板

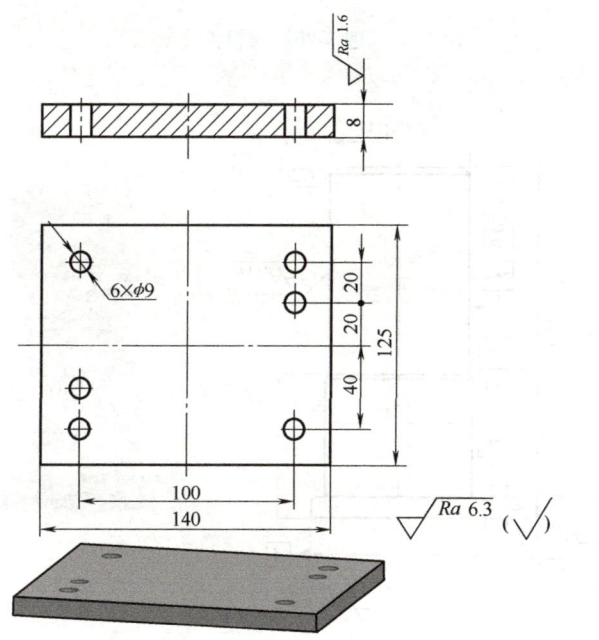

图 3-69 垫板

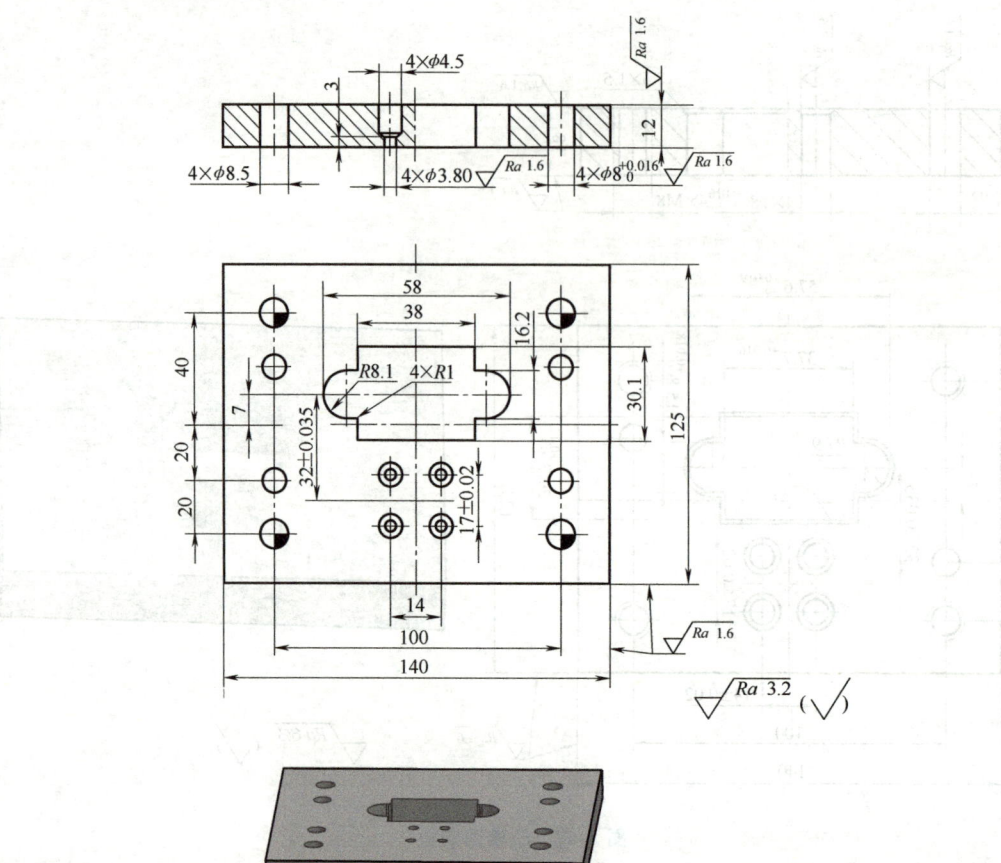

图 3-70　卸料板

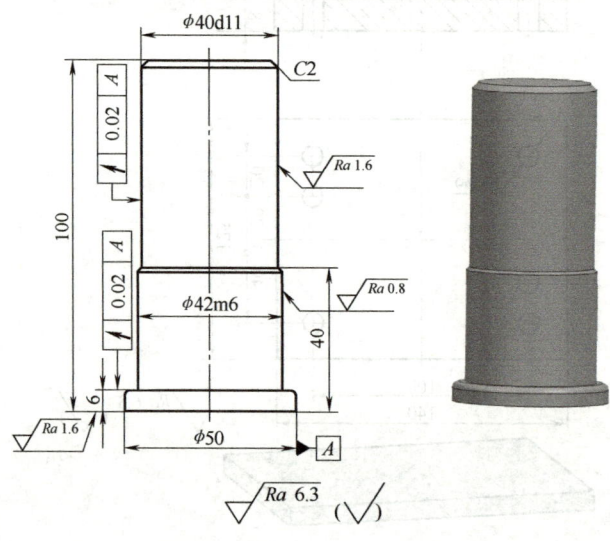

图 3-71　模柄

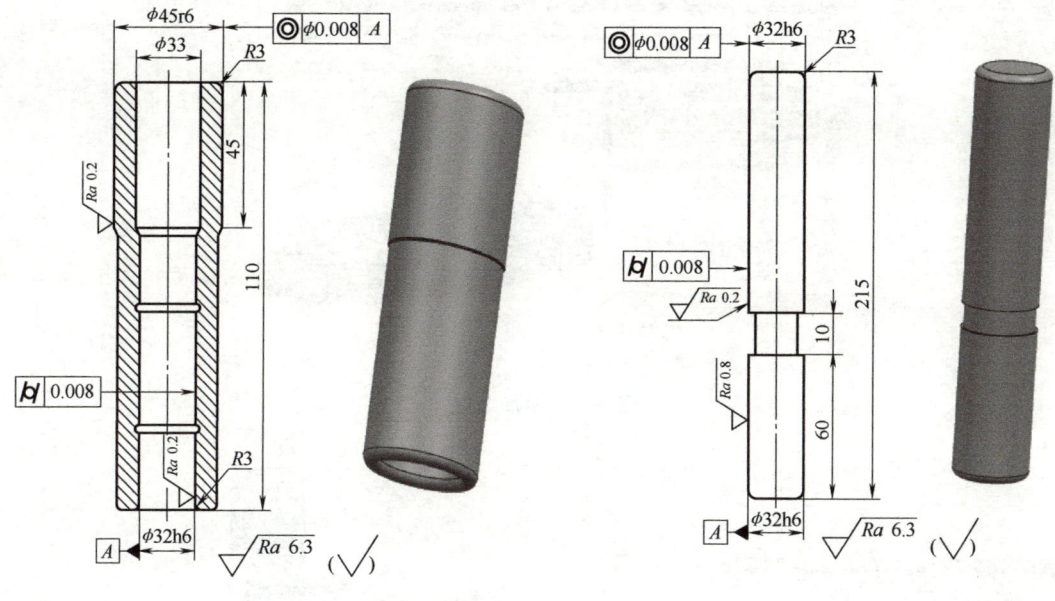

图 3-72　导套　　　　　　　　　　　　图 3-73　导柱

7. 采用 UG NX 自底向上装配模具法

UG NX 设计模具的方法有多种，企业中常采用外挂辅助快速实现模具设计。本任务实施采用两种方法，一种是利用 PDW 实现模具设计（见上面所述）；另一种是无外挂时，采用传统模具设计方法，即借助 UG NX 绘制装配体中所有模具零件，然后用自底向上装配方式完成模具设计（此过程，微课视频绘制一个凹模工作零件，其余模具零件自行绘制，并保存在同一个文件夹下）。

1）装配上模。新建一个装配类型的文件，如图 3-74 所示，点击确定后，跳出"添加组件"对话框，选择上模座，并设为固定，确定退出命令。继续选择装配模块下的添加组件（见图 3-75），选择添加垫板（见图 3-76），通过装配约束，完成垫板和上模座装配（装配约束时，注意选组件的顺序，如此次步骤先选垫板再选上模座）。重复上述步骤，完成上模部分凸模固定板、落料凸模、冲孔凸模、导套、模柄等零件的装配，装配结果如图 3-77 所示。

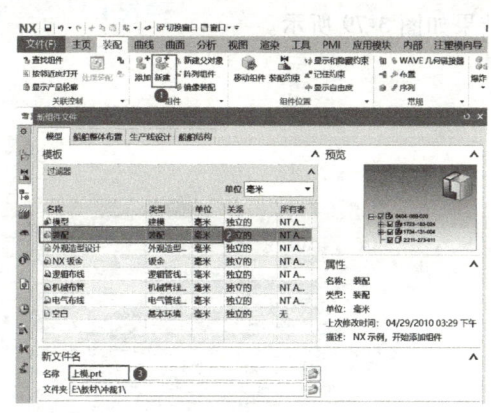

图 3-74　新建装配文件

3-14　上模装配 1

3-15　上模装配 2

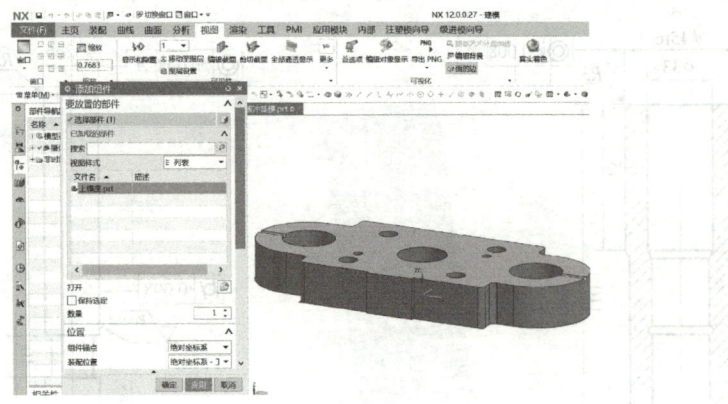

图 3-75 添加组件

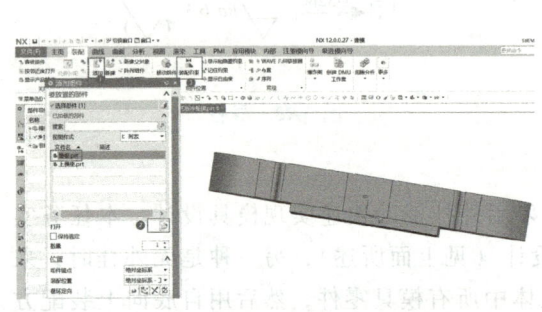

图 3-76 添加垫板

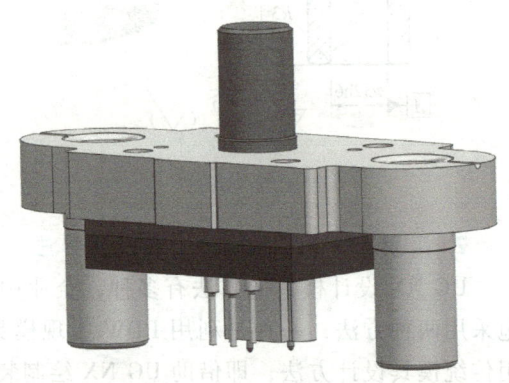

图 3-77 上模装配

2) 装配下模。新建一个装配类型的文件,"名称"设为"下模",点击确定后,跳出"添加组件"对话框,选取"下模座",并设为"固定"。选择"添加组件"命令,在"添加组件"对话框选取"凹模"组件,点击"确定"。选择"装配约束"命令,在"装配约束"对话框中"约束类型"选接触对齐,"方位"依次选取"自动判断中心/轴""接触",如图 3-78 所示,完成凹模装配。同理,完成其他模具零件的下模装配。下模装配结果如图 3-79 所示。

3-16 下模装配 1　　3-17 下模装配 2

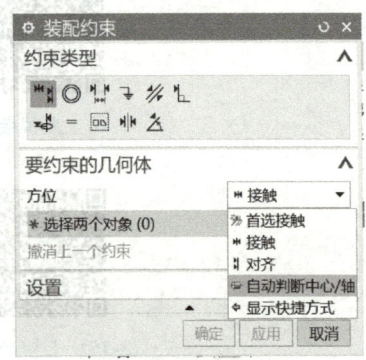

图 3-78 装配约束

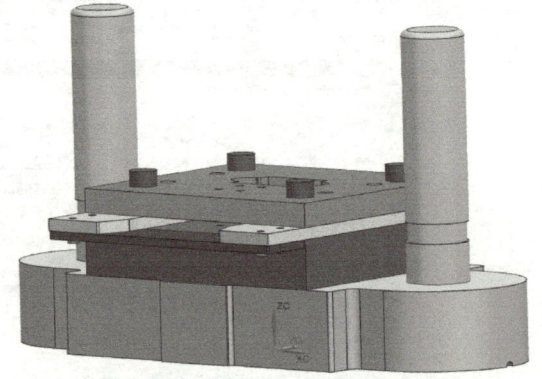

图 3-79 下模装配

3）装配上下模。新建一个装配类型的文件，"名称"设为"托板冲裁总装模"，点击确定后，跳出"添加组件"对话框，选取装配文件"下模"，并设为"固定"。选择"添加组件"命令，在"添加组件"对话框选取"上模"组件，点击"确定"。选择"装配约束"命令，在"装配约束"对话框中"约束类型"选接触对齐，"方位"选取"自动判断中心/轴"，分别捕捉上模导套中心轴线、下模导柱中心轴线；继续"方位"选取"距离"，分别捕捉上模座顶面、下模座底面，距离设置为220，完成总装模装配，如图3-80所示。

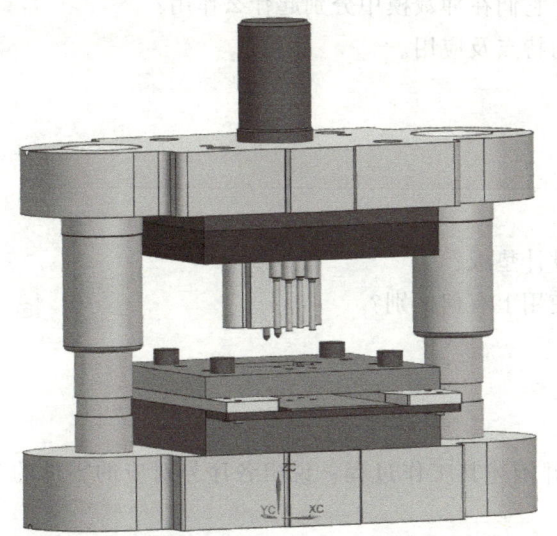

3-18 上下模装配

3-19 冲裁仿真

图 3-80 托板冲裁总装配

思考与练习

一、填空题

1. 按工序组合程度分，冲裁模可分为_____、_____和_____等几种。

2. 冲裁模具零件可分为_____和_____。

3. 级进模中，典型的定位结构有_____、_____、_____和_____等。

4. 按照落料凹模的位置不同，复合模分为_____和_____两种。

5. 凸模的结构型式，按其断面形状分为_____、_____，按刃口形式分为_____、_____等。

6. 全部为冲裁工步的级进模，一般是先_____后_____。先冲出的孔可作为后续工位的_____，若该孔不适合_____或定位要求较高时，则应冲出_____。

7. 凹模的类型很多，按外形分为_____、方形或_____，按结构分为_____和_____，按刃口形式分为_____和_____。

8. 当卸料板仅起卸料作用时，凸模与卸料板的双边间隙取决于_____，一般在_____之间，板料薄的取_____值，板料厚的取_____值。当卸料板兼起导板作用时，一般按_____配合制造，但应保证导板与凸模之间间隙_____凸模、凹模之间间隙，

113

以保证_____的正确配合。

9. 使用导正销的目的是消除_____和_____或_____等粗定位的误差。导正销通常与_____配合使用，也可以与_____配合使用。

10. 定位板和定位销是作为_____或_____的定位件，其定位方式有_____和_____两种。

二、简答题

1. 冲裁模一般是由哪几个部分组成的？它们在冲裁模中分别起什么作用？
2. 试比较单工序模、连续模和复合模的特点及应用。
3. 怎样确定冲裁模的工序组合方式？
4. 怎样选择凸模材料？
5. 什么条件下选择侧刃对条料定位？
6. 什么情况下采用双侧刃定位？
7. 凸模垫板的作用是什么？如何正确设计垫板？
8. 常用的卸料装置有哪几种？它们在使用上有何区别？
9. 卸料板型孔与凸模的关系是怎样的？
10. 什么是正装复合模与倒装复合模？

三、问答题

1. 试说出图3-81所示冲裁模的名称，并阐述其工作过程；说出各序号对应的零件的名称和作用。

2. 试说出图3-82所示冲裁模的名称，并阐述其工作过程；说出各序号对应的零件的名称和作用。

3. 试说出图3-83所示冲裁模的名称，并阐述其工作过程；说出各序号对应的零件的名称和作用。

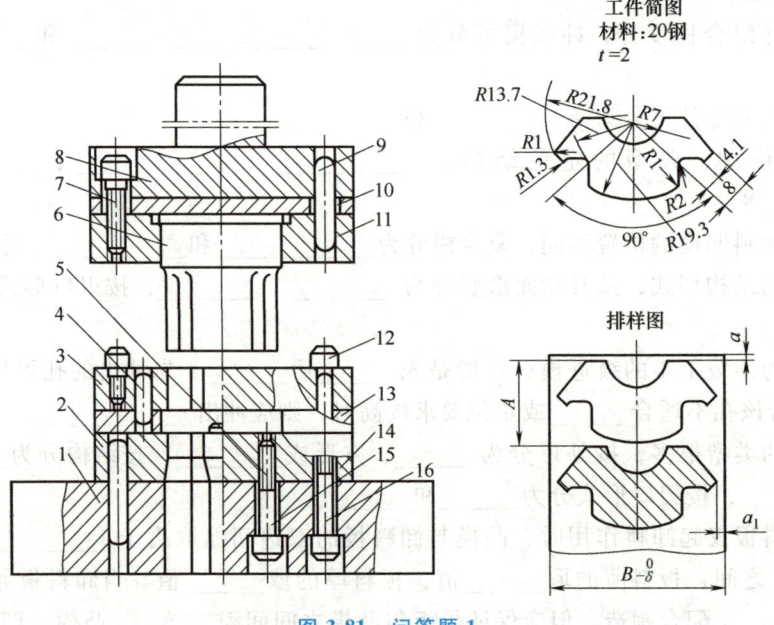

图3-81 问答题1

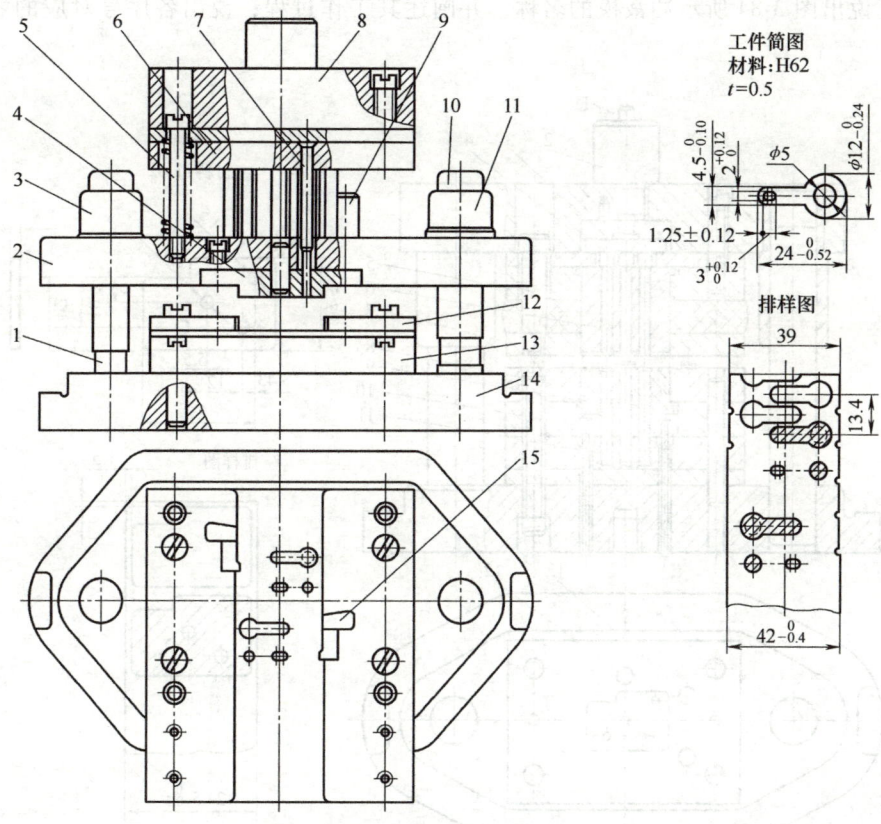

图 3-82　问答题 2

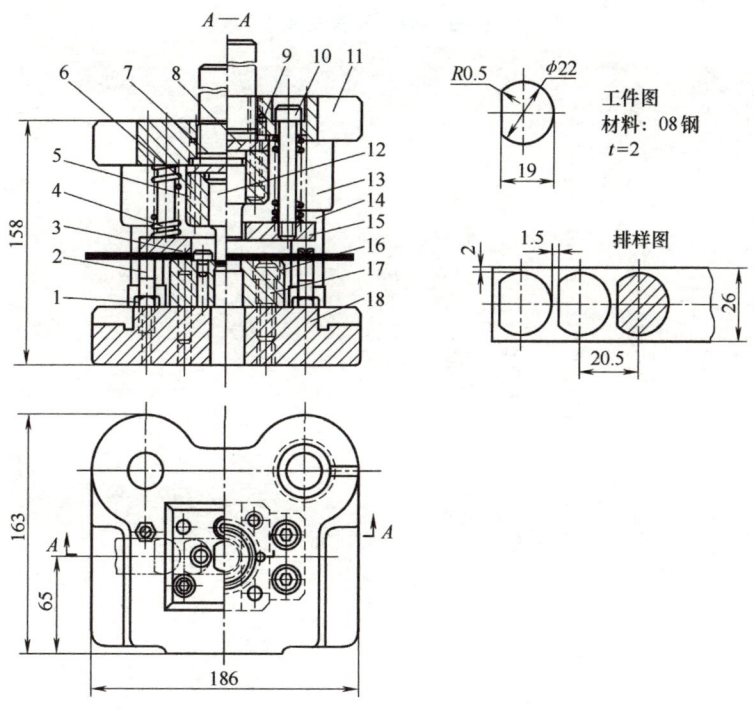

图 3-83　问答题 3

4. 试说出图 3-84 所示冲裁模的名称，并阐述其工作过程；说出各序号对应的零件的名称和作用。

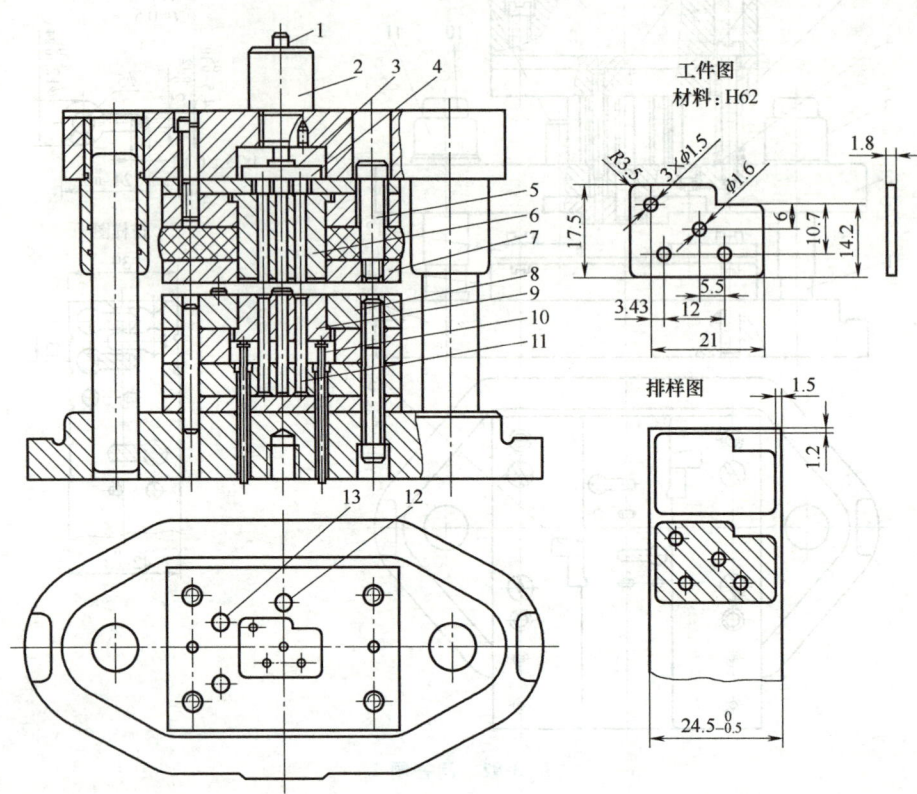

图 3-84　问答题 4

任务四　支架弯曲工艺与模具设计

任务目标

支架是一种支承性零件，由冲压工艺中的弯曲工序制成。本任务要完成支架弯曲工艺设计与模具设计。为此，必须了解弯曲的变形过程，了解影响弯曲件质量的因素，掌握弯曲工艺方案制定和工艺计算、弯曲模结构认识及工作零件的设计等。具体涉及弯曲变形过程分析、弯曲半径及最小弯曲半径影响因素、弯曲卸载后的回弹及影响因素、减少回弹的措施、坯料尺寸计算、弯曲模典型结构、弯曲模工作零件设计等。通过任务的实施，了解各种不同的弯曲工序，初步掌握一般弯曲件的工艺方案制定和模具的设计。

任务描述

图 4-1 所示支架，材料为 08 钢，材料厚度 t 为 1.5mm，冲件标准公差等级为 IT14，需大批量生产。本任务要确定支架弯曲工艺，并设计模具。

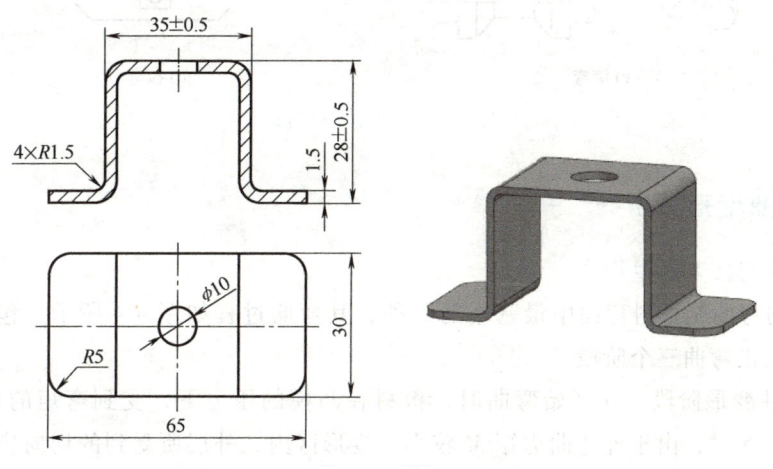

图 4-1　支架

基础知识

将金属材料沿着弯曲线弯成一定的角度和形状的冲压工艺称为弯曲。弯曲是冲压的基本工序之一，在冲压生产中占有很大的比重。弯曲件的种类很多，如汽车的纵梁、自行车的车把、各种电器零件的支架、门窗铰链等，如图 4-2 所示为常见的弯曲件。

根据弯曲成形所用的模具及设备的不同，弯曲成形方法可分为压弯、折弯、滚弯、拉弯等，如图 4-3 所示，最常见的是在压力机上进行压弯。本任务主要介绍在压力机上进行的压弯工艺和弯曲模设计。

图 4-2 常见的弯曲件

a) 压弯　　b) 折弯

c) 滚弯　　d) 拉弯

图 4-3 弯曲成形方法

一、弯曲变形分析

1. V 形件弯曲变形过程

V 形件的弯曲是板料弯曲中最基本的一种，其弯曲过程如图 4-4 所示，包括弹性变形、塑性变形、校正弯曲三个阶段。

（1）弹性变形阶段　在开始弯曲时，板料在凸模的压力下，受到弯矩的作用，板料发生弹性变形。此时，由于外弯曲力矩 M 较小，变形区内、外层所受到的切向应力 σ_1 尚未达到材料的屈服强度，沿板厚的全部材料层只产生弹性变形，如图 4-4a 所示。这个阶段属于自由弯曲。

（2）塑性变形阶段　随着凸模下压，弯曲力矩 M 增大，变形区内、外层所受到的切向应力 σ_1 达到了材料的屈服强度，板料进入塑性变形阶段。板料与凹模 V 形表面逐渐靠拢，曲率半径和力臂逐渐减小，如图 4-4b 所示。凸模继续下压，板料弯曲变形区进一步减小，直到与凸模成三点接触。此后板料的直边部分向与以前相反的方向变形，如图 4-4c 所示。弯曲变形的效果表现为板料弯曲变形区曲率半径、力臂的减小和两边夹角的变化。这个阶段也属于自由弯曲。

当凸模、板料与凹模三者完全压合，板料的内侧弯曲半径及弯曲力臂达到最小时，弯曲

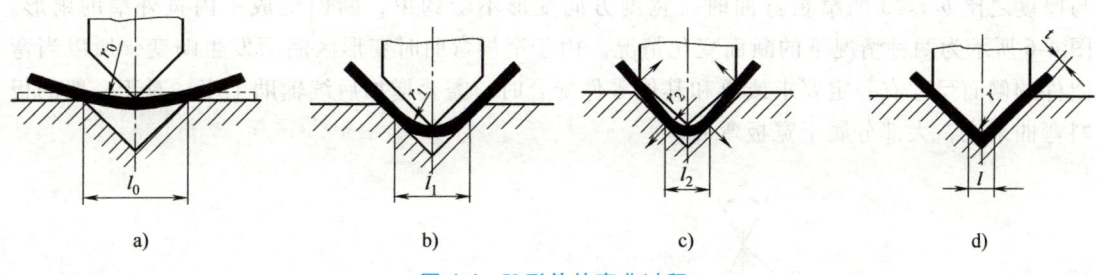

图 4-4　V 形件的弯曲过程

过程结束。

在弯曲变形过程中，由于板料内侧弯曲半径逐渐减小，因此弯曲变形部分的变形程度逐渐增大；又由于弯曲力臂逐渐减小，板料与凹模之间有相对滑移。

（3）校正弯曲阶段　到凸模行程终了时，凸模、板料与凹模三者完全贴合，如果再增加一定的压力，对弯曲件施压，则被称为校正弯曲，不包含这一过程的弯曲称为自由弯曲。

2. 弯曲变形的特点

研究板料的弯曲变形，常采用网格法，板料弯曲前后网格的变化如图 4-5 所示。

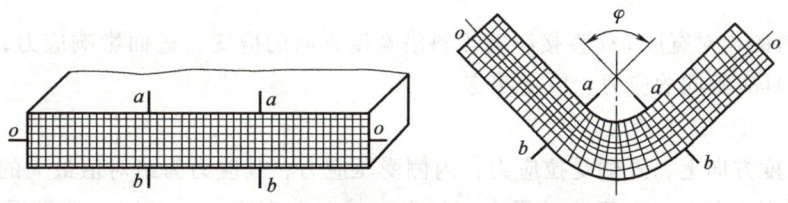

图 4-5　板料弯曲前后网格的变化

在弯曲前将板料侧面用机械划线或照相腐蚀的方法画出网格，然后将该板料放在 V 形弯曲模上进行弯曲。观察弯曲变形前后位于板料侧壁的坐标网格的变化情况，就可分析出变形时板料的受力情况。

从板料弯曲变形后的情况可以发现：

1）弯曲变形主要发生在弯曲带中心角 φ 范围内，中心角以外的部分基本上不变形。

2）从网格变形情况看，在变形区内，板料在长、宽、厚三个方向都产生了变形。

① 长度方向。网格由正方形变成了扇形，靠近凹模的外侧长度伸长，靠近凸模的内侧长度缩短。至板料的中心，其缩短与伸长的程度逐渐变小。在缩短和伸长的两个变形区之间，必然有一层金属，它的长度在变形前后既不会伸长，也不会缩短，这层称为中性层（见图 4-5 中的 o—o 层）。

② 厚度方向。由于内层长度方向缩短，因此厚度应增加，但由于凸模紧压板料，厚度方向增加不易。外层长度伸长，厚度要变薄。在整个厚度上，因为增厚量小于变薄量，所以材料厚度在弯曲变形区内有变薄现象，导致在弹性变形时位于板料厚度中间的中性层发生内移。

③ 宽度方向。内层材料受压缩，宽度应增加。外层材料受拉伸，宽度要减小。这种变形情况根据板料的宽度不同分为两种情况：当板料宽度与厚度之比 $b/t>3$ 的宽板弯曲时，料在宽度方向的变形会受到相邻金属的限制，断面几乎不变，基本保持为矩形；当板料宽度

与厚度之比 $b/t \leqslant 3$ 的窄板弯曲时，宽度方向变形不受约束，断面变成了内宽外窄的扇形。图 4-6 所示为两种情况下的断面变化情况。由于窄板弯曲时变形区断面发生畸变，所以当弯曲件的侧面尺寸有一定要求或要和其他零件配合时，需要增加后续辅助工序。对于一般的板料弯曲来说，大部分属于宽板弯曲。

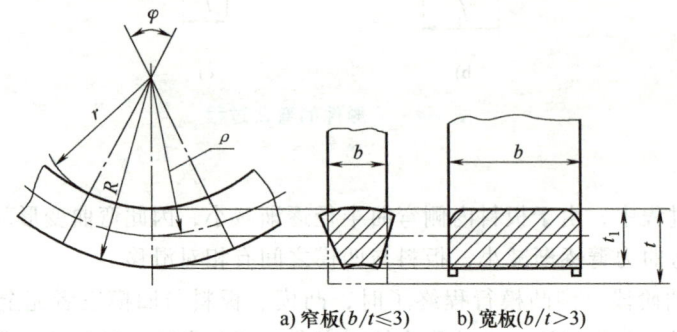

a) 窄板($b/t \leqslant 3$) b) 宽板($b/t > 3$)

图 4-6 两种情况下的断面变化情况

二、弯曲变形时的应力、应变状态分析

由于板料的相对宽度 b/t 直接影响板料沿宽度方向的应变，进而影响应力，因而，随着 b/t 的不同，具有不同的应力、应变状态。

1. 应力状态

1）沿长度方向上，外侧受拉应力，内侧受压应力，其应力为绝对值最大的主应力。

2）沿厚度方向上，在弯曲过程中，材料有挤向曲率中心的倾向。越靠近板料外表面，其拉应力 σ_1 越大，材料挤向曲率中心的倾向越明显。这种不同步的材料转移，使板料在厚度方向产生了压应力 σ_2。在板料的内侧，板厚方向的拉应变 ε_2 受到外侧材料向曲率中心移近所产生的阻碍，也产生了压应力 σ_2。

3）沿宽度方向上，分两种情况：当弯曲窄板（$b/t \leqslant 3$）时，由于材料在宽度方向的变形不受限制，因此，其内侧和外侧的应力均为零；当弯曲宽板（$b/t > 3$）时，外侧材料在宽度方向的收缩受阻，产生拉应力 σ_3，内侧材料在宽度方向拉伸受阻，产生压应力 σ_3。

2. 应变状态

1）沿长度方向上，外侧为拉伸应变，内侧为压缩应变，其应变为绝对值最大的主应变。

2）沿宽度方向上，分两种情况：当弯曲窄扳（$b/t \leqslant 3$）时，材料在宽度方向可以自由变形，故外侧应变为和长度方向主应变 ε_1 符号相反的压应变，内侧为拉应变；当弯曲宽板（$b/t > 3$）时，材料之间的变形相互制约，材料的流动受阻，故外侧和内侧沿宽度方向的应变 ε_3 近似为零。

3）沿厚度方向上，根据塑性变形体积不变条件可知，沿着板料的宽度和厚度方向，必然产生与 ε_1 符号相反的应变。在板料的外侧，长度方向主应变 ε_1 为拉应变，所以厚度方向的 ε_2 为压应变；在板料的内侧，长度方向主应变 ε_1 为压应变，所以厚度方向的应变 ε_2 为拉应变。

两种板料在弯曲过程中的应力、应变状态如图 4-7 所示。从图中可以看出，就应力而言，宽板弯曲是立体的，窄板弯曲则是平面的；对应变而言，窄板弯曲是立体的，宽板弯曲则是平面的。

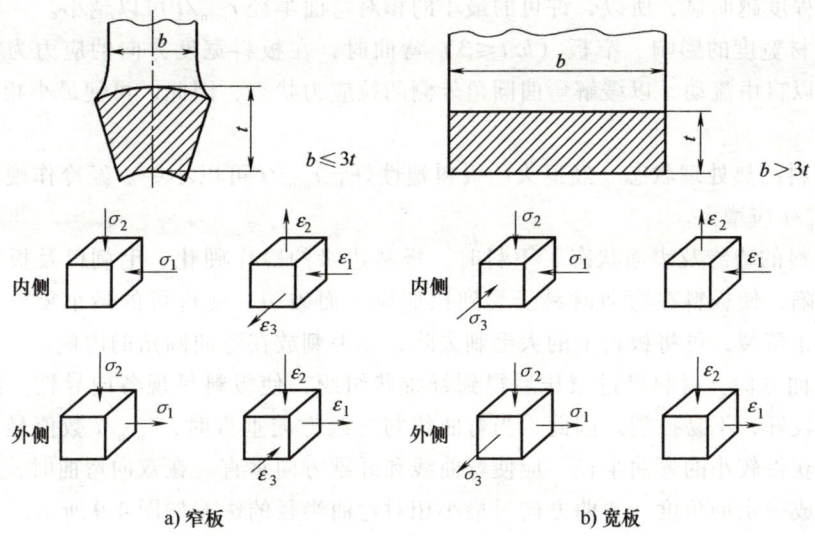

图 4-7　两种板料在弯曲过程中的应力、应变状态

三、弯曲件的质量分析

1. 弯曲时的开裂现象与最小相对弯曲半径

板料在弯曲时，弯曲件的外层材料受拉而伸长，变形最大，所以最容易被拉裂而造成废品。外层材料拉伸变形的大小，主要取决于弯曲件的弯曲半径 r。对于一定厚度的材料，弯曲半径越小，外层材料的伸长率越大。当外层材料的伸长率达到并超过材料的允许伸长率后，就会导致弯裂。在保证毛坯最外层纤维不发生破裂的前提下，所能获得的弯曲零件内表面最小圆角半径与弯曲材料厚度的比值 r_{min}/t 称为最小相对弯曲半径。如图 4-8 所示，设中性层位置在半径为 $\rho = r + t/2$ 处，且弯曲后料厚保持不变，弯曲带中心角为 φ，则最外层金属的伸长率 δ_W 为

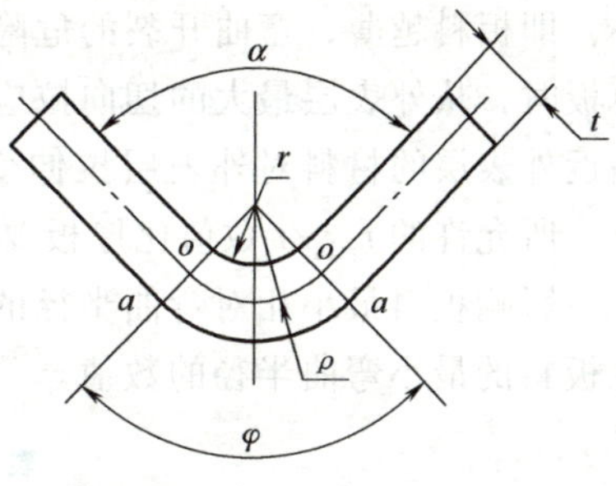

$$\delta_W = \frac{(r+t)\varphi - (r+\frac{1}{2}t)\varphi}{\rho\varphi} = \frac{\frac{1}{2}t}{r+\frac{1}{2}t} = \frac{1}{2\frac{r}{t}+1}$$

图 4-8　板料弯曲时的变形情况

将材料的伸长率 δ 代入，可求得 r_{min}/t 为

$$r_{min}/t = \frac{1-\delta}{2\delta} \tag{4-1}$$

2. 影响最小相对弯曲半径的因素

（1）材料的力学性能　材料的塑性越好，其伸长率 δ 值越大，最小相对弯曲半径越小。

（2）弯曲件角度 α　弯曲件角度 α 越大，最小相对弯曲半径 r_{min}/t 越小。这是因为在弯曲过程中，毛坯的变形并不是仅局限在圆角变形区。由于材料的相互牵连，其变形影响到圆

角附近的直边,实际上扩大了弯曲变形区范围,分散了集中在圆角部分的弯曲应变,对圆角外层纤维濒于拉裂的极限状态有所缓解,使最小相对弯曲半径减小。α越大,圆角中段变形程度的缓解程度越明显,所以,许可的最小的相对弯曲半径r_{min}/t可以越小。

(3) 板材宽度的影响 窄板($b/t \leq 3$)弯曲时,在板料宽度方向的应力为零。宽度方向的材料可以自由流动,以缓解弯曲圆角外侧的拉应力状态,因此,可使最小相对弯曲半径减小。

(4) 板料的热处理状态 经退火的板料塑性好,r_{min}/t可以小些。经冷作硬化的板料塑性降低,r_{min}/t应增大。

(5) 板料的边缘及表面状态 下料时,板料边缘的冷作硬化、毛刺以及板料表面带有的划伤等缺陷,使板料在弯曲时易于受到拉伸应力而破裂,使许可的最小相对弯曲半径增大。为了防止弯裂,可将板料上的大毛刺去除,小毛刺放在弯曲圆角的内侧。

(6) 弯曲方向 材料经过碾压后得到纤维状组织,使板料呈现各向异性。沿纤维方向的力学性能较好,不易拉裂。因此,当弯曲线与纤维方向垂直时,r_{min}/t数值最小,平行时最大。为了获得较小的弯曲半径,应使弯曲线和纤维方向垂直。在双向弯曲时,应使弯曲线与纤维方向成一定的角度。弯曲方向对最小相对弯曲半径的影响如图4-9所示。

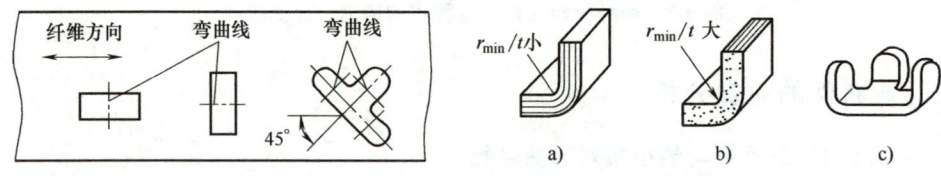

图 4-9 弯曲方向对最小相对弯曲半径的影响

(7) 板料厚度 当弯曲半径 r 相同时,板厚 t 值越小,则变形区外表层的伸长应变就越小,即板料越薄,弯曲开裂的危险性就越小。这是因为从切向应变沿板厚的分布来看,弯曲薄板时,从外表层最大的切向拉应变值衰减至应变中性层为零的应力梯度比厚板要大。因此临近外表层的材料对外表层拉伸变形的临近缓解作用较强,可使外表层获得更大的切向变形,所允许的r_{min}/t数值比厚板要小。

影响板料最小相对弯曲半径的因素较多,其数值一般由试验方法确定。表4-1列出了常见板料的最小弯曲半径的数值。

表 4-1 常见板料的最小弯曲半径

材料	退火或正火		冷作硬化	
	曲线位置			
	垂直碾压方向	平行碾压方向	垂直碾压方向	平行碾压方向
08、10	0.1t	0.4t	0.4t	0.8t
15、20	0.1t	0.5t	0.5t	1t
25、30	0.2t	0.6t	0.6t	1.2t
35、40	0.3t	0.8t	0.8t	1.5t
45、50	0.5t	1t	1t	1.7t
55、60	0.7t	1.3t	1.3t	2t
65Mn、T7	1t	2t	2t	3t
Cr18Ni9	1t	2t	3t	4t

(续)

材料	退火或正火		冷作硬化	
	曲线位置			
	垂直碾压方向	平行碾压方向	垂直碾压方向	平行碾压方向
软杜拉铝	1t	1.5t	1.5t	2.5t
硬杜拉铝	2t	3t	3t	4t
磷铜	—	1t	1t	3t
半硬黄铜	0.1t	0.5t	0.5t	1.2t
软黄铜	0.1t	0.35t	0.35t	0.8t
纯铜	0.1t	1t	1t	2t
铝	0.1t	0.5t	0.5t	1t
镁合金 MB1	加热到 300~400 ℃		冷作硬化状态	
	2t	3t	6t	8t
钛合金 BT5	加热到 300~400 ℃		冷作硬化状态	
	3t	4t	5t	6t

注：表中数据用于弯曲带中心角 $\varphi \geqslant 90°$、断面质量良好的情况。

四、弯曲时的回弹

在材料弯曲变形结束、工件不受外力作用时，由于弹性恢复，使弯曲件的角度、弯曲半径与模具的尺寸形状不一致，这种现象称为回弹，如图 4-10 所示。

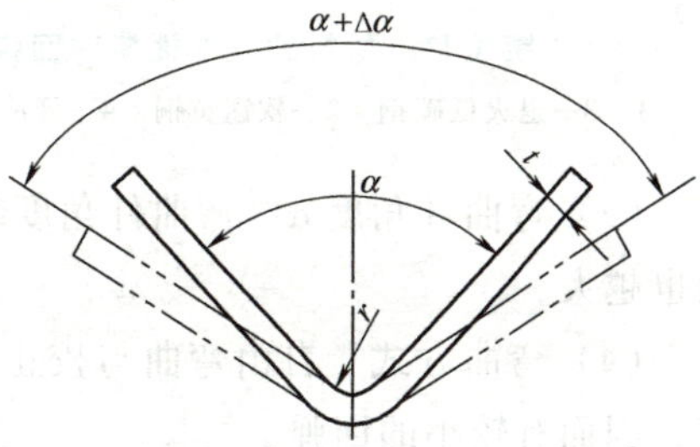

1. 回弹的表现形式

回弹的表现形式有如下两个方面：

图 4-10 弯曲时的回弹

1）弯曲半径增大。卸载前弯曲件的内角半径 r（与凸模的半径吻合）在卸载后会有所增加。

2）弯曲件角度增大。卸载前板料的弯曲件角度为 α（与凸模顶角吻合），卸载后增大了 $\Delta\alpha$。

2. 影响回弹的因素

（1）材料的力学性能 材料的屈服强度 R_{eL} 越高，弹性模量 E 越小，R_{eL}/E 的比值越大，材料的回弹值也就越大，弯曲回弹越大。硬化指数 n 越大，则弯曲时回弹值越大。

如图 4-11a 所示，两种材料的屈服强度 R_{eL} 基本相同，但弹性模量却不相同（$E_1 > E_2$），当弯曲件的变形程度相同时，卸载后，弹性模量大的退火低碳钢回弹量小于软锰黄铜。如图 4-11b 所示，两种材料的弹性模量基本相同，而屈服强度不同，当弯曲变形程度相同时，卸载后，屈服强度高的经冷变形硬化的低碳钢的回弹量将大于屈服强度较低的退火低碳钢。因钢材的弹性模量相差无几，故应尽量选用 R_{eL} 小、n 值小的材料以获得形状规则、尺寸精确的弯曲件。

（2）相对弯曲半径 相对弯曲半径 r/t 越小时，回弹值越小。相对弯曲半径 r/t 减小时，弯曲毛坯外侧表面在长度方向上的总变形程度增大，其中塑性变形和弹性变形也同时增大。

但在总变形中，弹性变形所占的比例相应地变小。由图 4-12 可知，当总的变形程度为 ε_1 时，弹性变形所占的比例为 $\Delta\varepsilon_1/\varepsilon_1$。当总的变形程度由 $\Delta\varepsilon_1$ 增大到 $\Delta\varepsilon_2$ 时，弹性变形在总的变形中所占的比例为 $\Delta\varepsilon_2/\varepsilon_2$。显然，$\Delta\varepsilon_1/\varepsilon_1 > \Delta\varepsilon_2/\varepsilon_2$，即随着总的变形程度的增加，弹性变形在总的变形中所占的比例反而减小了。所以，相对弯曲半径越小，回弹值越小。相反，相对弯曲半径过大，变形程度太小，使毛坯大部分处于弹性变形状态，产生很大的回弹，以致用普通弯曲方法根本无法成形。

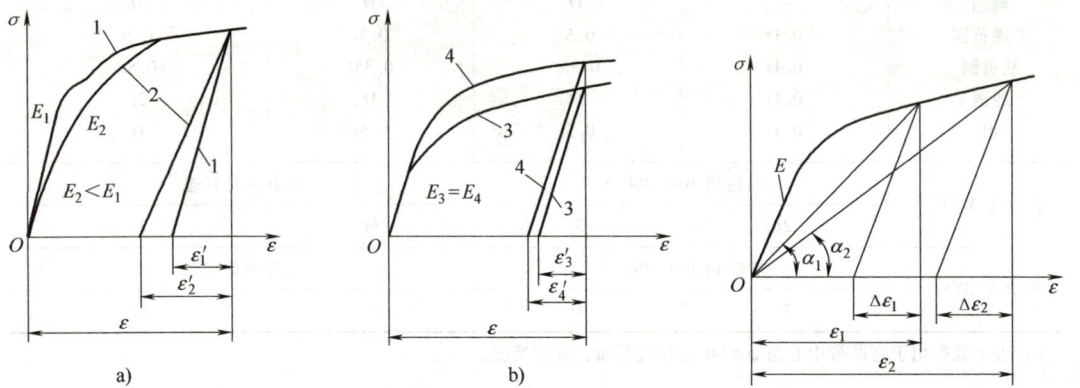

图 4-11 材料的力学性能对回弹值的影响 图 4-12 相对弯曲半径对回弹值的影响
1、3—退火低碳钢 2—软锰黄铜 4—经冷变形硬化的低碳钢

（3）弯曲件角度 α 弯曲件角度越小，表示弯曲变形区域越大，回弹的积累越大，回弹角也越大。

（4）弯曲方式 自由弯曲与校正弯曲比较，由于校正弯曲可增加圆角处的塑性变形程度，因而有较小的回弹。

（5）模具间隙 压制 U 形件时，模具间隙对回弹值有直接影响。间隙大，材料处于松动状态，回弹就大；间隙小，材料被挤紧，回弹就小。

（6）工件形状 工件形状复杂，一次弯曲成形角的数量越多，各部分的回弹相互牵制，回弹就小，如 U 形工件比 V 形工件的回弹小。

（7）非变形区的影响 对 V 形件小半径（$r/t<0.2$）进行校正弯曲时，由于非变形区的直边部分有校直作用，所以弯曲后的回弹是直边区回弹与圆角区回弹的复合。如图 4-13 所示，直边区回弹的方向（N 方向）与圆角区回弹方向（M 方向）相反。当 r/t 很小时，直边的回弹大于圆角的回弹，此时就会出现负回弹，即弯曲件的角度反而小于弯曲凸模的角度。

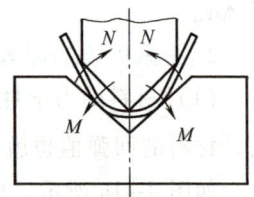

图 4-13 非变形区的影响

3. 回弹值的大小

由于影响弯曲回弹的因素很多，而且各因素又相互影响，因此，计算回弹角比较复杂，也不准确。生产中一般是按经验值或按力学公式计算出回弹值作为参考，再在试模时修正。

当 $r/t<5$ 时，弯曲半径的回弹值不大，因此，只考虑角度回弹，回弹角可按表 4-2、表 4-3、表 4-4 确定。

表 4-2　90°单角自由弯曲时的回弹角 $\Delta\alpha$

材料	r/t	材料厚度 t/mm		
		≤0.8	0.8~2	>2
低碳钢 R_m = 350MPa 软黄铜 R_m ≤ 350MPa 铝、锌	≤1 1~5 >5	4° 5° 6°	2° 3° 4°	0° 1° 2°
中碳钢 R_m = 400~500MPa 硬黄铜 R_m = 350~400MPa 硬青铜	≤1 1~5 >5	5° 6° 8°	2° 3° 5°	0° 1° 3°
硬钢 R_m > 550MPa	≤1 1~5 >5	7° 9° 12°	4° 5° 7°	2° 3° 5°
硬铝 2A12	≤2 2~5 >5	2° 4° 6°30′	3° 6° 10°	4°30′ 8°30′ 14°
超硬铝 7A04	≤2 2~5 >5	2°30′ 4° 7°	5° 8° 12°	8° 11°30′ 19°

表 4-3　单角校正弯曲时的回弹角 $\Delta\alpha$

材料	r/t		
	≤1	1~2	2~3
Q235	−1°~1°30′	0°~2°	1°30′~2°30′
纯铜、铝、黄铜	0°~1°30′	0°~3°	2°~4°

表 4-4　U 形件弯曲时的回弹角 $\Delta\alpha$

材料	r/t	凹模和凸模的单边间隙 Z						
		0.8t	0.9t	1.0t	1.1t	1.2t	1.3t	1.4t
2A12Y	2 3 4 5 6	−2° −1° 0° 1° 2°	0° 1°30′ 3° 4° 5°	2°30′ 4° 5°30′ 7° 8°	5° 6°30′ 8°30′ 10° 11°	7°30′ 9°30′ 11°30′ 12°30′ 13°30′	10° 12° 14° 15° 16°30′	12° 14° 16°30′ 18° 19°30′
2A12M	2 3 4 5 6	−1°30′ −1°30′ −1° −1° −30′	0° 30′ 1° 1° 1°30′	1°30′ 2°30′ 3° 3° 3°30′	3° 4° 4°30′ 5° 6°	5° 6° 6°30′ 7° 8°	7° 8° 9° 9°30′ 10°	8°30′ 9°30′ 10°30′ 11° 12°
7A04Y	3 4 5 6 8	3° 4° 5° 6° 8°	7° 8° 9° 10° 13°30′	10° 11° 12° 13° 16°	12°30′ 13°30′ 14° 15° 19°	14° 15° 16° 17° 21°	16° 17° 18° 20° 23°	17° 18° 20° 23° 26°

(续)

材料	r/t	凹模和凸模的单边间隙 Z						
		0.8t	0.9t	1.0t	1.1t	1.2t	1.3t	1.4t
7A04M	2	−3°	−2°	0°	3°	5°	6°30′	8°
	3	−2°	−1°30′	2°	3°30′	6°30′	8°	9°
	4	−1°	−1°	2°30′	4°30′	7°	8°30′	10°
	5	−1°	−1°	3°	5°30′	8°	9°	11°
	6	0°	−0°30′	3°30′	6°30′	8°30′	10°	12°
20（已退火）	1	−2°30′	−1°	0°30′	1°30′	3°	4°	5°
	2	−2°	−0°30′	1°	2°	3°30′	5°	6°
	3	−1°30′	0°	1°30′	3°	4°30′	6°	7°30′
	4	−1°	0°30′	2°30′	4°	5°30′	7°	9°
	5	−0°30′	1°30′	3°	5°	6°30′	8°	10°
	6	−0°30′	2°	4°	6°	7°30′	9°	11°

当 r/t>10 时，相对弯曲半径较大，这时，弯曲件不仅角度有回弹，弯曲半径也有较大的回弹。这时，回弹值可按式（4-2）、式（4-3）进行计算，然后在生产中再进行修正。

$$r_T = \cfrac{r}{1+3\cfrac{R_{eL}r}{Et}} = \cfrac{1}{\cfrac{1}{r}+3\cfrac{R_{eL}}{Et}} \quad (4\text{-}2)$$

$$\alpha_T = \alpha - (180° - \alpha)\left(\frac{r}{r_T} - 1\right) \quad (4\text{-}3)$$

式中，r_T 为凸模的圆角半径（mm）；α 为弯曲件的角度（°）；α_T 为弯曲凸模角度（°）；t 为毛坯的厚度（mm）；E 为弯曲材料的弹性模量（MPa）；R_{eL} 为弯曲材料的屈服强度（MPa）。

应该指出，上述公式的计算值是近似的。根据工厂生产经验，修磨凸模时，"放大"弯曲半径比"收小"弯曲半径容易。因此，对于 r/t 值较大的弯曲件，生产中希望压弯后零件的曲率半径略比图样尺寸小些，以便在试模后能比较容易地修正。

例 4-1 图 4-14a 所示工件，材料为 7A04，$R_{eL}=460\text{MPa}$，$E=70000\text{MPa}$，求凸模工作部分的尺寸。

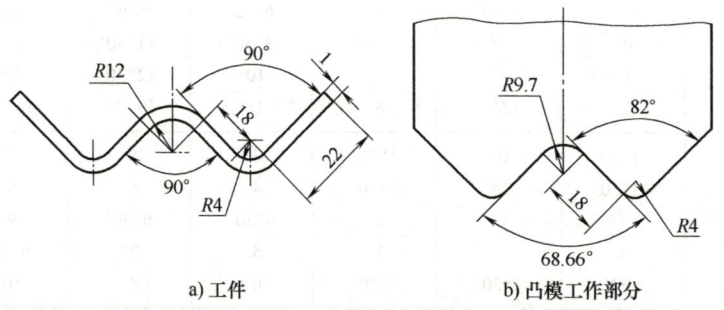

a) 工件　　b) 凸模工作部分

图 4-14　回弹值计算示例

解：

1) 先求工件中间弯曲部分的回弹值。

由图 4-14 知 $r_1=12\text{mm}$，$\alpha=90°$，$t=1\text{mm}$。

因 $r_1/t = 12 > 10$，所以工件不仅角度有回弹，弯曲半径也有回弹。

由式（4-2）得

$$r_{T1} = \frac{1}{\frac{1}{12} + \frac{3 \times 460}{70000 \times 1}} \text{mm} = 9.7\text{mm}$$

由式（4-3）得

$$\alpha_{T1} = 90° - (180° - 90°)\left(\frac{12}{9.7} - 1\right) = 68.66°$$

2）求两侧弯曲部分的回弹值。

因 $r_2/t = 4/1 = 4 < 5$，故弯曲半径的回弹值不大。由表4-2可查出，当料厚为1mm时，超硬铝7A04的回弹角为8°，即 $\alpha_{T2} = 90° - 8° = 82°$。图4-14b所示为根据回弹值确定的凸模工作部分尺寸。

4．控制回弹的措施

压弯中因回弹产生误差，很难得到合格的弯曲件。生产中必须采取措施来控制或减小回弹。控制弯曲件回弹的措施如下。

（1）改进弯曲件的设计　在变形区加加强肋或压成形边翼，增加弯曲件的刚性和成形边翼的变形程度，可以减小回弹，如图4-15所示。选用弹性模量大、屈服强度小的材料，也可使弯曲件回弹量减小。

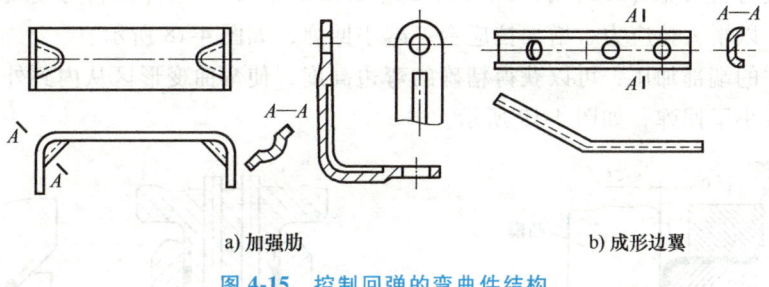

a）加强肋　　　　　　　　b）成形边翼

图4-15　控制回弹的弯曲件结构

（2）从工艺上采取措施

1）用校正弯曲代替自由弯曲。对冷作硬化的硬材料先退火，降低其屈服强度，以减小回弹，弯曲后再淬硬。

2）用拉弯代替一般弯曲。拉弯工艺的特点是在弯曲的同时使板料承受一定的拉应力。拉应力的数值应使弯曲件变形区内的合成应力（即加上的拉应力和弯曲件内侧的压应力之和）大于材料的屈服强度，因而使工件的整个断面都处于塑性拉伸变形范围内。内、外区应力方向取得了一致，故可大大减小工件的回弹。这种措施主要用于相对弯曲半径很大的弯曲件的成形。

（3）从模具结构上采取措施　弯曲V形件时，将凸模角度减去一个回弹角；弯曲U形件时，将凸模两侧分别做出等于回弹值的斜度，或将凹模底部做成弧形，利用底部向下回弹的作用，补偿两直边的向外回弹，如图4-16所示。

当压弯材料厚度大于0.8mm，材料塑性较好时，可将凸模做成图4-17a、b所示的形状，使凸模压力集中作用在弯曲变形区，加大变形区的变形程度，改变弯曲变形区外拉内压的应

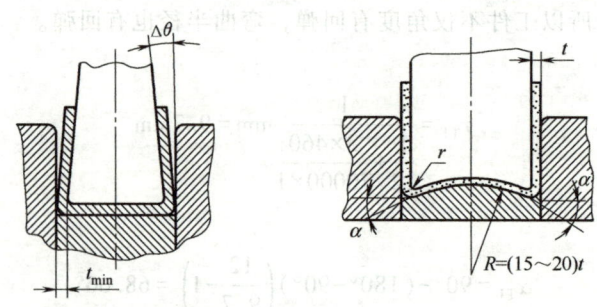

图 4-16 补偿回弹

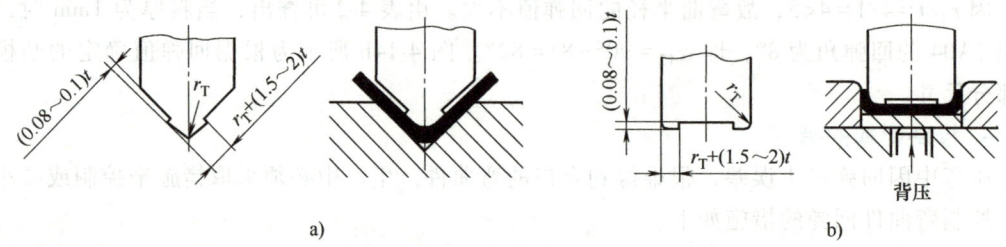

图 4-17 减小回弹的凸模形状

力状态，使其成为三向受压，从而减小回弹。

对于一般材料（如 Q235、Q215、10、20、H62M 等），可增加压料力或减小凸模、凹模之间的间隙，以增大拉应力、增加拉应变、减小回弹，如图 4-18 所示。

在弯曲件的端部加压，可以获得精确的弯边高度，使弯曲变形区从内到外都处于压应力状态，从而减小了回弹，如图 4-19 所示。

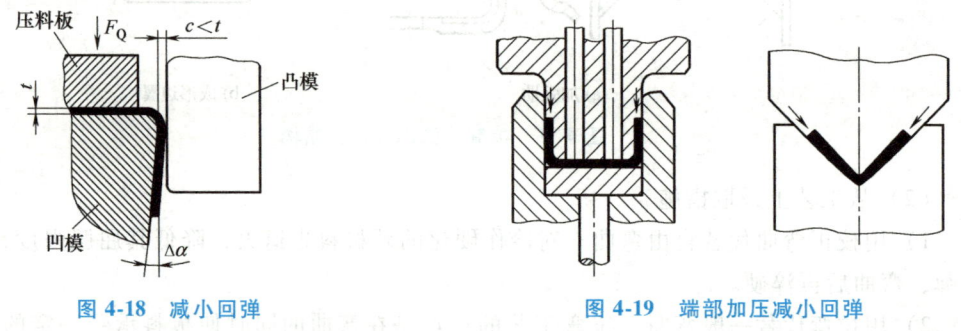

图 4-18 减小回弹　　　　　图 4-19 端部加压减小回弹

采用橡胶凸模（或凹模），使毛坯紧贴凹模（或凸模），以减小非变形区对回弹的影响，如图 4-20 所示。

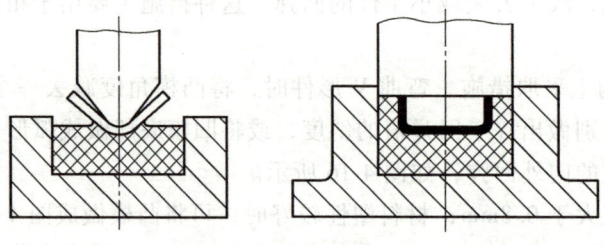

图 4-20 橡胶凸模或凹模

五、弯曲时的偏移

1. 偏移现象的产生

板料在弯曲过程中沿凹模圆角滑移时，会受到凹模圆角处摩擦阻力的作用。当板料各边所受的摩擦阻力不等时，有可能使毛坯在弯曲过程中沿工件的长度方向产生移动，使工件两直边的高度不符合图样的要求，这种现象称为偏移。

产生偏移的原因很多。图 4-21a 所示为毛坯形状不对称造成的偏移；图 4-21b 为工件结构不对称造成的偏移；图 4-21c 为弯曲模结构不合理造成的偏移。此外，凸模与凹模的圆角不对称、间隙不对称等，都会导致弯曲时产生偏移现象。

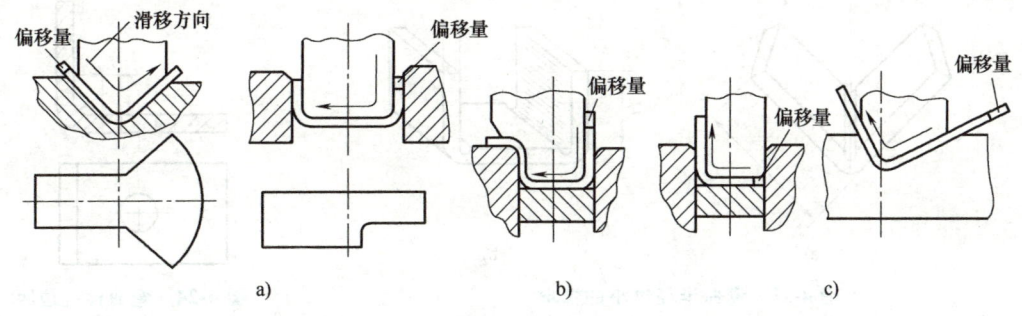

图 4-21 偏移现象

2. 克服偏移的措施

1) 采用压料装置，使毛坯在压紧的状态下逐渐弯曲成形，从而防止毛坯的滑动，而且能得到较平的工件，如图 4-22a、b 所示。

2) 利用毛坯上的孔或设计工艺孔，用定位销插入孔内再弯曲，使毛坯无法移动，如图 4-22c 所示。

3) 将形状不对称的弯曲件组合成对称的弯曲件进行弯曲，然后再切开，使板料弯曲时受力均匀，不容易产生偏移，如图 4-22d 所示。

4) 保证模具制造准确，间隙调整对称。

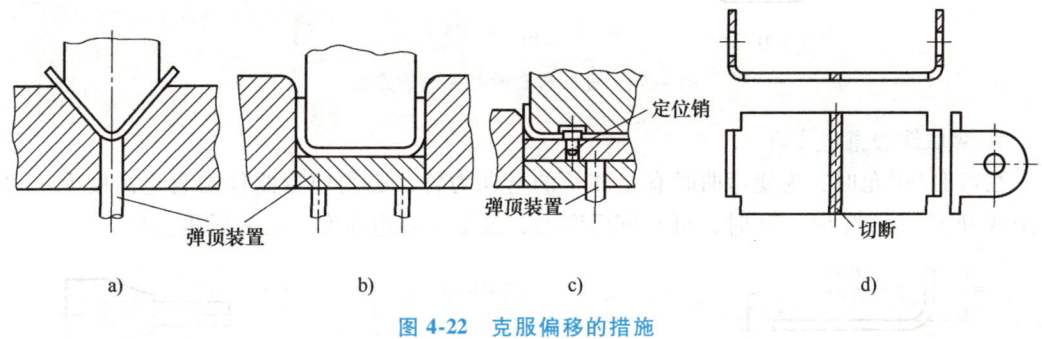

图 4-22 克服偏移的措施

六、弯曲件的结构工艺性

1. 最小弯曲半径

弯曲件的最小弯曲半径不得小于表 4-1 所列的数据，否则会造成变形区外层材料的破裂。当弯曲半径过小时，对于厚料，则可先切槽后弯曲，如图 4-23a 所示。对于 1mm 以下的薄料，可改变工件结构形状，如图 4-23b 所示 U 形工件，将直角处清角改为凸模底部圆角的工件。

2. 弯曲件孔边距

带孔的板料在弯曲时，如果孔位于弯曲变形区内，则孔的形状会发生畸变。因此，孔边到弯曲半径中心要保持一定的距离，即弯曲件孔边距要满足一定要求，如图 4-24 所示：当 $t<2mm$ 时，$L \geq t$；当 $t \geq 2mm$ 时，$L \geq 2t$。

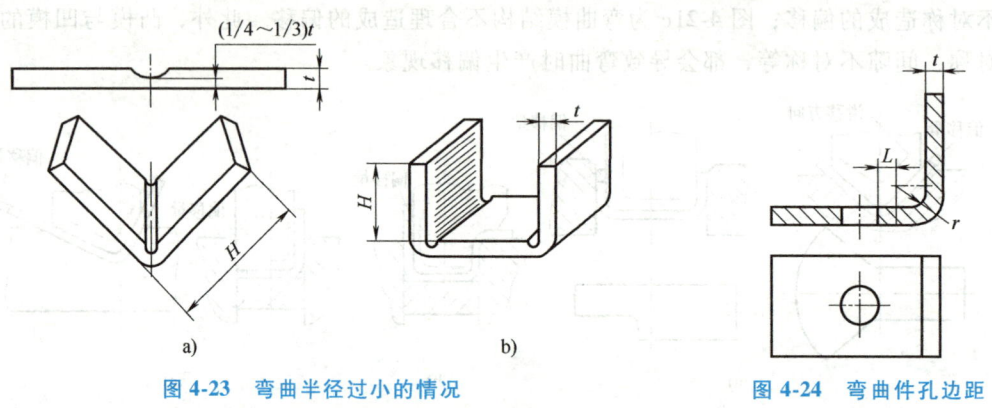

图 4-23 弯曲半径过小的情况　　　　图 4-24 弯曲件孔边距

如果不能满足上述条件，可采取冲凸缘形缺口或月牙槽的措施，如图 4-25a、b 所示，或在弯曲变形区冲出工艺孔，以转移变形区，如图 4-25c 所示。

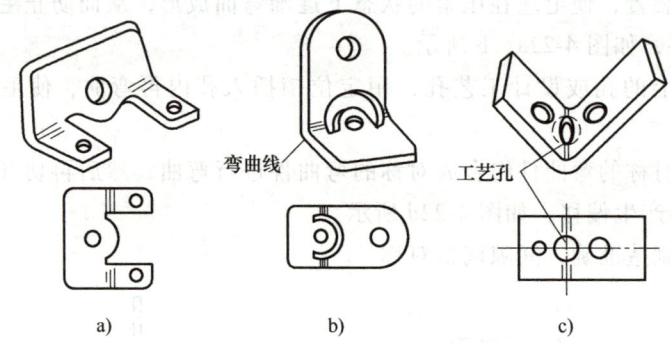

图 4-25 防止弯曲时孔变形的措施

3. 弯曲件的直边高度

在弯曲 90° 角时，为使弯曲时有足够长的弯曲力臂，必须使弯曲件的直边高度 $h>r+2t$，如图 4-26 所示。当 $h<r+2t$ 时，可开槽后弯曲，或增加直边高度，弯曲后再去掉。

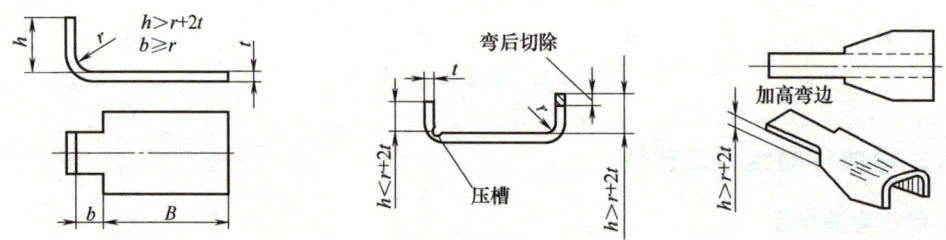

图 4-26 弯曲件的直边高度

4. 防止弯边根部裂纹的工件结构

在局部弯曲某一段边缘时，为了避免弯边根部撕裂，应使不弯曲部分退出弯曲线之外，如图4-27a所示，否则就要在弯曲部分与不弯曲部分之间切槽，或在弯曲前冲出工艺孔，如图4-27b所示。

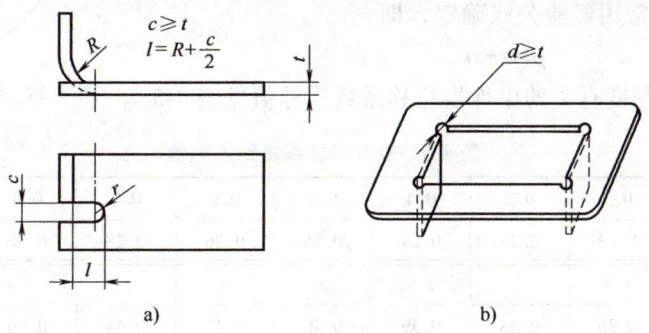

图4-27 预冲工艺槽及工艺孔的弯曲件

5. 加添连接带

边缘部分有缺口的弯曲件，若在毛坯上先将缺口冲出，弯曲时会出现叉口，甚至无法成形。这时，必须在缺口处加添连接带，弯曲后再将连接带切除，如图4-28所示。

6. 弯曲件的尺寸标注应考虑工艺性

弯曲件尺寸标注不同，会影响冲压工序的安排。图4-29a所示的弯曲件尺寸标注，孔

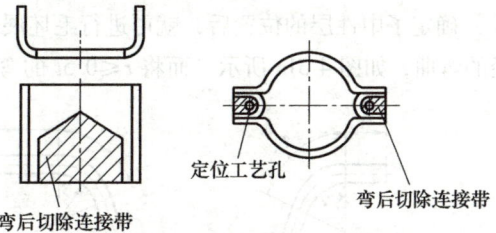

图4-28 连接带

的位置精度不受毛坯展开尺寸和回弹的影响，可简化冲压工艺，采用先落料、冲孔，然后再弯曲成形。图4-29b、c所示的尺寸标注，冲孔只能安排在弯曲工序之后进行，才能保证孔位置精度的要求。在不存在弯曲件有一定的装配关系时，应考虑图4-29a所示的尺寸标注方法。

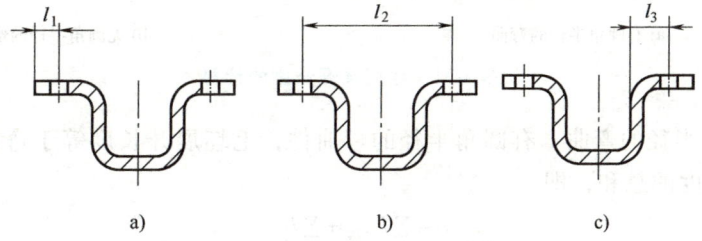

图4-29 弯曲件的尺寸标注

7. 弯曲件的尺寸公差

一般弯曲件的标准公差等级最好在IT13以下，角度公差最好大于15′，否则，应增加整形工序。

七、弯曲件毛坯展开长度的计算

在板料弯曲时，弯曲件毛坯展开长度准确与否，直接关系到弯曲件的尺寸精度，而弯曲中性层在弯曲变形的前后长度不变，因此，可以用中性层长度作为计算弯曲部分展开长度的依据。

1. 弯曲件中性层位置的确定

设板料弯曲前的长度、宽度和厚度分别为 l、b 和 t,弯曲后板料的中性层曲率半径为 ρ、内侧半径为 r、厚度为 t,如图 4-30 所示。据中性层的定义,弯曲件的坯料长度应等于中性层的展开长度,通常用经验公式确定,即

$$\rho = r + xt$$

式中,x 为与变形程度有关的中性层位移系数,其值见表 4-5。

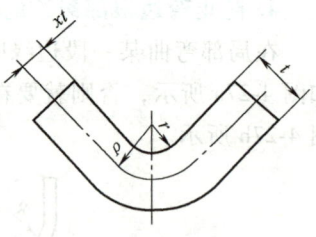

图 4-30 弯曲后板料中性层

表 4-5 中性层位移系数 x 的值

r/t	0.1	0.2	0.3	0.4	0.5	0.6	0.7	0.8	1	1.2
x	0.21	0.22	0.23	0.24	0.25	0.26	0.28	0.30	0.32	0.33
r/t	1.3	1.5	2	2.5	3	4	5	6	7	≥8
x	0.34	0.36	0.38	0.39	0.40	0.42	0.44	0.46	0.48	0.5

2. 弯曲件毛坯展开长度的计算

确定了中性层的位置后,就可进行毛坯展开长度的计算。一般将 $r > 0.5t$ 的弯曲称为有圆角半径的弯曲,如图 4-31a 所示。而将 $r \leqslant 0.5t$ 的弯曲称为无圆角半径的弯曲,如图 4-31b 所示。

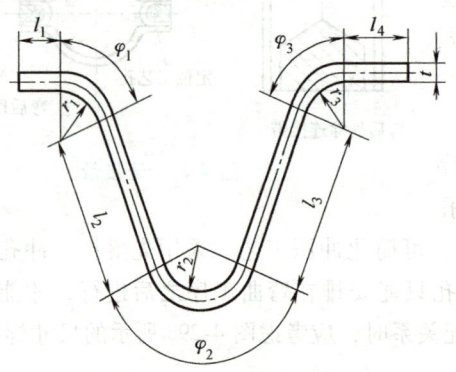
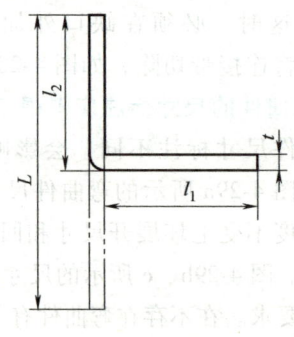

a) 有圆角半径的弯曲　　　　b) 无圆角半径的弯曲

图 4-31 毛坯展开长度的计算

(1) 有圆角半径的弯曲　有圆角半径的弯曲件,毛坯展开长度等于弯曲件直线部分长度和圆弧部分长度的总和,即

$$L = \sum l_{直线} + \sum l_{圆弧} \tag{4-4}$$

$$l_{圆弧} = \frac{2\pi\rho}{360°}\varphi = \frac{\pi\varphi}{180°}(r+xt)$$

式中,L 为弯曲件毛坯长度(mm);$l_{直线}$ 为直线部分各段长度(mm);$l_{圆弧}$ 为圆弧部分各段长度(mm);φ 为弯曲带中心角(°)。

(2) 无圆角半径的弯曲　无圆角半径弯曲件毛坯的展开长度根据毛坯与工件体积相等,并考虑弯曲材料变薄的情况进行计算。

如图 4-31b 所示,当弯曲角度为 90° 时,

弯曲前的体积为

弯曲后的体积为
$$V = Lbt$$

$$V' = (l_1 + l_2)bt + \frac{\pi t^2}{4}b$$

由 $V = V'$ 可得
$$L = l_1 + l_2 + 0.785t \quad (4-5)$$

式中，V 为弯曲前毛坯体积（mm^3）；V' 为弯曲后弯曲件体积（mm^3）；b 为弯曲件毛坯宽度（mm）。

由于弯曲变形时，毛坯不仅在圆角变形区变薄，而且在与其相邻的两直边部分也相应地有些变薄，因此，对式（4-5）做修正，即
$$L = l_1 + l_2 + x't \quad (4-6)$$

式中，x' 为系数，一般取 $x' = 0.4 \sim 0.6$。

用式（4-6）计算出来的毛坯展开长度仅是一个参考值，与实际所需的长度有一定的误差。因为有很多影响弯曲变形的因素，如材料性能、模具结构、弯曲方式等都没有考虑，所以只能用于形状简单、弯角个数少和尺寸公差要求不高的弯曲件。对于形状复杂、弯角较多及尺寸公差较小的弯曲件，应先进行初步计算，确定试弯坯料，待试模合格后再确定准确的毛坯长度。

(3) 铰链式弯曲件 对于 $r = (0.6 \sim 3.5)t$ 的铰链件，如图4-32所示，其坯料长度为
$$L = l + 1.5\pi(r + x_1 t) + r \approx l + 5.7r + 4.7x_1 t \quad (4-7)$$

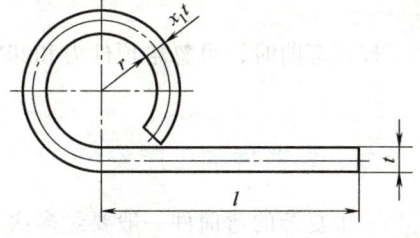

图 4-32 铰链式弯曲件

八、弯曲力的计算

弯曲力是设计弯曲模和选择压力机吨位的重要依据，特别是在弯曲板料较厚、弯曲线较长、相对弯曲半径较小、材料强度较大，而弯曲设备吨位与功率有限的情况下，必须对弯曲力进行计算。

1. 自由弯曲时的弯曲力

1) V 形件弯曲力为
$$F_{自} = \frac{0.6Kbt^2 R_m}{r + t} \quad (4-8)$$

2) U 形件弯曲力为
$$F_{自} = \frac{0.7Kbt^2 R_m}{r + t} \quad (4-9)$$

式中，$F_{自}$ 为冲压行程结束时的自由弯曲力（N）；K 为安全系数，一般取 $K = 1.3$；b 为弯曲件毛坯宽度（mm）；r 为弯曲件的内弯曲半径（mm）；R_m 为材料的强度极限（MPa）。

2. 校正弯曲时的弯曲力

校正弯曲时，校正力比压弯力大得多，而且两个力先后作用。因此，若采用校正弯曲时，一般只计算校正力。V 形件和 U 形件弯曲的校正力均为
$$F_{校} = Ap$$

式中，$F_校$为校正弯曲时的弯曲力（N）；A为校正部分的垂直投影面积（mm²）；p为单位面积上的校正力（MPa），其值见表4-6。

表4-6 单位面积上的校正力 p　　　　　　　　　　（单位：MPa）

材料	料厚 t/mm		材料		料厚 t/mm	
	≤3	3~10			≤3	3~10
铝	30~40	50~60	25~35钢		100~120	120~150
黄铜	60~80	80~100	钛合金	BT1	160~180	180~210
10~20钢	80~100	100~120		BT2	160~200	200~260

3. 压弯时的顶件力和卸料力

顶件力和卸料力 F_Q 值可近似取自由弯曲力的30%~80%，即

$$F_Q = (0.3 \sim 0.8) F_自 \tag{4-10}$$

4. 弯曲时压力机吨位的确定

自由弯曲时，压力机吨位 $F_机$ 为

$$F_机 \geq F_自 + F_Q \tag{4-11}$$

校正弯曲时，可忽略顶件力和卸料力，即

$$F_机 \geq F_校 \tag{4-12}$$

九、弯曲件的工序安排

一个复杂的弯曲件一般要经多次弯曲才能成形。弯曲件的工序安排与工件形状尺寸、公差等级、产量以及材料的性能等有关。弯曲工艺的安排，直接影响到工件质量、劳动生产率及模具结构。弯曲件工序安排的一般方法如下：

1）对于形状简单的弯曲件，如V形、U形和Z形件等，可以一次压弯成形。

2）对于形状较复杂的弯曲件，一般要采用两次或多次压弯成形。但对于特别小的工件，应尽可能用复杂的模具一次成形，这样有利于弯曲件的定位，便于操作，且方便、安全，并保证弯曲件的准确性。批量较大的弯曲件也应尽可能一次弯曲成形。

3）弯曲时，一般先弯两端部分的角，后弯中间部分的角。前次弯曲必须考虑后次弯曲有可靠的定位，而后次弯曲应不影响前次已成形的部分。

图4-33所示为一道工序弯曲成形的示例。图4-34所示为两道工序弯曲成形的示例。图4-35所示为三道工序弯曲成形的示例。图4-36所示为四道工序弯曲成形的示例。

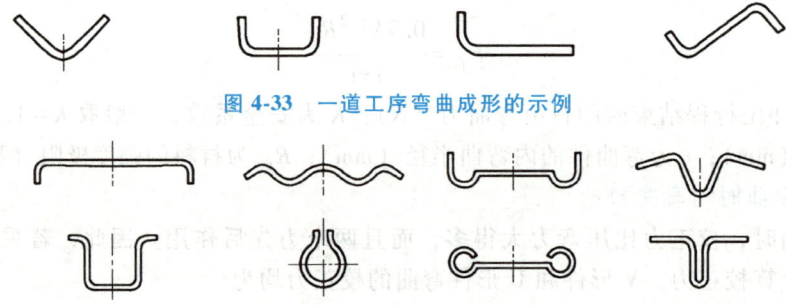

图4-33 一道工序弯曲成形的示例

图4-34 两道工序弯曲成形的示例

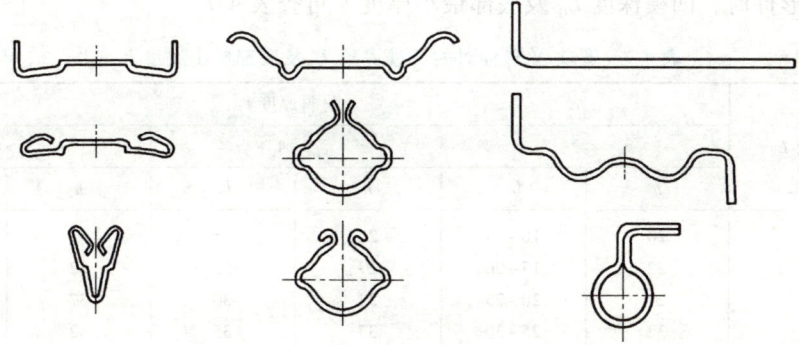

图 4-35 三道工序弯曲成形的示例

十、弯曲模工作部分结构参数的确定

1. 弯曲凸模的圆角半径

当弯曲件的相对弯曲半径 r/t 较小时,凸模圆角半径等于弯曲件的弯曲半径,但必须大于最小弯曲圆角半径。若 r/t 小于最小相对弯曲半径,则可先弯成较大的圆角半径,然后再采用整形工序进行整形。

当弯曲件的相对弯曲半径 r/t 较大、精度要求较高时,凸模圆角半径应根据回弹值做相应的修正。

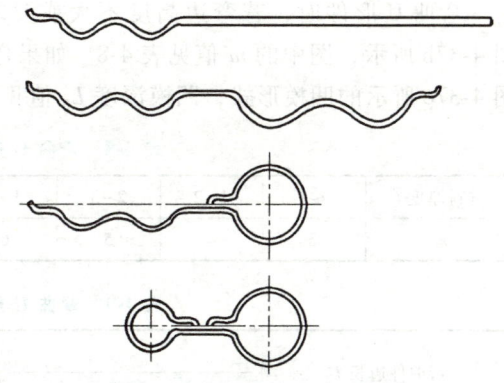

图 4-36 四道工序弯曲成形的示例

2. 弯曲凹模的圆角半径及其工作部分的深度

图 4-37 所示为弯曲凸模和凹模的结构尺寸。凹模圆角半径 r_A 不能过小,否则弯曲的力臂减小,毛坯沿凹模圆角滑进时阻力增大,进而增加弯曲力,并使毛坯表面擦伤。对称压弯件两边的凹模圆角半径 r_A 应一致,否则压弯时毛坯会产生偏移。

生产中,按材料的厚度决定凹模圆角半径。当 $t \leq 2mm$ 时,$r_A = (3 \sim 6)t$;当 $t = 2 \sim 4mm$ 时,$r_A = (2 \sim 3)t$;当 $t > 4mm$ 时,$r_A = 2t$。

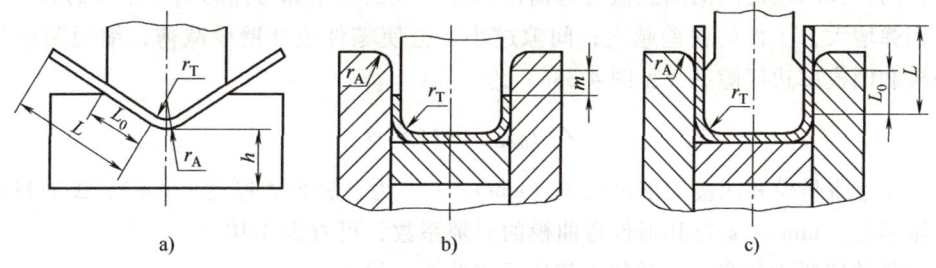

图 4-37 弯曲凸模和凹模的结构尺寸

弯曲凹模深度 L_0 要适当,如图 4-37a、c 所示。若过小,则工件两端的自由部分过长,弯曲零件回弹大且不平直;若过大,则浪费模具材料,且需较大的压力机行程。

对于 V 形件凹模,其底部可开退刀槽,或取 $r_A = (0.6 \sim 0.8)(r_T + t)$。

弯曲V形件时，凹模深度 L_0 及底部最小厚度 h 可查表4-7。

表4-7　弯曲V形件时的凹模深度 L_0 及底部最小厚度 h　　（单位：mm）

弯曲件边长 L	材料厚度 t					
	≤2		2~4		>4	
	h	L_0	h	L_0	h	L_0
10~25	20	10~15	22	15	—	—
25~50	22	15~20	27	25	32	30
50~75	27	20~25	32	30	37	35
75~100	32	25~30	37	35	42	40
>100~150	37	30~35	42	40	47	50

弯曲U形件时，若弯边高度不大或要求两边平直，则凹模深度应大于零件高度，如图4-37b所示，图中的 m 值见表4-8。如果弯曲件边长较大，而对平直度要求不高，可采用图4-37c所示的凹模形式，凹模深度 L_0 值见表4-9。

表4-8　弯曲U形件时的凹模的 m 值　　（单位：mm）

材料厚度 t	≤1	1~2	2~3	3~4	4~5	5~6	6~7	7~8	8~10
m	3	4	5	6	8	10	15	20	25

表4-9　弯曲U形件时的凹模深度 L_0　　（单位：mm）

弯曲件边长 L	材料厚度 t				
	≤1	1~2	2~4	4~6	6~10
<50	15	20	25	30	35
50~75	20	25	30	35	40
75~100	25	30	35	40	40
100~150	30	35	40	50	50
150~200	40	45	55	65	65

3. 弯曲凸模和凹模之间的间隙

对于V形件，凸模和凹模之间的间隙是由调节压力机的装模高度来控制的。对于U形弯曲件，凸模和凹模之间的间隙值对弯曲件回弹、表面质量和弯曲力均有很大的影响。间隙越大，回弹增大，工件的误差越大；间隙过小，会使零件边部壁厚减薄，缩短凹模使用寿命。凸模和凹模单边间隙 Z（见图4-38a）为

$$Z = t_{max} + ct = t + \Delta + ct \qquad (4-13)$$

式中，Z 为弯曲凸模和凹模的单边间隙（mm）；t_{max} 为材料最大厚度（mm）；Δ 为材料厚度的上极限偏差（mm）；c 为U形件弯曲模的间隙系数，可查表4-10。

当工件精度要求较高时，其间隙值应适当减小，取 $Z=t$。

4. 弯曲凸模和凹模宽度尺寸的计算

弯曲凸模和凹模宽度尺寸计算与工件的尺寸标注有关。一般原则是工件标注外形尺寸时模具以凹模为基准件，间隙取在凸模上，如图4-38b所示。反之，工件标注内形尺寸时，模具以凸模为基准件，间隙取在凹模上，如图4-38c所示。

表 4-10　U形件弯曲模的间隙系数 c　　　　　　　　　　（单位：mm）

弯曲件高度 H	材料厚度 t								
	$b/H \leqslant 2$				$b/H > 2$				
	<0.5	0.6~2	2.1~4	4.1~5	<0.5	0.6~2	2.1~4	4.1~7.5	7.6~12
10	0.05	0.05	0.04	—	0.10	0.10	0.08	—	—
20	0.05	0.05	0.04	0.03	0.10	0.10	0.08	0.06	0.06
35	0.07	0.05	0.04	0.03	0.15	0.10	0.08	0.06	0.06
50	0.10	0.07	0.05	0.04	0.20	0.15	0.10	0.06	0.06
70	0.10	0.07	0.05	0.05	0.20	0.15	0.10	0.10	0.08
100	—	0.07	0.05	0.05	—	0.15	0.10	0.10	0.08
150	—	0.10	0.07	0.05	—	0.15	0.10	0.10	0.10
200	—	0.10	0.07	0.07	—	0.20	0.15	0.15	0.10

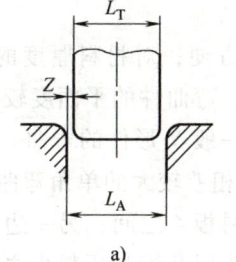
a)
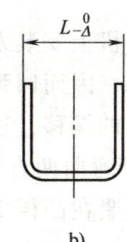
b)
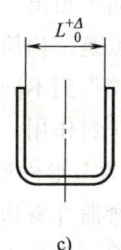
c)

图 4-38　工件的尺寸标注及模具尺寸

当标注工件外形尺寸时，凸凹模尺寸为

$$L_A = (L_{max} - 0.75\Delta)_{0}^{+\delta_A} \tag{4-14}$$

$$L_T = (L_A - 2Z)_{-\delta_T}^{0} \tag{4-15}$$

当标注工件内形尺寸时，凸凹模尺寸为

$$L_T = (L_{min} + 0.75\Delta)_{-\delta_T}^{0} \tag{4-16}$$

$$L_A = (L_T + 2Z)_{0}^{+\delta_A} \tag{4-17}$$

式中，L_{max} 为弯曲件宽度的最大尺寸（mm）；L_{min} 为弯曲件宽度的最小尺寸（mm）；L_T 为凸模宽度（mm）；L_A 为凹模宽度（mm）；Z 为凸模、凹模之间的间隙（mm）；Δ 为弯曲件宽度的尺寸公差（mm）；δ_T、δ_A 为凸模和凹模的制造偏差（mm），一般按 IT9 选用。

十一、弯曲模的典型结构

弯曲模的结构主要取决于弯曲件的形状及弯曲工序的安排。下面以常见的不同类型的弯曲件为主线，分别分析弯曲模的典型结构及其特点。

1. V形件弯曲模

V形件形状简单，能一次弯曲成形。V形件的弯曲方法有两种：一种是沿弯曲件角平分线的方向弯曲，称为V形弯曲；另一种是垂直于一直边方向的弯曲，称为L形弯曲。

图4-39所示为V形件弯曲模的基本结构。

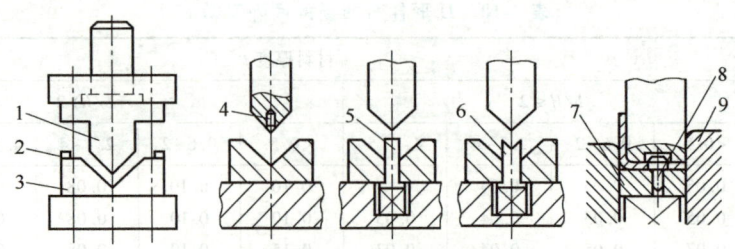

图 4-39　V 形件弯曲模的基本结构

1—凸模　2—定位板　3—凹模　4—定位尖　5—顶杆
6—V 形顶板　7—顶板　8—定位销　9—反侧压块

图 4-40 所示为 V 形件弯曲模。该模具的原理：首先将板料放在定位板 10 中定位，上模下行，凸模 4 与顶杆 7 将坯料压紧一起下行，对板料进行弯曲。回程时，顶杆 7 在弹簧的作用下，将弯曲件向上顶出。

该模具的优点是结构简单，在压力机上安装及调整方便；对材料厚度的公差要求不严，弯曲件在行程末端得到不同程度的校正，因而回弹较小，弯曲件的平面度较好。顶杆 7 既起顶料作用，又起压料作用，可防止材料的偏移，适合于一般 V 形件的弯曲。

图 4-41 所示为 L 形件弯曲模，用于弯曲两直边长度相差较大的单角弯曲件。图 4-41a 所示为基本形式。弯曲件直边长的一边夹紧在凸模 2 与压料板 4 之间，另一边沿凹模 1 圆角滑动而向上弯起。毛坯上的工艺孔套在定位销 3 上，以防止因凸模与压料板之间的压料力不足而产生毛坯偏移现象。这种弯曲因竖边部分没有得到校正，所以回弹较大。

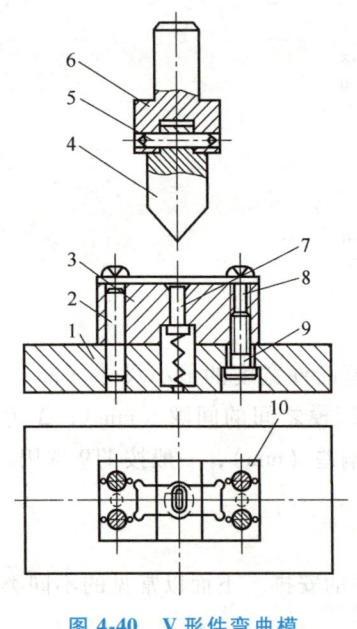

图 4-40　V 形件弯曲模

1—下模座　2、5—圆柱销　3—凹模　4—凸模
6—模柄　7—顶杆　8、9—螺钉　10—定位板

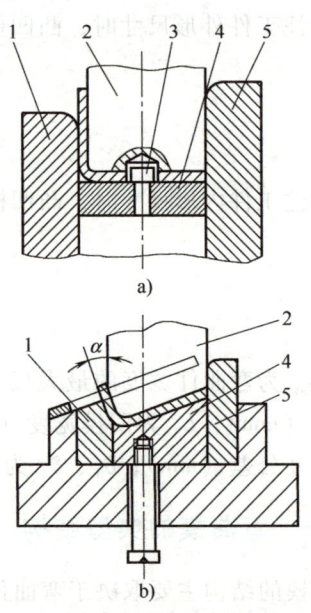

图 4-41　L 形件弯曲模

1—凹模　2—凸模　3—定位销
4—压料板　5—靠板

图 4-41b 所示为有校正作用的 L 形件弯曲模。由于凹模 1 和压料板 4 的工作面有一定的倾斜角，因此，竖直边也能得到一定的校正，弯曲后工件的回弹较小。倾角 α 一般为 5°~10°。

图 4-42 所示为 V 形件精弯模。弯曲时，凸模 1 首先压住毛坯。凸模再下降时，迫使活动凹模 4 向内转动，并沿支承板 6 向下滑动，使毛坯压成 V 形。凸模回程时，弹顶器使活动凹模上升。由于两活动凹模板通过铰链 5 和支架销槽连在一起，所以在上升的同时向外转动张开，恢复到原来的原始位置。支架 2 控制回程高度，使两活动凹模成一平面。

V 形件精弯模在弯曲工件过程中，毛坯与凹模始终保持大面积接触，毛坯在活动凹模上不产生相对滑动和偏移，因此，弯曲件表面不会损伤，工件质量较高。它适用于弯曲毛坯没有足够的定位支承面、窄长的、形状复杂的工件，如图 4-42 中的工件图所示。

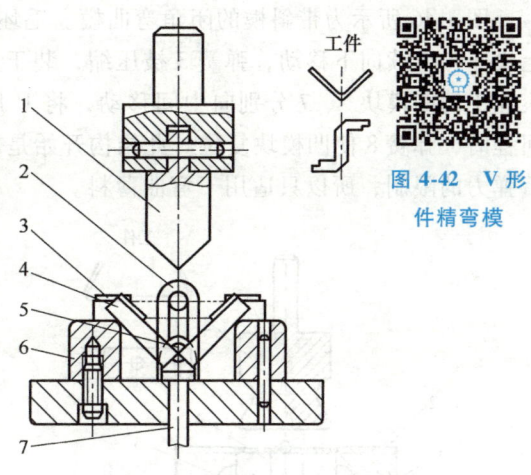

图 4-42 V 形件精弯模
1—凸模　2—支架　3—定位销　4—活动凹模
5—铰链　6—支承板　7—顶杆

2. U 形件弯曲模

（1）一般 U 形件弯曲模　图 4-43 所示为一般 U 形件弯曲模。这种弯曲模在凸模的一次行程中能同时完成两个角的弯曲。冲压时毛坯被压在凸模和压料板之间逐渐下降，两端未被压住的材料沿凹模圆角滑动并弯曲，进入凸模与凹模的间隙。凸模回升时，压料板将工件顶出。由于材料的回弹，工件一般不会包在凸模上。

当 U 形件的外侧尺寸要求较高或内侧尺寸要求较高时，可采用图 4-44 所示的弯曲模，将弯曲凸模或凹模做成活动结构，可根据板料的厚度自动调整凸模或凹模的宽度尺寸，在行程末端可对侧壁和底部进形校正。图 4-44a 所示结构用于外侧尺寸要求较高的工件，图 4-44b 所示结构用于内侧尺寸要求较高的工件。

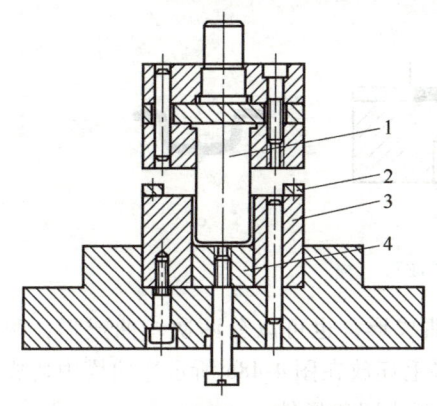

图 4-43 一般 U 形件弯曲模
1—凸模　2—定位板　3—凹模　4—压料板

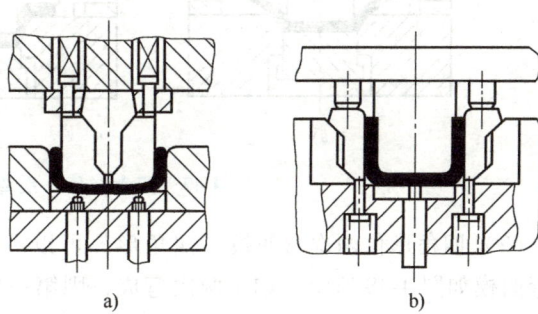

图 4-44 弯曲凸模或凹模为活动结构的 U 形件弯曲模

（2）闭角弯曲模　图 4-45 所示为弯角小于 90°的 U 形件闭角弯曲模，两侧的活动凹模镶块可在圆腔内回转。当凸模上升后，弹簧使活动凹模镶块复位。这种结构的模具可用于弯曲较厚的材料。

图4-46所示为带斜楔的闭角弯曲模。毛坯首先在凸模6的作用下被压成U形件。随着上模座4继续向下移动,弹簧3被压缩,装于上模座4上的两块斜楔2压向滚柱1,使装有滚柱1的凹模块5、7分别向中间移动,将U形件两侧边向里弯成小于90°的角度。当上模回程时,弹簧8使凹模块复位。此结构开始是靠弹簧3的弹力将毛坯弯成U形件的,由于弹簧弹力的限制,所以只适用于弯曲薄料。

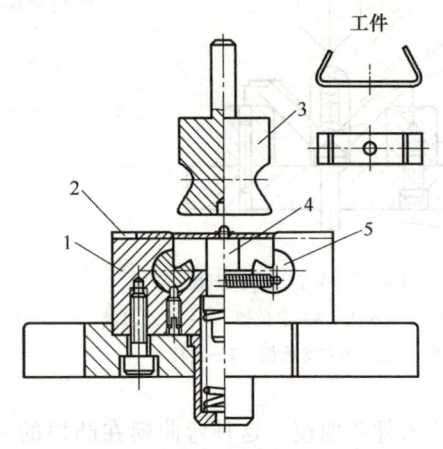
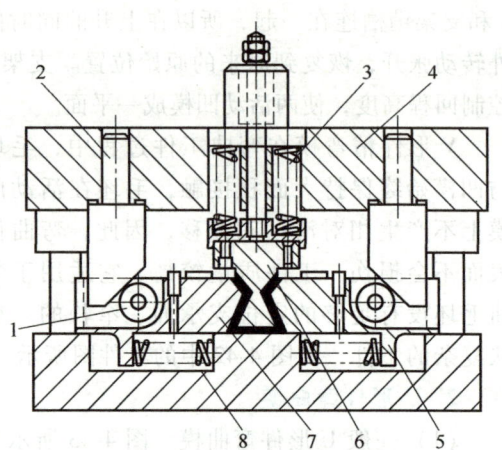

图4-45 弯角小于90°的U形件闭角弯曲模
1—凸模 2—定位板 3—凹模
4—压料装置 5—活动凹模镶块

图4-46 带斜楔的闭角弯曲模
1—滚柱 2—斜楔 3、8—弹簧 4—上模座
5、7—凹模块 6—凸模

3. 四角形件弯曲模

(1) 四角形件一次弯曲模 四角形件一次弯曲模如图4-47a所示。在弯曲过程中,由于外角处的弯曲线位置在弯曲过程中是变化的,因此材料在弯曲时有拉长现象,如图4-47b所示。零件脱模后,其外角形状不准,并有竖直边变薄现象,如图4-47c所示。

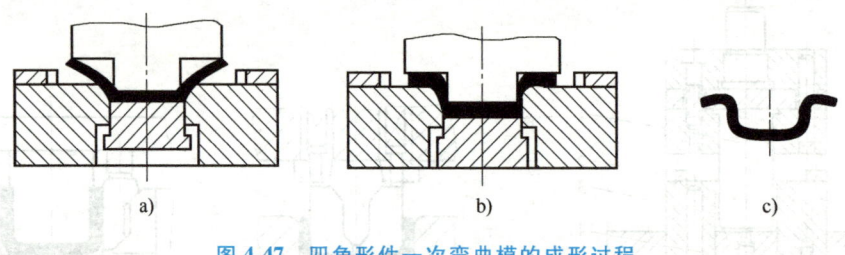

图4-47 四角形件一次弯曲模的成形过程

(2) 四角形件两次弯曲模 四角形件可以一次弯曲成形,也可以分两次弯曲成形,两次弯曲模如图4-48所示。如果两次弯成,则第一次先将毛坯放在图4-48a所示弯曲模中弯成U形,然后再将U形毛坯放在图4-48b所示的弯曲模中弯成四角形件。

图4-49所示的弯曲模是四角形件分步弯曲模。毛坯放在凹模面上,由定位板定位。开始弯曲时,凸凹模1将毛坯弯成U形(见图4-49a),随着凸凹模1继续下降,到行程终了时将U形工件压成四角形(见图4-49b)。

四角形件的弯曲也可用图4-50所示的带摆块的四角形件分步弯曲模,先弯曲内侧两角,后弯外侧两角。板料放在凸模2顶面上,靠两侧的挡板6定位。上模下降,凸模2和凹模1

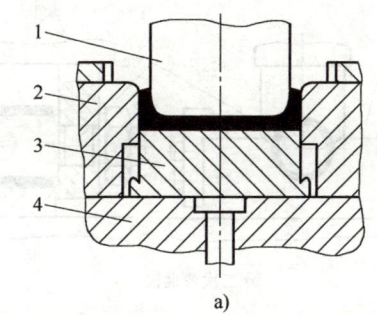 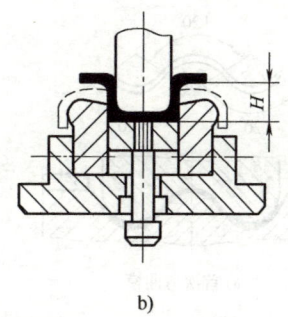

图 4-48 四角形件两次弯曲模

1—凸模　2—凹模　3—压料板　4—下模座

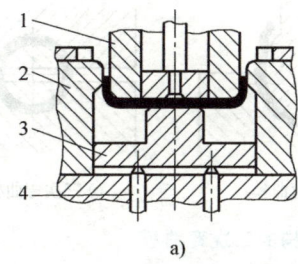 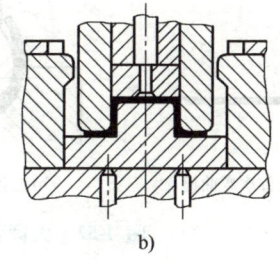

图 4-49 四角形件分步弯曲模

1—凸凹模　2—凹模　3—活动凸模　4—顶杆

利用弹顶器的弹力弯出工件的两个内角，使毛坯弯成 U 形。上模继续下降，凹模的底部迫使凸模 2 压缩弹顶器向下运动。这时铰接在凸模侧面的一对摆块 3 向外摆动，完成两外角的弯曲。

4. 圆形件弯曲模

圆形件的弯曲方法根据其直径的不同而不同。对于圆筒直径 $d \geqslant 20\text{mm}$ 的大圆结构，其弯曲方法可以分为一次、两次、三次弯曲成形。图 4-51 所示为大圆结构的两次弯曲模，先将毛坯预弯成三个 120° 的波浪形，然后再弯成圆筒形。弯曲完毕后，工件套在凸模上，可沿凸模轴向取出工件。

图 4-50 带摆块的四角形件分步弯曲模

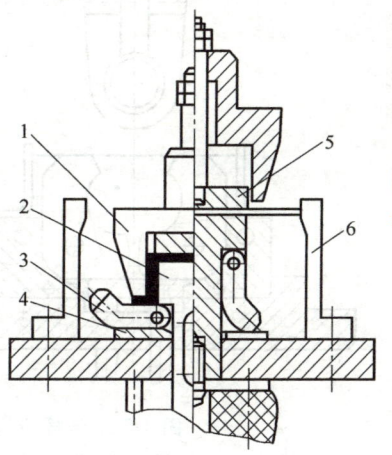

图 4-50 带摆块的四角形件分步弯曲模

1—凹模　2—凸模　3—摆块
4—垫板　5—推件板　6—挡板

图 4-52 所示为大圆结构的三次弯曲模，分三道工序将坯料弯成大圆。这种模具生产率低，适用于材料较厚的工件的弯曲。

为了提高生产率，也可以采用图 4-53 所示的带摆动凹模的一次弯曲模成形。芯棒凸模 2 下行，先将坯料压成 U 形。凸模继续下行，活动凹模 3 将 U 形弯成圆形。弯好后，推开支承杆 1，将工件从芯棒凸模 2 上取下。这种弯曲方法的缺点是弯曲件上部得不到校正，回弹较大。

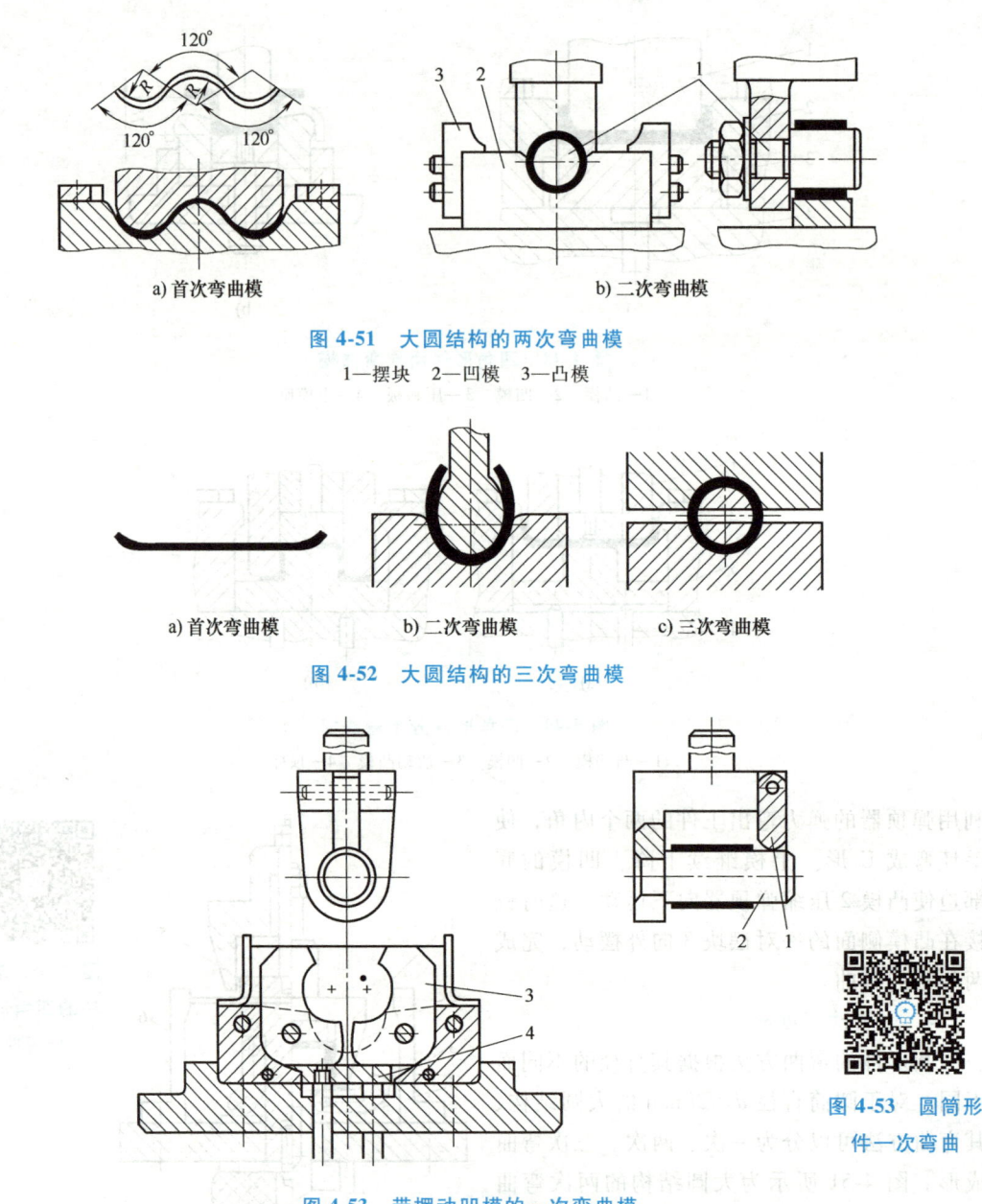

a) 首次弯曲模　　　　b) 二次弯曲模

图 4-51　大圆结构的两次弯曲模
1—摆块　2—凹模　3—凸模

a) 首次弯曲模　　b) 二次弯曲模　　c) 三次弯曲模

图 4-52　大圆结构的三次弯曲模

图 4-53　圆筒形件一次弯曲

图 4-53　带摆动凹模的一次弯曲模
1—支承杆　2—芯棒凸模　3—活动凹模　4—顶板

对于圆筒直径 $d \leqslant 5mm$ 的小圆结构，其弯曲方法一般是先弯成 U 形，再弯成圆形。小圆结构的两次弯曲模如图 4-54 所示。由于工件小，分两次弯曲操作不便，故也可采用图 4-55 所示的小圆结构的一次弯曲模，它适用于软材料和中小直径圆形件的弯曲。毛坯由下凹模 5 定位，当上模下行时，压料板 2 压住支架 6 下行，从而带动芯轴凸模 3 与下凹模 5 首先将毛坯弯成 U 形。上模继续下行时，上凹模 1 将工件弯曲成圆形。当工件精度要求较高时，可旋转工件连压几次，以获得较好的圆度。上模回程后，工件留在芯轴凸模上，沿垂直图面的方向将工件从芯轴凸模上取出。

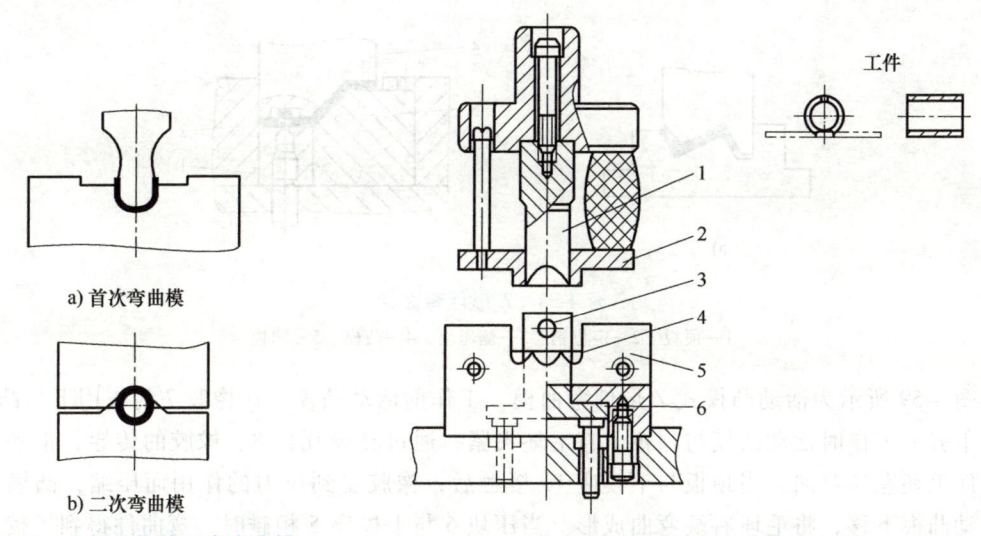

a) 首次弯曲模

b) 二次弯曲模

图 4-54　小圆结构的两次弯曲模

图 4-55　小圆结构的一次弯曲模

1—上凹模　2—压料板　3—芯轴凸模　4—毛坯　5—下凹模　6—支架

5. 铰链弯曲模

有两种不同形式的铰链结构，需两次弯曲。铰链一般采用卷圆工艺，如图 4-56 所示。卷圆工艺一般采用推圆法，先将坯料预弯（见图 4-57a），然后将预弯后的工件放置在图 4-57b 或 c 所示的终弯模中卷圆。其中，图 4-57b 所示为立式卷圆模，该模具结构简单，操作方便；图 4-57c 所示为卧式卷圆模，该模具中设有压料装置，以防止工件回弹，因而工件质量较好，但模具结构较复杂。

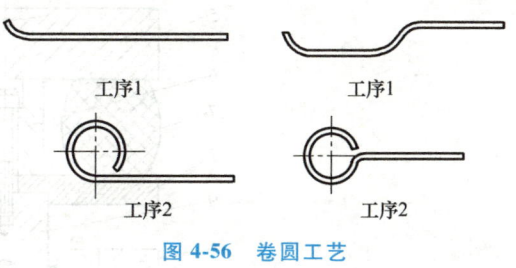

图 4-56　卷圆工艺

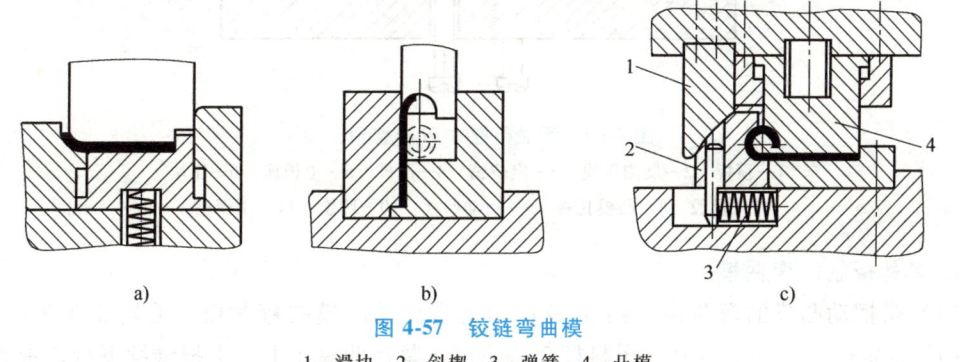

图 4-57　铰链弯曲模

1—滑块　2—斜楔　3—弹簧　4—凸模

6. Z 形件弯曲模

图 4-58a 所示为简易的 Z 形件弯曲模，一次弯曲成形。这种模具结构简单，但由于没有压料装置，压弯时毛坯容易滑动，仅适用于精度要求不高的零件。

图 4-58b 所示为设置顶板和定位销的 Z 形件弯曲模，能有效地防止毛坯偏移。侧压块 3 的作用是平衡上、下模水平方向的作用力，同时也可防止顶板 1 窜动。该模具适用于精度要求较高的零件。

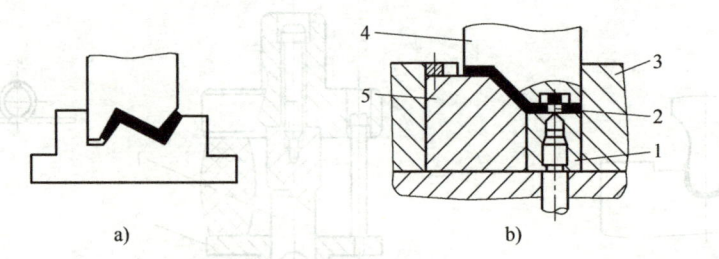

图 4-58　Z 形件弯曲模
1—顶板　2—定位销　3—侧压块　4—凸模　5—凹模

图 4-59 所示为活动凸模式 Z 形件弯曲模。工作前活动凸模 9 在橡胶 7 的作用下与凸模 4 端面平齐。工作时活动凸模与顶板 1 将毛坯夹紧，通过凸模托板 8、橡胶的传导，推动顶板下移使毛坯左端弯曲。当顶板与下模座 11 接触后，橡胶受到压力的作用而压缩，凸模相对于活动凸模下移，将毛坯右端弯曲成形。当压块 6 与上模座 5 相碰时，弯曲件得到了校正。

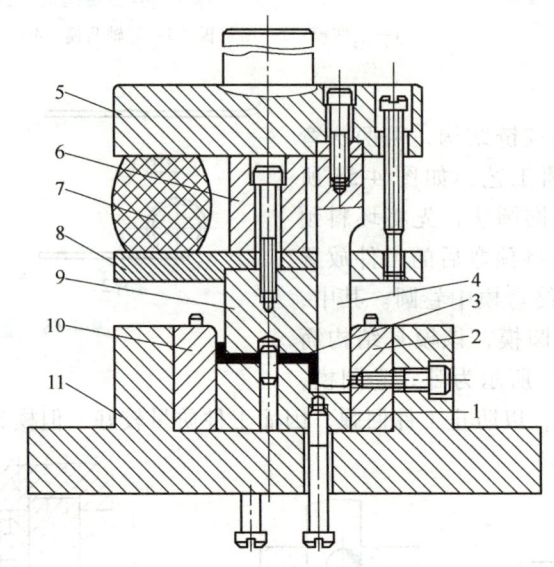

图 4-59　活动凸模式 Z 形件弯曲模
1—顶板　2—反侧压块　3—定位销　4—凸模　5—上模座　6—压块
7—橡胶　8—凸模托板　9—活动凸模　10—凹模　11—下模座

7. 其他形状的弯曲模

（1）带摆动凸模的弯曲模　图 4-60 所示为带摆动凸模的弯曲模。毛坯放在凹模 3 上，并由凹模 3 定位。上模下行时，压料杆 2 将毛坯压紧在凹模 3 上。上模继续下行，带动摆动凸模 1 沿凹模的斜槽运动，将工件压弯成形。上模回程后，工件留在凹模上，向后推出工件，从后方取出工件。

（2）滚轴式弯曲模　图 4-61 所示为滚轴式弯曲模。工件放在定位板 2 上定位。上模下行，凸模 1 和凹模 3 将工件先弯成 U 形，然后进入滚轴凹模 4 的槽中，完成弯曲。上模回程，滚轴在弹簧的拉力作用下回转，工件随着上模一起上行，然后将工件由前向后推出，取出工件。

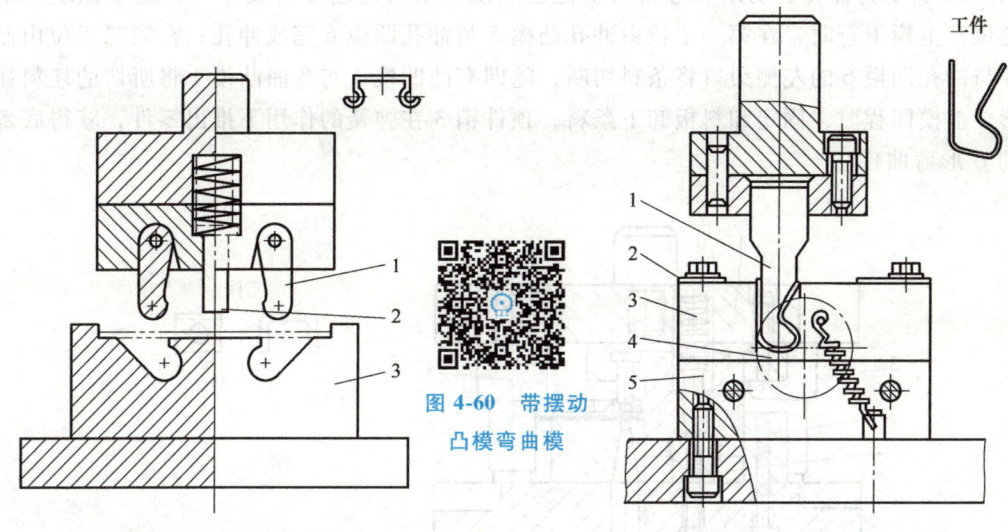

图 4-60 带摆动凸模的弯曲模

1—摆动凸模 2—压料杆 3—凹模

图 4-60 带摆动凸模弯曲模

图 4-61 滚轴式弯曲模

1—凸模 2—定位板 3—凹模 4—滚轴凹模 5—挡板

（3）摆动凹模弯曲模 图 4-62 所示为摆动凹模弯曲模，可以弯曲多个角的工件。工件放在摆动凹模上由定位板定位。凸模 1 下行，与摆动凹模 3 将板料一次弯曲而成所需要的形状。凸模上行，摆动凹模在顶杆的作用下向上摆动，从而顶出工件。

图 4-62 摆动凹模弯曲模

1—凸模 2—定位板 3—摆动凹模

图 4-62 摆动凹模弯曲模

8. 连续弯曲模

连续弯曲模冲压在提高生产率、降低成本、提高质量和实现自动化等方面有着非常现实的意义。

图 4-63 所示连续弯曲模成形工艺共有四个工位：第一个工位冲两端孔及槽；第二个工位冲中间的孔；第三个工位为空位；第四个工位进行切断、弯曲成形。

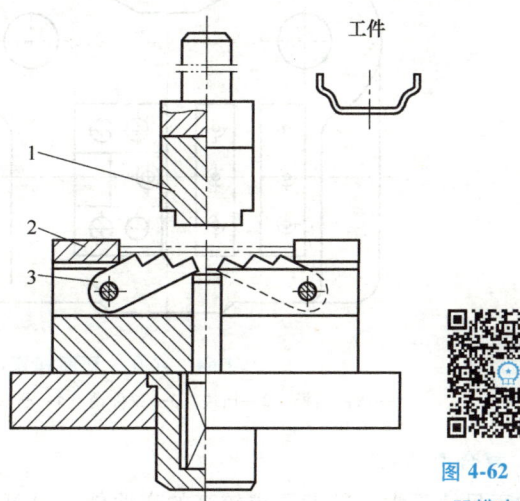

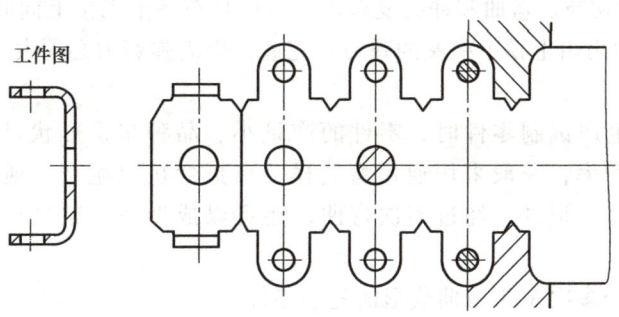

图 4-63 连续弯曲模成形工艺

图 4-64 所示为冲孔、切断和弯曲两工位连续模。条料通过导料板导向,送至挡块 2 的右侧定位。上模下行时,在第一工位由冲孔凸模 5 与冲孔凹模 6 完成冲孔;在第二工位由凸凹模 4 与冲孔凹模 6 的左侧刃口将条料切断,随即有凸凹模 4 与弯曲凸模 1 将所切的坯料压弯成形。上模回程时,固定卸料板卸下条料,顶件销 3 在弹簧的作用下推出零件,获得底部带孔的 U 形弯曲件。

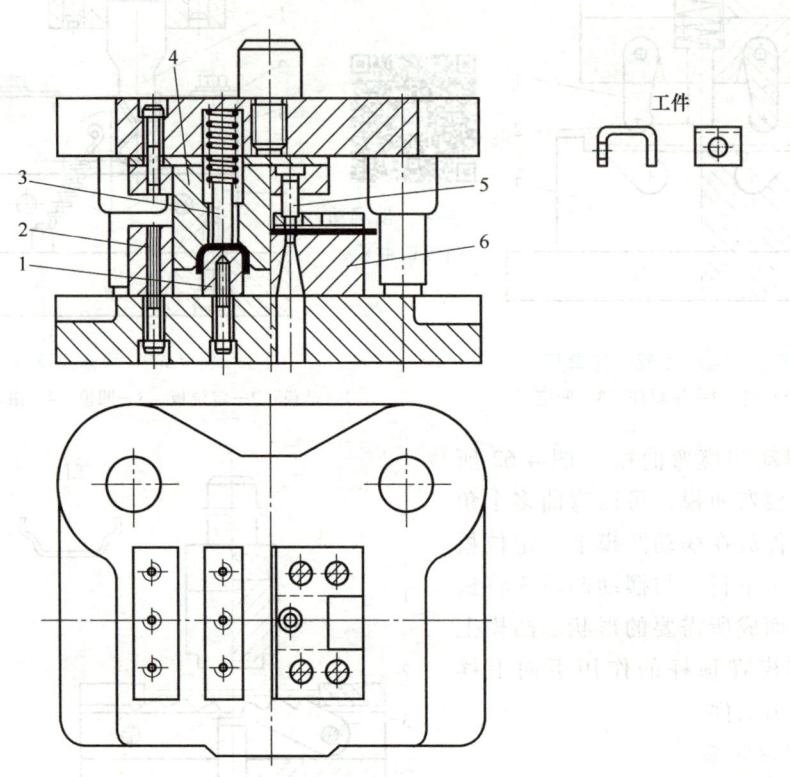

图 4-64 冲孔、切断和弯曲两工位连续模
1—弯曲凸模 2—挡块 3—顶件销 4—凸凹模 5—冲孔凸模 6—冲孔凹模

9. 复合弯曲模

对于尺寸不大,精度要求较高的弯曲件,也可以采取复合弯曲模进行弯曲,即在压力机一次行程内,在模具同一位置上完成落料、弯曲、冲孔等几种不同工序。

图 4-65a 所示为切断和弯曲复合模。这种模具结构简单,但工件精度较低。

图 4-65b 所示为切断、弯曲和冲孔复合模。该模具在一个工位上同时完成切断、弯曲和冲孔三个工序。弯曲力由上模中弹簧的弹力来完成,因而弹簧力必须大于弯曲力。

10. 通用弯曲模

在小批生产或生产试制零件时,零件的产量小、品种多,形状尺寸经常改变,为了降低成本,提高生产率,一般采用通用弯曲模,在折弯机上生产。通用弯曲模不仅可以制造一般的 V 形件、U 形件,经过多次弯曲,还可以成形一些精度要求不高而形状相对复杂的零件。

图 4-66 所示为经多次 V 形弯曲成形的复杂零件。

图 4-67 所示为折弯机上通用的弯曲模端面形状。图 4-68 所示为通用 V 形弯曲模。

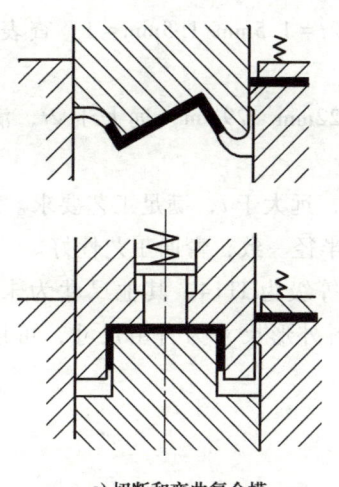

a) 切断和弯曲复合模　　b) 切断、弯曲和冲孔复合模

图 4-65　复合弯曲模

1—冲孔凸模　2—弯曲凸模　3—落料凹模　4—凸凹模　5—卸料板　6—下模座

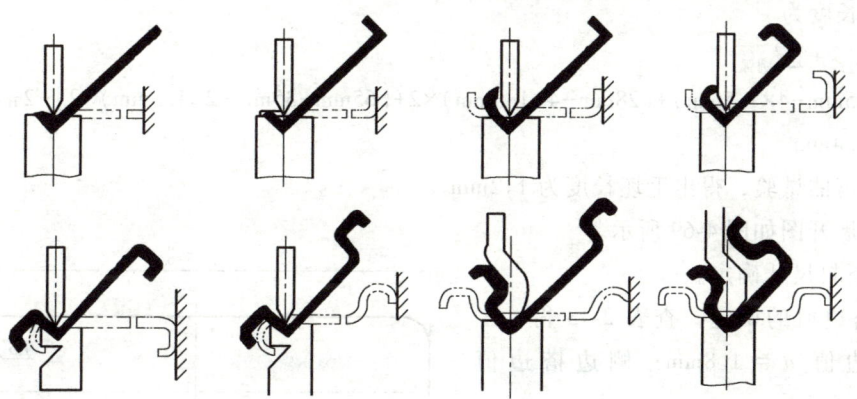

图 4-66　经多次 V 形弯曲成形的复杂零件

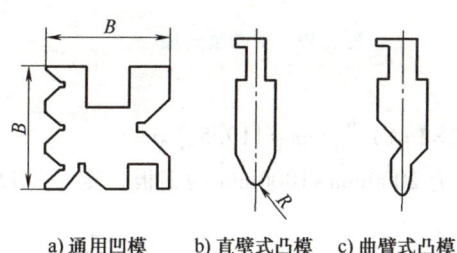

a) 通用凹模　　b) 直壁式凸模　　c) 曲臂式凸模

图 4-67　折弯机上通用的弯曲模端面形状

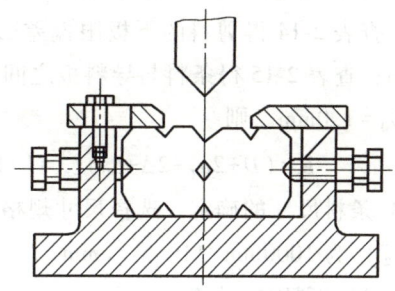

图 4-68　通用 V 形弯曲模

任务实施

1. 支架弯曲工艺设计

（1）零件工艺性分析

1）加工工序。从零件图和技术要求分析可知，该零件是四角形弯曲件，材料为 08 钢，

塑性好，特别适合弯曲加工。

2）相对弯曲半径。零件弯曲圆角 $r=1.5$mm，则 $r/t=1.5$mm$/1.5$mm$=1$。查表4-1，得 $r_{min}/t=0.4$，因而 $r/t>r_{min}/t$，满足工艺要求。

3）直边高度 H。零件直边高度分别为 13.5mm、22mm、29mm，远大于 $2t$，满足工艺要求。

4）孔边距。$(35$mm-10mm$)/2-2\times1.5$mm$=9.5$mm，远大于 t，满足工艺要求。

5）弯曲件形状。弯曲件几何形状对称，左右弯曲半径一致，弯曲工艺性好。

6）尺寸精度。尺寸 28 ± 0.5、35 ± 0.5，标准公差等级为 IT14，其他尺寸为未注公差，弯曲工艺可以满足加工精度的要求。$\phi10$ 的孔和展开料外形尺寸为自由尺寸，可以使用落料、冲孔工序加工而成。

结论：零件可以用冲裁和弯曲工序加工而成。

(2) 零件工艺计算

1）展开尺寸计算。查表4-5得中性层位移系数 $x=0.32$，中性层曲率半径为
$$\rho = r+xt = 1.5\text{mm}+0.32\times1.5\text{mm}=1.98\text{mm}$$

展开长度为
$$L = \sum l_{直线} + \sum l_{圆弧}$$
$$=[(35\text{mm}-4\times1.5\text{mm})+(28\text{mm}-4\times1.5\text{mm})\times2+(65\text{mm}-35\text{mm}-2\times1.5\text{mm})\times2]+2\pi\times1.98\text{mm}$$
$$=112.4\text{mm}$$

经过弯曲试验，得出毛坯长度为 112mm。

支架展开图如图4-69所示。

2）下料尺寸确定。

① 搭边值的确定。查表2-13得：工件间搭边值 $a=1.8$mm；侧边搭边值 $a_1=2.0$mm。

② 条料宽度的确定。采用无侧压装置计算，查表2-14得剪料的下极限偏差 $\Delta=1.0$mm；查表2-15得条料与导料板之间的间隙 $b_0=1.0$mm。则

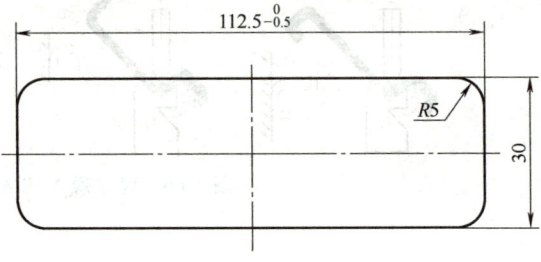

图4-69 支架展开图

$$B=(D+2a_1+2\Delta+b_0)_{-\Delta}^{\ 0}=(112.5+2\times2+2\times1+1)_{-1.0}^{\ 0}\text{mm}=119.5_{-1.0}^{\ 0}\text{mm}$$

③ 条料尺寸的确定。选择尺寸规格（长×宽）为 2000mm×1000mm 的钢板，则条料尺寸（长×宽）为 $1000\text{mm}\times119.5_{-1.0}^{\ 0}$mm。

④ 材料利用率计算。

整张钢板可剪条料数 $n_1=2000$mm$/119.5$mm$=16.7$，取 $n_1=16$。

每条料可加工工件数 $n_2=1000$mm$/(30$mm$+2$mm$)=31.25$，取 $n_2=31$。

整张钢板可加工工件数 $n=n_1n_2=16\times31=496$。

$S_1=112.5$mm$\times30$mm$-1/4\pi\times10^2$mm$^2=3279$mm^2

$S_Z=2000$mm$\times1000$mm$=2000000$mm^2

则材料利用率

$$\eta=\frac{n_1 n_2 S_1}{S_Z}=\frac{496\times 3279\text{mm}^2}{2000000\text{mm}^2}=81.3\%$$

(3) 支架冲压工艺方案选择

1) 弯曲工序安排。该零件的加工主要由落料、冲孔、弯曲等几个基本工序完成，其中弯曲工序有三个方案，如图 4-70 所示。

方案一：四角一次弯曲成形。由于不满足 $H \leqslant (8\sim10)t$，所以零件成形时坯料滑动量多，表面不平整，回弹大。

方案二：四角两次弯曲成形。先弯外侧两个角，再弯内侧两个角。满足 $H \geqslant (12\sim15)t$，凹模强度足够，可以使用两套模具，也可以使用一套模具（两次弯曲复合模）。

方案三：四角两次弯曲成形。先弯外侧两个角和内侧两个角（135°），再弯内侧两个角（90°），材料成形好，回弹小。

从以上分析可知，方案二、方案三都可以使用。

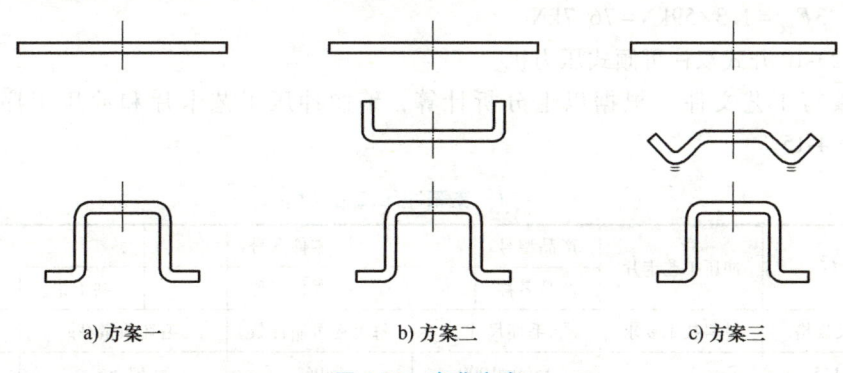

图 4-70 弯曲方案

a) 方案一 b) 方案二 c) 方案三

2) 支架冲压工艺方案。根据零件弯曲变形方式，考虑工序组合等，可以有以下四种冲压方案：

方案一：落料—冲孔—弯曲1—弯曲2（弯曲方案二）。

方案二：落料、冲孔复合—弯曲（弯曲方案二的两次弯曲组合）。

方案三：落料、冲孔复合—弯曲1—弯曲2（弯曲方案三）。

方案四：连续模。

方案一模具结构简单，但工序分散，需四套模具，工人操作不方便，且多次定位易产生定位误差，零件回弹不容易控制，因此形状和尺寸精度较差。

方案二模具结构简单，定位基准统一，但零件成形效果不好，回弹控制不方便。

方案三模具结构简单，定位基准统一，回弹小，尺寸精度、表面质量较高，操作也比较方便，但比方案二多一套模具。

方案四使用工序高度集中的带料连续模完成方案一中各道分散的冲压工序，工序集中，生产率高，操作方便，但模具结构复杂，制造成本高，更适合大批量、自动线生产。

综上分析，考虑到零件的尺寸精度和生产批量等特点，确定采用方案三。

(4) 冲压设备选择

1) 落料、冲孔力。查表 1-3，取 $\sigma_b = 420\text{MPa}$。

$F = Lt\sigma_b = [(112.5+30) \times 2 + \pi \times 10] \times 1.5 \times 420 \text{kN} \approx 200 \text{kN}$

$F_{卸} + F_{顶} = 0.1F \approx 20 \text{kN}$

$F_{总} = F + F_{卸} + F_{顶} \approx 220 \text{kN}$

$F_{机} = 1.15 F_{总} = 1.15 \times 220 \text{kN} = 253 \text{kN}$

初选压力机为 J23-40 开式双柱可倾式压力机。

2) 弯曲力。

第一次弯曲时，有

$F_{校} = qA = 50 \times 30 \times [(13.5 \times 2 + 28 \times 2) \times \sin 45° + 35] \text{kN} \approx 140.5 \text{kN}$

$F_{机} = 1.3 F_{校} = 1.3 \times 140.5 \text{kN} = 182.65 \text{kN}$

初选 J23-25 开式双柱可倾式压力机。

第二次弯曲时，有

$F_{校} = qA = (50 \times 30 \times 28 \times 2) \times \sin 45° \text{kN} \approx 59 \text{kN}$

$F_{机} = 1.3 F_{校} = 1.3 \times 59 \text{kN} = 76.7 \text{kN}$

初选 J23-10 开式双柱可倾式压力机。

(5) 编写工艺文件　根据以上分析计算，编制冲压工艺卡片和冲压工序卡片，见表 4-11~表 4-15。

表 4-11　支架冲压工艺卡片

××××××厂	冲压工艺卡片	产品型号		零件图号			
		产品名称		零件名称		共1张	第1张
材料牌号及规格	材料技术要求	毛坯尺寸		每毛坯可制件数	毛坯质量/kg		辅助材料
08(钢, t=1.5)		1500×1000		496	17.66		
工序号	工序名称	工序内容	零件图		设备	工艺装备	工时
1	剪	剪条料 1000×119.5$_{-1.0}^{0}$			剪板机 Q11-2×1800	钢直尺(0~200)	
2	冲	落料、冲孔			压力机 J23-40	落料冲孔模	
3	弯	第一次弯曲			压力机 J23-25	弯曲模Ⅰ	
4	弯	第二次弯曲			压力机 J23-10	弯曲模Ⅱ	
5	检	检验			平台	钢直尺	
				设计	审核	标准化	会签	批准
标记	处数	更改文件号	签字	日期			

表 4-12 支架冲压工序卡片 I

×××××厂		冲压工序卡片	产品型号		零件图号			
			产品名称		零件名称		共 4 张	第 1 张
材料牌号及规格		材料技术要求	毛坯尺寸	每毛坯可制件数		毛坯质量/kg		辅助材料
08(钢,$t=1.5$)			1500×1000	16		17.66		
工序号	工序名称	工序内容	工序简图			设备	工艺装备	工时
1	剪	剪条料 1000×119.5$_{-1.0}^{0}$				剪板机 Q11-2×1800	钢直尺(0~200)	
						设计	审核	标准化	会签	批准
标记	处数	更改文件号	签字	日期				

表 4-13 支架冲压工序卡片 II

×××××厂		冲压工序卡片	产品型号		零件图号			
			产品名称		零件名称		共 4 张	第 2 张
材料牌号及规格		材料技术要求	毛坯尺寸	每毛坯可制件数		毛坯质量/kg		辅助材料
08(钢,$t=1.5$)			1000×119.5	31		1.41		
工序号	工序名称	工序内容	工序简图			设备	工艺装备	工时
2	冲	落料、冲孔				压力机 J23-40	落料冲孔模	
						设计	审核	标准化	会签	批准
标记	处数	更改文件号	签字	日期				

表 4-14 支架冲压工序卡片Ⅲ

×××××厂		冲压工序卡片	产品型号		零件图号			
			产品名称		零件名称		共 4 张	第 3 张
材料牌号及规格		材料技术要求	毛坯尺寸		每毛坯可制件数	毛坯质量/kg		辅助材料
08(钢,t=1.5)			(落料件)		1	0.036		
工序号	工序名称	工序内容	工序简图			设备	工艺装备	工时
3	弯	第一次弯曲				压力机 J23-25	弯曲模Ⅰ	
						设计	审核	标准化	会签	批准
标记	处数	更改文件号	签字		日期			

表 4-15 支架冲压工序卡片Ⅳ

×××××厂		冲压工序卡片	产品型号		零件图号			
			产品名称		零件名称		共 4 张	第 4 张
材料牌号及规格		材料技术要求	毛坯尺寸		每毛坯可制件数	毛坯质量/kg		辅助材料
08(钢,t=1.5)			(落料件)		1	0.036		
工序号	工序名称	工序内容	工序简图			设备	工艺装备	工时
4	弯	第二次弯曲				压力机 J23-10	弯曲模Ⅱ	
5	检	检验				平台	钢直尺	
						设计	审核	标准化	会签	批准
标记	处数	更改文件号	签字		日期			

2. 支架弯曲模设计

支架零件的冲压加工工序需要设计三套模具,包括落料、冲孔复合模,以及第一次弯曲（弯外侧两角和将内侧两个圆角完成135°）和第二次弯曲（弯内侧两个圆角完成90°）时的弯曲模。

关于落料、冲孔复合模的设计计算，已在任务二和任务三中详细讲解，这里主要说明弯曲模的设计。

(1) 第一次弯曲时的弯曲模设计　根据工艺计算，第一次弯曲时工件的形状及尺寸如图4-71所示。

1）回弹角的确定。工件内侧两个圆角分别为135°，为工序尺寸，要求不严，可以不考虑回弹。外侧两个圆角为90°，属于V形弯曲，查表4-2得回弹角 $\Delta\alpha = 2°$，考虑到为多角弯曲，弯曲时材料变形相互牵制，参考生产经验，取 $\Delta\alpha = 1.5°$。

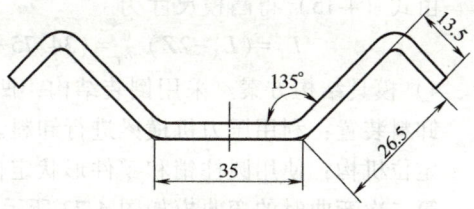

图4-71　第一次弯曲时工件的形状及尺寸

2）模具间隙。该模具属于V形件弯曲模，设计时不考虑模具间隙，在试模时调整。
3）凸模、凹模尺寸。根据零件的工序图确定，外侧两个R角的弯曲角度为88.5°。
4）模具结构方案。采用倒装结构，凹模装在上模，凸模和卸料装置装在下模上。
卸料装置：弯曲后的卸料力不大，用聚胺酯橡胶产生弹力卸料。
定位机构：使用圆柱销和防转销定位。
第一次弯曲时的弯曲模如图4-72所示。
5）模具零件设计。

模架设计。根据凸模、凹模工作尺寸及该零件的精度要求，选择滑动对角导柱模架，型号为200×160×210~255　Ⅰ　GB/T 2851—2008。上模座型号为200×160×40　GB/T 2855.1—2008，下模座型号为200×160×50 GB/T 2855.2—2008，材料为灰铸铁。模架导柱型号为28×200　GB/T 2861.1—2008、32×200　GB/T 2861.1—2008，导套型号为28×110×43　GB/T 2861.6—2008、32×110×43　GB/T 2861.6—2008，采用H7/h6配合；材料为20钢，表面渗碳淬火至58~62HRC。模具闭合高度 $H = 250\text{mm}$。

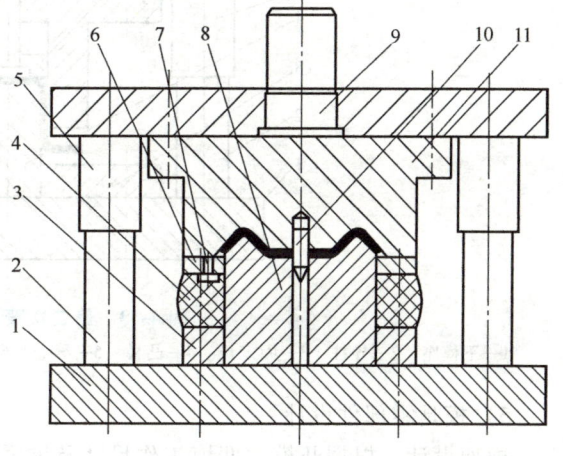

图4-72　第一次弯曲时的弯曲模
1—下模座　2—导柱　3—固定板　4—橡胶
5—导套　6—卸料板　7—定位销　8—凸模
9—模柄　10—定位销　11—凹模

J23-25压力机的闭合高度 $H_{max} = 270\text{mm}$，$H_{min} = 215\text{mm}$；工作台尺寸为370mm×560mm，可以满足使用，故最终确定压力机型号为J23-25。

(2) 第二次弯曲时的弯曲模设计

1）回弹角的确定。内侧两个R角为90°，属于U形弯曲，查表得回弹角 $\Delta\alpha = 1°$，在尺寸公差允许范围内，可以不考虑回弹。
2）模具间隙。该模具属于U形弯曲，查表4-10取 $c = 0.05$；由式(4-13)，得
$$Z = t + 0.05t = 1.05t = 1.05 \times 1.5\text{mm} = 1.575\text{mm}$$
3）凸模、凹模尺寸。该零件标注的是外形尺寸，故先确定凹模尺寸。制造精度等级按

IT8 选定，查表得 $\delta_A = +0.039$，$\delta_T = -0.039$。

零件弯曲尺寸偏差为双向偏差，由式（4-14）得凹模尺寸为

$$L_A = (L_{max} - 0.75\Delta)^{+\delta_A}_{0} = (35 - 0.75 \times 1)^{+0.039}_{0} \text{mm} = 34.75^{+0.039}_{0} \text{mm}$$

由式（4-15）得凸模尺寸为

$$L_T = (L_A - 2Z)^{0}_{-\delta_T} = (34.75 - 2 \times 1.575)^{0}_{-0.039} \text{mm} = 31.6^{0}_{-0.039} \text{mm}$$

4）模具结构方案。采用倒装结构，凹模在上模上，凸模在下模上。

卸料装置：利用压力机横梁进行卸料。

定位机构：使用圆柱销和零件形状定位。

第二次弯曲时的弯曲模如图 4-73 所示。

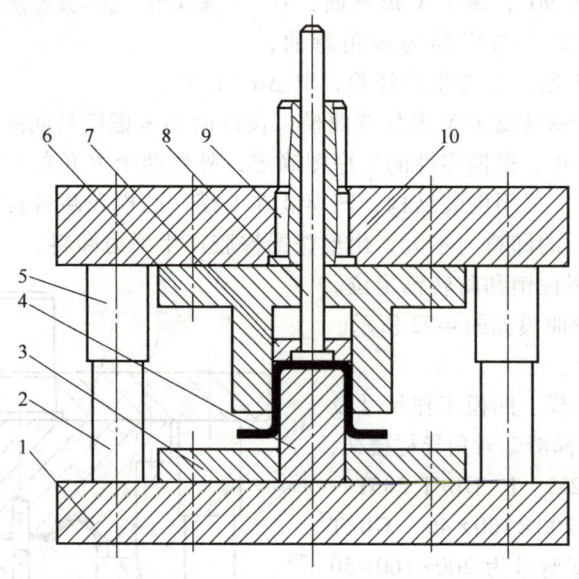

图 4-73 第二次弯曲时的弯曲模

1—下模座 2—导柱 3—固定板 4—凸模 5—导套 6—凹模 7—推板 8—打杆 9—模柄 10—上模座

5）模具零部件设计。

模架设计。根据凸模、凹模工作尺寸及该零件的精度要求，选滑动对角导柱模架，型号为 160×100×160~195 Ⅰ GB/T 2851—2008。上模座型号为 160×100×40 GB/T 2855.1—2008，下模座型号为 160×100×50 GB/T 2855.2—2008，材料为灰铸铁。模架导柱型号为 25×150 GB/T 2861.1—2008、28×150 GB/T 2861.1—2008，导套型号为 25×90×38 GB/T 2861.3—2008 28×90×38（GB/T 2861.3—2008），采用 H7/h6 配合，材料为 20 钢，表面渗碳淬火至 58~62HRC。模具闭合高度 $H = 190$mm。

J2-10 压力机的闭合高度 $H_{max} = 180$mm，不够使用，需重新选择设备。选择 J23-16 压力机，其闭合高度 $H_{max} = 220$mm，$H_{min} = 175$mm，工作台尺寸为 300mm×450mm，可以满足使用，故最终确定压力机型号为 J23-16。

3. UG NX 设计支架弯曲模

（1）第一次弯曲时的弯曲模的 UG NX 设计

1）打开 UG NX，新建装配图档，命名为"弯曲工序 1"，并将其存放到指定目录下，如图 4-74 所示。

任务四 支架弯曲工艺与模具设计

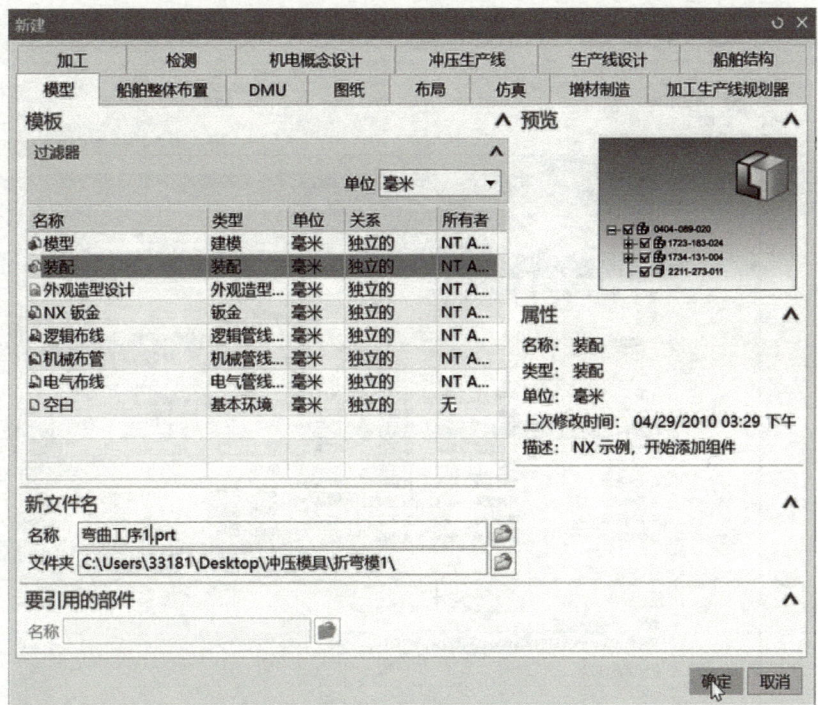

图 4-74 新建装配图档

2）在菜单栏中选择"启动"→"所有应用模块"→"装配"，如图 4-75 所示，完成装配模块的调用。

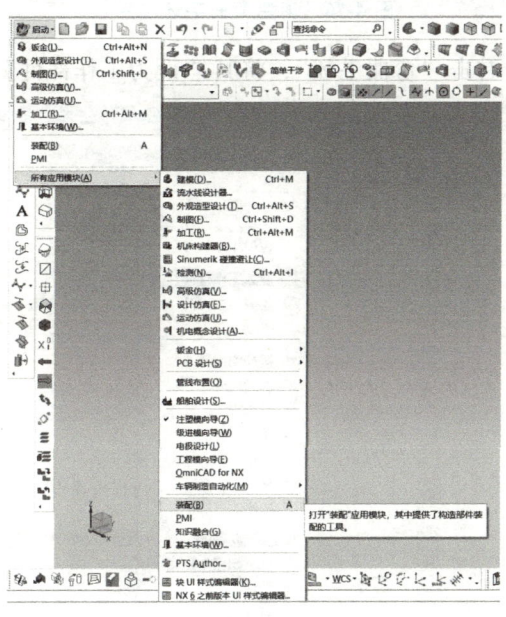

图 4-75 调用装配模块

3）创建弯曲毛坯工序，如图 4-76 所示，单击"装配"→"新建"→"装配"，将文件名称命名为"弯曲毛坯"，并将其存放至指定目录。

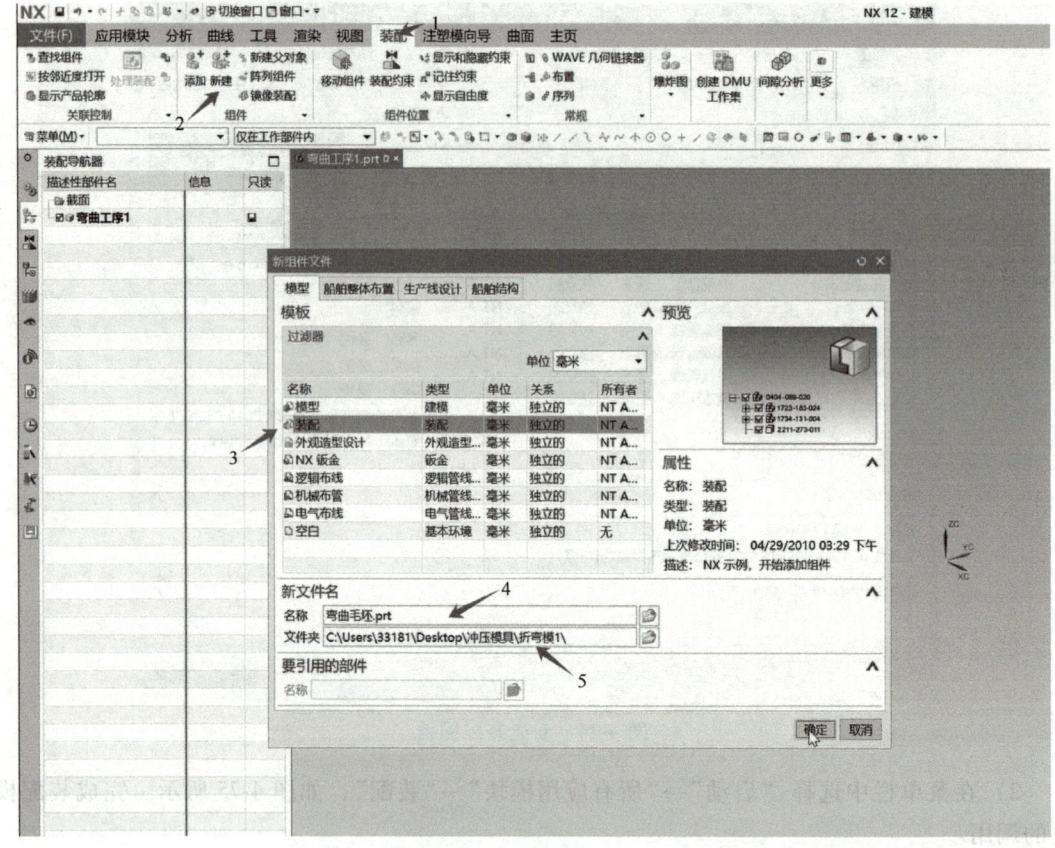

图 4-76 创建弯曲毛坯工序

4）如图 4-77 所示，右击"弯曲毛坯"，将其"设为工作部件"。

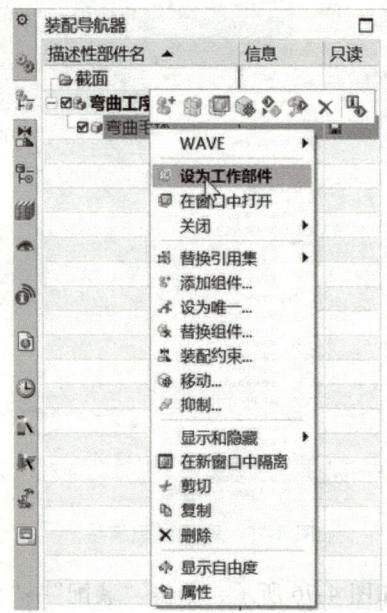

图 4-77 将毛坯设为工作部件

5) 根据任务书毛坯尺寸，绘制弯曲毛坯草图并进行拉伸，如图4-78所示。

图4-78 绘制弯曲毛坯草图并进行拉伸

4-1 毛坯绘制1

6) 绘制完毕后，将弯曲工序1设为工作部件，右击"弯曲毛坯"，选择"替换引用集"→MODEL，如图4-79所示。

图4-79 将弯曲工序1设为工作部件

7) 根据任务书预弯曲件图样，重复上述操作完成预弯曲件绘制，如图4-80所示。

8) 分析任务书，第一次弯曲时的弯曲模的图样及尺寸描述，绘制其零件，如图4-81所示。

9) 分析任务书，第一次弯曲时的弯曲模的图样及尺寸描述，绘制模架，如图4-82所示。

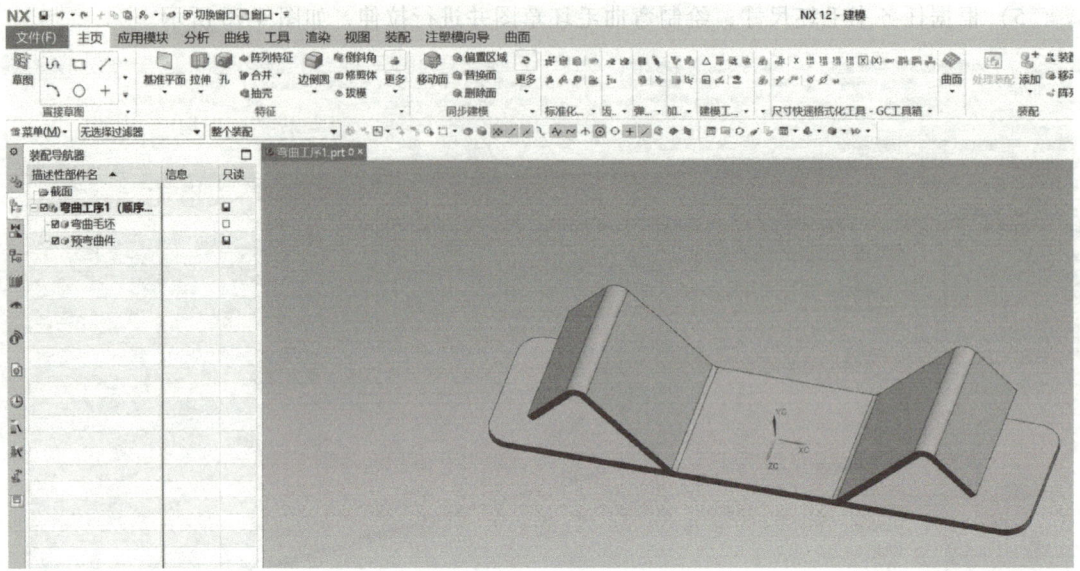

图 4-80 一次弯曲件

4-2 毛坯绘制 2

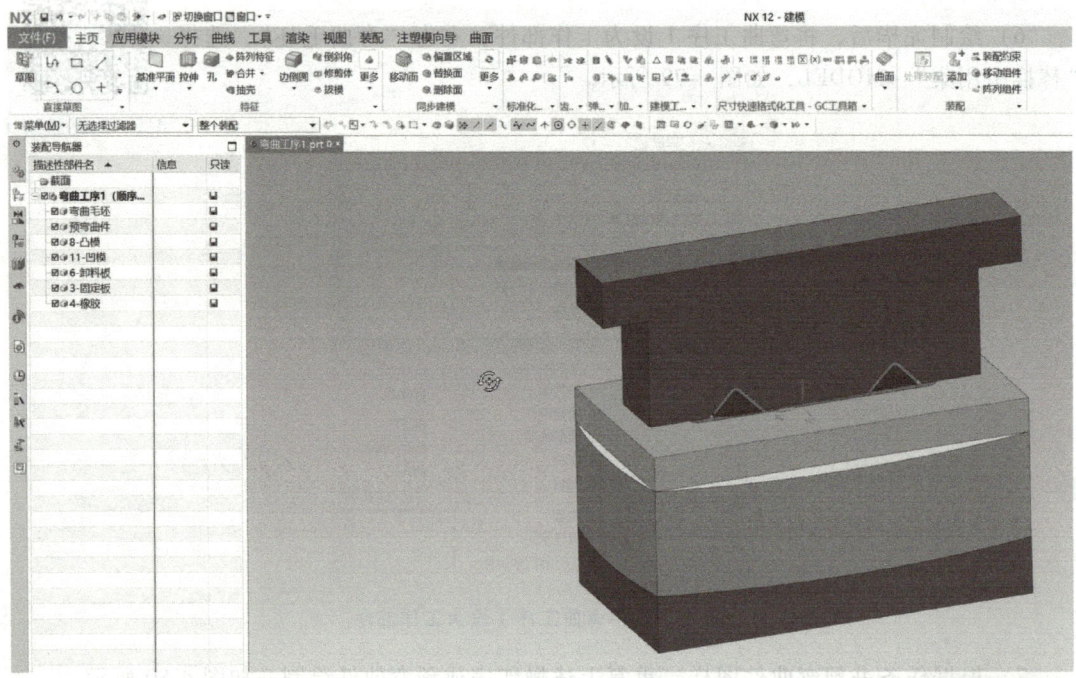

图 4-81 第一次弯曲时的弯曲模的零件

4-3 绘制模板

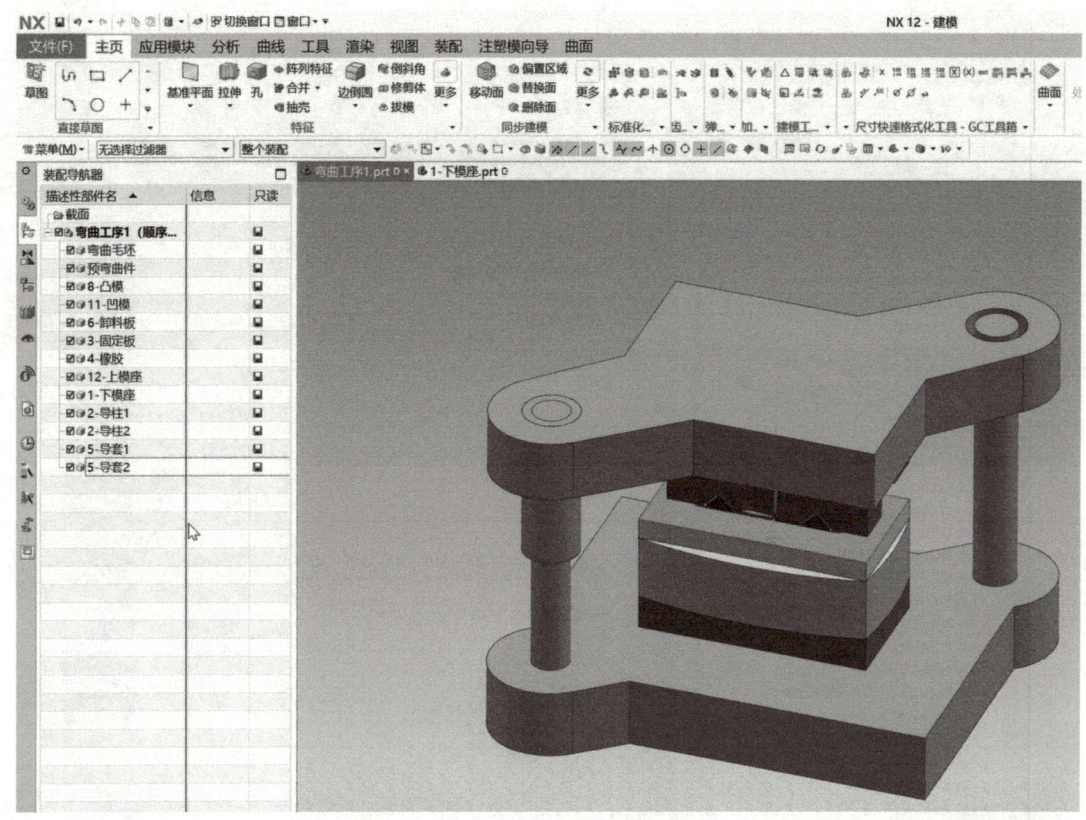

图 4-82 模架

10)调用标准件(内六角螺钉、销钉等)。从菜单栏选择"启动"→"所有应用模块"→"注塑模向导",如图 4-83 所示,完成注塑模向导模块的调用。

4-4 绘制模架

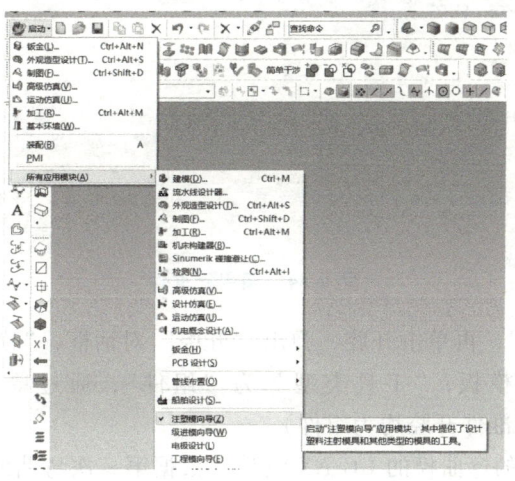

图 4-83 调用注塑模向导模块

4-5 绘制标准件

单击"注塑模向导",再单击标准件库图标,选择需要对接的标准件,选择需要的规格和尺寸,然后将其放置到对应的位置,如图 4-84 所示。

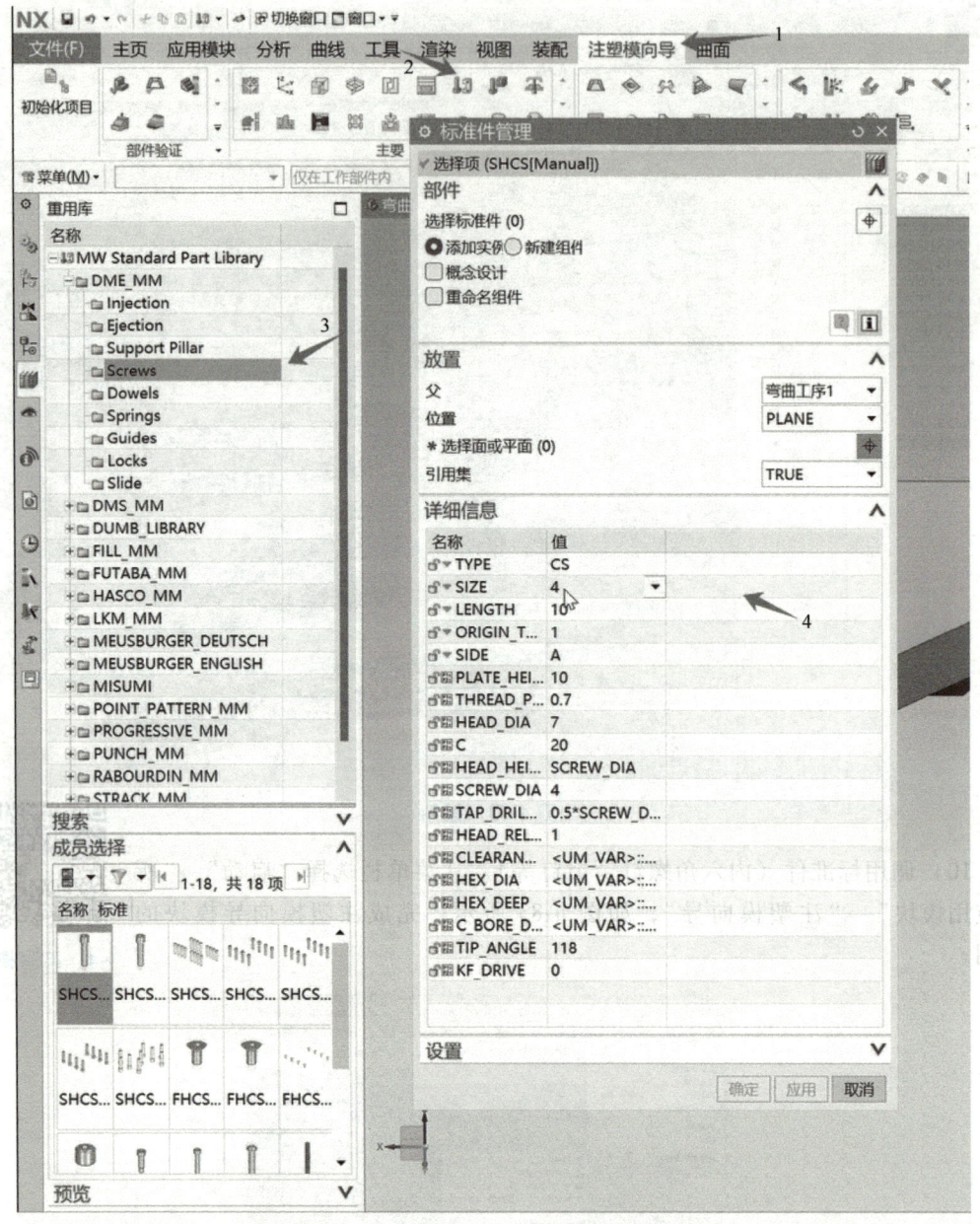

图 4-84 调用标准件

单击"注塑模向导",再单击开腔,弹出"开腔"对话框,"模式"选择"去除材料","目标"选择要开腔的模板,"工具类型"为"组件",通过单击标准件选择对象,如图 4-85 所示(注意:标准件开腔均为组件)。

(2)第二次弯曲时的弯曲模的 UG NX 设计 根据第一次弯曲时的弯曲模的绘制方法及任务书要求,完成第二次弯曲时的弯曲模的绘制,如图 4-86 所示。

考虑第一次弯曲的弯曲件在第二次弯曲时的弯曲模具中的成形定位,绘制定位零件,如图 4-87 所示。

任务四 支架弯曲工艺与模具设计

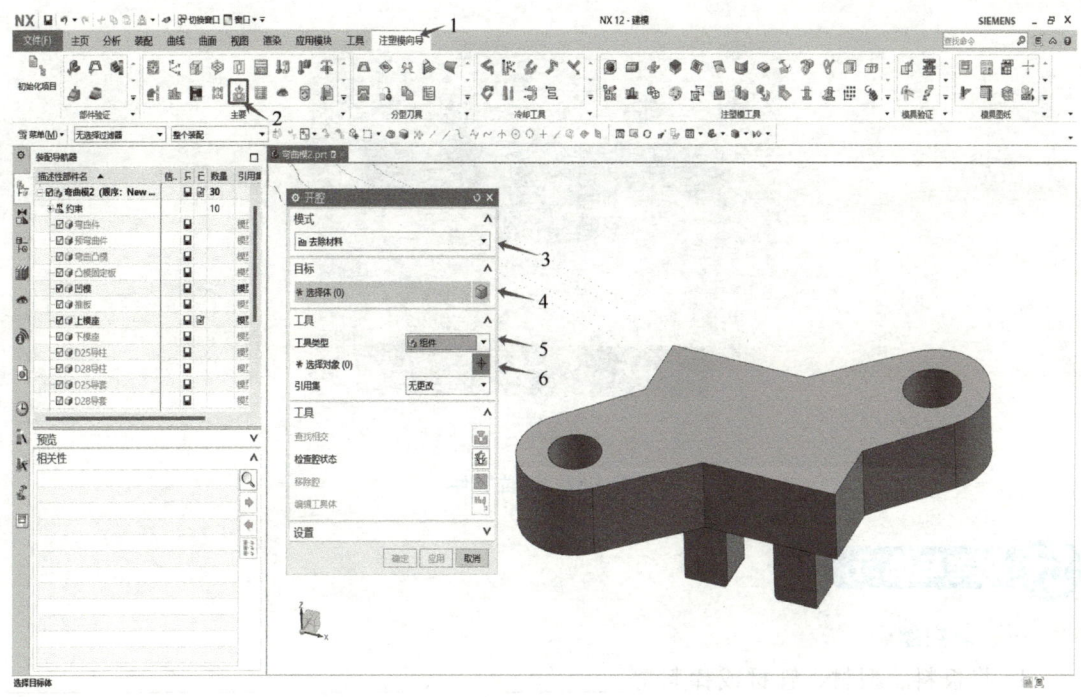

图 4-85 开腔

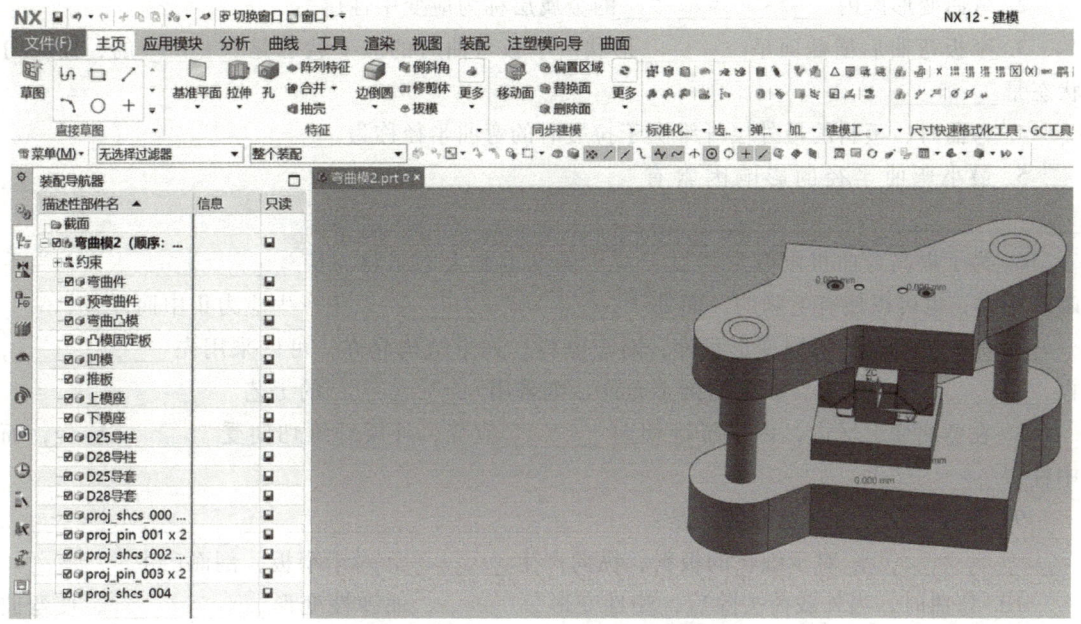

图 4-86 第二次弯曲时的弯曲模的绘制

4-6 成形结构件的绘制

4-7 模架

4-8 标准件加载

4-9 定位拓展

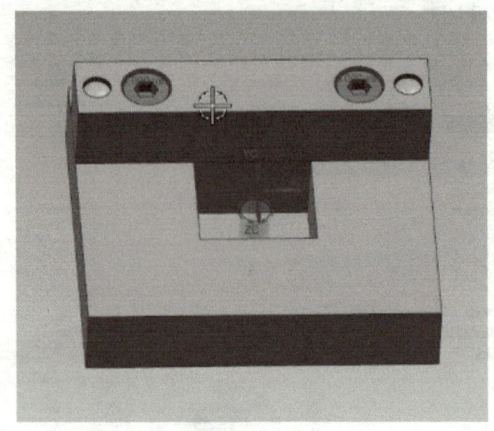

图 4-87　定位零件

思考与练习

一、填空题

1. 将板料、型材、管材或棒料等＿＿＿＿＿＿、＿＿＿＿＿＿、＿＿＿＿＿＿的冲压方法称为弯曲。

2. 弯曲变形区内＿＿＿＿＿＿＿＿的金属层称为应变中性层。

3. 窄板弯曲后横截面呈＿＿＿＿形状。窄板弯曲时的应变状态是＿＿＿＿的，而应力状态是＿＿＿＿。

4. 弯曲时，板料的最外层纤维濒于拉裂时的弯曲半径称为＿＿＿＿＿＿＿＿。

5. 最小弯曲半径的影响因素有＿＿＿＿＿＿＿＿＿＿、＿＿＿＿＿＿＿＿＿＿、＿＿＿＿＿＿＿＿＿＿、＿＿＿＿＿＿＿＿＿＿。

6. 为了提高弯曲极限变形程度，对于侧面毛刺大的工件，应＿＿＿＿＿＿＿＿＿；当毛刺较小时，也可以使有毛刺的一面处于＿＿＿＿＿＿＿＿＿，以免产生应力集中而开裂。

7. 为了提高弯曲极限变形程度，对于厚料，如果结构允许，可以采用先＿＿＿＿＿＿，再＿＿＿＿＿＿的工艺，如果结构不允许，则采用＿＿＿＿＿＿的工艺。

8. 在弯曲变形区内，内层纤维切向＿＿＿＿＿＿应变，外层纤维切向受＿＿＿＿＿＿应变，而中性层＿＿＿＿＿＿＿＿。

9. 板料塑性弯曲的变形特点是：＿＿＿＿＿＿、＿＿＿＿＿＿、＿＿＿＿＿＿、＿＿＿＿＿＿。对于细长的板料，纵向产生＿＿＿＿，对于窄板，剖面产生＿＿＿＿。

10. 弯曲时，当外载荷去除后，塑性变形＿＿＿＿，而弹性变形＿＿＿＿，使弯曲件＿＿＿＿＿＿＿＿＿＿＿，这种现象称为回弹。其表现形式有＿＿＿＿、＿＿＿＿＿＿两个方面。

11. 相对弯曲半径 r/t 越大，则回弹量＿＿＿＿＿＿。影响回弹的因素有＿＿＿＿、＿＿＿＿＿＿、＿＿＿＿＿＿、＿＿＿＿＿＿及冲件的形状。

12. 在实际生产中，要完全消除弯曲件的回弹是不可能的，常采取＿＿＿＿＿＿、＿＿＿＿＿＿、＿＿＿＿＿＿等措施来减少或补偿回弹产生的误差，以提高弯曲件的精度。

二、问答题

1. 弯曲变形的过程是怎样的?
2. 弯曲变形有何特点?
3. 什么是最小相对弯曲半径?
4. 影响最小相对弯曲半径的因素有哪些?
5. 影响板料弯曲回弹的主要因素是什么?
6. 弯曲工艺对毛坯有什么特殊要求?
7. 弯曲模的设计要点是什么?
8. 常用弯曲模的凹模的结构形式有哪些?

三、综合题

1. 试用工序草图表示图 4-88 所示弯曲件的弯曲工序安排。

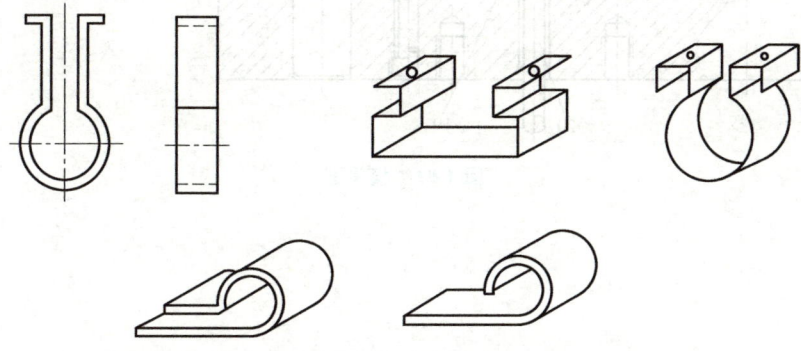

图 4-88 弯曲件

2. 计算图 4-89 所示毛坯的展开尺寸,材料厚度 $t=2\text{mm}$。

3. 分析图 4-90 所示工件的冲压工艺,画出弯曲模结构图。工件材料为 08 钢,厚度 $t=1.5\text{mm}$,产量为 20000 件/年。

4. 计算图 4-90 所示工件的弯曲力及弯曲模的凸模、凹模的工作尺寸。

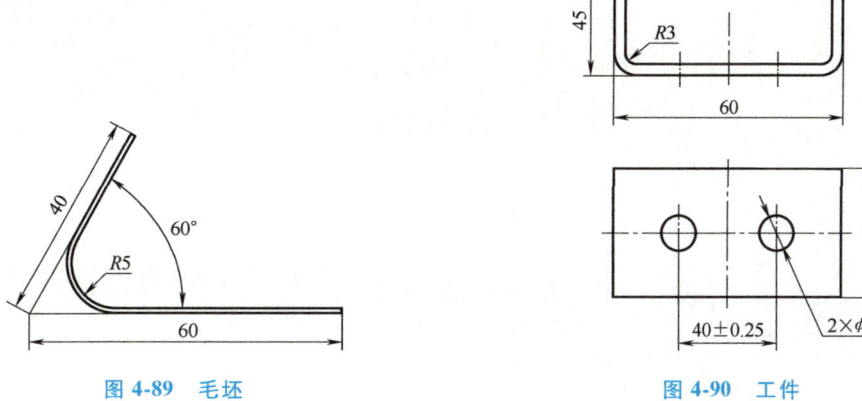

图 4-89 毛坯　　　　图 4-90 工件

5. 试说出图 4-91 所示模具图的类型和工作原理,并写出图中各序号对应的零部件的名称和作用。

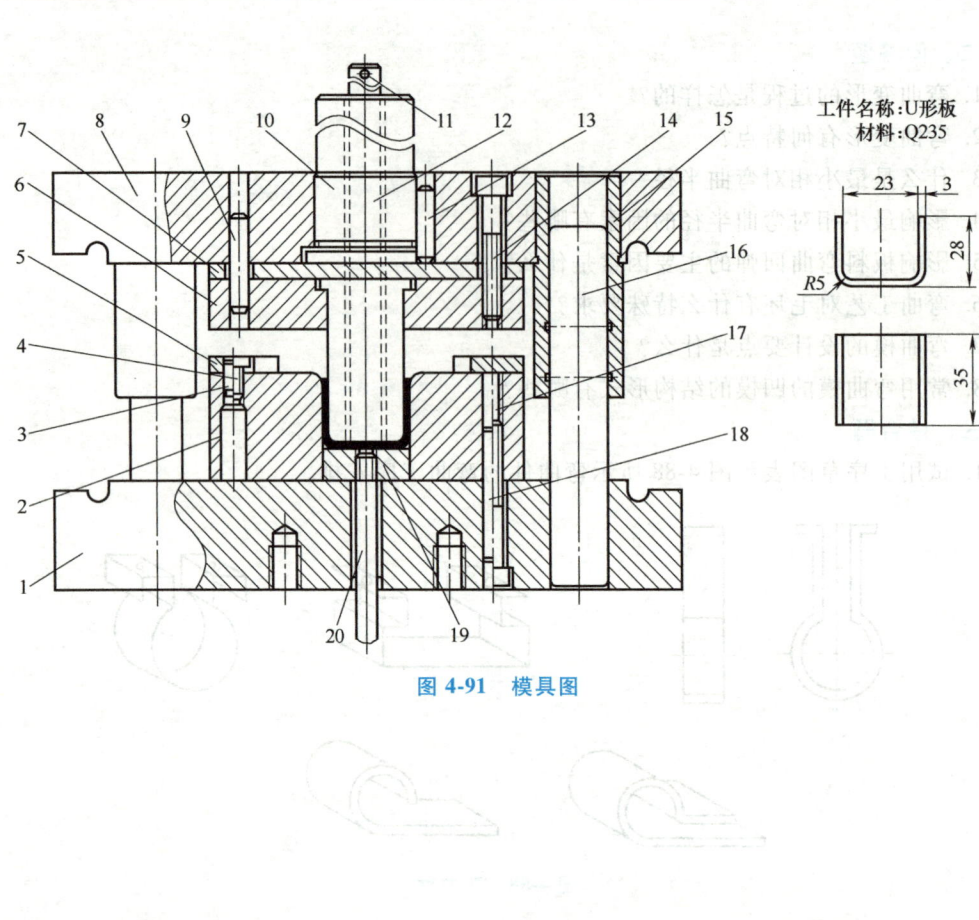

图 4-91　模具图

任务五　多孔杯拉深工艺与模具设计

  任务目标

多孔杯是一种带孔的开口空心件，是由冲压工艺中的拉深方法制成。拉深是冲压工序中基本的成形方式，也是冲压生产中应用很广泛的工序之一。通过本任务的学习，在掌握冲裁模设计的基础上掌握拉深工艺分析、工艺计算和一般复杂程度的拉深模的设计技能。

通过任务的实施，能够理解拉深工艺的特点、拉深中可能出现的质量问题及解决措施，初步掌握一般拉深件的工艺方案制定和模具设计的能力。

  任务描述

图 5-1 所示多孔杯，大批量生产，材料为 08 钢，材料厚度为 1mm。试设计多孔杯落料、冲孔、拉深复合模。

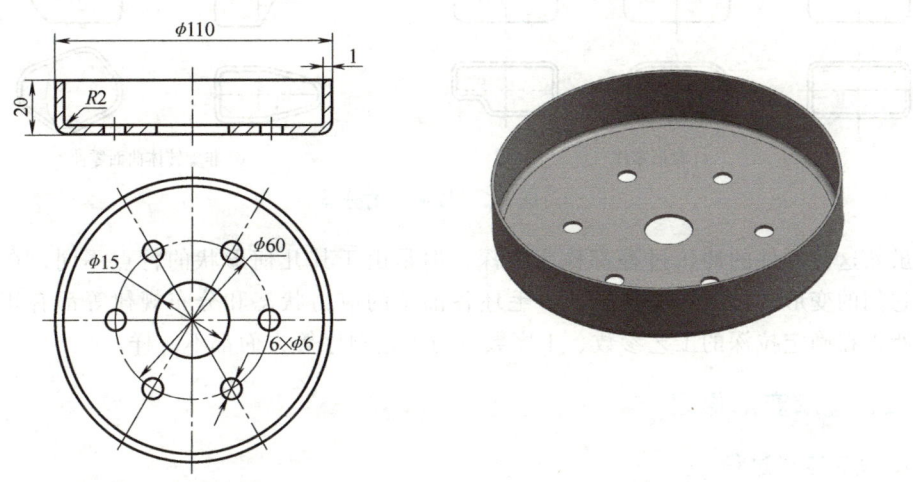

图 5-1　多孔杯

 基础知识

一、概述

利用拉深模将平面板料变成各种开口空心件，或将已制成的开口空心件加工成其他形状的空心件的冲压工序称为拉深。拉深又称为拉延、引伸、延伸等。

拉深工艺可分为变薄拉深和不变薄拉深两种。前者在拉深后的零件壁部厚度与毛坯厚度相比较，有明显变薄。零件的特点是底部厚，壁部薄。而通常所说的拉深是指不变薄拉深。

用拉深方法可以制成筒形、阶梯形、锥形、球形、方盆形和其他不规则形状的薄壁零件。如果和其他冲压成形工艺配合，还可以制造形状极为复杂的零件。用拉深方法来制造薄壁空心件的生产率高，而且精度也较高，材料消耗少，零件的强度与刚度也高。因此，在汽车、拖拉机、飞机、电器、仪表、电子等工业部门以及日常生活用品的生产中，拉深工艺占据相当重要的地位。

拉深工艺可以在普通的单动压力机上进行（拉深较浅的工件），也可以在专用的双动、三动拉深压力机或液压机上进行。

在冲压生产中，拉深的种类很多。各种拉深件按变形力学特点可以分为四种基本类型（见图5-2）：圆筒形零件——轴对称旋转体零件；曲面形零件——曲面旋转体零件；盒形零件——直壁非旋转体零件；非旋转体曲面零件——各种不规则的复杂形状零件。

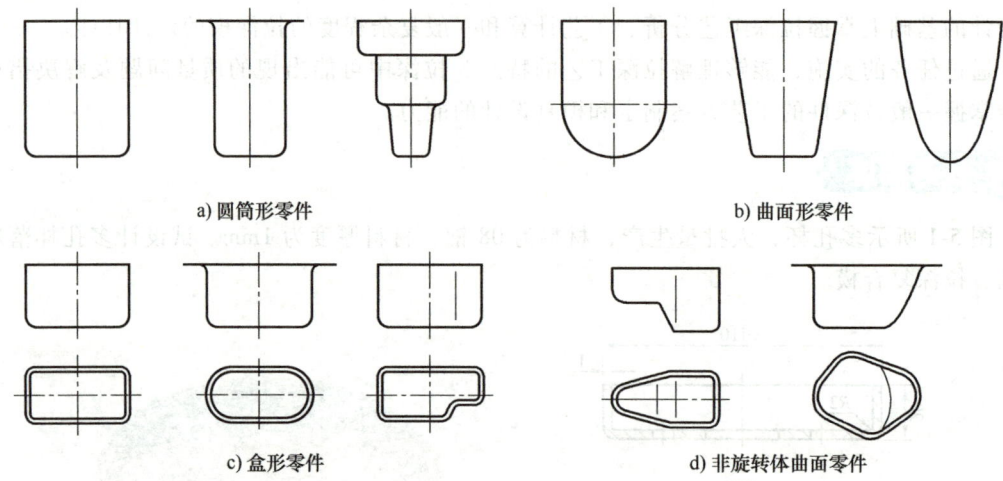

图 5-2 拉深件的分类

虽然这些零件的冲压过程都称为拉深，但是由于其几何形状的特点不同，在拉深过程中，它们的变形区位置、变形性质、毛坯各部位的应力状态和分布规律等都有相当大的差别。所以在确定拉深的工艺参数、工序数目与工艺顺序等方面都不一样。

二、拉深变形原理

1. 拉深变形过程

圆筒形件的拉深过程如图5-3所示。直径为 D、厚度为 t 的圆形平面毛坯经过拉深，得到了具有内直径为 d、高度为 h 的圆筒形开口空心件。

拉深变形过程：随着凸模的下行，凸模底部压在中间的毛坯上，毛坯在凸模压力的作用下，顺着凹模的圆角，被不断拉进凸模与凹模的间隙中形成圆筒直壁。留在凹模端面上的毛坯外径不断缩小，而处于凸模底部材料则成为拉深件的底，当毛坯全部被拉进凸模与凹模间隙时，拉深过程结束，平板毛坯就变成具有一定直径和高度的开口空心件。与冲裁工序相比的不同之处是拉深凸模和凹模的工作部分没有锋利的刃口，而是分别有一定的圆角半径 R_T 和 R_A，凸模、凹模之间的间隙 Z 稍大于板料厚度 t。

图5-4所示是圆形平板毛坯被拉成筒形件时，材料的转移情况。若将平板毛坯的扇形阴影部分切去，把留下部分的狭条沿着直径为 d 的圆周弯折过来，再把它们加以焊接，就可以

做成一个高度 $h_1=(D-d)/2$ 的圆筒形工件。但是，在实际的拉深过程中，并没有把这"多余的扇形材料"切掉。由此可见，这部分材料在拉深过程中因产生塑性流动而转移了，使得拉深后工件的高度增加了 Δh，所以 $h>(D-d)/2$，工件壁厚也略有增加。

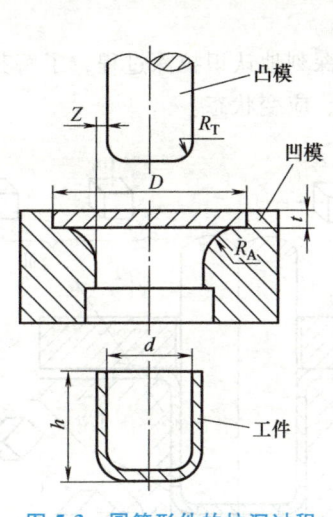

图 5-3 圆筒形件的拉深过程

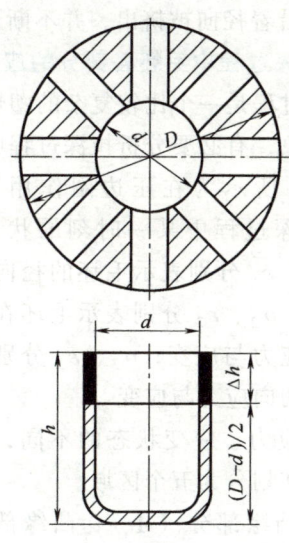

图 5-4 材料的转移情况

为了进一步说明金属的流动状态，可在圆形毛坯上画出许多等间距为 a 的同心圆和等分度（角度为 b）的辐射线，如图 5-5a 所示。在拉深后观察由这些同心圆与辐射线所组成的网格，可以发现：筒形件底部的网格基本上保持原来的形状，而筒壁部分的网格则发生了很大的变化。原来的同心圆变为筒壁上的水平圆周线，而且其间距 a 也增大了，越靠近筒的上部增大越多，即：$a_1>a_2>a_3>\cdots>a_n$，原来等分度的辐射线变了筒壁上的垂直平行线，其间距则完全相同，即：$b_1=b_2=b_3=\cdots=b_n$。

如果从网格中取一个扇形小单元体来看，拉深前扇形 A_1 在拉深后变成了矩形 A_2，若不计其板厚的微变，则小单元的面积不变，即 $A_1=A_2$。这和一块扇形毛坯被拉着通过一个楔形槽的变化过程类似，如图 5-5b 所示，在直径方向被拉长的同时，切向被压缩了。

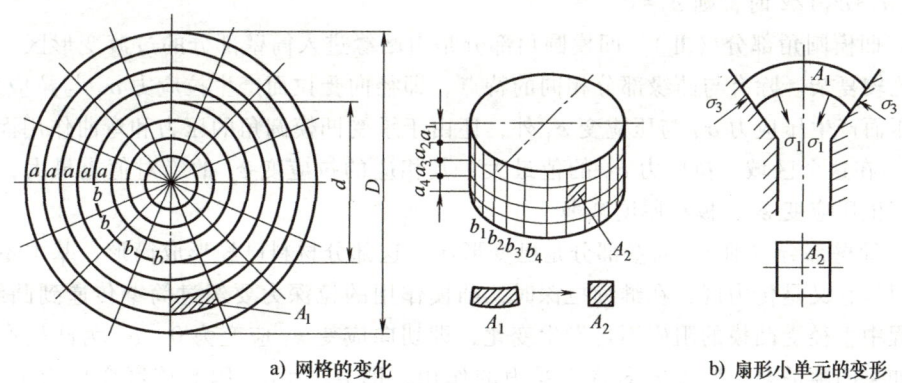

a) 网格的变化   b) 扇形小单元的变形

图 5-5 拉深件的网格试验

由上述分析可知，在拉深过程中，毛坯的中心部分成为筒形件的底部，该部分基本不变形，是不变形区。毛坯的凸缘部分（即 $D-d$ 的环形部分）是主要变形区。拉深过程的实质就是将毛坯的凸缘部分材料逐渐转移到筒壁部分的过程。在转移过程中，凸缘部分材料由于拉深力的作用，在径向产生拉应力 σ_1，又由于凸缘部分材料之间相互的挤压作用，在切向产生压应力 σ_3。在 σ_1 与 σ_3 的共同作用下，凸缘部分材料发生塑性变形，其"多余的扇形材料"将沿着径向被挤出，并不断地被拉入凹模洞口内，成为圆筒形的开口空心件。

2. 拉深过程中毛坯各部分的应力、应变状态分析

拉深过程是一个比较复杂的塑性变形过程。为了更深刻地认识拉深过程，了解其中发生的各种现象，有必要分析拉深过程中材料各部分的应力、应变状态。

图 5-6 所示为在压边圈作用下，毛坯在拉深过程中某一时刻的状态。图中，σ_1、ε_1 分别表示毛坯的径向应力与应变；σ_2、ε_2 分别表示毛坯在厚度方向的应力与应变；σ_3、ε_3 分别表示毛坯的切向应力与应变。

根据应力、应变状态的不同，可将拉深毛坯划分为五个区域。

（1）凸缘部分（Ⅰ） 凸缘部分是拉深时的主要变形区，也是扇形网格变成矩形的区域，拉深变形主要在该区域内完成。此处材料被拉入凸模与凹模之间的间隙而形成筒壁。这部分材料在径向受拉应力 σ_1、切向受压应力 σ_3 的作用。在压边圈作用下，板厚方向产生压应力 σ_2，是二压一拉的三向应力状态。

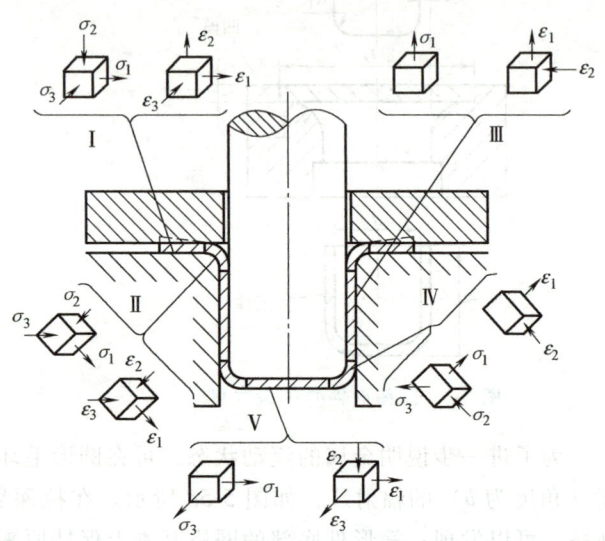

图 5-6 毛坯在拉深过程中某一时刻的状态

由网格实验可知，切向压缩与径向伸长的变形由凸缘内边向外逐渐增大，因此 σ_1 和 σ_3 的值也是变化的。在径向产生拉应变 ε_1、切向产生压应变 ε_3，厚度方向的应变 ε_2 取决于 σ_2 的大小。当 $\sigma_2 > (\sigma_1+\sigma_3)/2$ 时，则 ε_2 为拉应变；当 $\sigma_2 < (\sigma_1+\sigma_3)/2$ 时，则 ε_2 为压应变；当 $\sigma_2 = (\sigma_1+\sigma_3)/2$ 时，则 $\varepsilon_2 = 0$。

（2）凹模圆角部分（Ⅱ） 凹模圆角部分是由凸缘进入筒壁部分的过渡变形区，其材料的变形比较复杂。除有与凸缘部分相同的特点，即径向受拉而产生拉应力 σ_1 与拉应变 ε_1 和切向受压而产生压应力 σ_3 与压应变 ε_3 外，还由于承受凹模圆角的压力和弯曲作用而产生压应力 σ_2。在这个区域，拉应力 σ_1 的值最大，其相应的拉应变 ε_1 的绝对值也最大，因此板厚方向产生压应变 ε_2，板料厚度减薄。

（3）筒壁部分（Ⅲ） 筒壁部分是已变形区。这部分材料已经形成筒形，基本不再发生变形。但是它又是传力区，在继续拉深时，凸模作用的拉深力要经过筒壁传递到凸缘部分。拉深过程中直径受凸模的阻碍不再发生变化，即切向应变 ε_3 应变为 0。σ_1 为凸模产生的拉应力，如果间隙适合，厚度方向将不受力的作用，即 σ_2 为 0，因此该区变形为平面状态。其 ε_1 为伸长应变，ε_2 为压缩应变。

（4）凸模圆角部分（Ⅳ） 凸模圆角部分是筒壁与圆筒底部的过渡变形区。它承受径向和切向拉应力 σ_1 和 σ_3 的作用，同时在厚度方向由于凸模的压力和弯曲作用而受到压应力

σ_2 的作用。其应变状态与筒壁部分相同，但是其压应变 ε_2 引起的变薄现象比筒壁部分严重得多。

(5) 筒底部分（V） 筒底部分材料受双向平面拉伸作用、产生径向和切向拉应力 σ_1 和 σ_3。其应变为平面方向的拉应变 ε_1 与 ε_3 和板厚方向的压应变 ε_2。由于凸模圆角处摩擦的制约，筒底材料的应力与应变均不大，板料的变薄甚微，可忽略不计。

3. 拉深变形的力学分析

在拉深时，毛坯的不同区域，具有不同的应力应变状态，而且其应力与应变的绝对值又随着拉深过程而不断变化。

拉深时凸缘部分是主要的变形区域，可将其称为凸缘变形区下面先分析将毛坯拉深到某时刻时，凸缘变形区的应力分布规律，然后再分析这些应力在整个拉深过程中的变化规律及其对拉深过程的影响。

（1）凸缘变形区的应力分布　在拉深过程中，作用在凸缘变形区的主要应力是径向拉应力 σ_1 与切向压应力 σ_3。当毛坯的凸缘半径由 R_0 被拉深到 R_t 时，凸缘变形区的 σ_1 与 σ_3 的大小可以根据力学的平衡条件与塑性条件通过数学方法导出，其值为

$$\sigma_1 = 1.1\overline{\sigma}\ln\frac{R_t}{R} \tag{5-1}$$

$$\sigma_3 = 1.1\overline{\sigma}\ln\left(1-\ln\frac{R_t}{R}\right) \tag{5-2}$$

式中，R_t 为拉深过程中某时刻的凸缘半径；R 为凸缘变形区内任意处的半径；$\overline{\sigma}$ 为将毛坯的凸缘半径由 R_0 拉至 R_t 时，凸缘变形区金属变形抗力的平均值；σ_1、σ_3 为将毛坯的凸缘半径由 R_0 拉至 R_t 时，凸缘变形区内任意半径 R 处的径向拉应力与切向压应力的值。

由式（5-1）与式（5-2）可知，凸缘变形区内的 σ_1 与 σ_3 呈对数曲线规律分布。图 5-7 所示为凸缘变形区内的应力分布图。

在 $R=r$ 处，即在拉深凹模入口处的内边缘上，σ_1 的值最大，其值为

$$\sigma_{1max} = 1.1\overline{\sigma}\ln\frac{R_t}{r} \tag{5-3}$$

在 $R=R_t$ 处，即在凸缘的外边缘处，σ_3 绝对值最大，其值为

$$|\sigma_3|_{max} = 1.1\overline{\sigma} \tag{5-4}$$

σ_1 的值由外向内，逐渐增加；σ_3 的值由外向内，逐渐减小。σ_1 与 σ_3 绝对值相等的点发生在 $R=0.61R_t$ 处。由 $R=0.61R_t$ 作一圆，可将凸缘分为两个部分，由此圆向外到边缘这一部分（即 $R>0.61R_t$），$|\sigma_3|>|\sigma_1|$，压应变 ε_3 为最大主应变，此处板厚方向的 ε_2 为拉应变，板料略有增厚；由此圆向内到凹模口这一部分

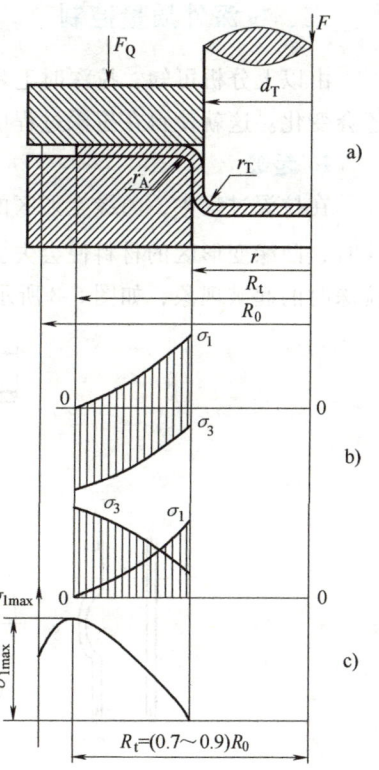

图 5-7　凸缘变形区内的应力分布图

(即 $R<0.61R_t$),$|\sigma_1|<|\sigma_3|$,拉应变 ε_1 为最大主应变,因此 ε_2 为压应变,此处的板料厚度是略有减薄的。就整个凸缘变形区来说,以压缩变形为主的区域比以拉伸变形为主的区域要大很多,因此拉深变形属于压缩类变形。

(2) 整个拉深过程中 σ_{1max} 和 σ_{3max} 的变化规律 当毛坯的凸缘半径从 R_0 拉深到 R_t 时,在凹模洞口处具有最大的拉应力 σ_{1max},而凸缘变形区的外边缘处具有最大的压应力 σ_{3max}。在拉深过程中,它们的值是不断变化的。了解拉深过程中 σ_{1max} 和 σ_{3max} 的变化,以及何时出现其最大值 σ_{1max}^{max} 和 σ_{3max}^{max},就可采取措施来防止拉深时的起皱和破裂。

1) σ_{1max} 的变化规律。由 $\sigma_{1max}=1.1\bar{\sigma}\ln(R_t/r)$ 可知,σ_{1max} 与 $\bar{\sigma}$ 和 $\ln(R_t/r)$ 两个数的乘积有关。随着拉深变形程度的逐渐增加,变形抗力也逐渐加大。材料的硬化加剧变形区材料的流动应力 $\bar{\sigma}$ 的增大,使 σ_{1max} 增大。$\ln(R_t/r)$ 表示毛坯变形区的大小,随着拉深的进行,变形区逐渐减小,使 σ_{1max} 减小。将不同的 R_t 所对应的各个 σ_{1max} 连成的曲线,即为拉深过程凸缘变形区 σ_{1max} 的变化规律,如图 5-7c 所示。从图中可以看出,拉深开始阶段 $\bar{\sigma}$ 起主导作用,σ_{1max} 增大速度很快,迅速达到 σ_{1max}^{max},此时 $R_t=(0.7\sim0.9)R_0$。继续拉深,$\ln(R_t/r)$ 起主导作用,σ_{1max} 开始减小。

2) σ_{3max} 的变化规律。由 $\sigma_{3max}=1.1\bar{\sigma}$ 可知,随着拉深过程的不断进行,凸缘变形区的变形程度增加,变形抗力 $\bar{\sigma}$ 也随之增加,因此 σ_{3max} 始终上升。直至拉深过程结束时,σ_{3max} 达到最大值 σ_{3max}^{max}。其变化规律与真实应力曲线相似,在拉深的初始阶段 σ_{3max}^{max} 增大速度比较快,以后逐渐趋于平缓。

三、拉深件质量控制

由以上分析可知,拉深时毛坯各部分的应力与应变状态不同,而且随着拉深过程的进行还会变化。这就使得在拉深过程中产生一些特有现象——起皱与拉裂。

1. 起皱

在拉深过程中,凸缘变形区的主要变形是切向压缩,当切向压应力 σ_3 较大而板料又较薄时,凸缘变形区的材料便会失去稳定而在凸缘的整个周围产生波浪形的连续弯曲,这就是拉深时的起皱现象,如图 5-8 所示。由于 σ_3 在凸缘的外边缘处最大,所以起皱也首先在最

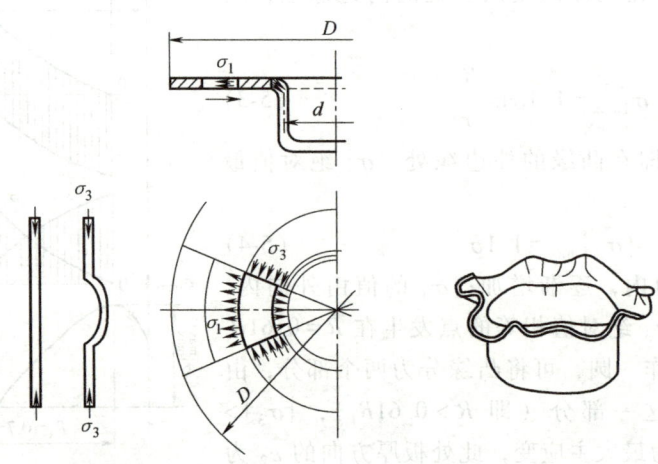

图 5-8 拉深时的起皱现象

外缘出现。起皱是拉深时的主要质量问题之一。

凸缘变形区是否失稳起皱,与该处材料所受的切向压应力大小和相对厚度、材料的性能、模具的几何尺寸有关。具体影响因素如下:

(1) 凸缘部分的材料的相对厚度　凸缘部分的材料的相对厚度越小,即 $t/(D_t-d)$ 越小,说明 t 值越小、(D_t-d) 值越大,即变形区较宽较薄,因此,抗失稳能力差,稳定性弱,容易起皱。反之,$t/(D_t-d)$ 大,说明板料相对厚度大,抵抗失稳的能力强,不容易失稳起皱。

(2) 切向压应力 σ_3 的大小　在拉深过程中,切向压应力 σ_3 值大,容易导致材料的失稳。但它的大小又取决于变形程度的变化。变形程度越大,需要转移的材料越多,加工硬化现象越严重,则 σ_3 越大,越容易起皱。

凸缘变形区的失稳与压杆两端受压失稳相似,它往往是切向压应力 σ_3 的大小与凸缘的相对厚度 $t/(D_t-d)$ 共同作用的结果。σ_{3max} 随着拉深的进行而不断增加,但凸缘变形区却不断缩小,即凸缘相对厚度 $t/(D_t-d)$ 不断增大。前者增加失稳起皱的趋势,而后者却能提高抵抗失稳起皱的能力。以上两个相反作用的因素互相消长的结果:在拉深的全过程中必有一阶段,凸缘失稳起皱的趋势最为强烈。实验证明,它的变化规律与 σ_{1max} 的变化规律也很相似,凸缘最易失稳起皱的时刻基本上也就是 σ_{1max}^{max} 出现的时刻,即 $R_t = (0.7 \sim 0.9) R_0$ 时。

(3) 材料的力学性能　材料的弹性模量 E 越大,抵抗失稳的能力也越强。材料的屈强比 σ_s/σ_b 小,说明屈服强度低,变形区内切向压应力也减小,变形抗力小,因此材料不容易起皱。当板厚方向系数 r 大于 1 时,说明材料在宽度方向上的变形易于厚度方向,材料易于平面流动,因此不易起皱。

(4) 凹模工作部分的几何形状　与普通平端面凹模相比,锥形凹模允许拉深较薄的毛坯而不起皱。

为了防止起皱,在生产实践中通常采用压边圈。加压边圈后,材料被强迫在压边圈和凹模平面间的间隙中流动,稳定性得到了增强,从而遏制了起皱的发生。

2. 拉裂

(1) 拉深件筒壁部的危险断面　经过拉深后,筒形件壁部的厚度与硬度都会发生变化,如图 5-9 所示。筒壁的上部是由凸缘部分的外边缘转移而来,其切向压缩量大,壁部变厚,由于其变形程度大,加工硬化现象也显著,因此其硬度也比原来的板料高。筒壁的底部靠近凸模圆角处的材料是由凸缘部分的内边缘转移而来,此处为"多余扇形材料"的

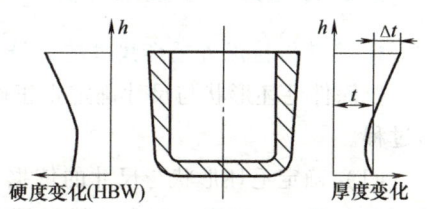

图 5-9　拉深后筒形件壁部厚度与硬度的变化

尖部,其切向压缩量几乎没有,该处材料的变形程度很小,加工硬化现象较弱,因此材料的屈服强度也就较低,壁厚变薄,整个筒壁部,由上向下厚度逐渐变小,硬度逐渐降低。图 5-10 所示为某拉深件的厚度变化,其最大的增厚量可达板厚的 20%~30%,其最大的变薄量可达板厚的 10%~18%。在筒壁部分与凸模圆角相接处的地方,变薄量最为严重,成为筒壁部最薄弱的地方,是拉深时最容易破裂的危险断面。

(2) 筒壁所受的拉应力分析　筒壁部分作为已变形区,在拉深过程中又是传力区。凸模作用在工件上的拉深力通过筒壁传递至凸缘变形区,并将其逐渐拉入凹模口内的。

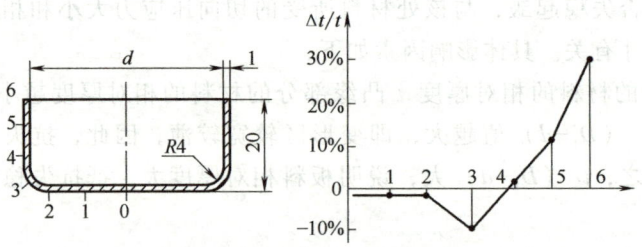

图 5-10 拉深件的厚度变化

筒壁部分所受的应力有凸缘变形区在拉深过程中产生的径向拉应力，由压边圈与毛坯之间和凹模与毛坯之间的摩擦引起的拉应力，由毛坯与凹模圆角处的摩擦引起的拉应力，由毛坯经过凹模时的弯曲和过凹模圆角后的变直引起的弯曲应力。这些应力降低了危险断面处材料的抗拉强度。当拉深时的实际总拉深应力超过材料的强度极限时，拉深件就会破裂，如图 5-11 所示。

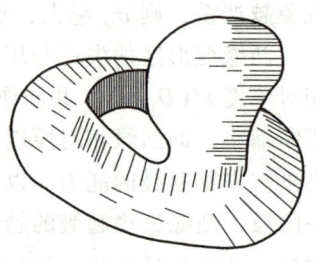

图 5-11 拉深时的破裂现象

防止危险断面破裂的根本措施是减小拉深时的变形抗力。通常是根据板料的成形性能，采取确定合理的拉深系数、采用适当的压边力和较大的模具圆角半径、改善凸缘部分的润滑条件、增大凸模表面的粗糙度，以及选用 σ_s/R_m 比值小、n 值和 r 值大的材料等措施。

起皱与拉裂是拉深过程中的主要质量问题。在一般情况下，起皱并不是筒形件拉深工艺的主要问题，因为它可以通过使用压边圈等方法加以解决。而拉裂是拉深时的主要破坏形式，拉深时，极限变形程度的确定就是以不拉裂为前提的。

四、拉深工艺参数的计算

1. 旋转体拉深件毛坯尺寸的计算

拉深件毛坯形状与尺寸确定得正确与否，不仅影响材料的合理使用，而且影响拉深的变形过程。

（1）确定毛坯形状与尺寸的依据　由于板料在拉深过程中，材料没有增减，只发生塑性变形，所以在变形过程中，材料是以一定的规律转移的。

1）毛坯的形状应符合金属在塑性变形时的流动规律。其形状一般与拉深件周边形状相似。毛坯的周边应该是光滑的曲线而无急剧的转折，所以，对于旋转体来说，毛坯的形状是一块圆板，只要求出它的直径即可。

2）拉深前后，拉深件与其毛坯的重量不变、体积不变。对于不变薄拉深，其前后的面积也基本不变。

3）由于板料具有方向性以及毛坯在拉深过程中受摩擦条件不均匀等因素的影响，拉深后的工件顶端一般都不平齐，需要修边，所以在毛坯尺寸中，应包括修边余量。表 5-1 列出了无凸缘的筒形件的修边余量，表 5-2 列出了带凸缘的筒形件的修边余量。

表 5-1　无凸缘的筒形件的修边余量 Δh　　　　　　　　　　（单位：mm）

制件高度 h	制件的相对高度 h/d				图示
	$0.5 \sim 0.8$	$0.8 \sim 1.6$	$1.6 \sim 2.5$	$2.5 \sim 4$	
≤10	1.0	1.2	1.5	2	
10~20	1.2	1.6	2	2.5	
20~50	2	2.5	3.3	5	
50~100	3	3.8	5	6	
100~150	5	5	6.5	8	
150~200	5	6.2	8	10	
200~250	6	7.5	9	11	
>250	7	8.5	10	12	

表 5-2　带凸缘的筒形件的修边余量 Δd　　　　　　　　　　（单位：mm）

凸缘直径 d_t	凸缘的相对直径 d_t/d				图示
	≤1.5	$1.5 \sim 2$	$2 \sim 2.5$	$2.5 \sim 3$	
≤25	1.8	1.6	1.5	1.2	
25~50	2.5	2.0	1.8	1.6	
50~100	3.5	3.0	2.5	2.2	
100~150	5.3	3.6	3.0	2.5	
150~200	5.0	5.2	3.5	2.7	
200~250	5.5	5.6	3.8	2.8	
>250	6	5	5	3	

（2）简单形状的旋转体拉深件毛坯尺寸的计算　不变薄拉深时，由于毛坯拉深前后表面积基本不变，所以可以用面积法进行计算。对于简单形状的旋转体拉深件，一般可将其划分成若干个简单的几何体，分别求出它们的表面积再相加（含修边余量），可求得拉深件的面积 A' 为

$$A' = a_1 + a_2 + a_3 + \cdots + a_n = \sum_{i=1}^{n} a$$

$$A = \frac{\pi}{4} D^2 = A'$$

则

$$D = \sqrt{\frac{4}{\pi} A} = \sqrt{\frac{4}{\pi} \sum_{i=1}^{n} a} \tag{5-5}$$

式中，A 为毛坯面积（mm^2）；A' 为拉深件表面积（mm^2）；a_n 为拉深件各部分简单几何体表面积（mm^2），其计算公式可查表 5-3。

式（5-5）是不变薄拉深毛坯的计算依据。

表 5-3　简单几何体表面积的计算公式

序号	名称	几何形状	面积
1	圆		$A = \dfrac{\pi d^2}{4} = 0.785 d^2$

(续)

序号	名称	几何形状	面积
2	圆环		$A=\dfrac{\pi}{4}(d^2-d_1^2)$
3	筒形		$A=\pi dh$
4	截头锥形		$A=\pi l\left(\dfrac{d+d_1}{2}\right)$ $l=\sqrt{h^2+\left(\dfrac{d-d_1}{2}\right)^2}$
5	半球面		$A=2\pi r^2$
6	四分之一的凹球带		$A=\dfrac{\pi}{2}r(\pi d-4r)$
7	四分之一的凸球带		$A=\dfrac{\pi}{2}r(\pi d+4r)$

例 5-1 求图 5-12a 所示筒形件的毛坯直径。

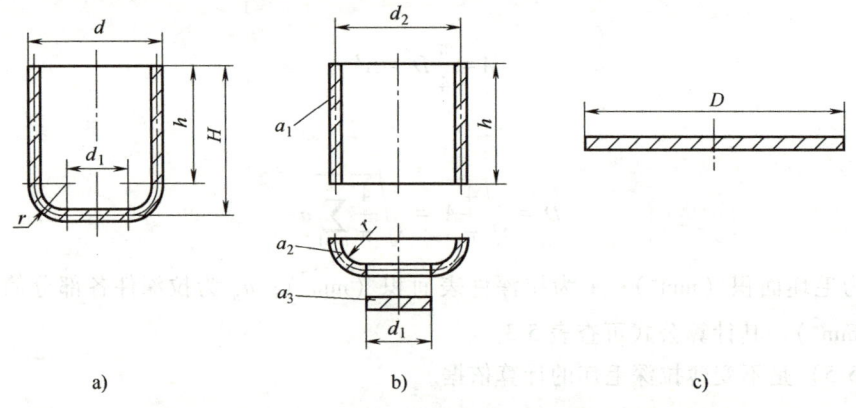

图 5-12 筒形件毛坯直径的计算

解： 如图 5-12b 所示，可将拉深件分成三个部分，其表面积分别为 a_1、a_2 和 a_3。则

$$A'=a_1+a_2+a_3$$

各部分的表面积的计算公式由表 5-3 查得，即

$$a_1 = \pi d_2 h$$

$$a_2 = \frac{\pi}{2} r(\pi d_1 + 4r)$$

$$a_3 = \frac{\pi d_1^2}{4}$$

将 a_1、a_2 和 a_3 代入式（5-5）得

$$D = \sqrt{\frac{4}{\pi}\left[\frac{\pi d_1^2}{4} + \frac{\pi}{2} r(\pi d_1 + 4r) + \pi d_2 h\right]}$$

$$= \sqrt{d_1^2 + 4d_2 h + 2\pi r d_1 + 8r^2}$$

再将 $\pi = 3.14$，$d_1 = d_2 - 2r$，$h = H - r$ 代入，得

$$D = \sqrt{d_2^2 + 4d_2 H - 1.72 r d_2 - 0.56 r^2} \tag{5-6}$$

例 5-2 求图 5-13 所示带凸缘的筒形件的毛坯直径。

解： 可将该筒形件分成五个部分，其表面积 a_1，a_2，…，a_5。

则

$$A' = a_1 + a_2 + a_3 + a_4 + a_5$$

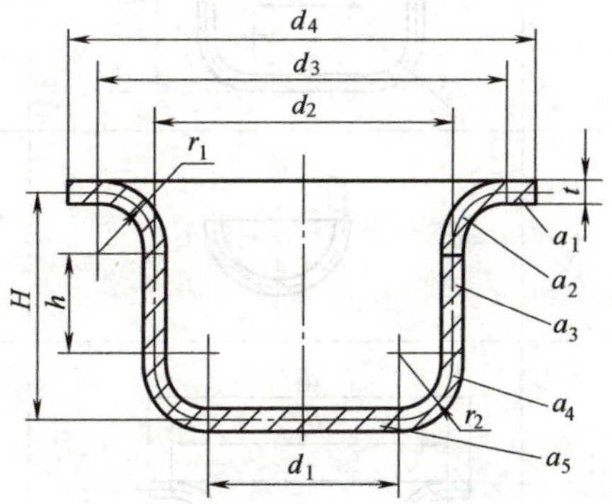

各部分的表面积的计算公式由表 5-3 查得，即

$$a_1 = \frac{\pi}{4}(d_4^2 - d_3^2)$$

$$a_2 = \frac{\pi}{2} r_1(\pi d_3 - 4r_1)$$

$$a_3 = \pi d_2 h$$

$$a_4 = \frac{\pi}{2} r_2(\pi d_1 + 4r_2)$$

$$a_5 = \frac{\pi d_1^2}{4}$$

图 5-13 带凸缘的筒形件的毛坯直径的计算

若 $r_1 = r_2 = r$，则式（5-5）为

$$D = \sqrt{d_1^2 + 4d_2 h + 2\pi r(d_1 + d_2) + 4\pi r^2 + d_4^2 - d_3^2}$$

再将 $\pi = 3.14$，$d_3 = d_2 + 2r$，$d_1 = d_2 - 2r$，$h = H - 2r$ 代入，得

$$D = \sqrt{d_4^2 + 4d_2 H - 3.44 r d_2} \tag{5-7}$$

计算时应注意，例 5-1 中的 H 和 h 应包括修边余量 Δh，例 5-2 中的 d_4 应包括修边余量 $2\Delta d$。当 $t \geq 1\text{mm}$ 时，应按拉深件的中线尺寸计算。

对于常用简单形状的旋转体拉深件，其毛坯直径 D 的计算公式可查表 5-4。

表 5-4　常用简单形状的旋转体拉深件的毛坯直径 D 的计算公式

序号	工件形状	毛坯直径 D
1	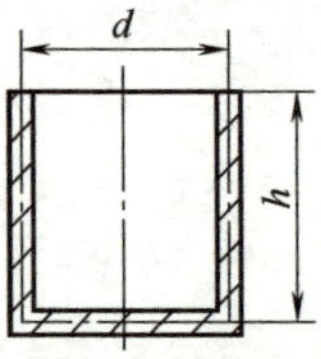	$D=\sqrt{d^2+4dh}$
2	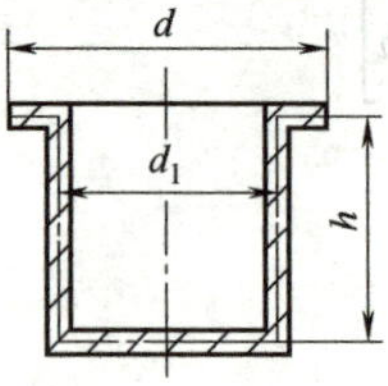	$D=\sqrt{d_2^2+4d_1h}$
3	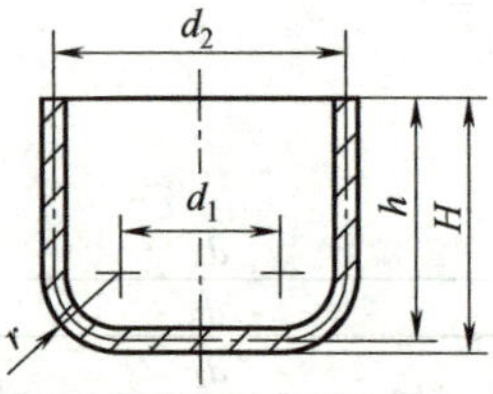	$D=\sqrt{d_1^2+4d_2h+6.28rd_1+8r^2}$ 或 $D=\sqrt{d_2^2+4d_2H-1.72rd_2-0.56r^2}$
4	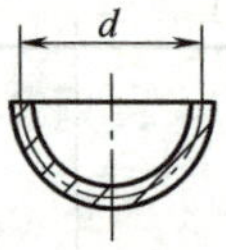	$D=\sqrt{2d^2}=1.414d$
5	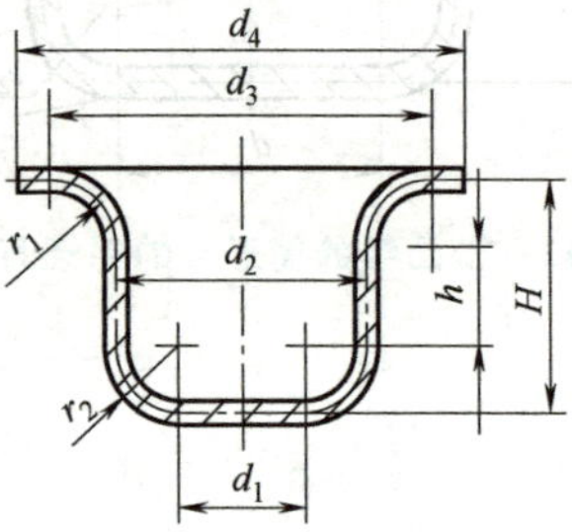	$D=\sqrt{d_1^2+2\pi r_2d_1+8r_2^2+4d_2h+2\pi r_1d_2+4.56r_1^2+d_4^2-d_3^2}$ 若 $r_1=r_2=r$，则 $D=\sqrt{d_1^2+4d_2h+2\pi r(d_1+d_2)+4\pi r_2+d_4^2-d_3^2}$ 或 $D=\sqrt{d_4^2+4d_2H-3.44rd_2}$
6	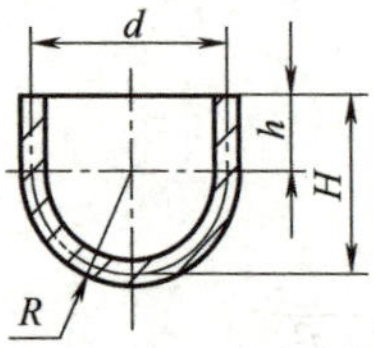	$D=1.414\sqrt{d^2+2dh}$ 或 $D=2\sqrt{dh}$
7	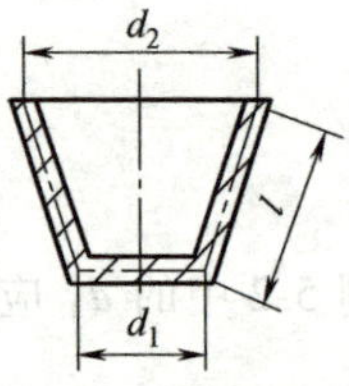	$D=\sqrt{d_1^2+2l(d_1+d_2)}$

（续）

序号	工件形状	毛坯直径 D
8		$D = \sqrt{d_1^2 + 2l(d_1+d_2) + 4d_2 h}$

注：其他形状的旋转体拉深件的毛坯直径的计算公式可查阅相关设计资料。

2. 拉深系数

在设计拉深工艺时，必须知道拉深件是否能一次拉出，还是需要几道工序才能拉成。正确解决这个问题直接关系到拉深工作的经济性和拉深件的质量。拉深次数取决于每次拉深时允许的极限变形程度。拉深系数就是衡量拉深变形程度的一个重要的工艺参数。

（1）拉深系数 m 的概念　拉深系数 m 是每次拉深后筒形件直径与拉深前毛坯（或半成品）直径的比值。筒形件多次拉深的示意图如图 5-14 所示。

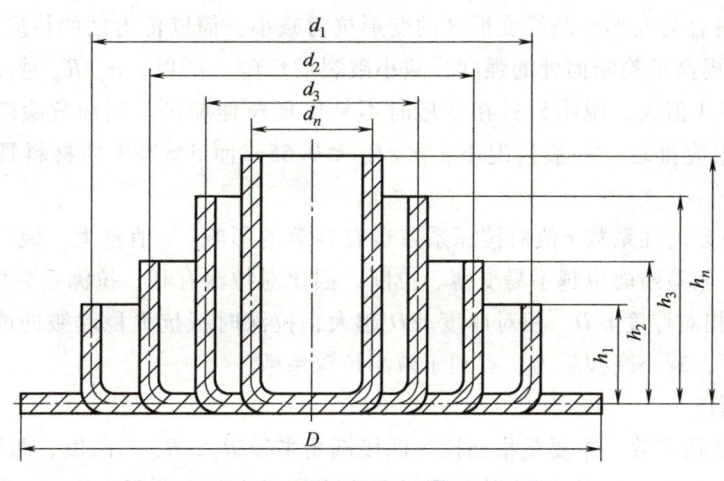

图 5-14　筒形件多次拉深的示意图

第一次拉深系数为

$$m_1 = \frac{d_1}{D}$$

以后各次拉深系数分别为

$$m_2 = \frac{d_2}{d_1}$$

$$\vdots$$

$$m_n = \frac{d_n}{d_{n-1}}$$

拉深件的直径 d_n 与毛坯直径 D 的比值称为总拉深系数,即拉深件总的变形程度系数。

$$m_{总}=\frac{d_n}{D}=\frac{d_1 d_2 d_3 \cdots d_{n-1} d_n}{D d_1 d_2 \cdots d_{n-2} d_{n-1}}=m_1 m_2 m_3 \cdots m_{n-1} m_n \tag{5-8}$$

式中,d_1、d_2、d_3、$\cdots$、d_n 为各次拉深后的半成品或拉深件的筒部直径(mm);D 为毛坯直径(mm)。

从拉深系数的表达式可以看出,总拉深系数为各次拉深系数的乘积,拉深系数的数值小于1,而且 m 值越小,表示拉深变形程度越大,所需要的拉深次数也越少。在工艺计算中,只要知道每次拉深的拉深系数值,就可以计算出每次拉深的半成品尺寸,并确定出该拉深件的拉深次数。从降低生产成本出发,希望拉深次数越少越好,即采用较小的拉深系数。但根据前面的力学分析可知,拉深系数的减小有一个限度,这个限度称为极限拉深系数,超过这一限度,会使变形区的危险断面产生破裂。因此,每次拉深须选择使拉深件不破裂的最小拉深系数,才能保证拉深工艺的顺利进行。

(2) 影响拉深系数的因素 总的来说,凡是能够使筒壁传力区的最大拉应力减小、使危险断面强度增加的因素,都有利于减小拉深系数。

1) 材料的力学性能。材料的屈强比 σ_s/R_m 越小,材料的伸长率 A 越大,对拉深越有利。σ_s 小的材料容易变形,凸缘变形区的变形抗力减小,筒壁传力区的拉应力也相应减小,而 R_m 大,则可提高危险断面处的强度,减小破裂的危险。所以,σ_s/R_m 越小,越能减小拉深系数。伸长率 A 值大,说明材料在变形时不易出现拉伸缩颈,因而危险断面的严重变形和拉断现象也相应推迟。一般情况下,$\sigma_s/R_m \leq 0.65$,而 $\delta \geq 28\%$ 的材料具有较好的拉深性能。

材料的板厚方向性系数 r 值对拉深系数也有显著的影响。r 值越大,说明板料在厚度方向变形越困难,危险断面也越不易变薄、拉断,因比对拉深有利,拉深系数可以减小。

2) 板料的相对厚度 t/D。相对厚度 t/D 越大,拉深时抵抗失稳起皱的能力越强,因而可以减小压边力,减小摩擦阻力,有利于减小拉深系数。

3) 拉深条件。

① 模具的结构参数,主要是指凸模、凹模圆角半径 R_T、R_A 与凸模、凹模间隙 Z。总的来说,采用过小的 R_T、R_A 与 Z 会使拉深过程中摩擦阻力与弯曲阻力增加,危险断面的变薄加剧,而过大的 R_T、R_A 与 Z 则会减小有效的压边面积,使板料的悬空部分增大,使板料易于失稳起皱,对拉深不利。因此,采用合适的 R_T、R_A 与 Z,可以减小拉深系数。

② 采用压边圈并加以合理的压边力对拉深有利,可以减小拉深系数。压边力过大,会增加拉深阻力;压边力过小,在拉深时不足以防止起皱,对拉深不利。合理的压边力应该是在保证不起皱的前提下取最小值。

③ 凹模(特别是圆角入口处)与压边圈的工作表面应十分光滑并采用润滑剂,以减小板料在拉深过程中的摩擦阻力,减少传力区危险断面的负担,这样可以减小拉深系数。对于凸模工作表面,则不必做得很光滑,也不需要润滑,使拉深时在凸模工作表面与板料之间有较大的摩擦阻力,这有利于阻止危险断面的变薄,因而有利于减小拉深系数。

工件的形状不同,则变形时应力与应变状态不同,极限变形量也就不同,因而极限拉深系数不同。例如,有凸缘和底部呈不同形状的筒形件与无凸缘的筒形件不同,筒形件与矩形零件也不同。

在这些影响拉深系数的因素中,对于一定材料的零件来说,相对厚度是主要因素,其次是凹模圆角半径 R_A 以及拉深条件。在生产中则应注意润滑以减少摩擦力。

综上所述,凡是能增加筒壁传力区危险断面的强度,降低筒壁传力区拉应力的因素,均会使极限拉深系数减小;反之,将使极限拉深系数增大。

(3) 拉深系数的确定　极限拉深系数的大小,可以根据筒壁传力区所承受的最大拉应力和危险断面上的有效抗拉强度,用理论公式加以估算。由于影响拉深系数的因素很多,实际生产中应用的极限拉深系数,都是考虑了各种具体条件后用试验方法求出的,通常 $m_1 =$ 0.56~0.60,以后各次的拉深系数为 0.70~0.86。

在实际生产中,并不是在所有情况下都采用极限拉深系数。因为过于接近极限拉深系数会引起拉深件在凸模圆角部位过分变薄,而在以后各次拉深中,部分变薄严重的缺陷会转移到成品零件的侧壁上去,降低零件的质量,所以对零件质量有较高的要求时,宜采用大于极限拉深系数的拉深系数。

表 5-5 列出了无凸缘的筒形件用压边圈时的各次拉深系数,表 5-6 列出了无凸缘的筒形件不用压边圈时的各次拉深系数,表 5-7 列出了各种材料的拉深系数(该表所列 m_n 为以后各次拉深系数的平均值)。

表 5-5　无凸缘的筒形件用压边圈时的各次拉深系数

各次拉深系数	毛坯的相对厚度 $t/D(\%)$					
	2.0~1.5	1.5~1.0	1.0~0.6	0.6~0.3	0.3~0.15	0.15~0.08
m_1	0.48~0.50	0.50~0.53	0.53~0.55	0.55~0.58	0.58~0.60	0.60~0.63
m_2	0.73~0.75	0.75~0.76	0.76~0.78	0.78~0.79	0.79~0.80	0.80~0.82
m_3	0.76~0.78	0.78~0.79	0.79~0.80	0.80~0.81	0.81~0.82	0.82~0.84
m_4	0.78~0.80	0.80~0.81	0.81~0.82	0.82~0.83	0.83~0.85	0.85~0.86
m_5	0.80~0.82	0.82~0.84	0.84~0.85	0.85~0.86	0.86~0.87	0.87~0.88

注:1. 表中拉深系数适用于 08、10 和 15Mn 等普通的拉深碳钢及黄铜 H62;对拉深性能较差的材料,如 20、25、Q215、Q235、硬铝等应比表中数值大 1.5%~2.0%;对塑性更好的,如 05、10F 等深拉深钢及软铝应比表中数值小 1.5%~2.0%。
2. 表中数据适用于未经中间退火的拉深。若采用中间退火工序时,可取较表中数值小 2%~3% 的数值。
3. 表中较小数值适用于大的凹模圆角半径 $R_A = (8\sim15)t$,较大数值适用于小的凹模圆角半径 $R_A = (5\sim8)t$。

表 5-6　无凸缘的筒形件不用压边圈时的各次拉深系数

各次拉深系数	毛坯的相对厚度 $t/D(\%)$				
	1.5	2.0	2.5	3.0	>3
m_1	0.65	0.60	0.55	0.53	0.50
m_2	0.80	0.75	0.75	0.75	0.70
m_3	0.84	0.80	0.80	0.80	0.75
m_4	0.87	0.84	0.84	0.84	0.78
m_5	0.90	0.87	0.87	0.87	0.82
m_6	—	0.90	0.90	0.90	0.85

注:表中拉深系数适用于 08、10 和 15Mn 等材料。其余各项同表 5-5。

表 5-7 各种材料的拉深系数

材料	牌号	首次拉深系数 m_1	以后各次拉深系数 m_n
铝和铝合金	8A06M、1035M、3A21M	0.52~0.55	0.70~0.75
杜拉铝	2A11M、2A12M	0.56~0.58	0.75~0.80
黄铜	H62	0.52~0.54	0.70~0.72
	H68	0.50~0.52	0.68~0.72
纯铜	T2、T3、T4	0.50~0.55	0.72~0.80
无氧铜		0.52~0.58	0.75~0.82
镍、镁镍、硅镍		0.48~0.53	0.70~0.75
康铜(铜镍合金)		0.50~0.56	0.74~0.84
白铁皮		0.58~0.65	0.80~0.85
酸洗钢板		0.54~0.58	0.75~0.78
不锈钢、耐热钢及其合金	Cr13	0.52~0.56	0.75~0.78
	Cr18Ni	0.50~0.52	0.70~0.75
	1Cr18Ni9Ti	0.52~0.55	0.78~0.81
	Cr18Ni11Nb、Cr23Ni18	0.52~0.55	0.78~0.80
	Cr20Ni75Mo2ALTiNb	0.56	—
	Cr25Ni60W15Ti	0.58	—
	Cr22Ni38W3Ti	0.48~0.50	—
	Cr20Ni80Ti	0.54~0.59	0.78~0.85
钢	30CrMnSi	0.62~0.70	0.80~0.84
可伐合金		0.65~0.67	0.85~0.90
钼铱合金		0.72~0.82	0.91~0.97
钽		0.65~0.67	0.84~0.87
铌		0.65~0.67	0.84~0.87
钛合金	工业纯钛	0.58~0.60	0.80~0.85
	TA5	0.60~0.65	0.80~0.85
锌		0.65~0.70	0.85~0.90

注：1. 凹模圆角半径 $R_A < 6t$ 时，拉深系数取大值。
2. 凹模圆角半径 $R_A \geq (7~8)t$ 时，拉深系数取小值。
3. 材料的相对厚度 $t/D \geq 0.6\%$ 时，拉深系数取小值。
4. 材料的相对厚度 $t/D < 0.6\%$ 时，拉深系数取大值。

3. 无凸缘的筒形件的拉深次数的确定

$m_总 = d_n/D$ 所表示的总拉深系数中的 d_n 实际上就是零件所要求的直径。也可以说，$m_总$ 是零件所要求的拉深系数，即零件所要求的拉深总变形量。当 $m_总 > m_1$ 时，则该制件可一次就拉出，否则就要进行多次拉深。

需要多次拉深时，其拉深次数可按以下方法确定。

（1）计算法 将直径为 D 的毛坯最后拉深成直径为 d_n 的工件，各工序零件直径变化为

$$d_1 = m_1 D$$

任务五 多孔杯拉深工艺与模具设计

$$d_2 = m_n d_1 = m_n(m_1 D)$$
$$d_3 = m_n d_2 = m_n^2(m_1 D)$$
$$\vdots$$
$$d_n = m_n d_{n-1} = m_n^{n-1}(m_1 D)$$

对上面的等式两边取对数，得

$$\lg d_n = \lg m_n d_{n-1} = (n-1)\lg m_n + \lg(m_1 D)$$

即得

$$n = 1 + \frac{\lg d_n - \lg(m_1 D)}{\lg m_n} \tag{5-9}$$

式中，m_1 和 m_n 为拉深系数，可由表 5-7 查取。计算所得的拉深次数 n 小数部分的数值，不能按照四舍五入法，而应取较大整数值，因为表中的拉深系数已经是极限值。

（2）推算法　筒形件的拉深次数也可根据 t/D 值推算得到，由表 5-5 或表 5-6 查出 m_1，m_2，m_3，…，m_n，然后从第一次拉深直径 d_1 向 d_n 推算，即

$$d_1 = m_1 D$$
$$d_2 = m_2 d_1$$
$$\vdots$$
$$d_n = m_n d_{n-1}$$

一直算到所得的 d_n 不大于工件所要求的直径 d 为止，此时的 n 即为所求的拉深次数。

（3）查表法　无凸缘的筒形件的拉深次数还可根据拉深件的相对高度 h/d 和毛坯的相对厚度 t/D，由表 5-8 查取。也可以根据毛坯的相对厚度 t/D 与总拉深系数 $m_总$，由表 5-9 查取拉深次数。

表 5-8　无凸缘的筒形件的相对高度 h/d 与拉深次数的关系

拉深次数 n	毛坯的相对厚度 $t/D(\%)$					
	2.0~1.5	1.5~1.0	1.0~0.6	0.6~0.3	0.3~0.15	0.15~0.08
1	0.94~0.77	0.84~0.66	0.71~0.57	0.62~0.5	0.52~0.45	0.46~0.38
2	1.88~1.55	1.6~1.32	1.36~1.1	1.13~0.95	0.96~0.83	0.9~0.7
3	3.5~2.7	2.8~2.2	2.3~1.3	1.9~1.5	1.6~1.3	1.3~1.1
4	5.6~4.3	4.3~3.5	3.6~2.9	2.9~2.5	2.5~2.0	2.0~1.5
5	8.9~6.6	6.6~5.1	5.2~4.1	4.1~3.3	3.3~2.7	2.7~2.0

注：1. 大的 h/d 值适用于第一道工序的大凹模圆角半径 $R_A = (8~15)t$，小的 h/d 值适用于第一道工序的小的凹模圆角半径 $R_A = (5~8)t$。
　　2. 表中数据适用于 08、10 钢。

表 5-9　总拉深系数 $m_总$ 与拉深次数的关系

拉深次数 n	毛坯的相对厚度 $t/D(\%)$				
	2~1.5	1.5~1.0	1.0~0.5	0.5~0.2	0.2~0.06
2	0.33~0.36	0.36~0.40	0.40~0.43	0.43~0.46	0.46~0.48
3	0.24~0.27	0.27~0.30	0.30~0.34	0.34~0.37	0.37~0.40
4	0.18~0.21	0.21~0.24	0.24~0.27	0.27~0.30	0.30~0.33
5	0.13~0.16	0.16~0.19	0.19~0.22	0.22~0.25	0.25~0.29

注：表中数据适用于 08 钢、10 钢的筒形件拉深件（用压边圈）。

4. 筒形件各次拉深件的半成品尺寸计算

当筒形件需分若干次拉深时，就必须计算各次半成品的尺寸作为设计模具及选择压力机的依据。

（1）各次半成品的直径计算　根据多次拉深时，变形程度应逐次减小（即拉深系数应逐步增大，并大于表 5-5、表 5-6 中所列数值）的原则，重新调整各次拉深系数，然后根据调整后的各次拉深系数计算各次半成品的直径，使 d_n 等于工件直径 d 为止，即

$$d_1 = m_1 D$$
$$d_2 = m_2 d_1$$
$$\vdots$$
$$d_n = m_n d_{n-1}$$

（2）各次半成品的高度计算　各次半成品的高度可根据半成品零件的面积与毛坯面积相等的原则求得。筒形件的高度如图 5-15 所示。

由 $D = \sqrt{d^2 + 4dh - 1.72rd - 0.56r^2}$ 知

$$h = 0.25\left(\frac{D^2}{d} - d\right) + 0.43\frac{r}{d}(d + 0.32r) \tag{5-10}$$

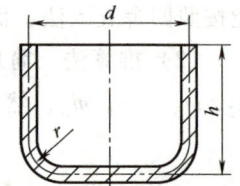

图 5-15　筒形件的高度

当要分别计算各次半成品的高度 h_1，h_2，h_3，…，h_n 时，上式中的 d、r 应分别以 d_1、r_1，d_2、r_2，d_3、r_3，…，d_n、r_n 带入。

例 5-3　计算图 5-16 所示筒形件的坯料尺寸及拉深各次半成品的尺寸。材料为 08 钢，板料厚度 $t = 1$mm。

解： 因 $t = 1$mm，下面均按板厚中径尺寸计算。

1）确定修边余量 Δh。

根据零件尺寸，计算其相对高度，即

$$\frac{h}{d} = \frac{67.5}{20} \approx 3.4$$

由表 5-1 查得，$\Delta h = 6$mm。

2）计算毛坯直径 D。

由式（5-6）得

$$D = \sqrt{d^2 + 4dh - 1.72rd - 0.56r^2}$$
$$= \sqrt{20^2 + 4 \times 20 \times (67.5 + 6) - 1.72 \times 4 \times 20 - 0.56 \times 4^2}\text{mm}$$
$$\approx 78\text{mm}$$

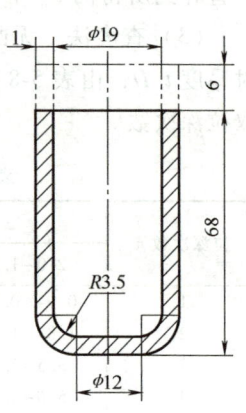

图 5-16　筒形件

3）确定拉深次数。

先判断能否一次拉出。零件所要求的拉深系数（即总拉深系数）$m_总$ 为

$$m_总 = \frac{d}{D} = \frac{20}{78} = 0.256$$

查表 5-7，取 $m_1 = 0.55$，$m_n = 0.75$，则

$$m_总 = 0.256 < m_1 = 0.55$$

从而判断不能一次拉出。

① 采用计算法确定拉深次数。

由式（5-9）得

$$n = 1 + \frac{\lg 20 - \lg(0.55 \times 78)}{\lg 0.75} = 3.66$$

取拉深次数 $n = 4$

② 由查表法确定拉深次数。

根据

$$\frac{t}{D} = \frac{1}{78} = 1.28\%, \quad \frac{h}{d} = \frac{73.5}{20} = 3.7$$

由表 5-8 查得，$n = 4$ 次。

③ 由推算法确定拉深次数。

由表 5-5 查得：$m_1 = 0.50$，$m_2 = 0.75$，$m_3 = 0.78$，$m_4 = 0.80$，$m_5 = 0.82$。

则各次拉深件直径推算为

$$d_1 = 0.50 \times 78 \text{mm} = 39 \text{mm}$$
$$d_2 = 0.75 \times 39 \text{mm} = 29.3 \text{mm}$$
$$d_3 = 0.78 \times 29.3 \text{mm} = 22.8 \text{mm}$$
$$d_4 = 0.80 \times 22.8 \text{mm} = 18.2 \text{mm}$$

因为 $d_5 = 18.2$ mm 已经小于 $d = 20$ mm（零件直径），所以不必再推算下去，即拉 4 次即能拉出。

4）确定各次半成品的尺寸。

① 各次半成品的直径计算。由于计算直径不等于零件成品直径，所以应对拉深系数做适当的调整，使其均大于表 5-5 相应的极限拉深系数。调整后实际拉深系数取 $m_1 = 0.53$，$m_2 = 0.76$，$m_3 = 0.79$，$m_4 = 0.82$。

则各次半成品直径为

$$d_1 = 0.53 \times 78 \text{mm} = 41 \text{mm}$$
$$d_2 = 0.76 \times 51 \text{mm} = 31 \text{mm}$$
$$d_3 = 0.79 \times 31 \text{mm} = 24.5 \text{mm}$$
$$d_4 = 0.82 \times 24.5 \text{mm} = 20 \text{mm}$$

② 各次半成品的高度计算。取各次拉深的 r（即半成品底部的内圆角半径）分别为 $r_1 = 5.5$ mm，$r_2 = 5$ mm，$r_3 = 5$ mm，$r_4 = 3.5$ mm。

则由式（5-10）得

$$h_1 = 0.25 \times \left(\frac{78^2}{41} - 41\right) \text{mm} + 0.43 \times \frac{5.5}{41} \times (41 + 0.32 \times 5.5) \text{mm} = 29.3 \text{mm}$$

$$h_2 = 0.25 \times \left(\frac{78^2}{31} - 31\right) \text{mm} + 0.43 \times \frac{5}{31} \times (31 + 0.32 \times 5) \text{mm} = 43.6 \text{mm}$$

$$h_3 = 0.25 \times \left(\frac{78^2}{24.5} - 24.5\right) \text{mm} + 0.43 \times \frac{5}{24.5} \times (24.5 + 0.32 \times 5) \text{mm} = 58 \text{mm}$$

$$h_4 = 73.5 \text{mm}$$

③ 画出该筒形件的工序图，如图 5-17 所示。

5. 有凸缘的筒形件的拉深次数的确定

有凸缘的筒形件（见图5-18），它可以是成品零件，也可以是形状复杂的冲压件的一个半成品件。有凸缘的筒形件的拉深过程和无凸缘的筒形件相比，区别仅在于前者将毛坯拉深至某一时刻，达到零件所要求的 d_t 时便不再拉深，而不是将凸缘变形区的材料全部拉入凹模内。所以从变形过程的本质看，二者是相同的。

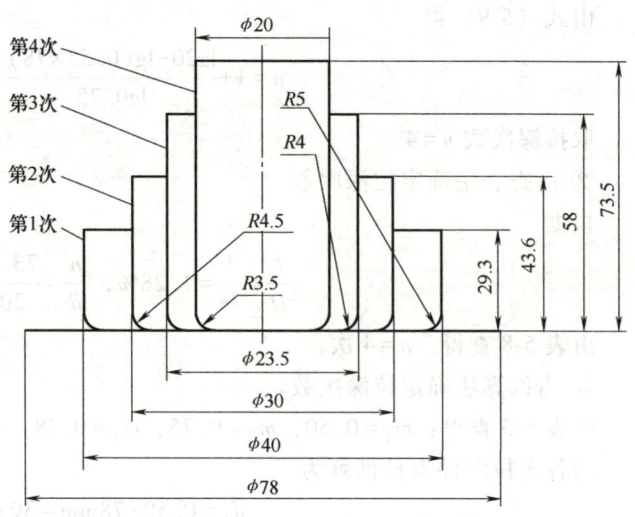

图5-17　该筒形件的工序图

（1）判断有凸缘的筒形件的一次拉深成形极限　如果有凸缘的筒形件能一次拉出，那么就不必再专门讨论它的工艺计算与拉深方法，直接将毛坯拉深成要求的工件即可。而判断其是否能一次拉出，一般不能用无凸缘的筒形件拉深的第一次拉深系数 m_1，因为它只有当全部凸缘都转变为工件的侧表面时才能适用。而在拉深有凸缘的筒形件时，可在同样的 $m_1=d_1/D$ 的情况下，也就是在采用相同的毛坯直径 D 拉出相同的工件直径 d_1 时，拉深出各种不同凸缘直径 d_t 和不同高度 h 的工件，如图5-19所示。显然，凸缘直径和工件高度的不同，其实际变形程度是不同的。凸缘直径越小，工件高度越大，其变形程度也越大。而这些不同情况只是无凸缘拉深过程中的中间阶段，而不是其拉深过程的终结。因此用一般的 $m_1=d_1/D$ 不能表达在拉深有凸缘的筒形件时的各种不同情况下（指不同的 d_t 和 h）的实际变形程度。

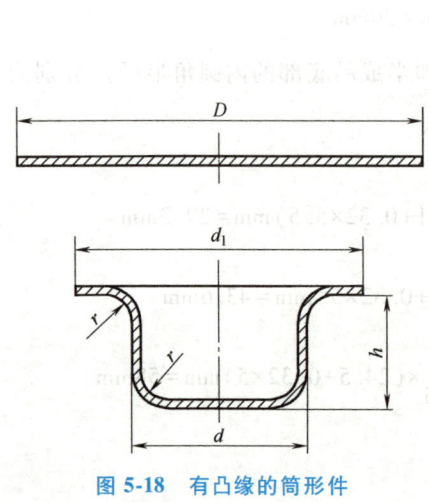

图5-18　有凸缘的筒形件

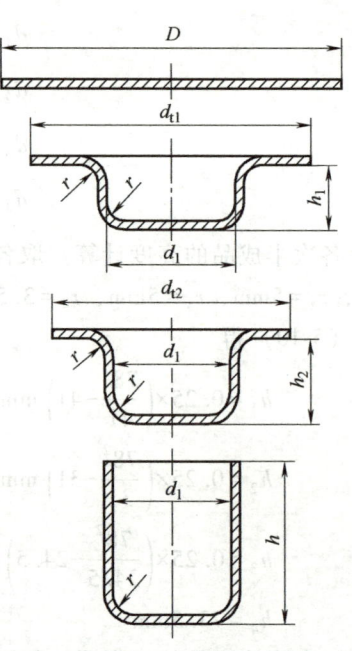

图5-19　拉深过程中工件尺寸的变化

由式（5-7）可知，有凸缘的筒形件的毛坯直径 D 为

$$D = \sqrt{d_t^2 + 4d_1h_1 - 3.44r_1d_1}$$

所以，有凸缘筒形体的第一次拉深系数为

$$m_1 = \frac{d_1}{D} = \frac{1}{\sqrt{\left(\frac{d_t}{d_1}\right)^2 + 4\frac{h_1}{d_1} - 3.44\frac{r_1}{d_1}}} \tag{5-11}$$

式中，d_t/d_1 为凸缘的相对直径（应包括修边余量）；h_1/d_1 为相对高度；r_1/d_1 为底部与凸缘部分的相对圆角半径。

此外，m_1 还应考虑毛坯相对厚度 t/D 的影响。

由上述分析可知，有凸缘的筒形件第一次拉深的实际变形程度主要取决于第一次拉深后凸缘的相对直径 d_t/d_1 及其相对高度 h_1/d_1。当然，它在第一次拉深时的变形程度（即 m_1）也是有一定限制的，即当 m_1 为一定值时，由式（5-11）可知，若 d_t/d_1 越大，则其许可的 h_1/d_1 必定越小。因此，有凸缘的筒形件第一次拉深的许可变形程度可用相应于 d_t/d_1 不同比值的最大相对高度 h_1/d_1 来表示（见表5-10）。当工件的相对拉深高度 $h/d > h_1/d_1$ 时，则该工件就不能用一道工序拉深出来，而需要两次或多次才能拉出。

表 5-10 有凸缘筒形件第一次拉深的最大相对高度 h_1/d_1

凸缘相对直径 d_t/d_1	毛坯的相对厚度 $t/D(\%)$				
	0.06~0.2	0.2~0.5	0.5~1	1~1.5	>1.5
≤1.1	0.45~0.52	0.50~0.62	0.57~0.70	0.60~0.80	0.75~0.90
1.1~1.3	0.40~0.47	0.45~0.53	0.50~0.60	0.56~0.72	0.65~0.80
1.3~1.5	0.35~0.42	0.40~0.48	0.45~0.53	0.50~0.63	0.58~0.70
1.5~1.8	0.29~0.35	0.34~0.39	0.37~0.44	0.42~0.53	0.48~0.58
1.8~2.0	0.25~0.30	0.29~0.35	0.32~0.38	0.36~0.46	0.42~0.51
2.0~2.2	0.22~0.26	0.25~0.29	0.27~0.33	0.31~0.41	0.35~0.45
2.2~2.5	0.17~0.21	0.20~0.23	0.22~0.27	0.25~0.32	0.28~0.35
2.5~2.8	0.13~0.16	0.15~0.18	0.17~0.21	0.19~0.25	0.22~0.27
2.8~3.0	0.10~0.13	0.12~0.15	0.15~0.17	0.16~0.20	0.18~0.22

注：1. 较大值相应于零件圆角半径较大情况，即 r_A、r_T 为 $(10~20)t$。
    2. 较小值相应于零件圆角半径较小情况，即 r_A、r_T 为 $(5~8)t$。
    3. 表中数据适用于 08 钢、10 钢。
    4. 凸缘相对直径大于 3.0 的参考 2.8~3.0。

（2）有凸缘的筒形件的拉深方法 根据凸缘宽窄，有凸缘的筒形件可分为两类：窄凸缘筒形件和宽凸缘筒形件，它们的成形方法有所不同。

1）窄凸缘筒形件（$d_t/d_1 = 1.1~1.5$）。

对于这种零件的拉深，可在前几次拉深中不留凸缘，先拉成无凸缘的筒形件，而在最后的几道拉深工序中形成锥形凸缘，最后将其压平，如图 5-20 所示。其拉深系数的确定、拉深工艺计算与无凸缘的筒形工件完全相同。

2）宽凸缘筒形件（$d_t/d_1 > 1.5$）。

宽凸缘筒形件在第一次拉深时，就将凸缘直径拉深到零件所需要的尺寸，以后各次拉深时，凸缘直径保持不变，仅改变筒体的形状和尺寸，如图 5-21 所示。在以后各次拉深时，

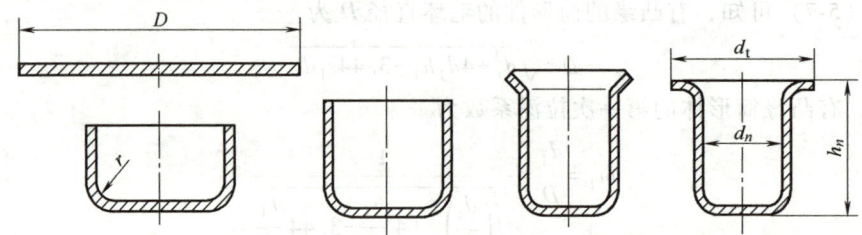

图 5-20　窄凸缘筒形件的拉深方法

逐渐减小筒体直径，增加筒壁高度，最后拉到所要求的尺寸。宽凸缘筒形件多次拉深时，第一次拉深的拉深系数列于表 5-11 中。

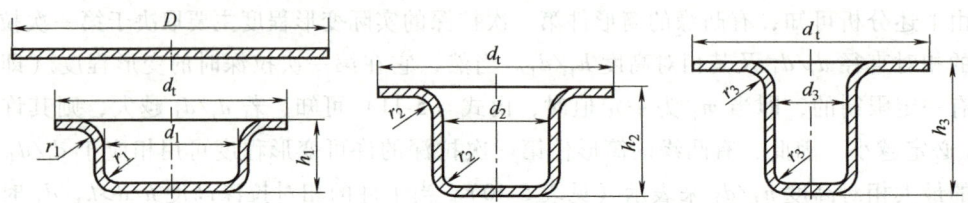

图 5-21　宽凸缘筒形件的拉深方法

表 5-11　宽凸缘筒形件第一次拉深时的拉深系数 m_1

凸缘相对直径 d_t/d_1	毛坯的相对厚度 $t/D(\%)$				
	≤0.06~0.2	0.2~0.5	0.5~1.0	1.0~1.5	>1.5
≤1	0.59	0.57	0.55	0.53	0.50
1.1~1.3	0.55	0.55	0.53	0.51	0.59
1.3~1.5	0.52	0.51	0.50	0.59	0.57
1.5~1.8	0.58	0.58	0.57	0.56	0.55
1.8~2.0	0.55	0.55	0.55	0.53	0.52
2.0~2.2	0.52	0.52	0.52	0.51	0.50
2.2~2.5	0.38	0.38	0.38	0.38	0.37
2.5~2.8	0.35	0.35	0.35	0.35	0.33
2.8~3.0	0.33	0.33	0.32	0.32	0.31

注：1. 较大值相应于零件圆角半径较大情况，即 r_A、r_T 为 (10~20)t。
　　2. 较小值相应于零件圆角半径较小情况，即 r_A、r_T 为 (5~8)t。
　　3. 表中数据适用于 08 钢、10 钢。

为了保证以后各次拉深时凸缘不参加变形，宽凸缘筒形件首次拉入凹模的材料表面积比零件的实际需要多 3%~5%，这些多余材料在以后各次拉深中，逐次被挤到凸缘部分，使凸缘增厚，从而避免拉裂。这对于 $t<0.5$mm 的拉深件效果尤为显著。这一原则实际上是通过正确计算各次拉深高度和严格控制凸模进入凹模的深度来实现的。

例 5-4　计算图 5-22 所示宽凸缘筒形件的毛坯直径、拉深次数及各次半成品尺寸。其材料为 08 钢，料厚 $t=2$mm。

解：因 $t>1$mm，下面均按中线尺寸计算。

1）确定修边余量 Δd。

查表 5-2 得，当 $d_t/d=84$mm/26mm = 3.2，$d_t=84$mm 时，取修边余量 $\Delta d=2.2$mm，故实际凸缘直径为

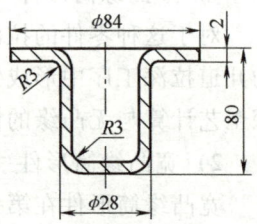

图 5-22　宽凸缘筒形件

$$d_t = 84\text{mm} + 2\times 2.2\text{mm} = 88.4\text{mm}$$

2) 初算毛坯直径。

由毛坯直径计算公式，初算毛坯直径为

$$D = \sqrt{d_1^2 + 4d_2 h + 2\pi r(d_1 + d_2) + 4\pi r^2 + d_4^2 - d_3^2}$$

由图所示尺寸得：$d_1 = 18\text{mm}$；$d_2 = 26\text{mm}$；$d_3 = 34\text{mm}$；$d_4 = 88.4\text{mm}$；$h = 70\text{mm}$；$r = 5\text{mm}$。

将数据代入，得

$$D = \sqrt{18^2 + 4\times 26\times 70 + 2\pi\times 4r\,(18+26) + 4\pi\times 4^2 + 88.4^2 - 34^2}\,\text{mm}$$
$$= \sqrt{8910.2 + 6658.6}\,\text{mm} \approx 125\text{mm}$$

式中，$6658.6\pi/5\text{mm}^2$ 为该零件凸缘部分的表面积；$8910.2\pi/5\text{mm}^2$ 为该零件除去凸缘部分的表面积。

3) 判断能否一次拉出。

由 $h/d = 78\text{mm}/26\text{mm} = 3$，$d_t/d = 88.4\text{mm}/26\text{mm} = 3.4$，$t/D = 2\text{mm}/125\text{mm} = 1.6\%$。

查表 5-10，得第一次拉深许可的相对高度 $h_1/d_1 = 0.18\sim 0.22$，远小于工件的 $h/d = 3$，所以，一次不能拉出。

4) 确定首次拉深的工序尺寸。

① 选取 m_1、d_1。因为确定宽凸缘筒形件的首次拉深系数 m_1 时，需要先假定一个 d_t/d 的值，所以用逼近法以表格的形式列出有关数据进行比较来选取 m_1 和 d_1，见表 5-12。

表 5-12 用逼近法选取 m_1 和 d_1

$n = d_t/d_1$（假定值）	第一次拉深直径 $d_1 = d_t/n$	实际拉深系数 $m_1 = d_1/D$	极限拉深系数 $[m_1]$（由表 5-11 查取）	拉深系数相差值 $\Delta m = m_1 - [m_1]$
1.2	88.4mm/1.2 = 73.3mm	0.59	0.49	+0.10
1.3	88.4mm/1.3 = 68mm	0.54	0.49	+0.05
1.4	88.4mm/1.4 = 63mm	0.50	0.47	+0.03
1.5	88.4mm/1.5 = 59mm	0.47	0.47	0

先选取 $m_1 = 0.4$，$d_1 = 59\text{mm}$（即 $d_t/d_1 = 1.5$）。

② 确定 R_{T1} 和 R_{A1}。

选 $R_{T1} = R_{A1} = 0.8\sqrt{(D-d_1)t} = 0.8\sqrt{(125-59)\times 2}\,\text{mm} = 9.2\text{mm}$。

取 $R_{T1} = R_{A1} = 9\text{mm}$。

③ 重新计算毛坯直径。

如图 5-23 所示，为了保证在后续拉深过程凸缘部分不参加变形，宽凸缘筒形件首次拉入凹模的材料面积比零件实际需要的面积多 5%，即首次拉深时拉入凹模的材料实际面积应为

$$A = \frac{\pi}{4}\times\{8910.2 + [(59+2\times 10)^2 - 34^2]\}\times 105\%\,\text{mm}^2 = \frac{\pi}{4}\times 14695\,\text{mm}^2$$

因为多拉入凹模 5% 的材料，所以重新计算的毛坯直径应为

$$D = \sqrt{14695 + (88.4^2 - 79^2)}\,\text{mm} = 127.5\text{mm}$$

④ 计算首次拉深高度 H_1。

由

$$D = \sqrt{d_t^2 + 4dH - 3.44dR}$$

可知

$$H = 0.25 \frac{D^2 - d_t^2}{d} + 0.86R$$

即

$$H_1 = 0.25 \times \frac{127.5^2 - 88.4^2}{59} \text{mm} + 0.86 \times 10 \text{mm} = 44.4 \text{mm}$$

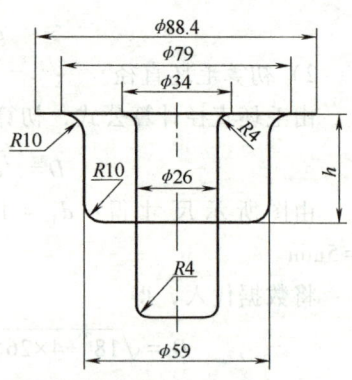

图 5-23 首次拉深的工序尺寸计算示意图

⑤ 验算 m_1 选得是否合理。

根据 $d_t/d_1 = 88.4\text{mm}/59\text{mm} = 1.5$ 和 $t/D = 2\text{mm}/127.5\text{mm} = 1.57\%$，查表 5-10 得最大相对高度 $h_1/d_1 = 0.58 \sim 0.70$，而实际工序件的 $h_1/d_1 = 44.4\text{mm}/59\text{mm} = 0.75$，显然 $0.70 < 0.75$，所以所选的 m_1 已经超过首次拉深的允许变形程度，是不合适的，需要重新选定。

5) 重新确定首次拉深的工序尺寸。

① 选取 $m_1 = 0.50$，$d_1 = 63\text{mm}$（即 $d_t/d_1 = 1.4$）。

② 选取 $R_{T1} = R_{A1} = 9\text{mm}$。

③ 重新计算毛坯直径。

首次拉深时拉入凹模的材料实际面积应为

$$A = \frac{\pi}{4} \times \{8910.2 + [(63 + 2 \times 10)^2 - 34^2]\} \text{mm}^2 \times 105\% = \frac{\pi}{4} \times 15375.4 \text{mm}^2$$

重新计算的毛坯直径应为

$$D = \sqrt{15375.4 + (88.4^2 - 83^2)} \text{mm} = 127.7 \text{mm}$$

④ 计算首次拉深高度 H_1 为

$$H_1 = 0.25 \times \frac{127.7^2 - 88.4^2}{63} \text{mm} + 0.86 \times 10 \text{mm} = 42.3 \text{mm}$$

⑤ 验算 m_1 选得是否合理。

根据 $d_t/d_1 = 1.4$ 和 $t/D = 2/127.7 = 1.57\%$，查表 5-10 得最大相对高度 $h_1/d_1 = 0.58 \sim 0.70$，而实际的工序件 $h_1/d_1 = 42.3/63 = 0.67$，显然 $0.70 > 0.67$，所以本次所选的 m_1 是合适的。图 5-24 所示为首次拉深工序图。

6) 计算以后各次拉深的工序件尺寸。

① 确定还需要拉深的次数。

查表 5-5 得 $m_2 = 0.73$，$m_3 = 0.76$，$m_4 = 0.78$，$m_5 = 0.80$，用推算法确定所需次数。

$$d_2 = m_2 d_1 = 0.73 \times 63 \text{mm} = 46 \text{mm}$$
$$d_3 = m_3 d_2 = 0.76 \times 46 \text{mm} = 35 \text{mm}$$
$$d_4 = m_4 d_3 = 0.78 \times 35 \text{mm} = 27.3 \text{mm}$$
$$d_5 = m_5 d_4 = 0.80 \times 27.3 \text{mm} = 21.8 \text{mm}$$

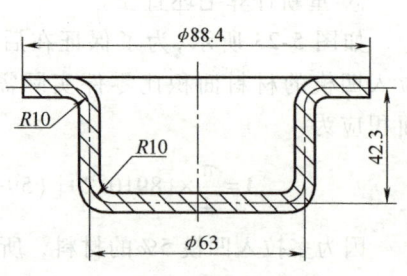

图 5-24 首次拉深工序图

当第 5 次拉深时，$d_5 = 21.8$mm，已经小于零件尺寸 $d = 26$mm，所以不必再拉，即还需拉深 4 次，总共要拉深 5 次。

② 重新调整各次拉深系数，计算各次拉深后工序件的直径。

取 $m_2 = 0.76$，$m_3 = 0.79$，$m_4 = 0.81$，$m_5 = 0.84$，则

$$d_2 = m_2 d_1 = 0.76 \times 63 \text{mm} = 48 \text{mm}$$
$$d_3 = m_3 d_2 = 0.79 \times 48 \text{mm} = 38 \text{mm}$$
$$d_4 = m_4 d_3 = 0.81 \times 38 \text{mm} = 31 \text{mm}$$
$$d_5 = m_5 d_4 = 0.84 \times 31 \text{mm} = 26 \text{mm}$$

③ 确定以后各次拉深的 R_T 和 R_A。

取 $R_{T2} = R_{A2} = 8$mm，$R_{T3} = R_{A3} = 6$mm，$R_{T4} = R_{A4} = 5$mm，$R_{T5} = R_{A5} = 3$mm（根据零件要求）。

④ 计算以后各次拉深工序件的高度尺寸。

设第 2 次拉深时多拉入凹模的材料面积为 3.5%（其余 1.5% 的材料返回到凸缘），第 3 次拉深时多拉入的材料为 2%（其余 1.5% 的材料返回到凸缘），第 4 次拉深时多拉入的材料为 1%（其余 1% 的材料返回到凸缘）。第 2、3、4 次拉深的假想坯料直径分别为

$$D_2 = \sqrt{\frac{15375.4}{105\%} \times 103.5\% + (88.4^2 - 83^2)} \text{ mm} = 126.8 \text{mm}$$

$$D_3 = \sqrt{\frac{15375.4}{105\%} \times 102\% + (88.4^2 - 83^2)} \text{ mm} = 125.9 \text{mm}$$

$$D_4 = \sqrt{\frac{15375.4}{105\%} \times 101\% + (88.4^2 - 83^2)} \text{ mm} = 125.4 \text{mm}$$

由此，可以计算出各次拉深的工序件高度为

$$H_2 = 0.25 \times \frac{126.8^2 - 88.4^2}{48} \text{mm} + 0.86 \times 9 \text{mm} = 50.8 \text{mm}$$

$$H_3 = 0.25 \times \frac{125.9^2 - 88.4^2}{38} \text{mm} + 0.86 \times 7 \text{mm} = 59 \text{mm}$$

$$H_4 = 0.25 \times \frac{125.4^2 - 88.4^2}{31} \text{mm} + 0.86 \times 6 \text{mm} = 68.9 \text{mm}$$

最后一次拉深后达到零件要求的高度，将多拉入的 1% 的材料返回到凸缘，拉深工序结束。

将上述按中线尺寸计算的工序件尺寸换算为外径和高度尺寸，如图 5-25 所示。

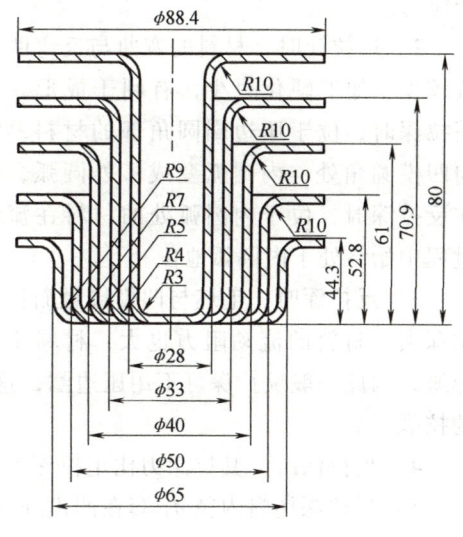

图 5-25 工序件的外径和高度尺寸

五、筒形件以后各次拉深的特点及方法

1. 筒形件以后各次拉深的特点

筒形件以后各次拉深时所用的毛坯与首次拉深时不同，它不是平板，而是筒形件。因此它与首次拉深相比，有许多不同之处。

1）首次拉深时，平板毛坯的厚度和力学性能

是均匀的,而以后各次拉深时,筒形件毛坯的壁厚和力学性能是不均匀的。

2) 首次拉深时,凸缘变形区是逐渐缩小的,而以后各次拉深时,凸缘变形区保持不变,只是在终了时以前才缩小。

3) 首次拉深时,拉深力的变化是变形抗力的增加与变形区域的减小这两个相反的因素互相消长的过程。因而在开始较快达到最大拉深力,然后逐渐减小为零。而以后各次拉深时,其变形区保持不变,但材料的硬度与壁厚沿着高度方向而逐渐增加的,所以其拉深力在整过拉深过程中一直在增加。首次拉深与二次拉深时的拉深力变化曲线如图5-26所示,拉深力直到拉深的最后阶段才由最大值下降为零。

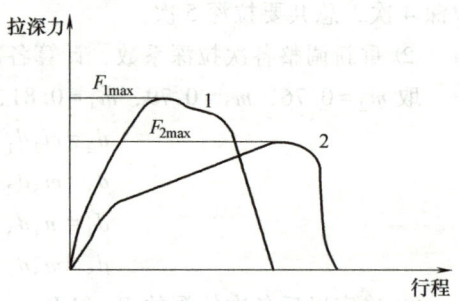

图 5-26 首次拉深与二次拉深时的拉深力变化曲线

1—首次拉深　2—二次拉深

4) 首次拉深时,最大拉深力出现在初始阶段,破裂也发生在初始阶段,而以后各次拉深中的最大拉深力出现在末尾,所以破裂也发生在末尾。

5) 以后各次拉深的变形区,因其外缘有筒壁刚性支持,所以稳定性较首次拉深时好,不易起皱。只是在拉深的最后阶段,在筒壁边缘进入变形区后,变形区的外缘失去了刚性支持才有起皱的可能。

2. 筒形件以后各次拉深的方法

以后各次拉深的方法可以分为两种:正拉深与反拉深,如图5-27所示。正拉深的拉深方向与上一次拉深相同,反拉深的拉深方向与上一次拉深相反,工件的内外表面相互转换。反拉深与正拉深相比较有如下特点:

1) 反拉深时,材料的流动方向与正拉深相反,有利于相互抵消拉深时形成的残余应力。

2) 反拉深时,材料的弯曲与反弯曲次数较少,加工硬化也少,有利于成形。当正拉深时,位于压边圈圆角部的材料,流向凹模圆角处,内圆弧变成了外圆弧,而在反拉深时,位于内圆弧处的材料在流动过程中始终处于内圆弧地位。

3) 反拉深时,毛坯与凹模接触面比正拉深大,材料的流动阻力也大,材料不易

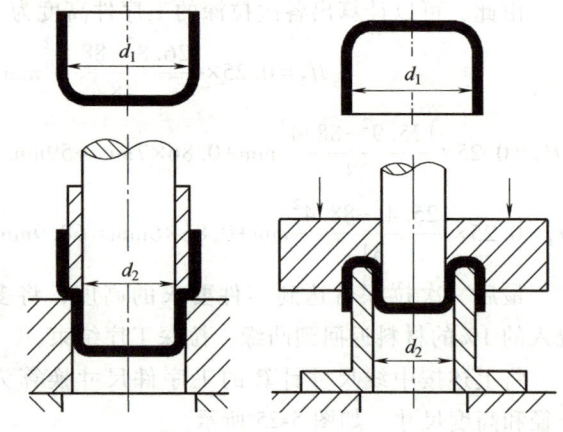

图 5-27 正拉深与反拉深

起皱,因此一般反拉深可不用压边圈,这就避免了由于压边力不适当或压边力不均匀而造成的拉裂。

4) 反拉深时,其拉深力比正拉深力大20%左右。

5) 反拉深坯料内径 d_1 套在凹模外面,拉深后的工件外径 d_2 通过凹模内孔,故凹模壁厚不能超过 $(d_1-d_2)/2$,即反拉深的拉深系数不能太大,否则凹模壁厚过薄,强度不足。另外,凹模圆角半径不能大于 $(d_1-d_2)/4$。

反拉深方法主要用于板料较薄的大件和中等尺寸零件的拉深。反拉深后圆筒的最小直径 $d_2 = (30 \sim 90)t$，圆角半径 $r > (2 \sim 6)t$。

六、拉深力与压边力的计算

1. 拉深力计算

对于筒形件有压边圈拉深，拉深力 F（单位为 N）的计算公式为

$$F = K \pi d t R_m \tag{5-12}$$

式中，d 为拉深件直径（mm）；t 为材料厚度（mm）；R_m 为材料强度极限（MPa）；K 为修正系数，与拉深系数有关，m 越小，K 越大。

K 值见表 5-13，首次拉深时用 K_1 计算，以后各次拉深时用 K_n 计算。

表 5-13　修正系数 K 的数值

m_1	0.55	0.57	0.60	0.62	0.65	0.67	0.70	0.72	0.75	0.77	0.80
K_1	1.00	0.93	0.86	0.79	0.72	0.66	0.60	0.55	0.50	0.45	0.40
m_n	0.70	0.72	0.75	0.77	0.80	0.85	0.90	0.95			
K_n	1.00	0.95	0.90	0.85	0.80	0.70	0.60	0.50			

2. 压边力计算

生产中主要采用压边圈来解决拉深过程中的起皱问题，有压边圈的拉深模的工作部分的结构如图 5-28 所示。至于是否需要采用压边圈可由表 5-14 中的条件决定。

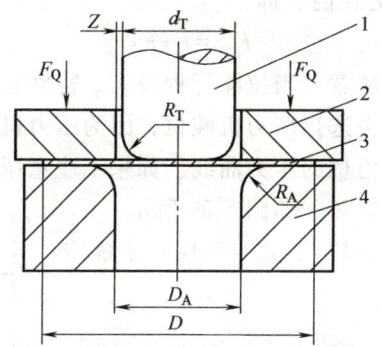

图 5-28　有压边圈的拉深模的工作部分的结构
1—拉深凸模　2—压边圈　3—毛坯　4—拉深凹模

表 5-14　是否需要采用压边圈的条件

是否需要采用压边圈	第一次拉深		以后各次拉深	
	$t/D(\%)$	m_1	$t/D(\%)$	m_n
用压边圈	<1.5	<0.6	<1.0	<0.8
可用可不用	1.5~2.0	0.6	1.5~2.0	0.8
不用压边圈	>2.0	>0.6	>2.0	>0.8

在压边圈上施加压边力 F_Q 的大小应该适当。过大的压边力会使拉深件在凸模圆角处的断面过分变薄以至拉裂，压边力过小则起不到防止起皱的作用，压边力 F_Q（单位为 N）的

计算公式为

$$F_Q = Ap \qquad (5\text{-}13)$$

式中，A 为压边面积（mm^2）；p 为单位压边力（MPa），其值可由表 5-15 查取。

表 5-15 单位压边力 p 值

材料		单位压边力 p/MPa	材料		单位压边力 p/MPa
铝		0.8~1.2	低碳钢	$t<0.5mm$	2.5~3.0
纯铜、杜拉铝（退火的或淬火好的）		1.2~1.8	20 钢、08 钢、镀锡钢板		2.5~3.0
黄铜		1.5~2.0	软化状态的耐热钢		2.8~3.5
低碳钢	$t>0.5mm$	2.0~2.5	高合金钢、高锰钢、不锈钢		3.0~4.5

对于筒形件，则第一次拉深时的压边力为

$$F_{Q1} = \frac{\pi}{4}[D^2 - (d_1 + 2R_A)^2]p \qquad (5\text{-}14)$$

以后各次拉深时的压边力为

$$F_{Qn} = \frac{\pi}{4}[d_{n-1}^2 - (d_n + 2R_A)^2]p \qquad (5\text{-}15)$$

在实际生产中，实际压边力的大小要根据既不起皱又不被拉裂这个原则，在试模中加以调整，在设计压边装置时应考虑调整压边力的方便性。

3. 拉深时压力机吨位选择

采用单动压力机拉深时，压边力与拉深力是同时产生的（压边力由弹性装置产生），计算总拉深力 $F_总$ 时应包括压边力在内，即

$$F_总 = F + F_Q \qquad (5\text{-}16)$$

在选择压力机的吨位时应注意：当拉深行程较大，特别是采用落料拉深复合模时，不能简单地将落料力与拉深力叠加去选择压力机吨位，因为压力机的公称压力是指滑块在接近下死点时的压力，所以要注意压力机的压力曲线。如果不注意压力曲线，很可能由于过早地出现最大冲压力而使压力机超载损坏，如图 5-29 所示。

在实际生产中可以按式（5-17）、式（5-18）来确定压力机的公称压力。

浅拉深时，有

$$F_总 \leq (0.7 \sim 0.8)F_压 \qquad (5\text{-}17)$$

深拉深时，有

$$F_总 \leq (0.5 \sim 0.6)F_压 \qquad (5\text{-}18)$$

式中，$F_总$ 为拉深力和压边力的总和（N），在用复合模冲压时，还包括其他变形力；$F_压$ 为压力机的公称压力（N）。

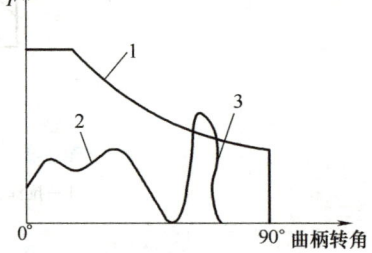

图 5-29 压力曲线
1—压力机的压力曲线 2—拉深力曲线
3—落料力曲线

4. 拉深功与功率计算

由于拉深工作行程较长，消耗功较大，因此还要验算压力机电动机的功率。

拉深力-凸模行程的关系曲线如图 5-30 所示，拉深功 W（单位为 J）为

$$W = F_{ave}h/10^3 = CF_{max}h/10^3 \qquad (5\text{-}19)$$

式中，F_{max} 为最大拉深力（N）；F_{ave} 为平均拉深力（N）；h 为拉深深度（mm）；C 为

F_{ave}/F_{max},一般取 $C = 0.6 \sim 0.8$。

拉深功率 P(单位为 kW)为

$$P = \frac{Wn}{60 \times 750 \times 1.36}$$

压力机电动机的功率 $P_电$(单位为 kW)为

$$P_电 = \frac{KWn}{60 \times 750 \times 1.36 \times \eta_1 \times \eta_2} \qquad (5-20)$$

式中,K 为不平衡系数,$K = 1.2 \sim 1.5$;η_1 为压力机效率,$\eta_1 = 0.6 \sim 0.8$;η_2 为电动机效率,$\eta_2 = 0.9 \sim 0.95$;n 为压力机每分钟的行程次数。

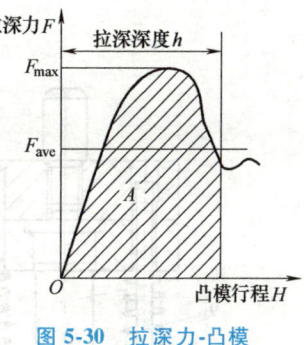

图 5-30 拉深力-凸模行程的关系曲线

七、拉深模的结构

根据不同的零件结构和工序性质,拉深模的类型也各有不同,主要有以下几类:

1)按工艺特点可以分为简单拉深模、复合拉深模和连续拉深模。

2)按工艺顺序可以分为首次拉深模和以后各次拉深模。

3)按模具结构特点可以分为带导柱拉深模、不带导柱拉深模、带压边圈拉深模和不带压边圈拉深模。

4)按使用的压力机不同可以分为单动压力机拉深模、双动压力机拉深模、三动压力机拉深模以及特种设备拉深模等。

1. 首次拉深模

(1)无压边装置的简单拉深模 图 5-31 所示为一副无压边圈的首次拉深模。该模具没有压边装置,因此适用于拉深变形程度不大,相对厚度较大的零件。拉深凸模 1 与模柄做成一个整体。拉深凹模 3 用螺钉紧固在下模座 4 上,毛坯由定位板 2 定位。

模具没有设置专门的卸件装置,靠工件口部拉深后弹性恢复张开,在凸模上行时,被凹模下底面的卸料颈刮落。为使工件在拉深后不至于紧贴在凸模上难以取下,在拉深凸模中开有通气孔。

(2)有压边装置的拉深模 图 5-32 所示为带压边圈的拉深模,其压边圈装在上模部分的

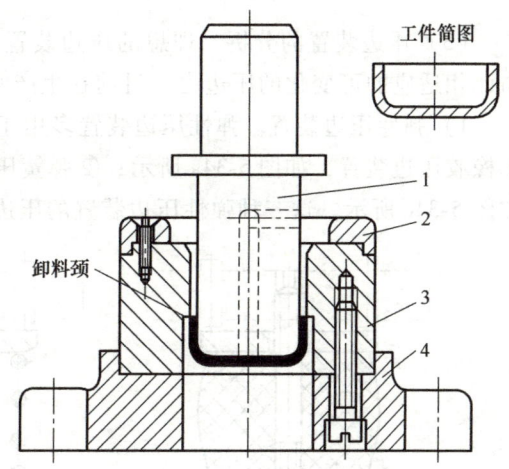

图 5-31 无压边圈的首次拉深模
1—拉深凸模 2—定位板 3—拉深凹模 4—下模座

正装拉深模中。由于弹性元件装在上模,因此,凸模比较长,适宜于拉深深度不大的工件。

图 5-33 所示为带锥形压边圈的倒装拉深模,其压边圈装在下模部分的倒装拉深模中。由于弹性元件装在下模座下工作台面的孔中,因此空间较大,允许弹性元件有较大的压缩行程。可以拉深深度较大一些的拉深件。这副模具采用了锥形压边圈 6。在拉深时,锥形压边圈先将毛坯压成锥形。使毛坯的外径先产生一定量的收缩,然后再将其拉成筒形件。采用这种结构,有利于拉深变形,所以,可以减小极限拉深系数。

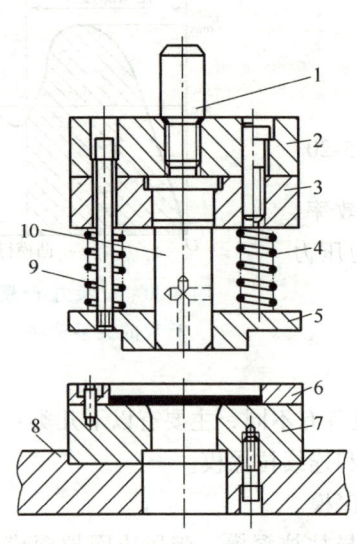
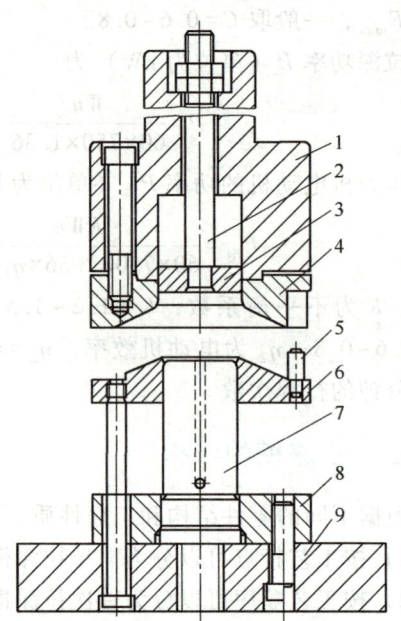

图 5-32 带压边圈的拉深模
1—模柄 2—上模座 3—凸模定位板 4—弹簧
5—压边圈 6—定位板 7—拉深凹模
8—下模座 9—弹簧 10—拉深凸模

图 5-33 带锥形压边圈的倒装拉深模
1—上模座 2—推杆 3—推件板 4—锥形凹模
5—限位柱 6—锥形压边圈 7—拉深凸模
8—凸模固定板 9—下模座

（3）压边装置的分析　理想的压边装置要能按拉深过程中起皱趋势的变化规律，施以与此相适应的可变化的压边力。目前在生产实际中常用的压边装置有两大类：

1）弹性压边装置。弹性压边装置多用于普通的单动拉深压力机上。通常有三种结构：①橡胶压边装置，如图 5-34a 所示；②弹簧压边装置，如图 5-34b 所示；③气垫式压边装置，如图 5-34c 所示。这三种弹性压边装置的压边力变化曲线如图 5-35 所示。

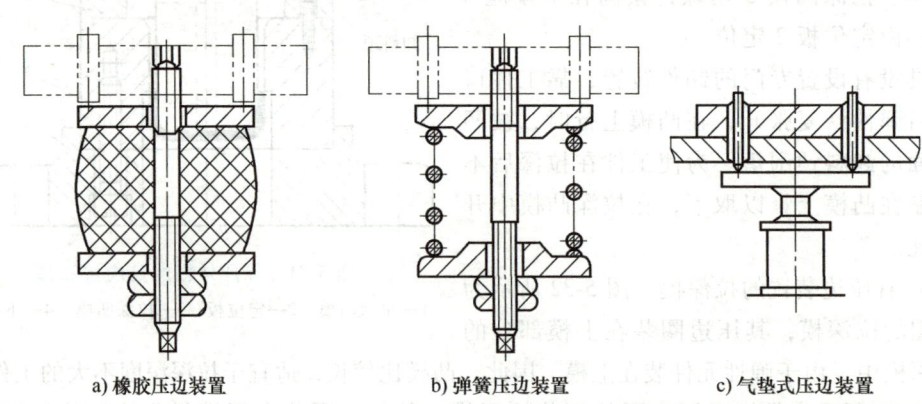

a) 橡胶压边装置　　b) 弹簧压边装置　　c) 气垫式压边装置

图 5-34　弹性压边装置

随着拉深深度的增加，凸缘变形区的材料不断减少，需要的压边力也逐渐减小。而橡胶与弹簧压边装置所产生的压边力恰与此相反，随拉深深度增加而始终增加，尤以橡胶压边装置更为严重。这种工作情况使拉深力增加，从而导致零件拉裂，因此橡胶及弹簧压边装置通常只适用于浅拉深。气垫式压边装置的压边效果比较好,但其结构、制造、使用与维修都比较复杂。

在普通单动的中、小型压力机上,由于橡胶、弹簧使用十分方便,所以还是被广泛使用。这就要正确选择弹簧规格及橡胶的牌号与尺寸,尽量减少其不利因素的影响。例如,弹簧宜选用总压缩量大、压边力随压缩量缓慢增加的弹簧,而橡胶则应选用较软的橡胶。为使其相对压缩量不致过大,橡胶的总高度应不小于拉深行程的 5 倍。

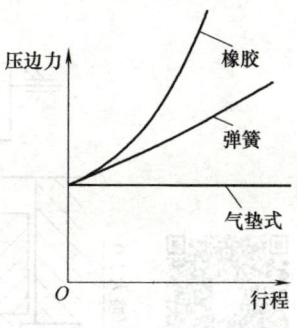

图 5-35 弹性压边装置的压边力变化曲线

在拉深板料较薄或带有宽凸缘的零件时,为了克服弹簧和橡胶的缺点,防止压边圈将毛坯压得过紧,可以采用带限位装置的压边圈,如图 5-36 所示,使压边圈和凹模之间始终保持一定的距离 s。当拉深钢件时,$s=1.2t$;拉深铝合金件时,$s=1.1t$;拉深带凸缘的工件时,$s=t+(0.05\sim0.1)\,\text{mm}$。

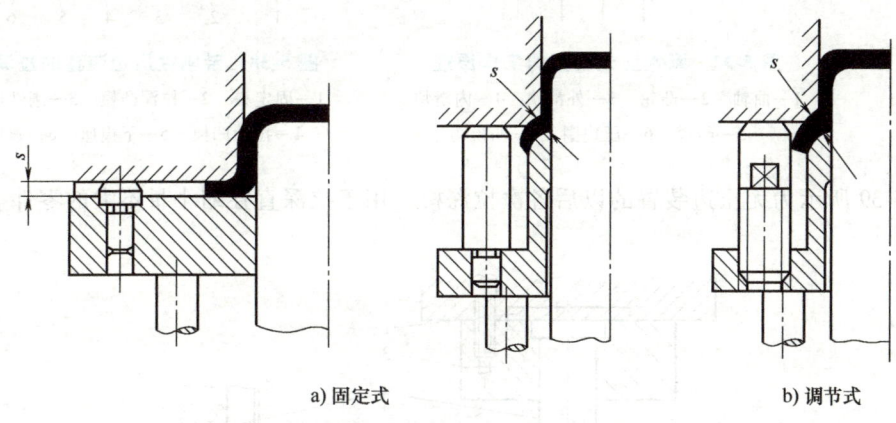

a) 固定式 b) 调节式

图 5-36 带限位装置的压边圈

2)刚性压边装置。刚性压边装置用于双动压力机上,其工作原理如图 5-37 所示。曲轴 1 旋转时,首先通过凸轮 2 带动外滑块 3,使压边圈 6 将毛坯压在凹模 7 上,随后由内滑块 4 带动凸模 5 对毛坯进行拉深。在拉深过程中,外滑块保持不动。

刚性压边圈的压边作用,并不是靠直接调控压边力来保证的。考虑到毛坯凸缘变形区在拉深过程中板厚有增大现象,所以调整模具时 c(见图 5-37)应略大于板厚 t。用刚性压边圈时,压边力不随行程变化,拉深效果较好,且模具结构简单。图 5-38 所示为带刚性压边装置的拉深模,它可以拉深高度较大的工件。

2. 以后各次拉深模

在以后各次拉深中,因毛坯不再是平板形状,而是已经拉深过的半成品,所以毛坯在模具上的定位方法要与此相适应。

(1)无压边装置的以后各次拉深模 由于以后各工序中毛坯为筒形件半成品,其定位与首次拉深时的片状毛坯的定位完全不同,因而常采用以下定位方法定位:

1)利用专门设计制作的定位板定位。
2)在凹模上加工出供半成品定位用的凹窝。
3)半成品用凸模来定位。

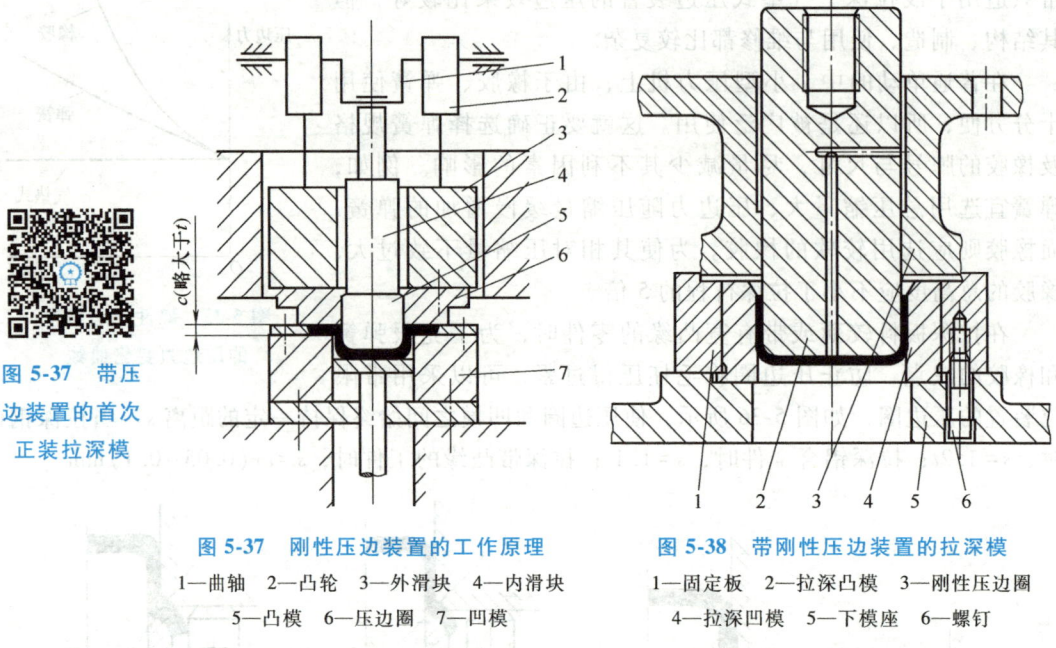

图 5-37 刚性压边装置的工作原理
1—曲轴　2—凸轮　3—外滑块　4—内滑块
5—凸模　6—压边圈　7—凹模

图 5-38 带刚性压边装置的拉深模
1—固定板　2—拉深凸模　3—刚性压边圈
4—拉深凹模　5—下模座　6—螺钉

图 5-39 所示为无压边装置的以后各次拉深模，用于拉深直径缩小量不大的零件。

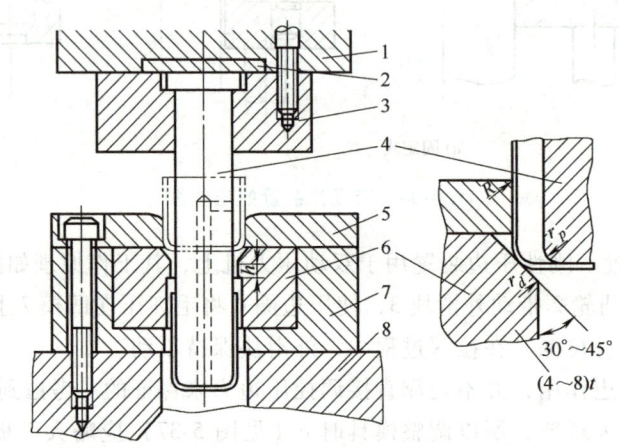

图 5-39 无压边装置的以后各次拉深模
1—上模座　2—垫板　3—凸模固定板　4—凸模　5—定位板　6—凹模　7—凹模固定板　8—下模座

（2）有压边装置的以后各次拉深模　有压边装置的以后各次拉深模的工作部分结构如图 5-40 所示。该结构是广泛采用的结构型式，属于倒装结构。

图 5-41 所示为有压边装置的以后各次拉深模，这是常见的结构型式。拉深前，毛坯套在压边圈 4 上，所以压边圈的形状必须与上一次拉出的半成品相适应。拉深后，压边圈将冲压件从凸模 3 上托出，推件板 1 将冲压件从凹模中推出。

图 5-42 所示为一副典型的落料拉深复合模，为正装复合模结构。上模部分装有凸凹模 3（落料凸模、拉深凹模）；下模部分装有落料凹模 7 与拉深凸模 8。从图中可以看出，拉深凸模 8 低于落料凹模 7，所以能保证先落料再拉深。压边圈 2 安装在下模座上。

任务五 多孔杯拉深工艺与模具设计

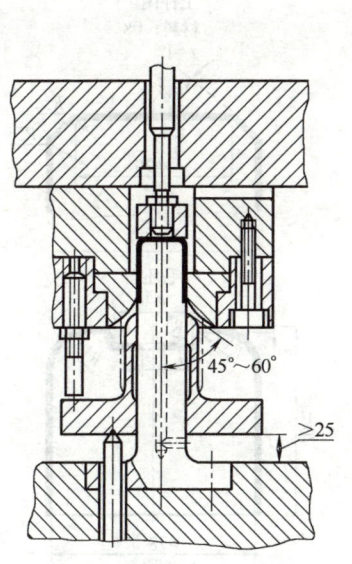

图 5-40 有压边装置的以后各次拉深模的工作部分

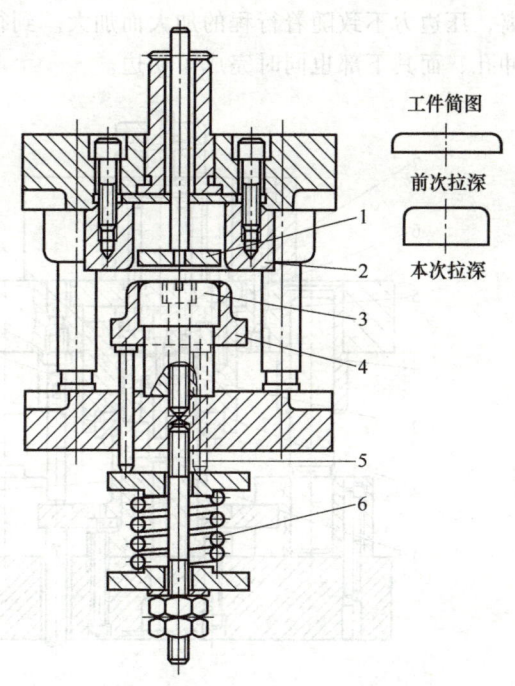

图 5-41 有压边装置的以后各次拉深模
1—推件板 2—拉深凹模 3—拉深凸模
4—压边圈 5—顶杆 6—弹簧

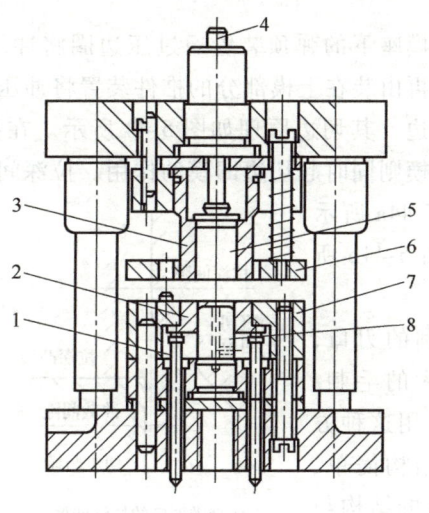

图 5-42 典型的落料拉深复合模
1—顶杆 2—压边圈 3—凸凹模 4—打杆 5—打件块 6—卸料块 7—落料凹模 8—拉深凸模

图 5-42 落料拉深复合模

图 5-43 所示为一副再次拉深、冲孔、切边复合模。为了有利于本次拉深变形，减小本次拉深时的弯曲阻力，在本次拉深前的毛坯底部角上已经拉出有 55°的斜角。本次拉深模的压边圈与毛坯的内形完全吻合。模具在开启状态时，压边圈 1 与拉深凸模 8 处在同一水平位置。冲压时，将毛坯套在压边圈上，随着上模的下行，先进行再次拉深，为了防止压边圈将毛坯压得过紧，该模具采用了带限位螺栓 9 的结构，使压边圈与拉深凹模之间保持一定距

离，压边力不致随着行程的加大而加大。到行程快终了时，其上部对冲压件底部完成压凹与冲孔，而其下部也同时完成了切边。

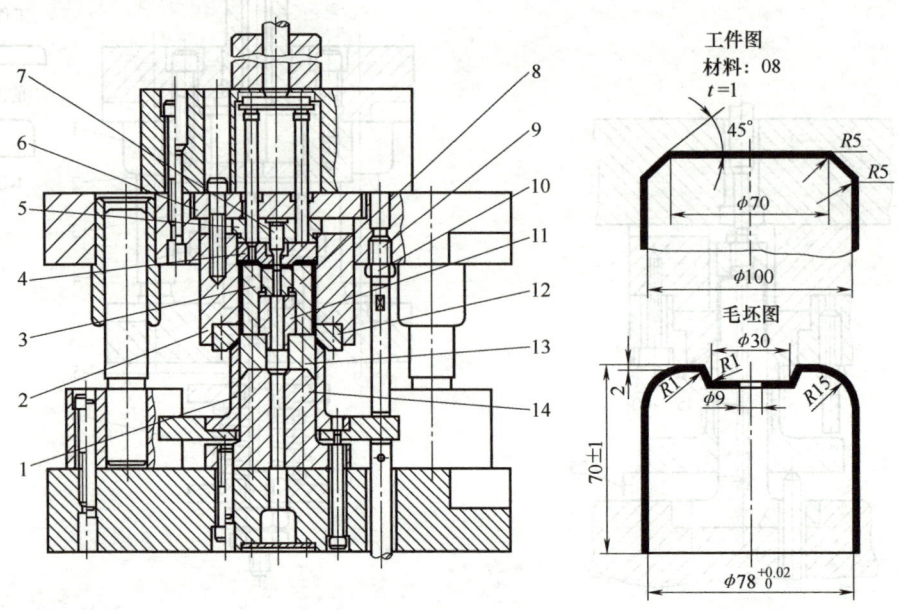

图 5-43 再次拉深、冲孔、切边复合模

1—压边圈 2—凹模固定板 3—冲孔凹模 4—推件板 5—冲孔凸模固定板 6—垫板 7—冲孔凸模 8—拉深凸模 9—限位螺栓 10—螺母 11—垫柱 12—拉深、切边凹模 13—切边凸模 14—固定块

冲压结束，由安装在下模座下的弹顶装置通过压边圈将冲压件（由于外径回弹）及切边废料从拉深凸模中顶出，再由装在上模部分的推件装置将冲压件从凹模中推出。用这种方法对拉深后的筒形件进行切边，其切边原理如图 5-44 所示。在拉深凸模下面固定有带锋利刃口的切边凸模，而拉深凹模则同时起切边凹模的作用。拉深间隙与切边时的冲裁间隙的尺寸关系如图 5-44 所示。图 5-44a 所示为带锥形口的拉深凹模，图 5-44b 所示为带圆角的拉深凹模。

由于切边凹模没有锋利的刃口，所以，切下的废料带有较大的毛刺。这种切边方法又称为挤边，用这种方法对筒形件切边。由于其结构简单、使用方便，并可采用复合模的结构与拉深同时进行，所以使用十分广泛。

为了便于制造、修磨，拉深凸模、切边凸模、冲孔凹模和拉深、切边凹模均采用镶拼结构，用螺钉拧固在固定板上。

3. 带料连续拉深的特点及其模具

连续拉深是在带料上直接进行拉深，零件拉成后才从带料上冲裁下来。这种拉深方法的生产率很高，但模具结构十分复杂，只有在大批量生产且零件不大的情况下才宜采用。当零件特别小且操作很不安全时，虽不是大批量生产，但有相当的产量也可考虑采用。

连续拉深不能进行中间退火，所以在选用这种拉深方法时，首先应审查材料不进行中间退火所能允许的最大总拉深变形程度（即允许的极限总拉深系数）是否满足拉深件的总拉深系数。常用材料连续拉深时的极限总拉深系数见表5-16。

表5-16　连续拉深时的极限总拉深系数

材料	强度极限 σ_b/MPa	伸长率 δ(%)	极限总拉深系数 m_Z		
			不带推件装置		带推件装置
			材料厚度 $t\leqslant1.2$mm	材料厚度 $t=1.2\sim2$mm	
08	300~500	28~50	0.50	0.32	0.16
黄铜 H62、H68	300~500	28~50	0.35	0.29	0.2~0.25
软铝	80~110	22~25	0.38	0.30	0.18

带料连续拉深分无工艺切口和有工艺切口两种，其排样图如图5-45所示，图5-45a所示为无工艺切口的，图5-45b所示为有工艺切口的。

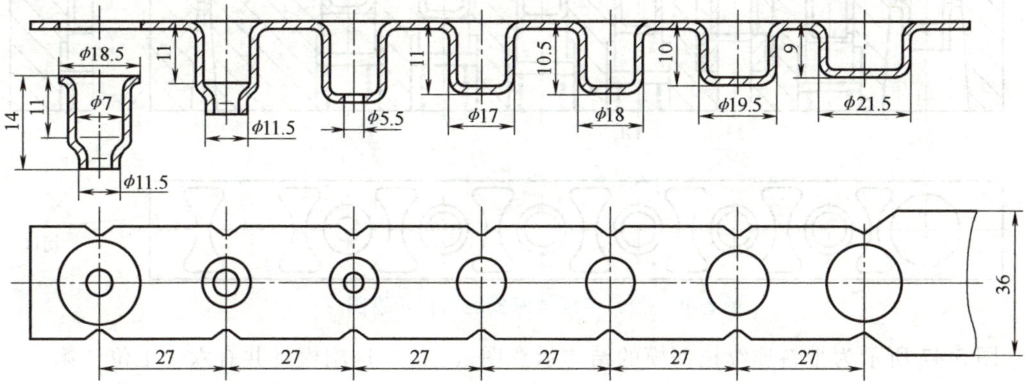

a) 无工艺切口

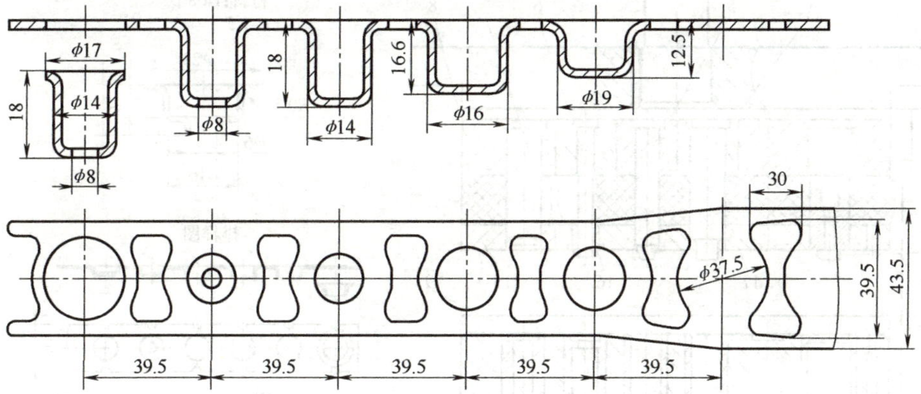

b) 有工艺切口

图5-45　带料连续拉深的排样图

无切口的连续，即在带料整体上拉深，由于相邻拉深件之间的相互牵制，因此材料在纵向的流动较困难，变形程度大时就容易拉破，所以每道工序应采用较大的拉深系数，这样，工序数就增多了。但它比有切口的连续拉深节省材料。这种方法一般用于毛坯相对厚度 $t/D>1\%$、相对凸缘直径 $d_t/d=1.1\sim1.5$ 及相对高度 $h/d\leqslant0.3$ 的拉深件。

有切口的连续拉深，是在两拉深件的相邻处切开，以减小相互间的影响和约束。这种拉深方法与单个毛坯拉深较相似，因此每道工序的拉深系数可以小些，即拉深次数可以少些，但材料消耗较多。该方法可用于拉深较困难的工件，即毛坯相对厚度 $t/D<1\%$、相对凸缘直径 $d_t/d>1.3$ 及相对高度 $h/d>0.3$ 的拉深件。

图 5-46 所示为带料连续拉深模的结构示意图（一）。这副模具用于冲制带锥形口的短管，共有八个工位。第一工位冲工字形的切口；第二工位先将半成品拉深成锥形；第三、四、五工位将半成品逐渐拉深成筒形件；第六工位切底；第七工位整形，校正工件的内、外径；第八工位落料。在第二、三、四、五和七工位的下模中都设有弹性顶件器，以便在每次冲压后托起整个带料向前送进。

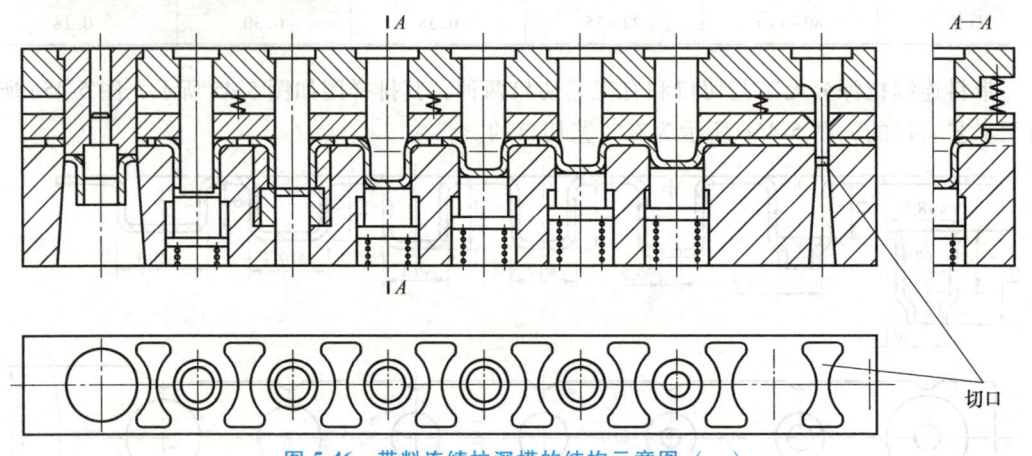

图 5-46 带料连续拉深模的结构示意图（一）

图 5-47 所示为带料连续拉深模的结构示意图（二）。这副模具共有六个工位。第一工位

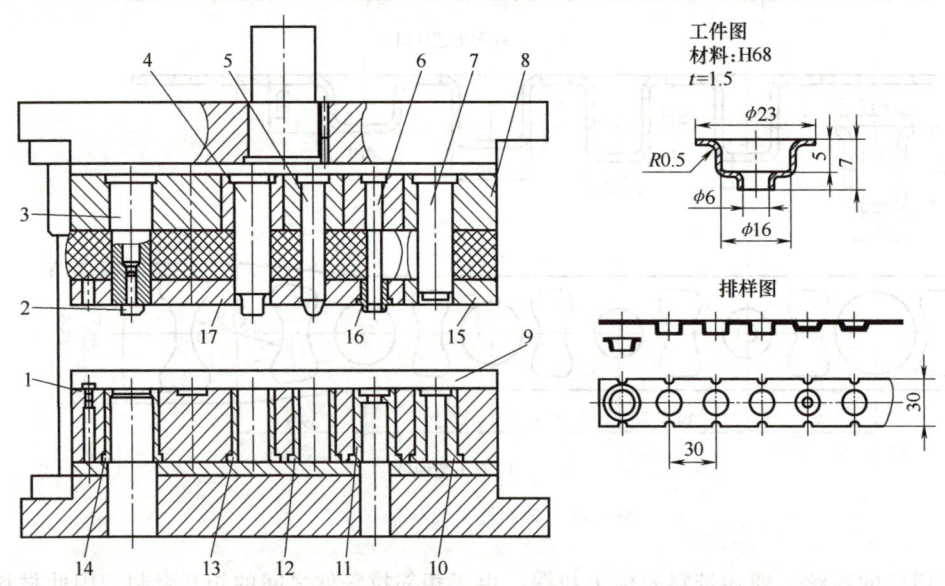

图 5-47 带料连续拉深模的结构示意图（二）

1—挡料销 2、16—导头 3—落料凸模 4—整形凸模 5—翻边凸模 6—冲孔凸模 7—拉深凸模
8—凸模固定板 9—导料板 10—拉深凹模 11—冲孔凹模 12—翻边凹模 13—整形凹模
14—落料凹模 15、17—卸料板

先将毛坯拉深成带凸缘的筒形件；第二工位冲底孔；第三工位翻边；第四工位整形；第五工位为空工位；第六工位落料。

八、拉深模工作部分的结构及尺寸

拉深模工作部分的尺寸是指凹模圆角半径 R_A、凸模圆角半径 R_T、拉深模的间隙 Z 等，如图 5-48 所示。

1. 凹模圆角半径 R_A

一般来说，R_A 应尽可能大些。大的 R_A 可以降低极限拉深系数，还可以提高拉深件的质量。但 R_A 也不能太大，否则会削弱压边圈的作用，可能引起起皱现象，因此 R_A 的大小要适当。

筒形件首次拉深时的凹模圆角半径 R_A 可由式（5-21）、式（5-22）确定

$$R_{A1} = C_1 C_2 t \quad (5-21)$$

或

$$R_{A1} = 0.8\sqrt{(D-d_1)t} \quad (5-22)$$

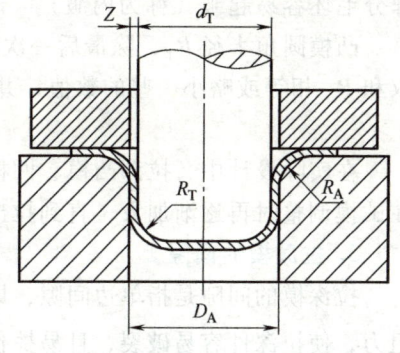

图 5-48 拉深模工作部分的尺寸

式中，C_1 为考虑材料力学性能的系数（对于低碳钢、硬铝，$C_1 = 1$；对于纯铜、黄铜、铝，$C_1 = 0.8$）；C_2 为考虑板料厚度与拉深系数的系数，见表 5-17。

表 5-17 考虑板料厚度与拉深系数的系数 C_2

板料厚度 t/mm	拉深件直径/mm	拉深系数 m_1		
		0.48～0.55	0.55～0.6	>0.6
≤0.5	≤50	7～9.5	6～7.5	5～6
	50～200	8.5～10	7～8.5	6～7.5
	>200	9～10	8～10	7～9
0.5～1.5	≤50	6～8	5～6.5	4～5.5
	50～200	7～9	6～7.5	5～6.5
	>200	8～10	7～9	6～8
>1.5～3	≤50	5～6.5	4.5～5.5	4～5
	50～200	6～7.5	5～6.5	4.5～5.5
	>200	7～8.5	6～7.5	5～6.5

首次拉深时的凹模圆角半径 R_{A1} 也可以按表 5-18 选取。

表 5-18 首次拉深时的凹模圆角半径 R_{A1}

拉深零件形式	板料厚度 t/mm				
	≥2.0～1.5	1.5～1.0	1.0～0.6	0.6～0.3	0.3～0.1
无凸缘	(5～7)t	(5～8)t	(6～9)t	(7～10)t	(8～13)t
有凸缘	(6～10)t	(8～13)t	(10～16)t	(12～18)t	(15～22)t

以后各次拉深的凹模圆角半径 R_{An} 应逐渐缩小，一般可取 $R_{An} = (0.6～0.8) R_{An-1}$，但不应小于 $2t$。

2. 凸模圆角半径 R_T

R_T 对拉深工作的影响不像 R_A 那样显著，但是过小的 R_T 会降低筒壁传力区危险断面的有效抗拉强度。在多工序拉深时，后续工序压边圈的圆角半径等于前道工序的凸模圆角半径，所以当 R_T 过小时，在后续的拉深工序里毛坯沿压边圈的滑动阻力也会增大，这对拉深是不利的。如果 R_T 过大，会使在拉深初始阶段不与模具表面接触的毛坯宽度加大，因而这部分毛坯容易起皱（称为内皱）。

凸模圆角半径 R_T，除最后一次应取与零件底部圆角半径相等的数值外，中间各次可以取和 R_A 相等或略小一些的数值，并且各次拉深凸模圆角半径 R_T 应逐次减小，即

$$R_T = (0.7 \sim 0.8) R_A \tag{5-23}$$

在实际设计中，拉深凸模、凹模的圆角半径先选取比计算值略小一点的数值，这样便于在试模调整时再逐渐加大，直到拉出合格零件为止。

3. 拉深模的间隙 Z

拉深模的间隙是指单边间隙，即 $Z = (D_A - d_T)/2$，如图 5-48 所示。间隙过小会增加摩擦阻力，使拉深件容易破裂，且易擦伤零件表面，缩短模具寿命；间隙过大，则拉深时对毛坯的矫直作用小，影响零件尺寸精度。因此，确定间隙的原则是既要考虑板料厚度的公差，又要考虑筒形件口部的增厚现象。根据拉深时是否采用压边圈和零件的尺寸精度要求合理确定。

筒形件拉深时，单边间隙 Z 可按以下方法确定：

1) 不用压边圈时，考虑起皱可能性，其间隙为

$$Z = (1 \sim 1.1) t_{max} \tag{5-24}$$

式中，Z 为单边间隙（mm），末次拉深或精密拉深件取小值，中间拉深取大值；t_{max} 为材料厚度的上限值（mm）。

2) 用压边圈时，其间隙按表 5-19 选取。

表 5-19 用压边圈拉深时单边间隙 Z

总拉深次数	拉深工序	单边间隙 Z	总拉深次数	拉深工序	单边间隙 Z
1	第 1 次拉深	$(1 \sim 1.1)t$	4	第 1、2 次拉深	$1.2t$
				第 3 次拉深	$1.1t$
				第 4 次拉深	$(1 \sim 1.05)t$
2	第 1 次拉深	$1.1t$			
	第 2 次拉深	$(1 \sim 1.05)t$			
3	第 1 次拉深	$1.2t$	5	第 1、2、3 次拉深	$1.2t$
	第 2 次拉深	$1.1t$		第 4 次拉深	$1.1t$
	第 3 次拉深	$(1 \sim 1.05)t$		第 5 次拉深	$(1 \sim 1.05)t$

注：1. 材料厚度取材料允许偏差的中间值。
　　2. 当拉深精密工件时，最后一次拉深单边间隙 $Z = t$。

3) 对于精度要求较高的拉深件，为了减小拉深后的回弹、降低零件的表面粗糙度值，常采用负间隙拉深，其单边间隙为

$$Z = (0.9 \sim 0.95) t \tag{5-25}$$

4. 拉深凸模和凹模的工作部分尺寸及其制造公差

对于最后一道工序的拉深模，其凸模和凹模尺寸及其公差应按工件的要求确定。

当工件要求外形尺寸时，以凹模尺寸为基准进行计算，如图 5-49a 所示。

凹模尺寸为

$$D_A = (D - 0.75\Delta)^{+\delta_A}_{0} \quad (5\text{-}26)$$

凸模尺寸为

$$D_T = (D - 0.75\Delta - 2Z)^{0}_{-\delta_T} \quad (5\text{-}27)$$

当工件要求内形尺寸时，以凸模尺寸为基准进行计算，如图5-49b所示。
凸模尺寸为

$$d_T = (d + 0.4\Delta)^{0}_{-\delta_T} \quad (5\text{-}28)$$

凹模尺寸为

$$d_A = (d + 0.4\Delta + 2Z)^{+\delta_A}_{0} \quad (5\text{-}29)$$

中间各道工序的拉深模，由于其毛坯尺寸与公差没有必要予以严格限制，这时凸模和凹模尺寸只要等于毛坯的过渡尺寸即可。若以凹模为基准时，则凹模尺寸为

$$D_A = D^{+\delta_A}_{0} \quad (5\text{-}30)$$

凸模尺寸为

$$D_T = (D - 2Z)^{0}_{-\delta_T} \quad (5\text{-}31)$$

式中，δ_T 和 δ_A 分别为凸模和凹模的制造公差，可按表5-20选取。

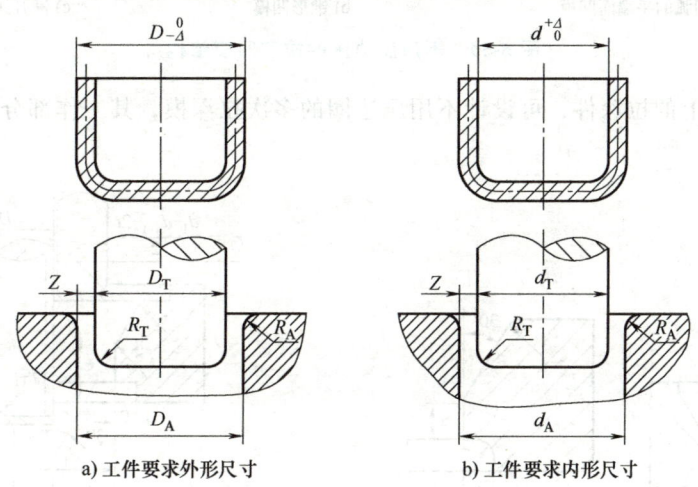

a) 工件要求外形尺寸　　　b) 工件要求内形尺寸

图 5-49　工件尺寸与模具尺寸

表 5-20　凸模制造公差 δ_T 与凹模制造公差 δ_A　　　（单位：mm）

材料厚度 t	拉深件直径					
	≤20		20~100		>100	
	δ_A	δ_T	δ_A	δ_T	δ_A	δ_T
≤0.5	0.02	0.01	0.03	0.02	—	—
0.5~1.5	0.05	0.02	0.05	0.03	0.08	0.05
>1.5	0.06	0.05	0.08	0.05	0.10	0.06

注：δ_T 与 δ_A 在必要时可提高至IT6~IT8。若零件公差在IT13以下，则 δ_T、δ_A 可以采用IT10。

5. 拉深凸模和凹模的结构

凸模和凹模结构的设计要有利于拉深变形，这不但可以提高工件质量，而且可以降低极限拉深系数。

下面介绍几种常用的结构：

（1）不用压边圈的拉深凸模和凹模 对于可一次拉成的浅拉深件，可设计不用压边圈的拉深凹模，其结构如图 5-50 所示。图 5-50a 所示为普通带圆弧的平端面凹模，适用于拉深大件。图 5-50b 所示为锥形凹模，图 5-50c 所示为渐开线凹模，它们适用于拉深小件。锥形凹模拉深的特点如图 5-51 所示。用这种凹模结构拉深时，毛坯的过渡形状呈曲面形状，因而增强了抗失稳能力，凹模口部对毛坯变形区的作用力也有助于它产生切向压缩变形，减小摩擦阻力和弯曲变形的阻力，所以对拉深变形有利，可以提高零件质量，降低拉深系数。

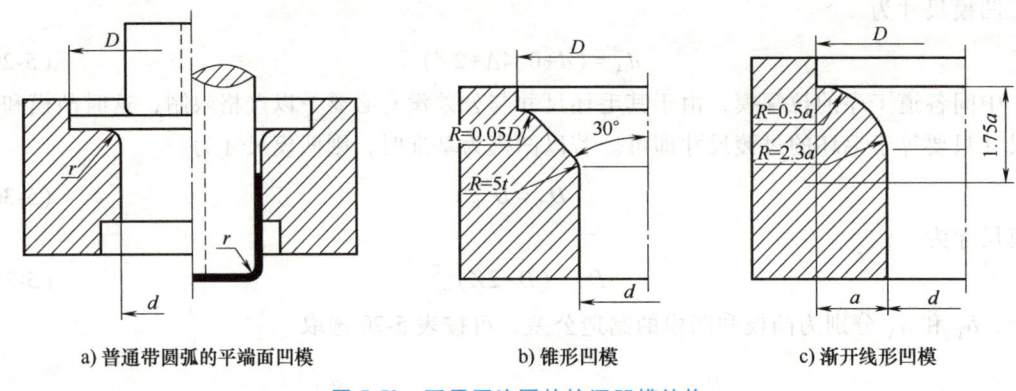

a) 普通带圆弧的平端面凹模　　　　b) 锥形凹模　　　　c) 渐开线形凹模

图 5-50　不用压边圈的拉深凹模结构

对于两次以上的拉深件，可设计不用压边圈的多次拉深模，其工作部分的结构如图 5-52 所示。

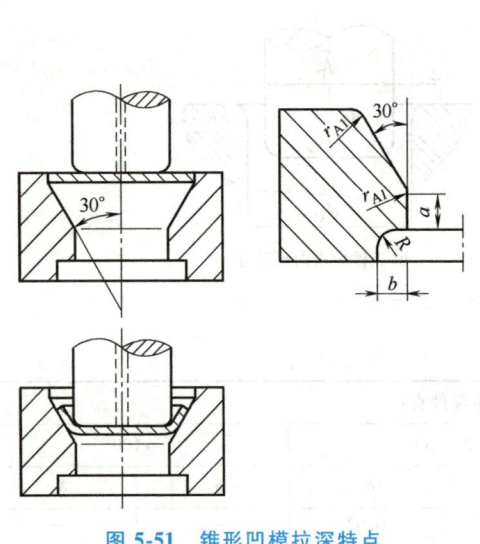

图 5-51　锥形凹模拉深特点

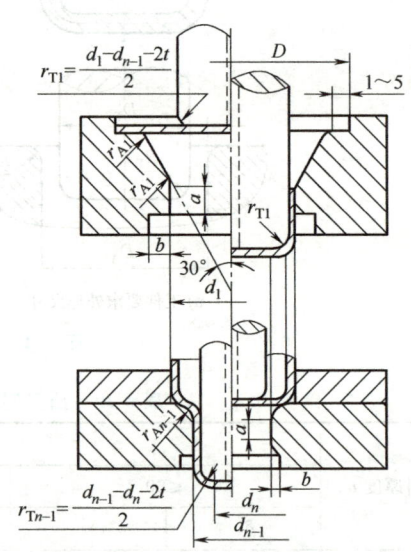

图 5-52　不用压边圈的多次拉深模
工作部分的结构

（2）有压边圈的拉深凸模和凹模 图 5-53 所示为有压边圈的多次拉深模工作部分的结构。图 5-53a 所示为有圆角半径的凸模和凹模，多用于拉深尺寸较小的工件（$d<100\mathrm{mm}$）；图 5-53b 所示为有斜角的凸模和凹模，这种结构不仅使毛坯在下次工序中容易定位，而且能减轻毛坯的反复弯曲变形，改善了拉深时材料变形的条件，减弱了材料的变薄，有利于提高

冲压件侧壁的质量，多用于拉深尺寸较大的工件（$d>100$mm）。

不论采用哪种模具结构形式，都要注意前后道工序的凸模和凹模圆角半径、压边圈的圆角半径之间的关系，如图 5-52 与图 5-53 所示。要使相邻的前后两道工序的冲模形状和尺寸具有正确的关系。要尽量做到前道工序制成的中间毛坯的形状有利于在后续工序中成形。

（3）带限制型腔的拉深凹模　对不经中间热处理的多次拉深的工序，在拉深之后或稍隔一段时间，在工件的口部往往会出现龟裂，这种现象对硬化严重的金属，如不锈钢、耐热钢、黄铜等尤为严重。为了改善这一状况，可以采用限制型腔的凹模，即在凹模上部设置毛坯限制圈，可以将凹模壁加高，也可以单独做成分离式。不带限制型腔与带限制型腔的拉深凹模的对比如图 5-54 所示。

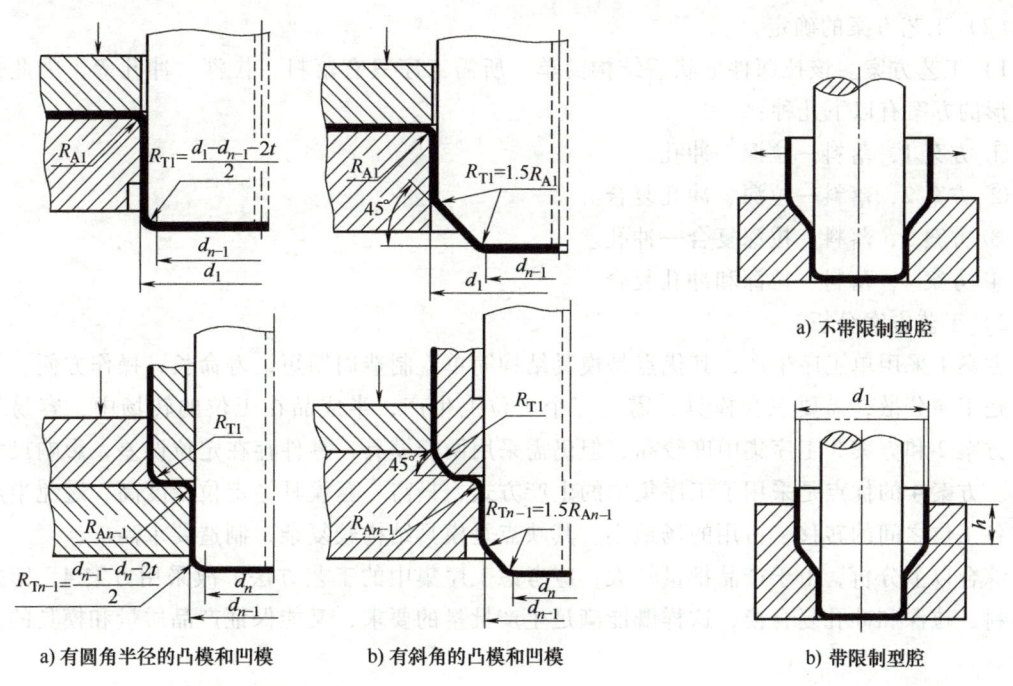

图 5-53　有压边圈的多次拉深模工作部分的结构

图 5-54　不带限制型腔与带限制型腔的拉深凹模的对比

限制型腔的高度 h 在各次拉深工序中可认为是不变的，一般取

$$h=(0.5\sim0.6)d_1$$

式中，d_1 为第一次拉深的凹模直径（mm）。

限制型腔的直径略小于前一道工序的凹模直径（0.1～0.2mm）。

任务实施

1. 多孔杯拉深工艺方案确定

（1）多孔杯的工艺性分析

1）零件材料、尺寸公差要求。

① 该零件材料为 08 钢，其塑性较好，其抗剪强度 τ 为 255～353MPa，抗拉强度为 324～441MPa，有利于进行各种冲压成形加工。

② 从零件图（见图 5-1）上可以看出，其尺寸均没有公差要求，故精度不高，属于一般零件，其标准公差等级按 IT14 处理，这给模具制造带来了很大方便。经查公差表，各尺寸的公差为 $110_{-0.87}^{0}$mm，$20_{-0.54}^{0}$mm，$\phi15_{0}^{+0.43}$mm，$\phi6_{0}^{+0.30}$mm。

2）零件的形状、结构及冲压工艺性。

① 该零件属于浅圆筒形拉深件，形状简单，变形程度较低。

② 在零件底部 $\phi60$mm 的圆周上均布 $6\times\phi6$mm 的孔，中间有一个 $\phi15$mm 的孔，孔与孔之间、孔与边缘之间的间距较大，符合冲孔孔距要求。

③ 零件底部圆角为 $R2$mm，大于材料厚度 1mm。

综上分析，该零件可以采用冲压加工成形。

（2）工艺方案的确定

1）工艺方案。该拉深件形状、结构简单，所需工序只有落料、拉深、冲孔等，因此使其成形的方案有以下几种：

① 方案 1，落料—拉深—冲孔。

② 方案 2，落料—拉深、冲孔复合。

③ 方案 3，落料、拉深复合—冲孔。

④ 方案 4，落料、拉深和冲孔复合。

2）工艺方案分析。

方案 1 采用单工序生产，其优点是模具结构简单，制造周期短，寿命长，操作方便。其缺点是工序分散，需要三套模具，需在三个工位上生产，半成品在工位的转场中，容易划伤。方案 2 和方案 3 工序集中度较高，但仍需采用两套模具，零件存在定位误差，影响尺寸精度。方案 4 的优点是采用了工序集中的生产方式，只需一套模具，定位精度高，避免半成品在各工位之间的转移，占用的场地小。其缺点是模具结构较复杂，制造要求高。

综合以上分析，由于产品批量较大，应考虑工序集中的工艺方法。故采用方案 4，即采用落料、拉深和冲孔复合模，这样既能满足生产批量的要求，又能保证产品质量和模具的合理性。

2. 多孔杯拉深次数确定

（1）毛坯尺寸计算

1）计算毛坯直径。该工件为无凸缘筒形件，根据面积不变原则，用计算法求毛坯直径。

图 5-55 所示为毛坯计算图，将工件分为三个简单的几何体，如图 5-55b~d 所示。按工件厚度中心层尺寸计算，$d=109$mm，$h=19.5$mm，$r=2.5$mm，则毛坯的直径为

$$D = \sqrt{d^2+4dh-1.72rd-0.56r^2}$$
$$= \sqrt{109^2+4\times109\times19.5-1.72\times2.5\times109-0.56\times2.5^2}\text{mm} \approx 141\text{mm}$$

2）确定修边余量。根据工件的相对高度 $h/d=19.5$mm/109mm$=0.18<0.5$ 得出，可不考虑增加修边余量。

3）确定是否需要压边圈。根据坯料相对厚度 $t/D\times100\% = 1$mm/141mm$\times100\% = 0.71\% <$ 1.5%，得出需要压边圈。

（2）确定拉深次数　根据工件的相对高度和坯料的相对厚度，查表 5-8 确定拉深次数

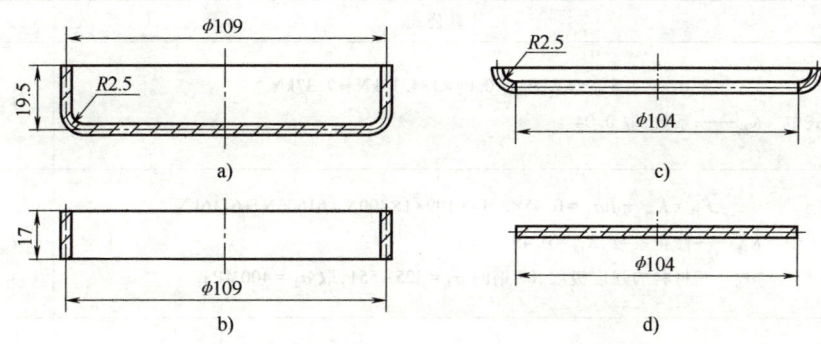

图 5-55 毛坯计算图

成。由于工件的相对高度为 0.18，远小于一次拉深时的允许拉深相对高度 0.71~0.57，所以可一次拉深成形。也可根据相对厚度查表 5-5 确定拉深次数。因为 $m_总 = d/D = 109\text{mm}/141\text{mm} = 0.77$，而 $m_1 = 0.53~0.55$，所以 $m_总 > m_1$，可以一次拉深成形。

3. 多孔杯冲压工艺计算

（1）排样图设计及材料的利用率 根据该工件的形状特征，采用单排排样，如图 5-56 所示。查设计资料选择搭边值 $a = a_1 = 1.5\text{mm}$。

送料步距 $s = D + a_1 = 141\text{mm} + 1.5\text{mm} = 142.5\text{mm}$。

条料宽度按无侧压装置计算，即

$B = (D + 2a_1 + 2\Delta + b_0)_{-\Delta}^{0}\text{mm}$

$= 141\text{mm} + 2 \times 1.5\text{mm} + 2 \times 1\text{mm} + 0.5\text{mm}$

$= 146.5_{-0.5}^{0}\text{mm}$

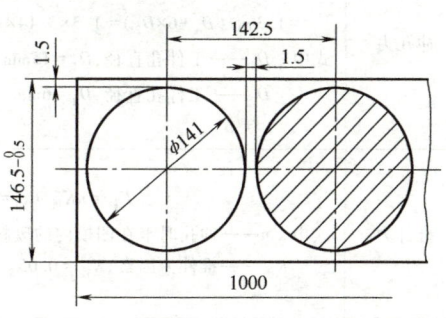

图 5-56 排样图

式中，D 为平行于送料方向的冲压件宽度（mm）；Δ 为剪条料下极限偏差（mm）；b_0 为条料与导料板之间的间隙（mm）。

板料规格（长×宽×厚）的选用：$2000\text{mm} \times 1000\text{mm} \times 1\text{mm}$。

每张板板料裁得的条料条数：为了操作方便，采用横裁，即 $n_1 = 2000\text{mm}/147\text{mm} = 13$，每个条料上的工件数 $n_2 = 1000\text{mm}/142.5\text{mm} = 7$ 每张钢板上的冲压件总数：$n_总 = n_1 n_2 = 13 \times 7 = 91$。

则板料的利用率为

$$\eta = \frac{n_总 \pi D^2}{4 \text{ 板料长度} \times \text{板料宽度}} \times 100\% = \frac{91 \times 3.14 \times 141^2}{4 \times 2000 \times 1000} \times 100\% = 71\%$$

（2）冲压力计算 工序冲压力的计算见表 5-21。

表 5-21 多孔杯冲压力的计算

类别	计算公式	结论
落料力	$F_落 = KLt\tau = K\pi Dt\tau = 1.3 \times 3.14 \times 141 \times 1 \times 320\text{N} = 184179.84\text{ N}$ 式中 K——系数，取 1.3 τ——材料抗剪强度，08 钢的 $\tau = 260~360\text{MPa}$，取 $\tau = 320\text{MPa}$	$F_落 = 184.18\text{kN}$

(续)

类别	计算公式	结论
卸料力	$F_{卸} = K_{抗} P_{落} = 0.04 \times 184.18 \text{kN} \approx 7.37 \text{kN}$ 式中 $K_{抗}$——系数,取 0.04	$F_{卸} = 7.37 \text{kN}$
拉深力	$F_{拉} = K_{修} \pi dt \sigma_b = 0.45 \times 3.14 \times 109 \times 1 \times 400 \text{N} = 61606 \text{N} \approx 61.6 \text{kN}$ 式中 $K_{修}$——修正系数,$K_{修} = 0.45$ σ_b——材料的强度极限,08 钢的 $\sigma_b = 325 \sim 551$,取 $\sigma_b = 400 \text{MPa}$	$F_{拉} = 61.6 \text{kN}$
压边力	$F_{压} = \pi/4 [D^2 - (d+2r_A)^2] p = \pi/4 \times [1512 - (109+2 \times 6)^2] \times 2.5 \text{N} = 10283 \text{N} \approx 10.28 \text{kN}$ 式中 r_A——凹模圆角半径,$r_A = 6 \text{mm}$ p——单位压边力,$p = 2.5 \text{MPa}$	$F_{压} = 10.28 \text{kN}$
冲孔力	$F_{冲} = F_1 + 6F_2 = 1.3 \pi D_1 t\tau + 6 \times 1.3 \pi D_2 t\tau$ $= 1.3 \pi t\tau (D_1 + 6 \times D_2) = 1.3 \times 3.14 \times 1 \times 320 \times (15 + 6 \times 6) \text{N} = 66618.24 \text{N} \approx 66.62 \text{kN}$ 式中 D_1——工件孔直径,$D_1 = 15 \text{mm}$ D_2——工件孔直径,$D_2 = 6 \text{mm}$	$F_{冲} = 66.62 \text{kN}$
推件力	$F_{推} = n K_{推} F_{冲} = 6 \times 0.05 \times 66.62 = 19.98 \text{kN}$ 式中 n——冲孔时卡在凹模内的废料数,$n = 6$ $K_{推}$——推件力因素,$K_{推} = 0.05$	$F_{推} = 19.98 \text{kN}$
总冲压力为 $F_{总} = F_{落} + F_{卸} + F_{拉} + F_{压} + F_{冲} + F_{推}$ $= 184.18 \text{kN} + 7.37 \text{kN} + 61.6 \text{kN} + 10.28 \text{kN} + 66.62 \text{kN} + 19.98 \text{kN} = 360 \text{kN}$		$F_{总} = 360 \text{kN}$

(3) 冲压设备的选择 为使压力机能安全工作,由 $F_{总} \leq (0.7 \sim 0.8) F_{压}$ 得 $F_{压} \geq (1.25 \sim 1.53) F_{总} = 1.25 \times 360 \sim 1.53 \times 360 \text{kN} = 525 \sim 586 \text{kN}$,故选 J23-63 型开式压力机。其主要技术参数如下

公称压力:630kN

滑块行程:130mm

最大封闭高度:360mm

最大封闭高度调节量:80mm

工作台尺寸:580mm×170mm

工作台垫板孔尺寸:φ250mm

模柄孔尺寸:φ50mm×70mm

工作台垫板厚度:80mm

电动机功率:5.5kW

(4) 编写工艺文件 多孔杯的冲压工艺卡片和冲压工序卡片见表 5-22 ~ 表 5-24。

表 5-22 多孔杯冲压工艺卡片

×××××厂	冲压工艺卡片	产品型号		零件图号			
		产品名称		零件名称		共1张	第1张
材料牌号及规格		材料技术要求	毛坯尺寸	每毛坯可制件数	毛坯质量/kg		辅助材料
08钢,$t=1$			2000×1000	91	0.122		
工序号	工序名称	工序内容	零件图		设备	工艺装备	工时
1	剪	剪条料 1000×146.5	ϕ110, 1, R2		剪板机 Q11-1.5×1800		
2	冲	落料、拉深、冲孔	ϕ15, ϕ60, 6×ϕ6		压力机 J23-63	落料、拉深、冲孔复合模	
				设计	审核 标准化	会签	批准
标记	处数	更改文件号	签字	日期			

表 5-23 多孔杯冲压工序卡片 I

×××××厂	冲压工序卡片	产品型号		零件图号			
		产品名称		零件名称		共2张	第1张
材料牌号及规格		材料技术要求	毛坯尺寸	每毛坯可制件数	毛坯质量/kg		辅助材料
08钢,$t=1$			2000×1000	13	15.7		
工序号	工序名称	工序内容	工序简图		设备	工艺装备	工时
1	剪	剪条料 1000×146.5	142.5, 1.5, ϕ141, 146.5$_{-0.5}^{0}$, 1000		剪板机 Q11-1.5×1800		
				设计	审核 标准化	会签	批准
标记	处数	更改文件号	签字	日期			

表 5-24 多孔杯冲压工序卡片 II

×××××厂	冲压工序卡片		产品型号		零件图号				
			产品名称		零件名称		共 2 张	第 2 张	
材料牌号及规格		材料技术要求	毛坯尺寸		每毛坯可制件数	毛坯质量/kg		辅助材料	
08 钢,$t=1$			1000×146.5		7	1.15			
工序号	工序名称	工序内容	工序简图			设备	工艺装备		工时
2	冲	落料、拉深、冲孔				压力机 J23-63	落料、拉深、冲孔复合模		
						设计	审核	标准化	会签	批准
标记	处数	更改文件号	签字	日期					

工序简图尺寸：$146.5_{-0.5}^{0}$，$\phi141$，1.5，1.5，142.5，1000

4. 多孔杯拉深模设计

（1）模具工作零件工作部分尺寸计算　多孔杯所用的落料、拉深、冲孔复合模的工作部分主要由落料凹模 5、落料拉深凸凹模 1、拉深冲孔凸凹模 4、冲孔凸模 2 和 3 组成，如图 5-57 所示。模具零件主要工作部分尺寸的计算，采用分开加工法，见表 5-25。

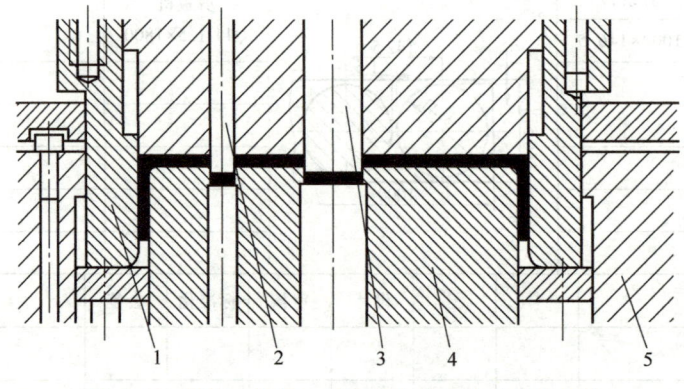

图 5-57　落料、拉深、冲孔复合模工作部分的结构
1—落料拉深凸凹模　2、3—冲孔凸模　4—拉深冲孔凸凹模　5—落料凹模

表 5-25　模具零件主要工作部分尺寸的计算　　　　　　　　（单位：mm）

冲压性质	零件尺寸	计算公式
落料	$\phi 141_{-0.1}^{0}$	查公差表得 $$\delta_A = 0.05, \delta_T = 0.025$$ 则 $$\delta_A + \delta_T = 0.05 + 0.025 = 0.075$$ 由于 $\delta_A+\delta_T \geq Z_{max}-Z_{min}$，不满足间隙公差条件，所以应缩小 δ_A 和 δ_T，提高制造精度，才能保证间隙的合理范围。取 $$\delta_T = 0.4(Z_{max}-Z_{min}) = 0.4\times 0.04 = 0.020$$ $$\delta_A = 0.6(Z_{max}-Z_{min}) = 0.6\times 0.04 = 0.024$$ 故基准凹模尺寸为 $$D_A = (D-x\Delta)_{0}^{+\delta_A} = (141-0.5\times 0.1)_{0}^{+0.024} = 140.95_{0}^{+0.024}$$ $$D_T = (D_A-Z_{min})_{-\delta_T}^{0} = (140.95-0.1)_{-0.016}^{0} = 140.85_{-0.016}^{0}$$
冲孔	$\phi 6_{0}^{+0.3}$	查公差表得 $$\delta_A = 0.012, \delta_T = 0.008$$ 则 $$\delta_A + \delta_T = 0.012 + 0.008 = 0.02$$ $\delta_A+\delta_T < Z_{max}-Z_{min}$，满足间隙公差条件，但为了降低制造成本，应适当降低制造精度，即按间隙差重新分配制造公差，得 $$\delta_T = 0.5(Z_{max}-Z_{min}) = 0.5\times 0.04 = 0.020$$ $$\delta_A = 0.6(Z_{max}-Z_{min}) = 0.6\times 0.04 = 0.024$$ 故基准凸模尺寸为 $$d_T = (d+x\Delta)_{-\delta_T}^{0} = (6+0.5\times 0.3)_{-0.016}^{0} = 6.15_{-0.016}^{0}$$ $$d_A = (d_T+Z_{min})_{0}^{+\delta_A} = (6.15+0.1)_{0}^{+0.024} = 6.25_{0}^{+0.024}$$
冲孔	$\phi 15_{0}^{+0.43}$	查公差表得 $$\delta_A = 0.018, \delta_T = 0.011$$ 则 $$\delta_A + \delta_T = 0.018 + 0.011 = 0.029$$ 由于 $\delta_A+\delta_T < Z_{max}-Z_{min}$，满足间隙公差条件。故基准凸模尺寸为 $$d_T = (d+x\Delta)_{-\delta_T}^{0} = (15+0.5\times 0.43)_{-0.011}^{0} = 15.22_{-0.011}^{0}$$ $$d_A = (d_T+Z_{min})_{0}^{+\delta_A} = (15.22+0.1)_{0}^{+0.018} = 15.32_{0}^{+0.018}$$
拉深	$\phi 110_{-0.87}^{0}$	查公差表得 $$\delta_A = \delta_T = 0.087$$ 故基准凹模尺寸为 $$D_A = (D-0.75\Delta)_{0}^{+\delta_A} = (110-0.75\times 0.87)_{0}^{+0.087} = 109.35_{0}^{+0.087}$$ $$D_T = (D_A-2Z)_{-\delta_T}^{0} = (109.35-2\times 1.1\times 1)_{-0.087}^{0} = 107.15_{-0.087}^{0}$$

注：1. 冲裁工序。工件尺寸精度查公差表均为 IT14，零件尺寸及公差见本表。查设计手册得 $x = 0.5$，$Z_{max} = 0.14$，$Z_{min} = 0.10$，$Z_{max}-Z_{min} = 0.05$，凸模制造精度采用 IT6，凹模制造精度采用 IT7。

2. 拉深工序。工件未注公差为 IT14，凸模、凹模制造精度采用 IT9；拉深模单边间隙 $Z = 1.1t$。

（2）弹性元件的设计计算　为了得到较为平整的工件，此模具采用弹压式卸料结构，使条料在落料、拉深过程中始终处于一个稳定的压力作用之下，从而改善了毛坯的变形稳定性，避免材料在切向应力作用下起皱的可能。落料、卸料采用橡胶作为弹性元件。

橡胶的自由高度 $H_{自由} = (3.5\sim 5)S_{工作}$

式中，$H_{自由}$ 为橡胶的自由高度（mm）；$S_{工作}$ 为工件行程与模具修磨量或调整量（5~6mm）

之和（mm）。

$$S_{工作} = 20mm + 1mm + 5mm = 26mm$$
$$H_{自由} = (3.5 \sim 5) \times 26mm = 91 \sim 105mm$$

取 $H_{自由} = 95mm$。

橡胶的装配高度 $H_{装配} = (0.85 \sim 0.9)H_{自由} = (0.85 \sim 0.9) \times 95mm = 80.75 \sim 85.5mm$

取 $H_{装配} = 83mm$。橡胶的截面面积，在模具装配时按模具空间大小确定。

（3）落料、拉深、冲孔复合模结构设计

1）多孔杯落料、拉深、冲孔复合模的结构，如图5-58所示。

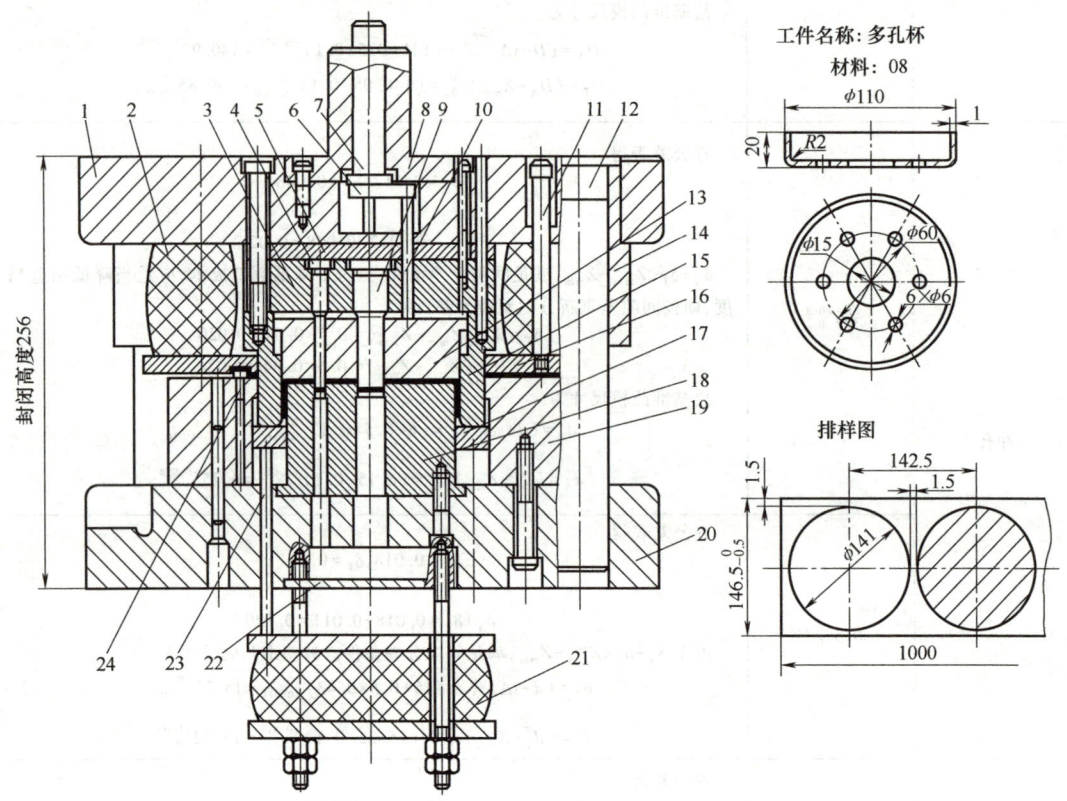

图5-58 多孔杯落料、拉深、冲孔复合模的结构

1—上模座 2—卸料橡胶 3—凸模固定板 4、9—冲孔凸模 5—垫板 6—推件板 7—打料杆 8—模柄 10—推杆 11—卸料螺钉 12—导柱 13—推件块 14—导套 15—落料、拉深凸凹模 16—卸料板 17—压边圈 18—拉深、冲孔凸凹模 19—落料凹模 20—下模座 21—弹顶器 22—托料板 23—顶杆 24—挡料销

这是一副倒装结构的落料、拉深、冲孔复合模。首先，将条料沿着导料销（图中未显示）从右往左送至工作位置，由固定挡料销24控制步距。随着上模的下行，卸料板16首先将条料的搭边部分压紧在落料凹模19上，由落料、拉深凸凹模15与落料凹模19对条料进行冲裁，完成落料。为了保证先落料后拉深，拉深、冲孔凸凹模18的上平面比落料凹模19的上平面略低1mm。接着，由落料、拉深凸凹模15与拉深、冲孔凸凹模18对已经落下的条进行拉深，由压边圈17对板料进行压边。在拉深即将结束前，冲孔凸模4和9对拉深件筒

底进行冲孔，废料有洞口直接落下。上模上行，卸料板16对条料进行卸料，而拉深件在压边圈17的作用下，将拉深件往上推出，工件跟随着落料、拉深凸凹模15一起上行，由装在上模中推件块将拉深件推下，冲压完成。

2）工作零件计算。工作零件主要包括落料、拉深凸凹模，拉深、冲孔凸凹模，落料凹模及冲孔凸模等。凸模高度计算、凹模壁厚计算等参见任务二。

3）工作零件结构设计。落料、拉深凸凹模的结构如图5-59所示；拉深、冲孔凸凹模的结构如图5-60所示；落料凹模的结构如图5-61所示。

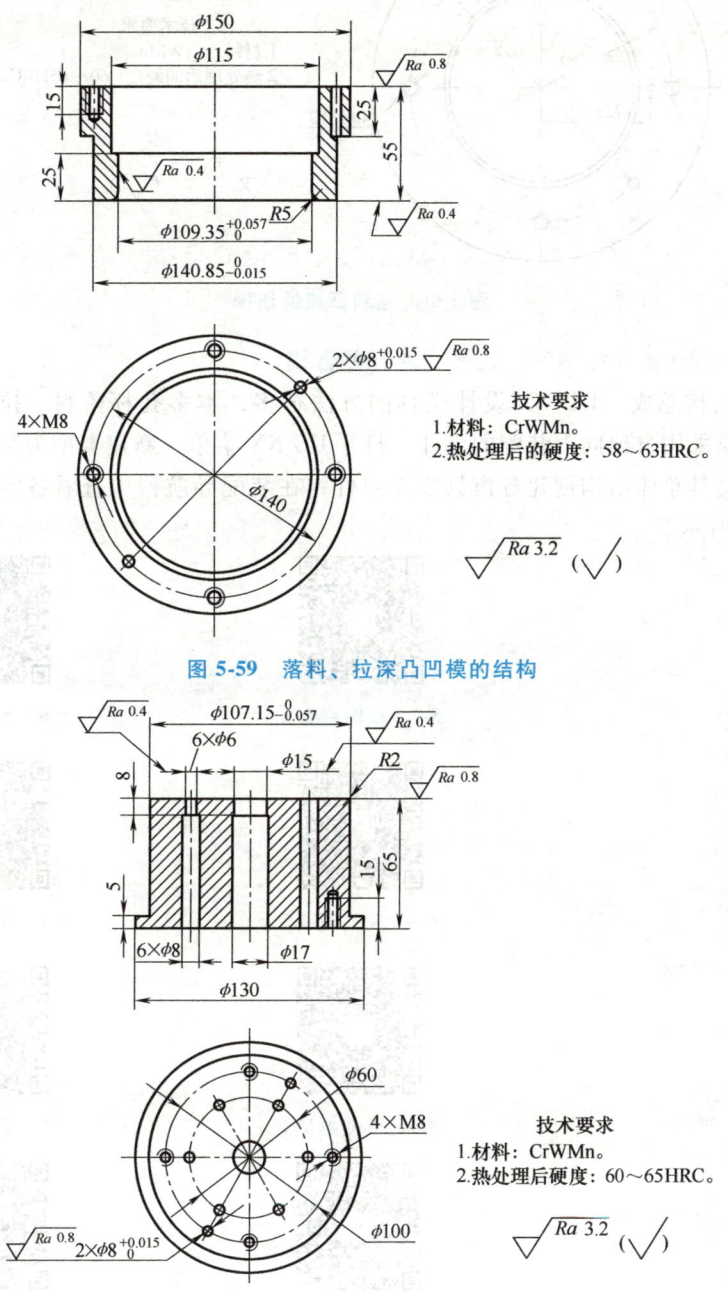

图 5-59 落料、拉深凸凹模的结构

图 5-60 拉深、冲孔凸凹模的结构

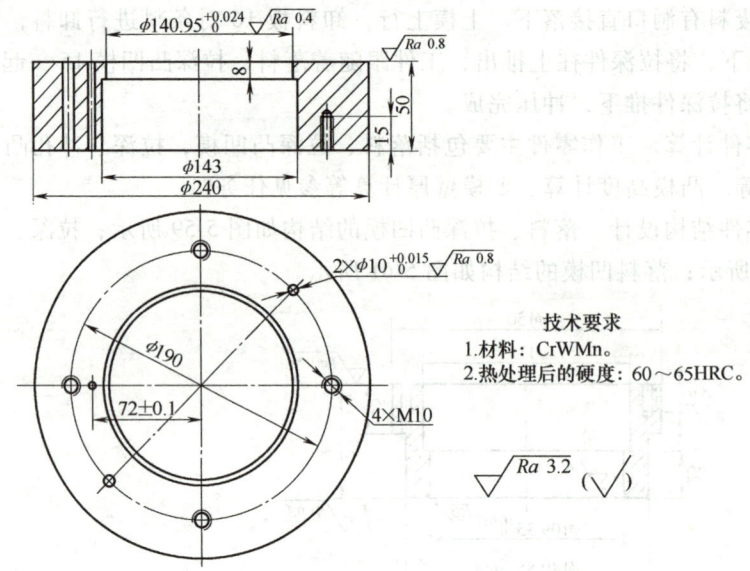

图 5-61 落料凹模的结构

5. UG NX 设计多孔杯落料、拉深、冲孔复合模

（1）模具结构总成　UG NX 设计模具的方法很多，本多孔杯落料、拉深、冲孔复合模采用自顶向下装配的设计。打开 UG NX 菜单，新建类型为装配的文件，按模具总体结构创建各模具零件组件，在装配导航器中查看各零件，如图 5-62 所示。

5-1　创建装配树

图 5-62　装配导航器

5-2　草图框架 1

5-3　草图框架 2

5-4　草图框架 3

5-5　草图框架 4

5-6　草图框架 5

5-7　草图框架 6

5-8　草图框架 7

5-9　草图框架 8

（2）创建草图框架　对于相对复杂的模具结构而言，可以在 UG NX 中创建草图框架，进而通过草图框架中的草图尺寸参数等控制后续各个模具零件的绘制，并实现快速修改。本例中的草图框架图如图 5-63 所示。

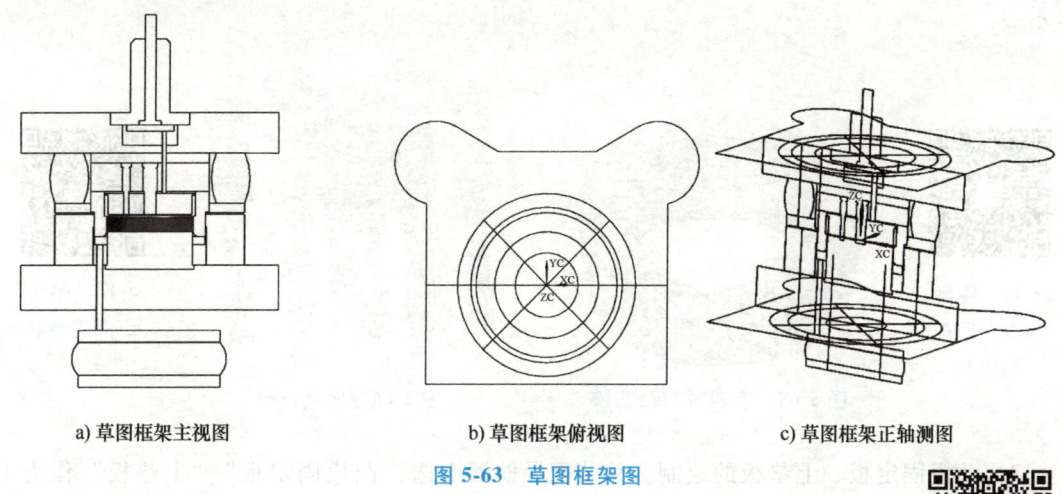

a) 草图框架主视图　　　　b) 草图框架俯视图　　　　c) 草图框架正轴测图

图 5-63　草图框架图

（3）模具零件的绘制

1）上模座的绘制。从装配导航器中选"上模座"部分作为工作部件，通过关联复制草图框架图中的上模座曲线，绘制上模座，并进行替换引用集，如图 5-64a、b 所示。绘制完的上模座如图 5-64c 所示。

5-10　上模座的绘制

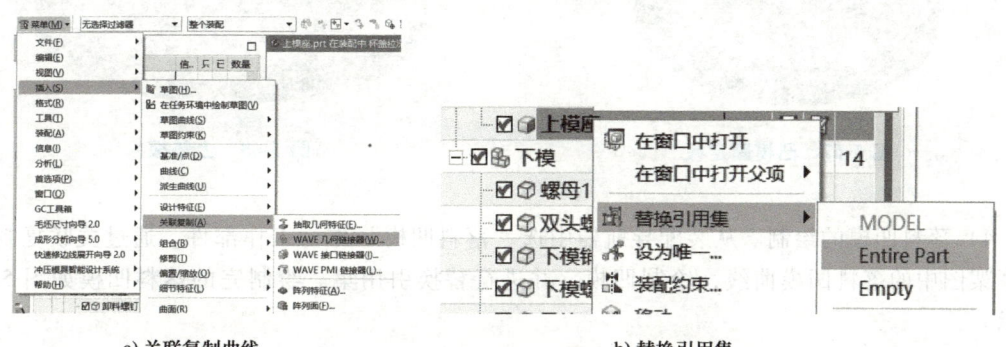

a) 关联复制曲线　　　　　　　　　b) 替换引用集

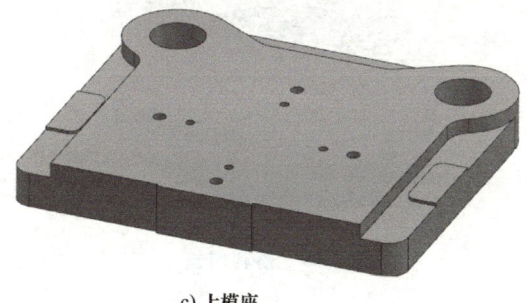

c) 上模座

图 5-64　上模座的绘制

2）落料拉深凸凹模、冲孔凸模的绘制。从装配导航器中选"落料拉深凸凹模"作为工作部件，通过关联复制草图框架图中的拉深凸凹模曲线，绘制落料拉深凸凹模，并进行替换引用集，同理，绘制冲孔凸模。绘制完的落料拉深凸凹模和冲孔凸模如图 5-65、图 5-66 所示。

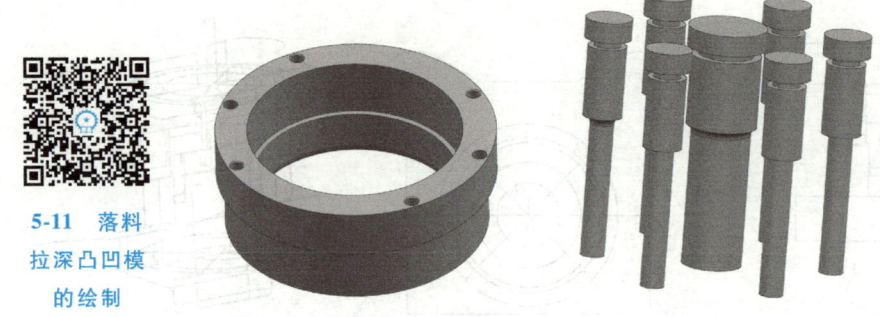

5-11 落料拉深凸凹模的绘制

5-12 冲孔凸模的绘制

图 5-65　落料拉深凸凹模　　　　图 5-66　冲孔凸模

3）凸模固定板、上垫板的绘制。从装配导航器中选"凸模固定板""上垫板"作为工作部件，通过关联复制草图框架图中的相应曲线，绘制凸模固定板、上垫板，并替换引用集。绘制完的凸模固定板和上垫板如图 5-67、图 5-68 所示。

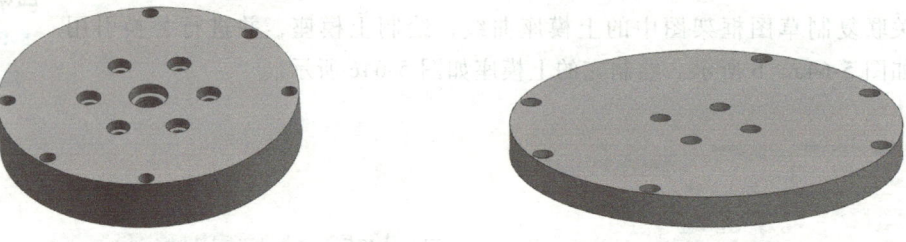

图 5-67　凸模固定板　　　　图 5-68　上垫板

4）落料凹模的绘制。从装配导航器中选"落料凹模"作为工作部件，通过关联复制草图框架图中的落料凹模曲线，绘制凹模，并进行替换引用集。绘制完的落料凹模如图 5-69 所示。

5-13 卸料板以及落料凹模的绘制

5-14 卸料板的绘制

图 5-69　落料凹模

5）其他模具零件的绘制。通过相同的绘图步骤，依次完成其他模具零件的绘制。绘制完的卸料装置、打料装置、压料装置如图 5-70、图 5-71、图 5-72 所示。

任务五 多孔杯拉深工艺与模具设计

图 5-70 卸料装置

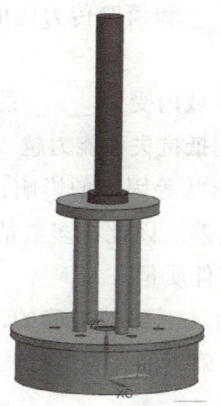

图 5-71 打料装置

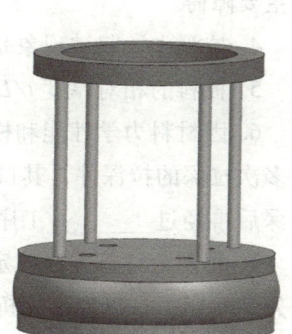

图 5-72 压料装置

5-15 冲孔拉深凸凹模的绘制

5-16 标准紧固件的绘制 1

5-17 标准紧固件的绘制 2

5-18 打料装置的绘制

5-19 弹顶器的绘制

5-20 螺母的绘制

绘制完的多孔杯落料、拉深、冲孔复合模的总装配图如图 5-73 所示。

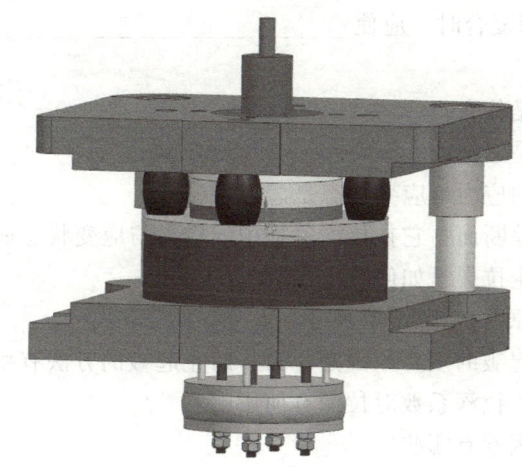

图 5-73 多孔杯落料、拉深、冲孔复合模的总装配图

思考与练习

一、填空题

1. 拉深凸模、凹模与冲裁模不同之处在于，拉深凸模、凹模都有一定的_____而不是_____的刃口，其间隙一般_____板料的厚度。

2. 拉深系数 m 是_____和_____的比值，m 越小，则变形程度越_____。

3. 拉深时，凸缘变形区的_____和筒壁传力区的_____是拉深工艺能否顺利进行的主要障碍。

4. 拉深中，起皱现象是因为该区域内受_____的作用，导致材料_____而引起的。

5. 板料的相对厚度 t/D 越小，则抵抗失稳能力越_____，越_____起皱。

6. 因材料力学性能和模具几何形状等因素的影响，会造成拉深件口部不齐，尤其是经过多次拉深的拉深件，其口部质量更差。因此在多数情况下采用加大_____的方法，拉深后再经过_____工序以保证零件质量。

7. 用理论计算方法确定坯料尺寸不是绝对准确的，因此对于形状复杂的拉深件，通常是先_____，以理论分析方法初步确定的坯料进行试模，经反复试模，直到得到符合要求的冲件时，再_____。

8. 影响极限拉深系数的因素有材料的_____、板料的_____、拉深_____等。

9. 一般地说，材料组织_____、屈强比_____、塑形_____、板平面方向性_____、板厚方向_____、硬化指数_____的板料，极限拉深系数较小。

10. 拉深凸模圆角半径太小，会增大_____，降低危险断面的抗拉强度，因而会引起拉深件_____，降低_____。

11. 拉深凹模圆角半径大，允许的极限拉深系数可_____，但_____的圆角半径会使板料悬空面积增大，容易产生_____。

12. 拉深凸模、凹模的间隙应适当，太_____会不利于坯料在拉深时的塑性流动，增大拉深力，而间隙太_____，则会影响拉深件的精度，回弹也大。

13. 拉深时，对于单动压力机，除了使其公称压力_____以外，还必须注意，当拉深行程较大，尤其落料拉深复合时，应使_____曲线之下。

二、问答题

1. 拉深变形的特点是什么？
2. 拉深的基本过程是怎样的？
3. 拉深过程中材料的应力与应变状态是怎样的？
4. 什么是拉深的危险断面？它在拉深过程中的应力与应变状态如何？
5. 什么情况下会产生拉裂？如何防止拉裂？
6. 试述产生起皱的原因是什么？
7. 导致拉深时坯料起皱的主要原因是什么？防止起皱的方法有哪些？
8. 什么是拉深系数？拉深系数对拉深有何影响？
9. 影响拉深系数的因素有哪些？
10. 为什么有些拉深件必须经过多次拉深？
11. 采用压边圈的条件是什么？
12. 拉深过程中对工件进行热处理的目的是什么？
13. 拉深过程中润滑的目的是什么？如何合理润滑？

三、计算题

计算图 5-74 所示的拉深件的坯料尺寸、拉深次数及各次拉深半成品尺寸，并画出工序图。拉深件材料为 10 钢，料厚 2mm。

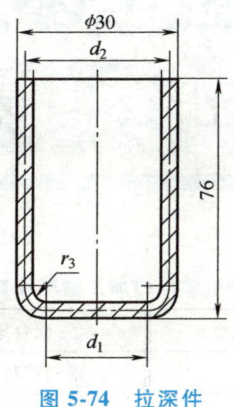

图 5-74 拉深件

四、识图题

试说出图 5-75 所示模具的名称、工作原理以及各序号对应的零件名称。

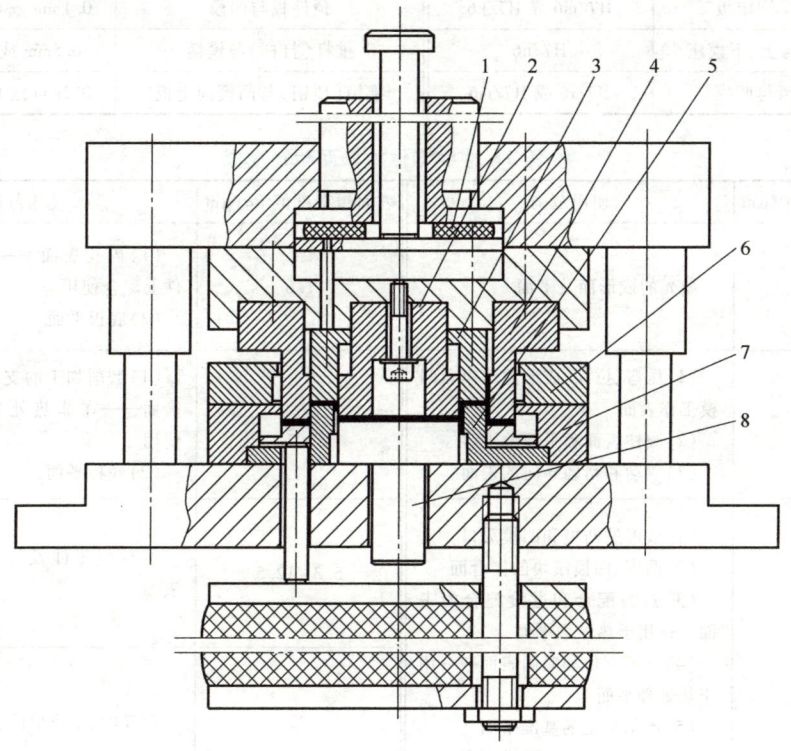

图 5-75 模具

附　录

附表 A　冲模零件的加工精度及其相互配合

配合零件名称	精度及配合	配合零件名称	精度及配合
导柱与下模座	H7/r6	活动挡料销与卸料板	H9/h8 或 H9/h9
导柱与上模座	H7/r6	圆柱销与凸模固定板、上下模座等	H7/n6
导柱与导套	H6/h5 或 H9/h8、H9/h9	螺钉与螺钉孔	0.5mm 或 1mm（单边）
模柄（带法兰盘）与上模座	H9/h8、H9/h9	卸料板与凸模或凹模	0.1mm 或 0.5mm（单边）
凸模与凸模固定板	H7/m6 或 H7/k6	顶件板与凹模	0.1mm 或 0.5mm（单边）
凸模（凹模）与上、下模座	H7/h6	推杆（打杆）与模柄	0.5mm 或 1mm（单边）
固定挡料销与凹模	H7/r6 或 H7/m6	推销（顶销）与凸模固定板	0.2mm 或 0.5mm（单边）

附表 B　冲模零件的表面粗糙度值

表面粗糙度值 $Ra/\mu m$	使用范围	表面粗糙度值 $Ra/\mu m$	使用范围
0.2	抛光的成形面及平面	1.6	(1)内孔表面——在非热处理零件上配合使用 (2)底板平面
0.4	(1)压弯、拉深、成形的凸模和凹模工作表面 (2)圆柱表面和平面的刃口 (3)滑动和精确导向的表面	3.2	(1)磨削加工的支承、定位和紧固表面——在非热处理零件上配合使用 (2)底板平面
0.8	(1)成形的凸模和凹模刃口 (2)凸模、凹模镶块的接合面 (3)过盈配合和过渡配合的表面——用于热处理平面 (4)支承定位和紧固表面——用于热处理平面 (5)磨削加工的基准平面 (6)要求较高的工艺基准平面	6.3~12.5	不与冲压件及冲模零件接触的表面
		25	粗糙的、不重要的表面

参 考 文 献

[1] 张鼎承. 冲模设计手册 [M]. 北京：机械工业出版社，1997.
[2] 钟翔山. 冲压模具结构设计及实例 [M]. 北京：化学工业出版社，2017.
[3] 金龙建，杨梅. 冲压模具从入门到精通 [M]. 北京：化学工业出版社，2022.
[4] 陈炎嗣. 冲压模具设计实用手册：高效模具卷 [M]. 北京：化学工业出版社，2016.
[5] 陈炎嗣. 冲压模具设计实用手册：核心模具卷 [M]. 北京：化学工业出版社，2016.
[6] CAD/CAM/CAE 技术联盟. UG NX 12.0 中文版模具设计从入门到精通 [M]. 北京：清华大学出版社，2020.

参考文献

[1] 濮良贵. 机械设计手册[M]. 北京: 机械工业出版社, 1995.
[2] 闻邦椿. 机械设计手册[上及下卷]. 北京: 机械工业出版社, 2012.
[3] 李平. 杨洋. 机械设计从入门到精通[M]. 北京: 化学工业出版社, 2022.
[4] 陈秀宁. 机械设计课程设计. 杭州: 浙江大学出版社, 2016.
[5] 陈立德. 机械设计基础[M]. 北京: 高等教育出版社, 2016.
[6] CAD/CAM/CAE 技术联盟. UG NX 中文版机械设计实例入门与精通[M]. 北京: 清华大学出版社, 2020.